잇혀진 법치를 위한 변론

LEGAL TREND 2024

박상수 저

LAWINUS

최근 트렌드가 되는 많은 사회적 이슈들은 대부분 법적 이슈를 동반하는 경우가 많다. 그러나 한편으로 법학전문대학원 제도 도입과 법과대학의 소멸로 인해 법학 대중교육 및 법학 교양교육의 기회가 대학에서 찾아보기 힘들게 된 지 15년이 넘고 있다. 반면 사회가 점차 법치주의 국가로 변해가는 과정에서 법학과 리걸 마인드에 대한 수요는 사회 전체적으로 증가하고 있는 실정이다. 결국 법리적으로 생각하고 토론하면 해결책을 찾아낼 수 있는 일들이, 담론의 장에 참여하는 자들의 법적 무지로 인해 무의미한 극단적 대립과 정치적 갈등으로 이어지며 사회적 혼란이 야기되는 경우가 지속적으로 발생하고 있다.

이에 필자는 대학생과 사회인 등 우리 사회 담론의 장에 참여하는 평범한 사람들이 최소한의 법적 지식을 갖추고 트렌드가 되는 사회적 이슈들을 법리적으로 사고하고 접근하는 방법을 훈련시키기 위한 목적으로 본서를 집필하였다. 흔히 도그마틱 법학이라고 하는 분야의 주요 이론과 기초법학의 대표적인 견해 대립 등을 모두 소개하기 위해 노력하였고, 최신의 연구 사례까지 망라하는 내용을 선별하여 집중적으로 제시하고자 했다. 특히 매년 새롭게 이슈가 되고 있는 사안을 법리적으로 접근하고 숙고해볼 수 있도록 하는데 집중하였다. 또한 검수완박으로 대표되는 검찰 개혁, 제4차 산업혁명과 플랫폼 관련 이슈, 부동산과 전세대란, 미국 연방대법원의 Roe VS Wade 판결 및 Affirmative Action 폐기 등 국내외적으로 발생 중인 굵직한 이슈들에 대해 다루고, 매년 그러한 내용들을 업데이트 해나가고자 한다. 아울러 권경애 변호사 사건 등을 통해 사회적으로 조명되고 강조되고 있는 변호사법과 법조윤리와 관련된 내용도 수록하여 일반인들이 변호사를 선임하였을 경우 알아둬야 하는 지점들도 짚어 보았다.

마지막으로 법리적 사고는 결국 법률에 대한 친숙성에서부터 나온다는 점에서 법률 조문에 익숙해질 수 있도록 가급적 법률 조문의 내용과 판례를 그대로 수록하고 이를 쉽게 해설하여, 도그마틱한 법률용어에 대한 친밀도를 높일 수 있도록 하였으며, 이슈가 되고 있는 사안들에 대한 주요 논쟁적 주장들을 입장별로 수록하고 각 챕터별로 생각해볼 문제와 해설을 추가하여 혼자서도 Legal Mind를 기반으로 사고하고 이야기할 수 있는 훈련이 가능할 수 있게 하였다.

　근대법이 도입된 지 100년여의 시간이 흘렀음에도 아직 우리 사회에는 완전한 법치사회가 오지 않았다는 평가가 많다. 모쪼록 본서가 국민들의 법적 사고능력 향상에 기여하며 소모적인 사회적 갈등 해소에 도움이 되길 진심으로 소망한다.
　촉박한 기간임에도 출간에 힘써주신 로이너스 북스 임직원 분들에게 감사드리며, 한결같이 응원해주는 아내와 아이에게 본서를 바친다.

2023년 제헌절에

변호사 박상수

차례

머리말 · *2*

제1강 **법이란 무엇인가?**

1 법의 이념 · *10*

2 법의 존재형태 · *26*

3 법학의 사상 · *31*

4 개인주의와 공동체주의 · *39*

5 법의 분류 · *42*

6 법률삼단논법 · *44*

7 법학적 해석 · *48*

제2강 **국민의 기본적 권리와 의무**

1 인권과 기본권 침해의 판단 기준 · · · · · · · · · · · · *58*

2 행복추구권 · *67*

3 평등권 · *71*

4 생명권 · *78*

5 양심의 자유 · *90*

6 표현의 자유 · *100*

7 직업의 자유 · *103*

8 재산권과 토지공개념 · *106*

9 인간다운 생활을 할 권리 111

10 기본권의 대사인적 효력 113

11 국민의 의무와 제도 보장 115

제3강 **민주주의와 통치구조**

1 대의제와 방어적 민주주의 124

2 대의제 민주주의의 대안 137

3 정부형태 143

4 저항권과 시민불복종 147

5 다문화주의와 국민개념의 확장 154

6 행정법의 주요원리 158

제4강 **형사법과 검찰개혁 논란**

1 형법의 의의와 죄형법정주의 162

2 형벌의 목적 164

3 국부주의와 자유법 사상 171

4 위법성 조각사유 176

5 책임 조각사유 183

6 실체적 진실 발견주의와 적법절차의 원칙 195

7 위법수집증거배제법칙과 독수독과 이론 198

8 형사사법의 민주적 정당성 제고 방안 201

9 검찰 및 수사기관 개혁 관련 논란 206

제5강 **근대적 개인의 권리와 책임**

1   근대적 개인의 탄생과 민법 ·············· 216
2   법률행위 및 의사표시 규정 ·············· 220
3   이중매매의 법리 ·············· 223
4   도급계약과 위임계약 ·············· 226
5   고용계약의 자유와 최저임금제 ·············· 231
6   임대차 계약 관련 논점 ·············· 235
7   손해의 범위 ·············· 241
8   집단소송과 징벌적 손해배상 책임 ·············· 244

제6강 **경제민주화와 경제법**

1   헌법상 경제민주화 조항과 그 의의 ·············· 258
2   기업의 지배구조 ·············· 261
3   시장지배적 사업자의 지위남용행위 ·············· 267
4   부당공동행위 ·············· 271
5   불공정거래행위와 일감몰아주기 ·············· 273
6   약관규제법 및 자본시장법과 명시·설명 의무 ·············· 279

제7강 **보편적 인권과 국제법**

1   보편적 인권과 인도적 개입 ·············· 284
2   자위권 ·············· 289
3   시제법과 간도 문제 ·············· 292

4 난민 문제 ·· **295**

5 브레튼 우즈 체제와 WTO, FTA ···················· **298**

제8강 제4차 산업혁명과 포스트 코로나

1 인공지능의 법적 지위 ································· **302**

2 자율주행차의 책임 문제 ···························· **306**

3 전자화폐와 금융범죄 국제화 문제 ············· **309**

4 빅데이터와 개인정보보호의 문제 ·············· **314**

5 언택트 시장과 플랫폼의 문제 ·················· **318**

6 기본소득의 문제 ······································ **329**

7 외국인 포비아와 국제법상 연대권 ············ **333**

제9강 법조인의 윤리

1 변호인의 조력을 받을 권리 ······················ **336**

2 변호사법상 변호사의 의무 ························· **339**

3 변호사의 상인성 및 광고규정 ··················· **343**

부록 – 대한민국 헌법 ··· **348**

법이란
무엇인가?

NO 1

법의 이념

◈◈◈

01 정의

> "하늘이 무너져도 정의는 세워라"
> "피레네 산맥 이쪽에서의 정의가 피레네 산맥 저쪽에서는 부정의이다."

"정의란 무엇인가?"

한 동안 우리 사회를 강타한 하버드 대학 마이클 센델 교수의 〈정의란 무엇인가〉는 모두가 옳은 것인 것을 알지만 큰 소리로 말하기는 왠지 부끄러워하던 정의의 문제에 대한 공론화에 크게 기여하였다. 하지만 정의에 대한 그 오랜 논쟁과 많은 주장들 속에서도 여전히 "정의란 무엇인가?"에 대한 의문은 남는다. 이는 모든 이들이 "정의"를 추구하는 것의 당위성에 대해 말하고 공감하면서도 막상 "정의"가 무엇인지 아무도 구체적으로 알려주지 않았음에 기인하는 바가 크다. 심지어 수백만명이 읽은 책의 저자인 마이클 센델 조차도 정의가 무엇인지 명시적으로 언급하고 있지 않다.

"정의"에 대해 정의하고자 하는 시도는 사실 아주 오래 전부터 있어 왔다. 동물심리학자들은 "정의감"은 인간과 같은 영장류들에게 공통적으로 찾을 수 있는 일종의 본능이라고 말한다. 미국 에모리대학 여키스국립영장류연구소와 조지아주립대학 연구진은 '어른' 침팬지 6마리와 아동(2~7세) 20명을 대상으로 한 연구결과 침팬지들도 인간의 아동처럼 공정성(fairness)에 대한 인식이 있는 것으로 파악됐다는 연구결과를 제시하였다. 연구진은 침팬지들에게 이른바 '최후통첩 게임'(Ultimatum) 방법을 가르쳐 아동들과 침팬지 간 유사성을 관찰하였다. 최후통첩 게임은 침팬지 2마리와 아동 2명이 각기 한 조를 이뤄 동전 2개 중 하나를 고르는 식으로 진행하다가 두 동전 중 어느 하나를 선택하면 조를 이루는 두 명(마리)이 각각 같은 양의 보상을 받고 다른 하나를 고르면 선택한 쪽이 더 많이 보상 받는 식의 게임을 말한다. 실험 결과, 연구진은 인간이나 침팬지 모두 같은 양의 보상을 받는 동전을 선택한 경우 자발적으로 보상물을 똑같이 나눴다고 말했다. 공정성에 대한 감정이 인간과 같은 영장류인 침팬지에게도 본능적으로 내재되어 있다는 사례가 제시된 것이다.

"정의" 즉 분배의 공정성에 대한 이러한 본능적 감각은 인류가 늘 "정의"의 문제에 대하여 고민하도록 하였다. 오랜 기간 서구 윤리학사에 나타나고 있는 '각자에게 그의 몫을'이라는 정식은 배분적 정의의 한 원초적인 모형이라고 말할 수 있다. 하지만 이 명제는 각자에게 자신의 생존을 위한 응분의 몫이 마땅히 주어져야 한다는 윤리적 당위성을 표현하고 있으나, 각자의 몫을 배분하는 방식이나 기준에 대해서는 아무것도 말해주지 않는다.

이에, 일찍이 아리스토텔레스는 배분적 정의를 가치에 따른 비례적 균등이라고 정의하였다. 따라서 아리스토텔레스에 따르면 '균등한 사람이 균등하지 않은 것을 받게 되거나 균등하지 않은 사람이 균등한 몫을 차지'해서는 안 된다. 아리스토텔레스의 이러한 배분적 정의는 '같은 것은 같게 다른 것은 다르게'라는 정식으로 학자들에 의해 인용돼 왔다. 이에 따라 등가의 원칙 및 권리침해금지의 원칙과 같은 절대적 평등이 적용되는 평균적 정의와 성과급제와 훈장처럼 상대적 평등이 적용되는 배분적 정의를 구분하였다. 그러나 이 모형도 배분의 형식적 기준만 알려줄 뿐이고 그 내용이 불충분하여 '정의의 형식적 원리'라고 비판받았다.

한편 배분적 정의의 공리주의적 모형은 '최대다수의 최대행복'이다. 이때의 '최대행복'이란 사회 전체의 행복의 극대화를 의미한다. 이 모형은 사회적 생산의 극대화에 신경 쓰고, 분배의 공정성에 관하여 무관심하다. 이는 자유 시장경제 체제 하의 자연적·사회적 능력에 의한 경쟁적 배분을 바탕으로 하며, 사회 전체의 행복(부나 소득과 같은 경제적 가치)의 극대화를 위한 경제정책을 요구한다.

롤즈의 배분적 정의 이념은 그의 '차등의 원칙'에 잘 나타나 있다. 그의 차등의 원칙은 '사회적·경제적 불평등은 최소 수혜자에게 최대의 이익(최소 수혜자의 장기적인 이익 전망의 극대화)이 되도록 배정되어야 한다.'는데 있다. 이 원칙은 궁극적으로 평등주의적 분배를 추구한다.

가장 자유주의적인 노직은 롤즈의 평등주의적 분배원리와는 달리, 자유주의적·자본주의적 분배원리를 철저하게 옹호하며, 소위 '메타 유토피아'적 환경 아래에서 각자의 자발적인 교환에 의한 소유권리적 정의를 내세운다. 이 원리의 배분모형을 우리는 '각자의 자발적인 교환으로부터, 각자가 선택한 대로'라고 정식화할 수 있다.

마르크스는 그의 공산주의적 배분모형을 '각자로부터 그의 능력에 따라서, 각자에게 그의 필요에 따라서'라는 정식으로 표현하였다. 이 모형은 현실적으로 실현된 적이 없고, 마르크스의 전제가 모두 맞다 하여도 공동체의 완전한 자율성과 물질적·정신적 여건이 충분히 발휘될 때만 가능성을 논할 수 있다.

"정의"에 대한 정의는 아직까지 논쟁없이 정리되지 않았다. "정의"에 대한 도서 중 가장 많이 읽혀지는 롤즈의 〈정의론〉과 마이클 샌델의 〈정의란 무엇인가〉 역시 자유주의와 공동체주의에 각각 가까운 정의론을 설명하고 있으며, 일면의 진실을 담고 있을 뿐이라는 평가를 받고 있다. 그러나 앞으로 법학을 공부하거나, 법학이 추구하는 바에 대하여 공부하려는 자라면 응당 개별적 사안이든 보편적 사안이든 가리지 않고 무엇이 진정한 "정의"인지 고민하여야만 한다. 법이 추구하고 실현하고자 하는 궁극적 가치가 바로 "정의"이기 때문이다.

다시 한번 묻겠다. 그래서 도대체 "정의"란 무엇인가?

 롤즈의 정의 원리

제1원리(평등한 자유의 원칙) 각 개인은 기본적 자유에 있어 평등한 자유를 가져야 한다.
제2원리(차등의 원칙과 기회균등의 원칙) 사회적·경제적 불평등은 다음 두 조건을 만족시켜야 한다. 첫째, 최소수혜자에게 최대의 이득이 되어야 하며 둘째, 그 같은 불평등은 기회균등의 원칙하에 모든 사람에게 개방된 직책이나 지위와 결부된 것이어야 한다.

Q. A는 甲국의 독재자로 재임중에 민주화 운동을 탄압하고, 민주화 시위에 참여하는 시민에 대해 발포명령을 내렸다. 시간이 흘러 甲국의 민주화가 이뤄진 후 정치인 B는 A가 저지른 사건들에 대해 공소시효를 무시하고 국가가 정의의 이름으로 처벌해야 한다 주장하고 있다. 이러한 주장에 대한 자신의 견해를 논하시오.

접근전략 정의 실현과 법적 안정성이라는 두가지 법의 이념이 배치되는 상황이다. A에게 공소시효를 그대로 적용하는 것은 형식적 법치주의라 할 수 있고, 공소시효를 적용하지 않는 것은 실질적 법치주의라 할 수 있다. 친일과 반민족행위, 그리고 독재정권에 대한 부역행위에 대한 과거사 문제는 지난 수십년간 우리 사회에서 지속적으로 논란이 되어온 사안이다. 한편 우리나라 헌법재판소는 5·18, 12·12. 사건과 관련한 결정에서 공익이 현저히 큰 사안에서 개별입법에 의한 공소시효의 부진정소급효를 인정하며 정의가 법적 안정성에 우선할 수 있다는 판단을 내린 바 있다.

☑ 정의와 법적 안정성 대립 관련 해외 사례

(1) 독일

"독일의 경우에는 '시효는 법률상 소추가 개시될 수 없거나 속행될 수 없는 경우에는 정지한다'고 규정함으로써(독일 구 형법 69조, 현행 독일형법 제78조의 b) 소추권의 행사에 법률상의 장애사유가 있는 경우 공소시효의 진행이 정지된다는 일반원칙을 명문화함과 아울러 소추권 행사에 있어서 법률상 장애사유의 범위를 다음과 같이 넓히고 있다.

나치범죄의 처벌을 위하여 제2차대전이 끝난 후 헷센주(Hessen)에서 제정한 「나치범죄처벌법」은 나치지배기간 동안에 정치적·인종차별적·반종교적인 이유 때문에 처벌되지 아니한 범죄에 대하여는 1933. 1. 30.부터 1945. 6. 15.까지의 기간 동안 공소시효의 진행이 정지된 것으로 본다고 규정하였다. 이에 대하여 독일연방헌법재판소는 나치정권이 국가권력을 장악함으로써 소추가 불가능하였던 기간 동안에는 위 법률규정에 따라 공소시효가 진행되지 않는다는 것을 확인한 것으로서 헌법의 제규정에 반하지 아니하여 합헌이라고 판시하였다. 총통인 히틀러(Hitler)의 의사를 위 구 독일형법 제69조의 법률로 보아 법률적 장애로 인한 시효의 정지를 인정한 것이다.

또한 위와 같이하여 연장된 시효기간마저도 임박하게 되자, 독일은 1964. 4. 13. 「공소시효 계산법(Gesetz ber die Berechnung strafrechtlicher Verj hrungsfrist)」을 제정하여 1945. 5. 8.부터 1949. 12. 31.까지의 기간을 시효계산에서 제외하도록 규정하였다. 이에 대하여 독일연방헌법재판소는 1969. 2. 26. 결정(BVerfGE 25,269)에서 죄형법정주의, 신뢰보호의 원칙, 평등권에 위배되지 아니한다는 이유로 합헌이라고 판시하였다.

그 후 독일은 형법을 개정하여 모살죄(謀殺罪)의 시효기간을 30년으로 연장하였으며, 1979. 7. 22. 다시 형법을 개정하여 모살죄에 대한 공소시효를 없애 언제든지 나치의 학살범죄에 대한 처벌이 가능하도록 하였다.

또한 동독이 무너진 이후인 1993. 3. 26. 제정된 「동독공산당의불법행위에있어서의시효 정지에관한법률(Gesetz ber das Ruhen der Verj hrung bei SED-Un-rechtstaten vom 26. M rz 1993)」도, '구동독의 공산당정권하에서 범하여지고 구동독의 국가 또는 당지도부의 명시적 또는 묵시적 의사에 따라 정치적 이유 또는 자유주의적 법치국가질서에 합치하지 아니하는 이유로 처벌되지 아니한 행위의 소추에 있어서는 1949. 10. 11.부터 1990. 10. 3.까지의 기간은 고려하지 아니한다. 이 기간 동안에는 공소시효가 정지된다'고 규정하고 있다(제1조). 이 경우

구동독의 국가 또는 당의 의사를 공소시효진행의 장애를 규정하고 있는 법률과 동시한 것으로 해석되고 있다.

독일에서는 위에서 살펴본 것과 같이 나치체제나 통일전 동독의 공산정권하에서 자행된 인간의 존엄성을 유린하는 불법적 범죄행위를 체험한 후 그와 같은 중대한 불법적 사례들을 법치국가적으로 청산하기 위한 여러 입법이 행하여졌는바, 정권장악을 위한 쿠데타 등 헌정질서파괴행위 및 그 과정에서 자행된 집단적 살상행위 등의 법치국가적 처리라는 역사적 과제 앞에 서있는 우리에게 많은 시사를 준다고 할 것이다."

(헌법재판소 1996. 2. 16. 선고 96헌가2,96헌바7,96헌바13 전원재판부)

(2) 프랑스

"프랑스의 경우에는 독일과 같은 시효정지에 관한 일반원칙을 명문으로 선언하지 않았음에도 불구하고, 판례에 의하여 '시효는 유효하게 소추될 수 없는 사람에 대하여는 진행하지 않는다(contra non valentem agere non praesriptio)'라는 법언을 적용하여, 법률적 장애이건 사실적 장애이건 소추가 불가능한 기간 동안에는 시효의 진행이 정지된다고 판시하고 있다. 프랑스에서 시효가 정지되는 장애사유로 판시한 예를 보면, 선결문제의 검토가 필요한 기간, 공소권행사의 전제가 되는 허가절차를 밟는 기간(프랑스의 경우 현행범이 아닌 중죄를 범하거나 경죄를 범한 국회의원에 대하여 소추하려면 의회의 허가를 받도록 하고 있다), 외국에서 범한 개인에 대한 경죄의 경우 피해자의 고소가 있거나 그 외국의 공적인 고발이 있어야 하는데 그러한 고소나 고발이 없어 소추할 수 없었던 기간, 범인이 외국에 도피한 경우 범죄인인도가 거부되어 소추할 수 없었던 기간은 물론, 나아가 홍수, 적에 의한 영토의 침범, 군사점령기간에 대해서도 시효의 정지를 인정하고 있으며, 피의자의 심신상실도 피의자 자신을 방어할 수 없다는 의미에서 시효정지사유로 보고 있다."

(헌법재판소 1996. 2. 16. 선고 96헌가2,96헌바7,96헌바13 전원재판부)

(3) UN

"국제연합은 전쟁범죄와 반인도적 범죄를 예방하기 위하여 1968. 11. 26. 총회에서 결의 제2391호로 「전쟁범죄 및 반인도적 범죄에 대한 국제법상의 시효의 부적용에 관한 협약(Convention on the Non-Applicability of Statutory Limitations to War Crimes and Crimes against Humanity)」을 채택하여 국제법상 전쟁범죄와 반인도적 범죄에 대하여는 시효기간이 없다는 것을 확인하였다. 이 협약규정은 국가를 대표하는 자에 대해서든 사인에 대해서든, 정범이든 교사범이든, 범행이 완수된 정도와 상관없이 적용되며 그러한 범행을 관용한 국가의 대표자에게도 적용되고, 동협약체약국은 이러한 범죄에 대한 시효가 규정된 법률을 폐지할 것을 약속하였다."

(헌법재판소 1996. 2. 16. 선고 96헌가2,96헌바7,96헌바13 전원재판부)

02 법적안정성

> "정의의 극치는 부정의의 극치"
> "지연된 정의는 부정된 정의이다."
> "정의롭지 못한 법도 무질서보다 낫다."

법이 추구하는 바를 법의 이념이라고 말한다. 법의 이념에 대하여 독일의 법철학자 라드브루흐는 정의, 법적안정성 그리고 합목적성을 꼽았다. 법의 이념의 범위에 대하여 학계에서 많은 논의가 있지만 최소한 정의와 법적안정성은 기본적으로 언급하는 편이다. 정의는 앞서 이야기한 바와 같이 법이 실현하고자 하는 최종적인 가치이고 목표라고 이야기할 수 있다. 그러나 법은 정의만 실현할 수 없다. "정의의 극치는 부정의의 극치"라는 말처럼 모든 사안에서 오직 정의만을 추구하려다 보면 무질서가 초래되어 종국에는 법이 강력한 정치권력이나 민중권력의 시녀가 되는 사태가 발생할 수 있다.

법의 구체적 정의가 극단적으로 추구되는 경우는 일반적으로 혁명이 발생할 때 두드러진다. 한 사회의 응축된 갈등과 부정의가 한번에 폭발하는 사회적 현상을 혁명이라 할 수 있는데, 초기의 순수했던 혁명의 열정은 이후 혁명을 이용하려는 권력자들과 당장 가시적인 성과를 보이기를 원하는 민중의 열기에 의해 변질되기 마련이다. 근대 시민사회를 개창했다는 평가를 받는 프랑스 대혁명도 예외는 아니어서 프랑스 대혁명이 과격화되는 시점인 1793년 이후 국민공회 시대에는 구체적 정의를 실현하려는 민중과 독재자 로베스피에르에 의해 콩코드 광장 기요틴의 피가 마를 날이 없었다. 프랑스 대혁명 초기 지도부를 주도했던 부르주아 시민계급은 귀족계급들과 마찬가지로 반바지를 입었는데, 막상 혁명에 앞장선 노동자·농민 민중들은 긴 바지를 입었고 이러한 민중들을 상퀼로트라고 불렀다. 이들 상퀼로트들은 혁명의 주체였지만 혁명의 지도부에서 점차 소외되었고, 1792년 당시 35살의 청년 변호사였던 로베스피에르의 지도 하에 보통선거들의 도입으로 구성된 국민공회의 다수파가 되었다. 로베스피에르는 상퀼로트들의 열렬한 지지를 바탕으로 루소가 천명했던 동일성 민주주의 원리에 입각한 혁명 정부를 구성할 수 있었다. 국민공회는 1792년 소집되자마자 왕정을 폐지하고 공화정을 도입하였고, 1793년 국민공회 헌법을 반포하였다. 그리고 1793. 1. 21. 루이 16세를 콩코르드 광장에서 인민의 이름으로 단두대에서 처형하였다. 로베스피에르는 혁명 시기에는 공포가 덕이라고 생각하는 인물이었고, 반혁명 범죄자의 혐의가 있을 경우 변호사를 선임할 수 없게 하였고, 반혁명 범죄에 대하여는 단심제로 재판을 진행하였다. 악명높은 혁명 검찰이었던 푸키에 탱빌과 재판장인 에르망은 단 2년간 존재한 공포정치 기간동안 17,000여명의 파리 시민을 단두대의 이슬이 되게 하였고, 이러한 처형 현장에 반드시 참석했던 푸키에 탱빌은 "건물의 기와 같이 목이 떨어진다"는 증언을 남기기도 하였다.

앙시엥 레짐을 청산하고 근대를 창시한 시민혁명으로서 프랑스 대혁명이었기에 정의롭지 못한 구체제의 모순을 일거에 해결하기 위해 공포정치는 필요악이었다고 보는 시각도 있지만 혁명기 극단적인 구체적 정의 실현이 극단적인 무질서를 야기하고 이로 인해 법이 권력자의 자의적 도구로 전락한 가장 단적인 사례라 할 수 있다. 실제 아직도 구체적 정의를 법적 안정성보다 강조하는 현존하는 인민민주주의 국가들에서는 정해진 법을 무시하고 최고 권력자의 전화 한 통으로 범죄자의 처형과 석방이 결정되는 사례가 비일비재하다. 실제 법제사 연구가들은 스탈린 시대의 소련을 스탈린의 전화 한 통으로 법이 제정되고 개정된다 하여 "전화법 시대"라고 일컫기도 한다.

법을 곧이 곧대로 따르기 보다는 다소 절차적 정의를 훼손하고 미리 정해진 법을 어기더라도 개별적 사안의 구체적 정의를 실현하고자 하는 것은 사회의 거악을 일거에 해소하고 정의가 강물처럼 흐르는 세상이 당장 올 것 같은 환상을 주기 마련이다. 그러나 권력자의 자의적 판단에 따르던 인치가 넘쳐나던 세상을 질서가 유지되고 권력자들 조차 눈치보는 세상으로 만든 것은 고리타분하고 때로는 부정의하게도 보이는 법의 엄격한 준수를 기반으로 한 법치주의 덕분이다. 즉 구체적 사안에서 정의롭지 못해보이더라도 결국 인치가 아닌 법치가 사회적 약자들과 민중들에게 가장 도움이 될 수도 있는 것이다. 법이 추구하고자 하는 목표로서 정의와 같은 수준으로 질서의 유지를 위한 법적 안정성이 강조되는 것도 바로 그러한 이유에서 이다.

현재 우리나라 법에도 법적안정성이 우선되는 규정들이 다수 존재한다. 예컨대 오랫동안 권리를 행사하지 않은 경우 권리 위에 잠자는 자가 더 이상 권리를 행사하지 않을 것이라는 신뢰 위에 무권리자와 제3자들이 그 권리와 관련된 거래를 할 수도 있는데 권리의 불행사 기간의 정도가 너무 길고 오래되어 권리를 가진 자의 정의를 실현하기 보다는 거래의 안전이라는 질서가 더 중요하다고 여겨질 수 있다. 이때는 아래와 같은 취득시효와 소멸시효의 규정들을 통해 정의가 일부 훼손되더라도 법적 안정성이 보장되도록 한다.

☑ 우리나라 법상 존재하는 법적 안정성 우선 규정

점유취득시효 규정(민법)
제245조(점유로 인한 부동산소유권의 취득기간) ①20년간 소유의 의사로 평온, 공연하게 부동산을 점유하는 자는 등기함으로써 그 소유권을 취득한다.

②부동산의 소유자로 등기한 자가 10년간 소유의 의사로 평온, 공연하게 선의이며 과실없이 그 부동산을 점유한 때에는 소유권을 취득한다.

제246조(점유로 인한 동산소유권의 취득기간) ①10년간 소유의 의사로 평온, 공연하게 동산을 점유한 자는 그 소유권을 취득한다.

②전항의 점유가 선의이며 과실없이 개시된 경우에는 5년을 경과함으로써 그 소유권을 취득한다.

제247조(소유권취득의 소급효, 중단사유) ①전2조의 규정에 의한 소유권취득의 효력은 점유를 개시한 때에 소급한다.

②소멸시효의 중단에 관한 규정은 전2조의 소유권취득기간에 준용한다.

제248조(소유권 이외의 재산권의 취득시효) 전3조의 규정은 소유권 이외의 재산권의 취득에 준용한다.

소유권 취득 규정(민법)
제249조(선의취득) 평온, 공연하게 동산을 양수한 자가 선의이며 과실없이 그 동산을 점유

한 경우에는 양도인이 정당한 소유자가 아닌 때에도 즉시 그 동산의 소유권을 취득한다.

제250조(도품, 유실물에 대한 특례) 전조의 경우에 그 동산이 도품이나 유실물인 때에는 피해자 또는 유실자는 도난 또는 유실한 날로부터 2년내에 그 물건의 반환을 청구할 수 있다. 그러나 도품이나 유실물이 금전인 때에는 그러하지 아니하다.

제251조(도품, 유실물에 대한 특례) 양수인이 도품 또는 유실물을 경매나 공개시장에서 또는 동종류의 물건을 판매하는 상인에게서 선의로 매수한 때에는 피해자 또는 유실자는 양수인이 지급한 대가를 변상하고 그 물건의 반환을 청구할 수 있다.

제252조(무주물의 귀속) ①무주의 동산을 소유의 의사로 점유한 자는 그 소유권을 취득한다.
②무주의 부동산은 국유로 한다.
③야생하는 동물은 무주물로 하고 사양하는 야생동물도 다시 야생상태로 돌아가면 무주물로 한다.

제253조(유실물의 소유권취득) 유실물은 법률에 정한 바에 의하여 공고한 후 6개월 내에 그 소유자가 권리를 주장하지 아니하면 습득자가 그 소유권을 취득한다. 〈개정 2013. 4. 5.〉

제254조(매장물의 소유권취득) 매장물은 법률에 정한 바에 의하여 공고한 후 1년내에 그 소유자가 권리를 주장하지 아니하면 발견자가 그 소유권을 취득한다. 그러나 타인의 토지 기타 물건으로부터 발견한 매장물은 그 토지 기타 물건의 소유자와 발견자가 절반하여 취득한다.

제255조(문화재의 국유) ①학술, 기예 또는 고고의 중요한 재료가 되는 물건에 대하여는 제252조제1항 및 전2조의 규정에 의하지 아니하고 국유로 한다.
②전항의 경우에 습득자, 발견자 및 매장물이 발견된 토지 기타 물건의 소유자는 국가에 대하여 적당한 보상을 청구할 수 있다.

소멸시효 관련 규정(민법)
제162조(채권, 재산권의 소멸시효) ①채권은 10년간 행사하지 아니하면 소멸시효가 완성한다.

②채권 및 소유권 이외의 재산권은 20년간 행사하지 아니하면 소멸시효가 완성한다.

제163조(3년의 단기소멸시효) 다음 각호의 채권은 3년간 행사하지 아니하면 소멸시효가 완성한다. 〈개정 1997. 12. 13.〉
1. 이자, 부양료, 급료, 사용료 기타 1년 이내의 기간으로 정한 금전 또는 물건의 지급을 목적으로 한 채권
2. 의사, 조산사, 간호사 및 약사의 치료, 근로 및 조제에 관한 채권
3. 도급받은 자, 기사 기타 공사의 설계 또는 감독에 종사하는 자의 공사에 관한 채권
4. 변호사, 변리사, 공증인, 공인회계사 및 법무사에 대한 직무상 보관한 서류의 반환을 청구하는 채권
5. 변호사, 변리사, 공증인, 공인회계사 및 법무사의 직무에 관한 채권
6. 생산자 및 상인이 판매한 생산물 및 상품의 대가
7. 수공업자 및 제조자의 업무에 관한 채권

제164조(1년의 단기소멸시효) 다음 각호의 채권은 1년간 행사하지 아니하면 소멸시효가 완성한다.
1. 여관, 음식점, 대석, 오락장의 숙박료, 음식료, 대석료, 입장료, 소비물의 대가 및 체당금의 채권
2. 의복, 침구, 장구 기타 동산의 사용료의 채권
3. 노역인, 연예인의 임금 및 그에 공급한 물건의 대금채권
4. 학생 및 수업자의 교육, 의식 및 유숙에 관한 교주, 숙주, 교사의 채권

제165조(판결 등에 의하여 확정된 채권의 소멸시효) ①판결에 의하여 확정된 채권은 단기의 소멸시효에 해당한 것이라도 그 소멸시효는 10년으로 한다.
②파산절차에 의하여 확정된 채권 및 재판상의 화해, 조정 기타 판결과 동일한 효력이 있는 것에 의하여 확정된 채권도 전항과 같다.
③전2항의 규정은 판결확정당시에 변제기가 도래하지 아니한 채권에 적용하지 아니한다.
정의와 법적 안정성이 충돌하는 상황에서 상대적으로 법적 안정성을 보장하는 법률의 내용은 엄격한 죄형법정주의가 시행되는 형사법에서도 찾아볼 수 있다. 바로 최근 많은 논

란이 되고 있는 아래의 공소시효 규정들과 형의 시효 규정들이 그 대표적 예이다.

공소시효 관련 규정(형사소송법)

제249조(공소시효의 기간) ①공소시효는 다음 기간의 경과로 완성한다. 〈개정 1973. 1. 25., 2007. 12. 21.〉

1. 사형에 해당하는 범죄에는 25년

2. 무기징역 또는 무기금고에 해당하는 범죄에는 15년

3. 장기 10년 이상의 징역 또는 금고에 해당하는 범죄에는 10년

4. 장기 10년 미만의 징역 또는 금고에 해당하는 범죄에는 7년

5. 장기 5년 미만의 징역 또는 금고, 장기10년 이상의 자격정지 또는 벌금에 해당하는 범죄에는 5년

6. 장기 5년 이상의 자격정지에 해당하는 범죄에는 3년

7. 장기 5년 미만의 자격정지, 구류, 과료 또는 몰수에 해당하는 범죄에는 1년

②공소가 제기된 범죄는 판결의 확정이 없이 공소를 제기한 때로부터 25년을 경과하면 공소시효가 완성한 것으로 간주한다

제253조(시효의 정지와 효력) ①시효는 공소의 제기로 진행이 정지되고 공소기각 또는 관할위반의 재판이 확정된 때로부터 진행한다. 〈개정 1961. 9. 1.〉

②공범의 1인에 대한 전항의 시효정지는 다른 공범자에게 대하여 효력이 미치고 당해 사건의 재판이 확정된 때로부터 진행한다. 〈개정 1961. 9. 1.〉

③범인이 형사처분을 면할 목적으로 국외에 있는 경우 그 기간 동안 공소시효는 정지된다. 〈신설 1995. 12. 29.〉

제253조의2(공소시효의 적용 배제) 사람을 살해한 범죄(종범은 제외한다)로 사형에 해당하는 범죄에 대하여는 제249조부터 제253조까지에 규정된 공소시효를 적용하지 아니한다.

※그외 헌정질서파괴범죄(내란, 외환, 이적죄), 집단살해죄(학살), 강간 등 살인·치사, 13세 미만 또는 장애인에 대한 강간, 강제추행 등 성범죄의 경우 특별법을 통해 공소시효 적용이 배제됨

제326조(면소의 판결) 다음 경우에는 판결로써 면소의 선고를 하여야 한다.

1. 확정판결이 있은 때

2. 사면이 있은 때

3. 공소의 시효가 완성되었을 때

4. 범죄 후의 법령개폐로 형이 폐지되었을 때

형의 실효 관련 규정(형법)

제77조(시효의 효과) 형의 선고를 받은 자는 시효의 완성으로 인하여 그 집행이 면제된다.

제78조(시효의 기간) 시효는 형을 선고하는 재판이 확정된 후 그 집행을 받음이 없이 다음의 기간을 경과함으로 인하여 완성된다. 〈개정 2017. 12. 12.〉

1. 사형은 30년

2. 무기의 징역 또는 금고는 20년

3. 10년 이상의 징역 또는 금고는 15년

4. 3년 이상의 징역이나 금고 또는 10년 이상의 자격정지는 10년

5. 3년 미만의 징역이나 금고 또는 5년 이상의 자격정지는 7년

6. 5년 미만의 자격정지, 벌금, 몰수 또는 추징은 5년

7. 구류 또는 과료는 1년

참조판례

헌법재판소 1996. 2. 16. 선고 96헌가2

1. 형벌불소급의 원칙은 "행위의 가벌성" 즉 형사소추가 "언제부터 어떠한 조건하에서" 가능한가의 문제에 관한 것이고, "얼마동안" 가능한가의 문제에 관한 것은 아니므로, 과거에 이미 행한 범죄에 대하여 공소시효를 정지시키는 법률이라 하더라도 그 사유만으로 헌법 제12조 제1항 및 제13조 제1항에 규정한 죄형법정주의의 파생원칙인 형벌불소급의 원칙에 언제나 위배되는 것으로 단정할 수는 없다.

2. 공소시효가 아직 완성되지 않은 경우 위 법률조항은 단지 진행중인 공소시효를 연장하는 법률로서 이른바 부진정소급효를 갖게 되나, 공소시효제도에 근거한 개인의 신뢰와

공시시효의 연장을 통하여 달성하려는 공익을 비교형량하여 공익이 개인의 신뢰보호이익에 우선하는 경우에는 소급효를 갖는 법률도 헌법상 정당화될 수 있다.

위 법률조항의 경우에는 왜곡된 한국 반세기 헌정사의 흐름을 바로 잡아야 하는 시대적 당위성과 아울러 집권과정에서의 헌정질서파괴범죄를 범한 자들을 응징하여 정의를 회복하여야 한다는 중대한 공익이 있는 반면, 공소시효는 행위자의 의사와 관계없이 정지될 수도 있는 것이어서 아직 공소시효가 완성되지 않은 이상 예상된 시기에 이르러 반드시 시효가 완성되리라는 것에 대한 보장이 없는 불확실한 기대일 뿐이므로 공소시효에 대하여 보호될 수 있는 신뢰보호이익은 상대적으로 미약하여 위 법률조항은 헌법에 위반되지 아니한다.

3. [재판관 김진우, 재판관 이재화, 재판관 조승형, 재판관 정경식의 합헌의견]

　가. 진정소급입법이라 하더라도 기존의 법을 변경하여야 할 공익적 필요는 심히 중대한 반면에 그 법적 지위에 대한 개인의 신뢰를 보호하여야 할 필요가 상대적으로 적어 개인의 신뢰이익을 관철하는 것이 객관적으로 정당화될 수 없는 경우에는 예외적으로 허용될 수 있다.

　나. 진정소급입법이 허용되는 예외적인 경우로는 일반적으로, 국민이 소급입법을 예상할 수 있었거나, 법적 상태가 불확실하고 혼란스러웠거나 하여 보호할 만한 신뢰의 이익이 적은 경우와 소급입법에 의한 당사자의 손실이 없거나 아주 경미한 경우, 그리고 신뢰보호의 요청에 우선하는 심히 중대한 공익상의 사유가 소급입법을 정당화하는 경우를 들 수 있다.

　다. 이 사건 반란행위 및 내란행위자들은 우리 헌법질서의 근간을 이루고 있는 자유민주적 기본질서를 파괴하였고, 그로 인하여 우리의 민주주의가 장기간 후퇴한 것은 말할 것도 없고, 많은 국민의 그 생명과 신체가 침해되었으며, 전국민의 자유가 장기간 억압되는 등 국민에게 끼친 고통과 해악이 너무도 심대하여 공소시효의 완성으로 인한 이익은 단순한 법률적 차원의 이익이고, 헌법상 보장된 기본권적 법익에 속하지 않는 반면, 집권과정에서 헌정질서파괴범죄를 범한 자들을 응징하여 정의를 회복하여 왜곡된 우리 헌정사의 흐름을 바로 잡아야 할 뿐만 아니라, 앞으로는 우리 헌정사에 다시는 그와 같은 불행한 사태가 반복되지 않도록 자유민주적 기본질서의 확립을 위한 헌정사적 이정표를 마련하여야 할 공익적 필요는 매우 중대한 반면, 이 사건 반란행위자들 및 내란행위자들의 군사반란죄나 내란죄의 공소시효완성으로 인한 법적 지위에 대한 신뢰이익이 보호받을 가치가 별로 크지 않다는 점에서, 이 법률조항은 위 행위자들의 신뢰이익이나 법적 안정성을 물리치고도 남을 만큼 월등히 중대한 공익을 추구하고 있다고 평가할 수 있어, 이 법률조항이 위 행위자들의 공소시효완성에 따르는 법적 지위를 소급적으로 박탈하고, 그들에 대한 형사소추를 가능하게 하는 결과를 초래하여 그 합헌성 인정에 있어서 엄격한 심사기준이 적용되어야 한다고 하더라도, 이 법률조항은 헌법적으로 정당화된다고 할 것이다.

라. 위 법률조항은 헌정질서파괴범죄자들에 대하여 국가가 실효적으로 소추권을 행사할 수 있는 기간을 다른 일반국민들에 대한 시효기간과 동일하게 맞춤으로써, 그 범죄행위로 인하여 초래되었던 불평등을 제거하겠다는 것에 불과하여, 위 범죄행위자들을 자의적으로 차별하는 것이 아닐 뿐만 아니라, 오히려 실질적 정의와 공평의 이념에 부합시키는 조치라고 할 수 있다.

4. [재판관 김용준, 재판관 김문희, 재판관 황도연, 재판관 고중석, 재판관 신창언의 한정위헌의견]

형사실체법의 영역에서 형벌은 바로 신체의 자유와 직결되기 때문에 적어도 범죄구성요건과 형벌에 관한 한, 어떠한 공익상의 이유도, 국가적인 이익도 개인의 신뢰보호의 요청과 법적 안정성에 우선할 수 없고, 공소시효가 이미 완성되어 소추할 수 없는 상태에 이른 뒤에 뒤늦게 소추가 가능하도록 하는 새로운 법률을 제정하는 것은 결과적으로 형벌에 미치는 사실적 영향에서는 형벌을 사후적으로 가능하게 하는 새로운 범죄구성요건의 제정과 실질에 있어서는 마찬가지이므로, 공소시효가 이미 완성된 경우에 그 뒤 다시 소추할 수 있도록 법률로써 규정하는 것은 헌법 제12조 제1항 후단의 적법절차의 원칙과 제13조 제1항의 형벌불소급의 원칙 정신에 비추어 헌법적으로 받아들일 수 없는 위헌적인 것이다.

Q. 1992년 종교단체 건물에 방화하여 15명 사망, 25명 중상해를 입힌 죄로 1993년 사형을 선고받은 사형수의 형 실효일이 올해로 다가왔다. 사형선고를 받은 사형수의 형의 실효를 막기 위해, 기존에 사형선고를 받은 사형수들의 형을 집행해야 한다거나 형의 실효일을 연장하는 입법을 하여야 한다는 주장들이 나오고 있다. 이들 주장에 대한 찬반의 견해를 밝히고 그 이유를 말하시오.

접근전략 사형의 형의 실효기간은 30년이다. 형의 실효는 형의 실효가 있을때까지 특별한 잘못을 저지르지 않았고 사형을 집행하지 않을 것이라는 현재 상태의 법적 안정성을 보호해주기 위한 의의를 가지는 제도라 할 수 있다. 사형을 당할 죄를 지은 자에게 사형을 집행하는 것이 정의라 할 수 있지만 법적 안정성을 정의보다 우선하는 제도라 할 수 있다. 사형이 집행될 죄를 저지른 자에게도 법적안정성이 우선될 수 있을지를 고려하며 입장을 정리하여야 한다. 위 문제 사건의 사형수의 형은 2023년 11월 실효하게 되는데 이에 법무부는 형의 시효 조항에서 사형을 삭제하는 형법개정안을 입법예고하였다. 이러한 입법예고에 대하여 민변 등 사형제 폐지론자들은 형의 시효 조항에서 사형을 삭제할 것이 아니라 사형제도 자체를 폐지하는 논의를 시작해야 한다고 주장하고 있다.

NO 2

법의 존재형태

◇◇◇

　법의 존재형태는 법원(法源)이라고도 부른다. 일반적으로 우리는 모두 법이란 성문법전으로 존재한다고 생각하기 마련이지만, 법은 항상 성문법전으로 존재하여 왔던 것은 아니다. 최초의 법전이라 불려지는 함무라비 법전의 경우 성문법전으로 이루어져 있지만 대표적인 영미법계 국가인 영국의 경우에는 헌법이 불문헌법으로만 존재하기도 한다. 즉 법이라는 규범의 존재에 있어 성문법전이 반드시 필요한 것은 아니라 하겠다.

　법의 존재형태가 성문법의 형태를 띠는 것이 원칙인지 불문법의 형태를 띠는 것이 원칙인지는 법계와 각 국가의 입법사항에 따라 다르다 하겠다. 일반적으로 대륙법계는 성문법계 국가이고, 영미법계는 불문법계 국가로 일컬어지는데 이는 대륙법계와 영미법계가 각각 다른 과정을 통하여 법을 발전시켜 왔기 때문에 나타난 현상이라 할 수 있다.

　영미법계를 확립한 영국의 경우 중앙집권적 왕권이 확립된 적이 거의 없다. 왕권은 늘 귀족이 장악한 의회의 견제를 받았고, 세금과 징병을 귀족들로부터 받아내기 위한 왕과 귀족세력의 협상이 영국의 주된 정치사였다. 존왕의 마그나카르타 헌장에서부터 시작하여 명예혁명 시기 권리장전까지 왕은 귀족 세력에게 자신들의 권력을 조금씩 내어주어야 했으며, 그 과정에서 왕의 칙령으로서 성문법이 법원으로서 기능할 여지는 크지 않았다. 이에 영국에서는 일반적인 시민들의 상식(Common Sense)가 법적 확신을 얻어 확립된 불문법으로서 보통법(Common law)과 형평의 원칙(equity)이 법원으로서 기능하였으며, 성문법은 이를 보조하는 역할을 하는데 그쳤다. 실제 영미법계의 법원은 사실상 엽관주의가 작용하는 법관 선출제가 시행되는 경우가 많으며, 그 법관도 추첨된 시민들로 구성된 배심원들의 사실판단에 기속된 판단을 내려야 한다. 이런 과정에서 재판과정과 판례의 중요성이 자연스럽게 강조되었다.

반면 대륙법계를 확립한 프랑스와 독일의 경우 일찌감치 절대왕정이 확립되었다. 이에 절대 왕권을 지닌 왕의 의지가 관철된 왕의 칙령이 법원으로서 기능하는 경우가 많았으며, 이러한 성문법전으로서 왕의 칙령을 해석하고 적용하는 법률전문가가 법복귀족으로 까지 불리며 전문가로서 대우를 받았으며, 이들 법률전문가들의 학설과 이론이 실제 법이 적용된 판례보다 중요하게 다뤄졌다. 따라서 이들 성문법계 국가에서 법원은 왕의 칙령과 같은 성문법이 우선이고 관습법과 같은 불문법은 성문법의 빈자리를 메워주는 보충적 역할에 그치는 경우가 많았다.

동양의 경우 유교적 세계관을 기반으로 한 자체적인 성문법 체계를 발전시켜 왔으나 서세동점 시기 서양이 발전시킨 근대법을 전면적으로 계수하는 방식으로 근대법 체계를 완성시켜 나갔다. 특히 일본은 메이지 유신 시기 서양의 법을 연구하여 분야별로 서양의 법을 전면적으로 계수하였는데 정치체제의 경우 시민혁명이 존재하지 않았던 영국의 정치체제를 계수하여 입헌군주정 체제를 확립하고, 공법의 경우 독일의 것을 사법의 경우 프랑스의 것을 계수하였다. 특히 19세기 중반에는 프랑스인 법학자 브와소나드 교수를 초빙하여 프랑스 민법을 전면적으로 계수한 일본 민법을 제정하였고, 이는 우리나라 민법이 1958년 제정되어 1960년부터 시행되기 이전까지 의용민법으로서 우리나라에서도 전면적으로 시행되었다.

즉 우리나라는 일본이 계수한 대륙법계의 전통을 이어받은 특징을 가지고 있었고, 이에 우리나라에서 법원은 불문법으로서 관습법이 아니라 성문법이 더 중요시 되는 특징을 가지게 되었다. 이는 우리나라 민법 제1조를 통해서도 확인이 되는데 우리나라 민법 제1조는 "민사에 관하여 법률에 규정이 없으면 관습법에 의하고 관습법이 없으면 조리에 의한다"고 규정함으로써 성문법 우선의 원칙을 명백히 선언하고 있다. 다만, 2000년대에 접어들어 헌법재판소가 행정수도 위헌 사건에서 수도 서울은 관습헌법에 해당한다고 판시하여 헌법 분야에 있어서 관습헌법의 내용이 성문헌법의 내용과 동일한 지위를 가질 수 있는 가능성이 논해지게 되었다.

한편 형사법의 경우 영미법계와 대륙법계를 가리지 않고 법원으로서 성문법만 인정하고 있는데 이는 근대 형사법 체계에서 확립된 죄형법정주의 원칙에 따른 것이라 할 수 있다. 범죄와 형벌에 대하여서 만큼은 국가가 사전에 명확히 성문으로 규정하지 않을 경우 자의적인 법의 지배가 일어날 가능성이 높고 이로 인하여 인권 침해의 상황이 발생할 가능성이 높으므로 형사법에 있어서는 관습형법이 철저히 금지되는 것이라 하겠다.

마지막으로 국제법의 경우 국제사법재판소(ICJ) 제38조 제1항 규정을 통하여 국제법의 법원으로서 기능할 수 있는 것과 그 우열관계가 규정되어 있다. 일반적으로 ICJ 제38조 제1항 a, b, c 목은 국제법의 법원으로 인정하나 d 목은 국제법의 법원으로 인정하지 않는 것이 학계의 다수적인 견해이다.

인류 최초의 성문법전 〈함무라비 법전〉

1조 　만일 사람이 타인에게 죄를 돌려 살인죄로 그를 고발하고 그에게 확증하지 못하면, 그에게 죄를 돌린 자(즉 고발자)를 죽인다.

24조 　생명의 손실이 있었을 경우에는 그 도시와 지방장관이 그의 상속인들에게 은 1마나를 주어야 한다.

128조 　만일 사람이 아내를 맞이하고 그녀와 계약서를 만들지 않았으면 그 여자는 아내가 아니다.

196조 사람이 (다른) 사람 자식의 눈을 멀게 하였을 경우에, 그는 눈을 멀게 할 것이다.

197조 사람이 사람의 뼈를 부러뜨렸을 경우에, 그 사람의 뼈를 부러뜨릴 것이다.

198조 사람이 중인(中人)의 눈을 멀게 했거나 뼈를 부러뜨렸을 경우에 은 1마나를 지불할 것이다.

199조 사람이 사람의 종의 눈을 멀게 했거나 사람의 종의 뼈를 부러뜨렸을 경우에, 그의 가치의 반을 지불할 것이다.

200조 사람이 사람의 이를 부러뜨렸을 경우에, 그의 이를 부러뜨릴 것이다.

201조 사람이 중인의 이를 부러뜨렸을 경우에, 은 3분의 1마나를 지불할 것이다.

ICJ 제38조

① 재판소는 재판에 회부된 분쟁을 국제법에 따라 재판하는 것을 임무로 하며, 다음을 적용한다.

　　a) 분쟁국에 의하여 명백히 인정된 규칙을 확립하고 있는 일반적인 또는 특별한 국제협약

　　b) 법으로 수락된 일반관행의 증거로서의 국제관습법

　　c) 문명국에 의하여 인정된 법의 일반원칙

　　d) 법칙결정의 보조수단으로서의 사법판결 및 가장 우수한 국제법 학자의 학설

② 이 규정은 당사자가 합의하는 경우에 형평과 선에 따라 재판하는 권한을 해하지 않는다.

행정수도 위헌 사건(2004. 10. 21. 2004헌마554)

가. 다수의견

　　성문헌법이 빠짐없이 규율하는 것이 불가능하므로 헌법의 간결성과 함축성을 위해 관습헌법을 인정할 수 있다는 입장이다. 관습헌법이 성립되기 위해서는 ① 헌법적으로 중요한 기본사항에 관한 관행 관례, ② 반복 및 계속성, ③ 항상성(중간에 반대되는 관행없을 것), ④ 명료성(여러가지 해석없을 것), ⑤ 국민적합의(국민들의 승인 내지 확신으로 강제력 인정)가 필요하다고 하며 이는 존속요건으로 본다.

　　관습헌법이 존재할 경우 이는 성문헌법과 동등한 효력과 지위를 가지므로 성문헌법상 헌법개정절차를 통해서만 개정할 수 있다는 입장이다.

나. 반대의견(부적법각하)

　　수도의 위치 자체가 반드시 헌법제정권자나 헌법개정권자가 직접 결정하여야 하는 사항이라고 단정할 수 없다. "서울이 수도"라는 관행적 사실이 다수의견이 말하는 "관습헌법"이라는 당위규범으로 인정되기 어렵다. 성문헌법을 지닌 법체제에서, 관습헌법을 성문헌법과 "동일한" 효력 혹은 "특정 성문헌법 조항을 무력화시킬 수 있는" 효력을 가진 것으로 볼 수 없다. 관습헌법의 변경은 헌법의 개정에 속하지 않으며 헌법이 마련한 대의민주주의 절차인 법률의 제정, 개정을 통하여 다루어질 수 있다.

이 사건 법률은 국회의원들의 압도적 다수로 통과되었는데, 그러한 입법이 국민의 민의를 제대로 반영하지 못하였다는, 혹은 민의를 배신하였다는 정치적 비난을 받을 수 있는 것은 별도로 하고, 헌법적 측면에서 그것이 "국회의원들의 권한이 아니다"고 단정할 수 없다.

NO 3

법학의 사상

✦

    법실증주의와 자연법 사상은 법학의 사상으로서 오랜 시간 대립된 입장을 취하고 있다. 본래 근대법은 자연법 사상과 함께 시작하였으며, 자연법 사상의 뿌리는 중세시대 신법(神法)에 그 기원을 두고 있다. 중세시대에는 신의 계시와 경전의 내용이 모든 실정법들을 초월하는 권위를 가졌고 이러한 규범의 존재에 대한 믿음은 신의 지위가 이성으로 대체된 근대에도 달라지지 않았다. 그 법의 이름만 신법(神法)에서 자연법으로 변경되었고, 영구 불변의 진리인 자연법은 모든 실정법보다 우선한다고 생각하였던 것이다. 그리고 이러한 믿음으로부터 자연법적 권리로서 천부인권을 도출하였고, 천부인권에 위배되는 절대왕정과 신분제 사회를 혁명을 통해 철폐할 수 있다는 사상적 정당성이 확보되었다. 실제 프랑스대혁명 이후 국민의회가 1789. 8. 26.에 발표한 "인간과 시민의 권리 선언"과 미국독립혁명 당시 미국독립선언 등에서는 자연법에서부터 도출된 천부인권에 대한 내용이 주된 내용이다.

    그러나 혁명이 진전되고 근대 사회가 확립되어 감에 따라 정치권력자와 정치세력에 의한 자의적 인치(人治)가 문제가 되었고, 로베스피에르의 공포정치 시기 등을 거치며 이러한 문제에 대한 비판이 크게 대두되었다. 이에 독일의 법철학자들을 중심으로 법학은 정치나 권력 등의 영향을 받지 않고 순수한 법논리와 실정법을 기반으로 작용해야 한다는 법실증주의가 강력한 지지를 얻게 되었다. 실제 한스 켈젠은 순수법학 이론을 내세우며 법학의 순수성을 강조하였고 이는 근대적 법실증주의 이론의 모태가 되었다. 하지만 켈젠의 이론 역시 실정법을 정당화할 수 있는 논리를 상위법에서 찾을 수 밖에 없었고, 가장 최종적인 상위법으로서 근본규범을 상정했다는 점에서 완벽한 법실증주의 이론이라 보기 어렵다는 비판이 있다. 여하튼 법실증주의 법학자들과 법률전문가들의 노력으로 혁명의 열기가 가라앉은 후 법학계는 법실증주의가 주된 사조가 되어 가고 대륙법계 국가들의 법학은 이론가들이 그들만의 논리로 연구하는 전문적 영역으로 자리잡아가게 된다. 그러나 실정법에 따르는 것이 올바른 가에 대한 판단을 미뤄두고 실정법에 따르기만 한다면 그 법이 악법이어도 정당하다는 법실증주의 이론은 독일과 일본, 이탈리아에서 파시즘 정권이 만든 악법을 기반으로 저지른 수많은 전쟁범죄들을 막아내는데 무력하였다.

이에 제2차세계대전 이후에는 전쟁 이전 법실증주의자들이었던 대다수의 독일의 법학자들이 자연법 사상가로 다시 돌아가게 되고, 자연법이 재조명 받게 되기 시작하였다. 특히 뉘른베르크 전범재판과 극동 전범재판에서 패전국인 독일과 일본의 당시 법에 따라 무수한 전쟁범죄를 저지른 전범자들을 처벌하기 위해서는 자연법을 기준으로 삼는 것이 불가피한 일이 되었다. 이제 제2차세계대전 후 자연법 사상은 세계 법학계에서 주류적인 위치에 서게 되었고, 자연법으로부터 도출되는 보편적 인권, 그리고 이를 지키기 위한 UN헌장 제7장의 인도적 개입에 대한 내용까지 더해지면서 자연법과 보편적 인권의 존재는 의심할 수 없는 진실이 되었다.

그러나 여전히 20세기 중반 이후 화려하게 부활한 자연법 사상이 가지고 있는 치명적인 두 가지 문제가 여전히 해결되지 않고 남아있었기에(무엇이 자연법인지 객관적으로 정의하기 어렵다는 점과 정치권력자나 강대국이 자연법을 명분으로 자신의 의지를 관철시키려 할 때 자연법 사상이 무력하다는 점) 자연법에 대한 비판은 여전히 존재하고 있다. 실제 법실증주의자인 미국의 법철학자 하트는 자연법을 적용하여 뉘른베르크 전범재판과 극동 전범재판을 진행한 것에 대해 비판하며, 전범들의 재판의 경우 처벌법규를 먼저 만들고 이를 소급적용하는 방법으로 재판을 하는 것이 바람직했다고 주장한 바 있다. 그러나 이러한 주장은 근대 형사법의 절대적인 원리인 죄형법정주의 상의 소급입법금지원칙에 반한다는 점에서 비판받을 면이 존재한다.

한편 자연법의 존부에 대한 이러한 논쟁을 다른 방향으로 풀이하려는 입장도 있다. 하버마스의 대화이론을 법학에 접목하여 자연법이 영구불변하게 주어지는 것이 아니라 복수 또는 다수의 구성원, 가장 이상적으로는 구성원 전체의 참여를 통해서만 발견될 수 있다는 대화주의 이론이 바로 그것이다. 대화주의 이론은 2010년대 이후 국내 학계에 소개되고 있는데 자연법 그 자체보다 자연법이 형성되는 과정에 주목한 이론으로서 자연법에 대한 오랜 논쟁의 초점을 변경시켰다는 점에서 주목받고 있는 이론이라 하겠다.

🌿 참조 문헌 1

법실증주의 관련 문헌

"나치스 법률―악법―은, 그의 법리가 이와 같이 형식적 효력과 실질적 효력과의 분리에 있는 것이다. 실질 효력은 그러나 나치스의 압박에도 굴복하지 않은 부분의 민의 정의·공평 감정, 습속, 절도 있는 사고에 그 기이 있었던 것이다. 이것은 독일민의 의식, 이른바 법의식 이다. 그러므로 법의식은 준법(실효성) 기준의 주체인 것이다. 법의식이 정통적 기능에만 습 관화될 때 법률의 형식적 효력은 실질적 효력(법)을 등한시하는 것이며, 이에 따라 불법·비법 인 악법의 기능이 자행되는 것이다. 법의식의 자주적·비판적 기능이 살아있을 때 법률의 의 미(형식적 효력)은 준법, 즉 실효성을 얻기 해서는 라드브루흐가 말한 정의를 실현하려는 의미 실현의 기능이, 하트가 말하는 실리주의적 기준에 따르는 기능이, 그리고 풀러가 말하는 법 의 도덕을 어기지 않는 기능이 기약되어야 하는 것이며, 이러한 기능 제약성을 지닌 법률은 필경 학법의 적격성에서 실격되는 것이다. 추락된 법의식과 악법은 동일개념에 불과하고, 자 주인 법의식과 악법은 논리의 모순이다. 건전한 법의식에 있어서의 법실증주의는 오히려 자 연법 기능을 하는 것이며, 무기력한 법의식에 있어서의 법실증주의는 악법탄생의 온상이 되 는 것이다."

(전원배, "악법의 법리", "서울대학교 법학 11권 1호, 1969, 31쪽)

"19세기의 개념법학에 의한 법실증주의에 대항하기 위한 학문적 노력의 과정에서 자연법 이 재생되어 논의된 후에, 현대의 자연법론이 다시 크게 논의된 것은 제2차 세계대전이 끝나 고 나치가 저지른 인류에 대한 불법을 청산하고 정의로운 질서의 새로운 세계를 건설하기 위 한 노력의 과정에서 나타났다. 나치의 불법은 법실증주의가 낳은 인류의 불행이었다. 나치는 법은 법이고 명령은 명령이다(Gesetz ist Gesetz, Befehl ist Befehl)라는 지극히 법률실증주의를 따른 법률에 의한 불법(gesetzliches Unrecht)을 자행하였다. 그러므로 나치의 불법은 법률에 의한 불법이었다. 악법도 법이라고 이해함으로써 악법에 의한 불법의 통치시대가 바로 나치 시대다. 그리하여 나치시대는 극단적인 법률실증주의(Gesetzespositivismus) 시대다."

(김상용, "자연법의 재생", 한독법학 제20호, 2015, 195쪽)

참조 문헌 2

자연법 사상 관련 문헌

"현재의 우리의 법질서는 서양법에 기초를 두고 있기 때문에 자연법론도 자연히 서양법사를 따라서 설명되고 있다. 서양에서 자연법론이 주장된 것은 그리스에서 조그만 도시국가 던 아테네가 대제국인 페르시아 제국의 침입을 물리치고 승리를 하였으나, 다시 스파르타와의 펠로폰네소스 전쟁에 의하여 아테네가 스파르타의 지배를 받게 됨으로써, 당시의 권력중심의 세속법이 권력자가 결정한 것이 법이라는 극히 세속적이고 보편적인 가치에 반하는 주장이 소피스트들에 의하여 주장되어 현실의 법이 집권자의 자의적인 의사에 의해서 만들어지고 집행되었을 시대에, 페르시아 전쟁이전의 조그만 도시국가(civitas)던 아테네에서의 평화롭고 민주적 질서로의 회복을 염원하여 보다 보편적이고 이상적인 법질서를 세우기 위하여 소피스트들에 대항한 주장이 바로 그리스의 자연법론이었다. 그리스에서의 자연법론은 아테네가 펠로폰네소스 전쟁에서 스파르타에 패한 후 소피스트들에 의하 여 무질서해진 현실세계보다는 고대의 평화롭고 민주적 질서를 유지하 던 아테네의 이상적인 법질서가 있었음을 인식하고, 현실의 법은 그러한 이상의 세계의 법을 받아 그 이상의 법을 실현하여야 한다고 주장하였다. 그 이상의 세계는 현실 세계를 초월한 세계이었으나 점점 그 이상의 세계는 세속의 세계로 내려오는 방향으로 자연법론에서의 이상세계가 설명되었다. 그리하여 그리스에서의 이상세계인 이데아는 현실세계 위에 존재한 초월적인 세계에서 현실 속에 내재하는 것으로 자연법론의 주장내용이 변천하였다.

아테네가 스파르타에 패하여 현실의 권력자들과 그 권력자에 아부하면서 현실세계에 안주하려 든 소피스트들의 현실의 권력자들의 결정이 바로 법이라고 하는 주장에 대하여, 그러한 권력자의 결정을 정의라고 하는 자의적인 세계를 극복하고, 보다 정의로운 세계를 이데아로 주장하여 그 이데아의 세계의 법이 자연법이라고 주장하였다. 이 때의 그리스에서의 이데아에 의한 자연법론의 주장은 당시의 권력 자와 그 간신들이 전횡하던 시대를 극복하기 위한 이론으로 현실세계 위에 존재하는 이데아를 자연법론의 내용으로 주장하였다. 그러나 알렉산더 대왕이 동방원정을 하고 마케도니아 제국을 이루었을 때에는 마케도니아 제국이 바로 이데아의 이상세계로 관념하여 이데아가 현실 세계에 초월하여 존재하는 세계가 아니라 현실 속에 존재한다고 관념하여 이데아 사상을 중심으로 한 자연법론에서의 이상세계가 현실세계, 즉 마케도니아제국 속으로 내려오게 되었다.

스토아학파를 중심으로 한 자연법론은 마케도니아 제국이 계속되어 이상세계를 계속적으로 존속시킬 수 있는 사상 내용으로 발전하게 되었다. 그 내용이 바로 스토아학파의 사해동포주의 사상이었다. 사해동포주의 사상은 마케도니아 제국이 이민족을 아울러 속적으로 존속하기 위한 수단으로 권력에 의한 지배보다는 형제애로써 하나가 되 어야 대제국이 존속할 수 있다는 확신에서 주장되었다. 그러한 사해 동포주의 사상은 대제국을 건설하려는 로마제국의 발전방향에 부합하 기 때문에 로마제국에 스토아철학이 전수되어 널리 알려지고 또한 꽃을 피우게 되었다. 결국 스토아 철학이 로마에 전수된 것은 이민족 들로 구성된 로마가 하나의 결집된 제국으로 발전하기 위해서는 힘에 의한 지배보다는 사해동포주의적인 형제애로써 결집하여야 함을 알려 주었고 로마제국은 그러한 진리를 받아들였던 것이었다. 그리하여 로마 제국은 스토아철학의 향으로 로마법을 고도로 발전시켰던 것이었다.

로마법은 스토아철학을 전수받아 사해동포주의적 사상에 기초하여 발전하였지만, 그리스에서와 같이 현실세계를 초월한 자연법을 주장한 것이 아니라 이상세계를 현실 속에서 실현하고자 하는 자연법으로 발전되어 왔다. 그리하여 로마법은 사해동포주의적인 사상에 기초하였기 때문에 후세에 학문적으로 연구되어 오늘날 세계법의 바탕이 되었다.

중세에는 교회가 神의 세계를 세속세계에 실현하기 위하여 신의 질서의 법인 신법을 세속에 실천하기 위한 수단으로 자연법을 주장하였던 것이었다. 신법을 곧바로 세속법으로 전환할 수는 없기 때문에 인간의 이성에 의하여 알 수 있는 신법을 자연법으로 정의하고, 그 자연법이 세속법의 유효성의 기준이 된다고 하였다. 이렇게 자연법을 통해 신법을 세속법화하여 교회가 세속의 세계를 지배하기 위한 수단으로서 자연법이 기능하였다. 중세 교회시대의 자연법도 그 이론에 있어서는 정당성이 있었지만 교회권력이 강화됨과 함께 교회가 부패하여 결국 종교개혁에 의해 교회시대의 자연법론도 약화될 수밖에 없었다.

근세에는 신 대신에 인간이 세계의 중심이 되고, 교회지배의 약화를 틈타서 생성된 근대 절대왕정의 무소불위의 절대권력에 대항하기 위하여 인간의 이성에 기한 천부인권과 절대권력을 전복·제거할 수 있는 사상으로서의 저항권이 주장되었다. 이러한 천부인권과 주권재민, 삼권분립, 저항권 등을 내용으로 하는 근대적 자연법론이 생성되어 주장되었다. 그리하여 근대의 자연법론은 인간을 최고의 존재가치로 인정하고 그러한 인간의 인격을 보호하기 위하여 천부인권을 주장 하고 절대군주에 의한 절대권력의 억제와 제거를 위한 주권재민, 삼권분립 그리고 저항권을 인정하게 된 것이었다.

이러한 근대 자연법론은 실정법으로 법제도화하여 두면 인권이 보장되고, 주권재민과 삼권분립을 실천하면 절대권력을 억제하고 인권 이 보장될 것으로 믿었으며, 최종적으로는 저항권에 의하여 절대왕정과 같은 절대주의의 회복을 막을 수 있을 것으로 생각하였다. 그리하여 근대의 자연법론은 근대민법의 제정으로 이어지고, 근대민법의 제정으로 그리스시대로부터 계속되어 온 자연법론의 내용은 실정법에 의하여 법제도화가 되었다. 이러한 입법화와 함께 자연법론은 그 사명을 다한 것으로 이해되었으며 법실증주의 시대를 이루었다.

자연법론의 내용의 법제화로 자연법은 더 이상의 발전을 멈춘 것으로 판단되었으나, 자연법론에 기초하여 제정된 민법전의 내용의 해 석과 적용에 있어서 보다 더 이상적인 방향으로 이끌어 나가기 위하여 현대에는 법실증주의 하에서도 새롭게 자연법론이 주장되었다. 그 것이 바로 자연법의 재생이었다. 특히 극단적인 법률실증주의의 나치에 의한 민족사회주의의 학정을 경험하고서는 다시 자연법론이 강하게 대두하게 되었다. 그 결과로 이제는 헌법에서 자연법론의 내용을 입법하여 법의 최고의 위치에 자연법을 법제도화하였다. 그리하여 형식은 법실증주의를 취하지만 실질적인 내용은 자연법론의 내용들로써 구성함으로써 자연법론이 약화되기는 하였지만, 자연법론의 사상과 주장은 계속되고 있다. 오늘날은 자연법론이 입법론으로서 주장되기 보다는 법의 해석과 적용에 있어서 자연법론이 강하게 주장되고 있다."

(김상용, "자연법의 재생", 한독법학 제20호, 2015, 226-229쪽)

🌱참조 문헌 3

대화주의 관련 문헌

"대화이론은 오로지 '대화'를 통해서만 진리가 발견될 수 있다는 신념에 기초한다. 여기서 대화를 특징짓는 본질적인 개념표지는 복수의 참여자다. 따라서 대화이론에 따르면 정의를 포함하는 넓은 의미의 진리는 복수 또는 다수의 구성원, 가장 이상적으로는 구성원 전체의 참여를 통해서만 발견될 수 있다. 그 이유는 ①개인으로서 인간은 생래적으로 불완전하다는 점, ②인간 개인의 인식은 자신의 관점과 입장에 따라 상대적일 수밖에 없다는 점, ③일정한 대상에 대한 주체의 인식은 그것을 사용하는 주체와 상황에 따라 다양하게 의미가 변하는 언어에 의해 매개된다는 점, ④어떤 공동체든 공동선의 형성에 참여하는 구성원들의 이해관계는 다양하고 서로 충돌할 수 있다는 점, ⑤현대사회가 대단히 다원화되어 이질적이 되었다는 점 등이다."

(이준일, 헌법학강의 제3판, 2008, 6-7쪽)

"대화의 절차에서 반드시 요구되는, 절차참여자에 대한 인격적 승인이라는 규범적 요청은 단순히 '발언'의 수준에서뿐만 아니라 '행위'의 수준에서도 요구된다. 발언이 수준에서 요구되는 필수적인 규범적 요청을 인격적 승인이라고 한다면, 행위이 수준에서 요구되는 필수적인 규범적 요청을 '인권'이라고 부른다. 이렇게 도덕적으로 정당화된 인권이 가지는 특성은 ①보편성, ②도덕적 효력, ③근본성, ④실정법에 대한 우월성, ⑤추상성에 있다. 이러한 인권이 실정법으로 제도화되어 어느 정도 확정된 의미와 강제력을 갖게 될 때 우리는 이것을 '기본권'이라고 부른다. 이로써 제도화된 인권을 의미하는 기본권은 민주적 정당성을 가진 입법자의 활동에 일정한 한계를 긋는 동시에 입법자가 적극적으로 실현해야 하는 과제가 된다.

　이러한 의미의 헌법주의는 입법자도 포기할 수 없는 인격적 승인의 규범과 인권을 기본권으로서 반드시 헌법체계 안에 포함시킬 것을 요구한다. 따라서 기본권은 헌법체계 안에 포함됨으로써 비로소 정당화되는 것이 아니라 이미 실정헌법 이전에 도덕적으로 정당화될 수 있는 권리로서 자리 잡는다. 같은 맥락에서 대화이론의 전제가 되는 헌법주의는 실정법 이전의 자연법이나 정의의 우월성을 주장하는 '자연법론'의 전통과 연결된다. 자연법론의 전통에 따르면 기본권은 실정헌법 이전에 정당성을 획득한다. 하지만 대화이론이 기초로 삼는 헌법주의는 자연법론과 분명한 차이를 보여준다. 자연법론은 실정 헌법 이전의 권리인 기본권을 천부적이며 자명한 권리로서 전제한다. 반면에 대화이론은 절차이론, 실천이성, 자유주의의 관점에서 기본권의 도덕적 정당성을 납득할 만한 논거를 제시하여 논증함으로써, 결코 더 이상의 논증을 필요로 하지 않는 자명한 것으로 전제하지는 않는다."

(이준일, 헌법학강의 제3판, 2008, 15쪽)

Q. A씨는 서울역 역무과장으로 체감기온 영하 9.7도의 날씨임에도 서울 역사 내부에서 노숙을 하는 B씨를 발견하고 역사 밖으로 내몰았다. B씨는 역사 내에서 이미 저체온증을 보이고 있는 상황이었으나 A씨는 이를 알지 못하였고 B씨는 그날밤 사망하였다. 한편 A씨가 근무하는 서울역 근무 규정에 따르면 역사의 청결을 유지하기 위하여 노숙자의 출입을 통제하고 있었다.

A씨의 판단은 옳은가?

접근전략 법규를 지키는 것으로 인해 노숙자의 생명이 위협받을 수 있는 상황에서 여전히 준법을 강조할 수 있는지 묻는 질문이다. 지하철 역사에서 노숙자를 추방하는 법규의 목적이 위생이라면 이로 인해 혹한기 노숙자의 생명이 위협받을 수 있는 법익 사이의 이익형량을 해야 한다. 법실증주의와 생명권의 보호라는 자연법이 충돌하는 전형적인 사례라 할 수 있는데 그 중 자연법 사상의 관점을 선택하는 것이 현대 법학의 주된 흐름이다.

NO 4

개인주의와 공동체주의

◈◈◈

"신분에서 계약으로"

영국의 법제사가 헨리 메인이 그의 저서인 〈고대법〉에서 사용한 표현으로 근대사회의 특징을 가장 잘 드러낸 표현이라 할 수 있다. 근대 사회를 만든 근대법은 모든 인간관계의 기본을 계약으로 전환시켰다. 심지어 친족관계라 할 수 있는 혼인관계조차 근대법에서는 혼인계약으로 이해하고, 혼인관계에서 발생하는 많은 문제들을 계약법의 차원에서 해석한다.

이처럼 계약에 기반한 인간관계는 철저히 개인주의적 사고를 기반으로 형성되었다. 개인은 특별한 사정이 없는 한 성년이 될 경우 단독으로 법률행위를 할 수 있는 능력을 가지게 되고, 그러한 법률행위에 의한 권리와 의무를 감당해야 한다. 그리고 이러한 개인이 스스로 법률행위를 하는 것에 대한 국가의 간섭을 최소한으로 해야 한다고 보았으며, 이를 기반으로 기본권상 자유권이 발달하게 되었다.

즉 근대 사회 초창기의 자유는 국가가 개인의 삶에 간섭해서는 안된다는 소극적인 수준의 자유를 의미하였고, 그 연장선상에서 사적자치의 원칙, 자유방임주의, 야경국가론 등의 이론이 등장하였다. 형사법에서도 개인주의의 전통은 예외가 아니어서 형사법 파트에서 자세히 다룰 자유법 사상이 이와 같은 개인주의에 기반한 이론이라 할 수 있다.

반면, 개인의 자유를 극대화하고 국가의 간섭을 최소화하는 기조 속에서 사회적 약자에 대한 충분한 보호가 이뤄지지 못한다는 비판이 나타나기 시작하였다. 이러한 비판은 개인은 공동체의 구성원이며, 개인이 행복하고 잘되기 위해서는 공동체가 건강하게 발전해야 한다는 사상으로 이어졌고, 이는 공동체주의 사상의 탄생을 이끌었다.

공동체주의는 공동체의 공익을 위하여 개인의 자유를 다소 제한할 수 있다는 사상을 담고 있다. 사회복지법제와 노동법은 모두 공동체주의적 가치관이 실현된 사례라 할 수 있다. 우리 헌법도 아래 조항에서 공동체주의적 가치관을 천명하고 있다.

헌법

제23조 ①모든 국민의 재산권은 보장된다. 그 내용과 한계는 법률로 정한다.

②재산권의 행사는 공공복리에 적합하도록 하여야 한다.

③공공필요에 의한 재산권의 수용·사용 또는 제한 및 그에 대한 보상은 법률로써 하되, 정당한 보상을 지급하여야 한다.

최근 우리나라에서 문제가 되고 있는 많은 사회적·경제적 쟁점들은 개인주의와 공동체주의의 관점이 담겨져 있는 경우가 많다. 전술한 내용과 같이 개인주의와 공동체주의는 현재 우리 사회가 모두 수용하고 있는 사상이라 할 수 있으며, 개별적 사안에서 갈등을 빚을 수 밖에 없다. 그러나 모든 사안에서 개인주의와 공동체주의 중 하나만을 선택하여 일관된 생각을 유지하는 것은 사실상 불가능하다. 따라서 개별 사안에서는 이러한 두 사상의 대립을 파악하고 개별적으로 형량하여 본인의 생각을 정하는 훈련을 반복하는 것이 좋다.

2024년에 생각해 볼 Legal Issue

Q. A국 부동산 가격이 급등하면서 A국의 B정당은 부동산 임대차의 계약갱신청구권을 무제한으로 인정하고, 전월세 임차료 상승률 상한제를 시행하며, 부동산 임대차 가격 표준가격제를 시행하는 법안의 입법을 준비중이다. 이러한 법안의 입법에 대한 찬반의 견해를 밝히고 그 이유를 말하시오.

접근전략 재산권은 개인주의와 공동체주의 사상이 가장 첨예하게 충돌하는 영역이다. 기본권 중 자유권의 일종으로 인정되지만 공공의 이익을 위해 가장 폭넓게 제한될 수 있는 기본권이기 때문에 더욱 그러하다. 특히 토지나 건물 등 부동산의 경우 더욱 공공의 이익을 위한 제한이 인정되는 편이라 할 수 있다. 주택임대차에 대한 이러한 제한은 상대적으로 경제적 약자인 임차인을 보호하기 위해 필요한 제한이라 보는 견해가 있는 반면, 오히려 이런 제한은 시장에서 임차료 상승을 가져올 뿐이고 암시장 등이 형성되는 문제가 생겨 임차료가 왜곡되고 임차인에게 도움이 되지 않으므로 시장에 맡기고 재산권을 존중해야 한다는 반대 입장이 존재한다. 두가지 입장 중 한가지 입장을 선택하되 반드시 상대 입장에서 나올 수 있는 비판에 대해 충분히 반박할 수 있어야 한다.

법의 분류

◈◈◈

01 공법과 사법, 사회법

공법	사법	사회법
국가나 공공단체 등 공적 기관이 주체가 되어 사회질서와 공공생활을 규율하는 법	개인(자연인 또는 법인)간의 법적 관계를 규율하는 법	지나친 자유방임주의로 발생한 사회적 모순의 해결을 위해 공적 기관인 국가가 개인들의 사적인 영역에 개입하며 발생한 법
헌법, 형법, 행정법, 소송법 등	민법, 상법 등	노동법, 경제법, 사회보장법 등

※ 법의 원칙들은 각 법의 분류에 맞게 적용해야 한다. 예를 들어 죄형법정주의 유추해석 금지의 원칙은 형사법에서만 적용되는 원칙이며, 사법의 영역에서는 적용할 수 없다. 예컨대 사법의 영역에서는 오히려 유추해석이 적극적으로 활용된다.

02 국제법과 국내법

국제법의 국내법적 수용과 관련하여 국제법 국내법 일원론과 국제법 국내법 이원론의 입장에 따라 전혀 다른 입장으로 나뉘어 진다.

먼저, 편입이론에 따르면 국제법이 국내적으로 유효하기 위하여 국가의 집행행위가 요구되지 않는다. 편입이론은 국제법 국내법 일원론을 따르므로, 국제법규범은 직접적으로 국내에서 적용되고, 그로 인해 국제법은 국내법으로 변형될 필요도 없으며 국제법으로서 성격도 잃지 않는다. 이같은 편입이론은 주로 영미법계에서 적용되는 이론이다.

반면 집행이론은 국제법규범이 국내적으로 집행되기 위하여는 국제법을 그 자체로서 국내적으로 적용하라는 국가기관의 집행명령이 필요하다는 이론이다. 하지만 집행명령에 의해 국내의 법적용기관은 국내법질서에서 국제법규범을 적용할 수 있는 권한이 부여되는 것에 불과하고 이러한 국제법규범은 국내법으로 변형되지 않고 본래의 법적 성격을 보유한다. 따라서 이 설은 편입이론처럼 국내에서 적용되는 국제법규범의 발효, 효력, 해석, 종료 등에 있어서 국제법을 기준으로 하는 이론이다.

마지막으로 변형이론은 국제법과 국내법의 이원설을 전제로 하는 것으로 국제법은 그대로는 국내에 적용될 수 없고, 국내적으로 적용되기 위해서는 국내법으로 형태를 바꾸는 변형이 있어야 한다고 한다. 따라서 국제법의 국내 적용을 위해서는 국내적인 입법절차를 거쳐야 한다. 따라서 이 경우 해당 국제법의 발효, 효력, 해석, 종료 등은 모두 국내법을 기준으로 판단하게 된다.

헌법

제6조 ①헌법에 의하여 체결·공포된 조약과 일반적으로 승인된 국제법규는 국내법과 같은 효력을 가진다.

②외국인은 국제법과 조약이 정하는 바에 의하여 그 지위가 보장된다.

법률삼단논법

01 법률삼단논법의 의의

법조인을 소재로 하는 많은 소설, 드라마, 영화에서 법조인이 되는 길은 법전을 통째로 암기하고 변호사라면 응당 법조문을 항상 암기하고 있는 것으로 그려진다. 그러나 변호사시험에서도 법전은 주어지고, 법조문 자체를 암기하는 법조인은 없다. 법조인은 대중문화 속에서 그려지는 대로 법조문을 많이 암기한 사람을 의미하지 않는다. 법조인은 법률과 사실관계를 법률삼단논법적으로 사고하며 그 과정에서 법학적 해석을 하는 사람을 의미한다.

그렇다면 법조인으로서의 삶을 살아가는 과정에서 평생 활용하며 살아가야 하는 법률삼단논법이란 무엇인가? 아래 간략히 정리된 내용은 법조인이 법적 사안을 접했을 때 행하는 전형적인 사고 모델을 보여준다.

대전제 : 법률의 규정(요건사실/구성요건)

소전제 : 사실관계

결론　　: 포섭

법조인은 사안을 접할 경우 일단 사안에 적용될 수 있는 법률의 내용을 리서치하고 리서치된 내용의 법조문으로부터 요건을 추출한다. 그리고 그 요건이 사안의 사실관계에 부합하는지를 판단함으로써 그 과정에서 해당 법조문이 사안에 적용될 수 있는지 적용될 수 없는지 판단한다. 이와같은 삼단논법적 사고를 법률삼단논법이라고 하며, 속칭 Legal Mind나 법학적 사고라고 부른다.

많은 경우 의뢰인들은 법조인들이 피도 눈물도 없고, 너무 기계적이라 비판한다. 그러나 법조인이 법률삼단논법적 사고의 틀을 넘어 자의적으로 판단하기 시작한다면 일부 구체적 정의와 정당성을 획득할 수 있을지 모르지만 법치라는 시스템에 대한 신뢰를 가질 수 없게 되고 사회적 갈등 요소를 법원으로 가져오기 보다는 자체적으로 해결하려 하는 과정에서 많은 부정의와 혼란이 발생할 수 있다. 따라서 법조인이라면 기본적으로 모든 사고를 법률삼단논법의 틀 안에서 할 수 있도록 꾸준히 훈련해야 하겠다.

02 법률삼단논법 적용 예시 사례

대전제 : "사람을 살해한 자는 사형, 무기, 5년 이상의 징역에 처한다."(형 제250조)

"전 4조의 미수범은 처벌한다."(형 254조)

"사람의 신체에 대하여 폭행을 가한 자는 2년 이하의 징역, 500만원 이하의 벌금, 구류 또는 과료에 처한다."(형 260조)

"폭행의 죄를 범하여 사람을 사망에 이르게 한때에는 3년 이상의 유기징역에 처한다."(형 262조, 259조)

"자기 또는 타인의 법익에 대한 현재의 부당한 침해를 방위하기 위한 행위는 상당한 이유가 있는 때에는 벌하지 아니한다."(형 제21조 제1항)

"방위행위가 그 정도를 초과한 때에는 정황에 의하여 그 형을 감경 또는 면제할수 있다."(형 제21조 제2항)

"전항의 경우에 그 행위가 야간 기타 불안스러운 상태하에서 공포, 경악, 흥분또는 당황으로 인한 때에는 벌하지 아니한다."(형 제21조 제3항)

소전제 : A는 21시 경 골목길을 걸어가던 중 B가 갑자기 식칼을 들고 찌를 듯이 덤벼드는 B의 칼날을 피하던 중 인근의 각목을 발견하여 주워들고 B의 뒤통수에 가격하였다. A가 B를 가격한 정도는 사람을 살해한 정도의 세기는 아니었으나 B의 두 개골이 비정상적으로 얇아 대뇌 출혈에 의해 B는 사망하고 말았다.

① 위 사안에서 B에게 적용되는 법조를 명시하라.

② 위 사안에서 A에게 적용되는 법조를 명시하라.

③ 위 사안에서 A와 B는 각각 처벌되는가?

해설

B는 살인죄의 실행행위를 착수하였으나, 기수에 이르지는 않았으므로 형법 제254조 살인 미수죄가 성립한다. A는 B에게 폭행을 가하여 B를 사망에 이르게는 하였으나 폭행치사가 성립하기 위해서는 폭행과 사망 사이에 인과관계가 존재해야 한다. 그러나 이 경우는 B의 두개골이 비정상적으로 얇은 상황이므로 폭행과 사망사이의 인과관계를 인정하기 어렵다. 인과관계 인정과 관련해 우리 학계는 합법칙적 조건설 및 객관적 귀속이론을 따르고 있고, 대법원은 상당인과관계론을 따르고 있다. 두 입장 어디에 따르더라도 인과관계를 인정할 수 있을 상당성 등의 요건이 필요한데 이 사례에서는 상당성을 인정하기 어렵다. 따라서 A는 폭행죄의 구성요건을 저질렀을 뿐이며 이 행위가 정당방위의 각 조항 중 어느 것에 해당하는지 판단해야 한다. B가 살인의 실행의 착수를 한 상황에서 A가 폭행 정도로 방위행위를 한 것은 형법 제21조 제2항 또는 제3항이 정하는 과잉방위의 상황이라 보기는 어려우므로 제21조 제1항 정당방위 조항에 따라 위법성이 조각된다고 보아야 한다. 결국 A는 위법성이 조각되어 처벌되지 않으며, B는 살인미수죄를 저질렀으나 이미 사망하였으므로 처벌받지 않는다.

참조 판례

대법원 2002. 7. 12. 선고 2002도745 판결

절도죄 형법 규정(대전제)

제329조(절도) 타인의 재물을 절취한 자는 6년 이하의 징역 또는 1천만원 이하의 벌금에 처한다.

판례

[1] 절도죄의 객체는 관리가능한 동력을 포함한 '재물'에 한한다 할 것이고, 또 절도죄가 성립하기 위해서는 그 재물의 소유자 기타 점유자의 점유 내지 이용가능성을 배제하고 이

를 자신의 점유하에 배타적으로 이전하는 행위가 있어야만 할 것인바, 컴퓨터에 저장되어 있는 '정보' 그 자체는 유체물이라고 볼 수도 없고, 물질성을 가진 동력도 아니므로 재물이 될 수 없다 할 것이며, 또 이를 복사하거나 출력하였다 할지라도 그 정보 자체가 감소하거나 피해자의 점유 및 이용가능성을 감소시키는 것이 아니므로 그 복사나 출력 행위를 가지고 절도죄를 구성한다고 볼 수도 없다.

[2] 피고인이 컴퓨터에 저장된 정보를 출력하여 생성한 문서는 피해 회사의 업무를 위하여 생성되어 피해 회사에 의하여 보관되고 있던 문서가 아니라, 피고인이 가지고 갈 목적으로 피해 회사의 업무와 관계없이 새로이 생성시킨 문서라 할 것이므로, 이는 피해 회사 소유의 문서라고 볼 수는 없다 할 것이어서, 이를 가지고 간 행위를 들어 피해 회사 소유의 문서를 절취한 것으로 볼 수는 없다.

법학적 해석

법조인은 법률삼단논법을 통해 사안이 법조문에 포섭되는지 판단하는 것이 주된 업무라 할 수 있다고 앞의 장에서 설명하였다. 그런데 법조문의 내용이 항상 명료하지 않다는 점에서 항상 논쟁이 발생하게 된다. 이처럼 명료하지 않은 법조문의 내용 또는 사실관계가 법조문의 요건에 해당하는지 여부가 불명확할 때 바로 법률의 해석이 법조인의 주요한 업무가 된다.

법률의 해석에 대해 일찍이 독일의 법학자 사비니(Savigny)는 크게 문헌학적 해석과 법학적 해석으로 나누어 설명하였다. 그중 문헌학적 해석은 문자 그대로 법조문의 사전적 의미를 밝혀내는 해석으로서 법조인의 영역이라기 보다는 국어학자의 영역에 해당하는 해석법이라 할 수 있다.

반면 법학적 해석은 법조문의 의미를 법조인이 확장 또는 축소할 수 있는 해석법으로서 사비니에 따르면 크게 체계적 해석, 역사적 해석, 목적적 해석으로 분류될 수 있다. 체계적 해석은 법조문의 내용이 전체 법 체계에서 어떠한 위치와 순서에 있는가를 기준으로 그 조문의 의미를 해석하는 방식이다. 아래의 판례는 개별적인 자유권에 앞서 나오는 행복추구권은 일반적인 행동자유권으로서 의미를 가진다고 체계적 해석을 한 헌법재판소 판례이다.

헌법재판소 1996. 12. 26. 자 96헌가18 결정

[1] 헌법재판소는 위헌법률심판절차에 있어서 규범의 위헌성을 제청법원이나 제청신청인
이 주장하는 법적 관점에서만 아니라 심판대상규범의 법적 효과를 고려하여 모든 헌법
적 관점에서 심사한다. 법원의 위헌제청을 통하여 제한되는 것은 오로지 심판의 대상인
법률조항이지 위헌심사의 기준이 아니다.

[2] ⑴ 헌법 제119조 제2항은 독과점규제라는 경제정책적 목표를 개인의 경제적 자유를 제
한할 수 있는 정당한 공익의 하나로 명문화하고 있는 독과점규제의 목적이 경쟁의 회
복에 있다면 이 목적을 실현하는 수단 또한 자유롭고 공정한 경쟁을 가능하게 하는
방법이어야 한다. 그러나 주세법의 구입명령제도는 전국적으로 자유경쟁을 배제한
채 지역할거주의로 자리잡게 되고 그로써 지역 독과점현상의 고착화를 초래하므로,
독과점규제란 공익을 달성하기에 적정한 조치로 보기 어렵다.

⑵ 헌법 제123조가 규정하는 지역경제육성의 목적은 일차적으로 지역간의 경제적 불균
형의 축소에 있다. 입법자가 개인의 기본권침해를 정당화하는 입법목적으로서의 지
역경제를 주장하기 위하여는 문제되는 지역의 현존하는 경제적 낙후성이라든지 아
니면 특정 입법조치를 취하지 않을 경우 발생할 지역간의 심한 경제적 불균형과 같
은 납득할 수 있는 구체적이고 합리적인 이유가 있어야 한다. 그러나 전국 각도에 균
등하게 하나씩의 소주제조기업을 존속케 하려는 주세법에서는 수정되어야 할 구체
적인 지역간의 차이를 확인할 수 없고, 따라서 1도1소주제조업체의 존속유지와 지역
경제의 육성간에 상관관계를 찾아볼 수 없으므로 '지역경제의 육성'은 기본권의 침해
를 정당화할 수 있는 공익으로 고려하기 어렵다.

⑶ 우리 헌법은 제123조 제3항에서 중소기업이 국민경제에서 차지하는 중요성 때문에
'중소기업의 보호'를 국가경제정책적 목표로 명문화하고, 대기업과의 경쟁에서 불리
한 위치에 있는 중소기업의 지원을 통하여 경쟁에서의 불리함을 조정하고, 가능하면
균등한 경쟁조건을 형성함으로써 대기업과의 경쟁을 가능하게 해야 할 국가의 과제
를 담고 있다. 중소기업의 보호는 넓은 의미의 경쟁정책의 한 측면을 의미하므로 중
소기업의 보호는 원칙적으로 경쟁질서의 범주내에서 경쟁질서의 확립을 통하여 이

루어져야 한다. 중소기업의 보호란 공익이 자유경쟁질서안에서 발생하는 불리함을 국가의 지원으로 보완하여 경쟁을 유지하고 촉진시키려는데 그 목적이 있으므로, 구입명령제도는 이러한 공익을 실현하기에 적합한 수단으로 보기 어렵다.

(4) 따라서 구입명령제도는 소주판매업자의 직업의 자유는 물론 소주제조업자의 경쟁 및 기업의 자유, 즉 직업의 자유와 소비자의 행복추구권에서 파생된 자기결정권을 지나치게 침해하는 위헌적인 규정이 소주시장과 다른 상품시장, 소주판매업자와 다른 상품의 판매업자, 중소소주제조업자와 다른 상품의 중소제조업자 사이의 차별을 정당화할 수 있는 합리적인 이유를 찾아볼 수 없으므로 이 사건 법률조항은 평등원칙에도 위반된다. 지방소주제조업자는 신뢰보호를 근거로 하여 구입명령제도의 합헌성을 주장할 수는 없다 할 것이고, 다만 개인의 신뢰는 적절한 경과규정을 통하여 고려되기를 요구할 수 있는데 지나지 않는다.

[재판관 조승형, 재판관 정경식, 재판관 고중석의 반대의견]
[2] (1) 주류제조·판매와 관련되는 직업의 자유 내지 영업의 자유에 대하여는 폭넓은 국가적 규제가 가능하고 또 입법자의 입법형성권의 범위도 광범위하게 인정되는 분야라고 하지 않을 수 없다. 구입명령제도는 독과점규제와 지역경제육성이라는 헌법상의 경제목표를 실현코자 하는 것이므로 정당한 입법목적을 가진 것이라 아니할 수 없고, 또 그 입법목적을 달성하기에 이상적인 제도라고까지는 할 수 없을지라도 다수의견과 같이 전혀 부적합한 것이라고는 단정할 수 없다.

(2) 독과점규제의 궁극목표가 경쟁질서의 유지라는 점에는 이론의 여지가 있을 수 없겠지만, 경우에 따라서는 경쟁을 다소 완화하여 시장지배자로부터 약자를 보호하는 정책도 훌륭한 독과점규제책이 될 수 있다. 다수의견은 구입명령제도로 말미암아 전국적 자유경쟁이 배제되고 지역적 독과점현상의 고착화를 초래한다고 주장하나, 이는 구입명령제도가 폐지되는 경우에는 지역적 독과점현상 대신에 그 보다 더 경계해야 할 전국적 독과점현상이 나타나게 된다는 점을 간과하고 있는 것이다.

(3) 지역경제의 육성이라 함은 경제력이 전국적으로 균형있게 배분된 상태를 지향하는

모든 노력을 이르는 말이라 할 것인데, 이에는 각 지역간의 경제력의 수준을 살펴 그 중 낙후한 지역의 경제력을 향상시키는 일뿐만 아니라 수도권에 비해 상대적으로 경제력이 미약한 수도권 이외의 나머지 지역의 경제력을 향상시키는 일도 포함된다고 보아야 한다. 이 사건 구입명령제도를 통하여 경쟁으로부터 보호되는 소주제조업체의 소재지는 모두 수도권 이외의 지역인바, 이 지역에 각 하나씩의 소주제조업체가 도산하지 않고 건실하게 사업을 할 수 있도록 보호해주는 것만으로도 헌법상의 지역경제육성의 목적에 부합하는 것이다.

(4) 소주에 대하여는 그 특성상 국민보건에 직접적 영향을 미치는 상품이어서 강한 규제를 하지 않을 수 없고, 구입명령제도는 대기업 제조업자의 독과점을 막고 지역소주제조업자를 보호함으로써 독과점규제와 지역경제육성이라는 헌법상의 경제목표를 구체화하고자 하는 제도이므로 이 제도로 인하여 약간의 차별이 생긴다고 하여도 그 차별에는 합리적인 이유가 있다고 할 것이고, 여러 가지 사정을 입법정책적으로 고려하여 입법형성권의 범위내에서 입법한 것으로서 헌법 제37조 제2항이 정한 한계 내에서 행한 필요하고 합리적인 기본권 제한이라고 할 것이므로 헌법에 위반되지 아니한다.

반면, 행복추구권과 국어학적으로는 유사한 의미를 가지는 것으로 이해할 수 있는 인간다운 생활을 할 권리의 경우 개별적인 사회권에 대한 규정 바로 앞에 위치하고 있다는 점에서 아래 헌법재판소 판례처럼 일반적인 사회권으로서 의의를 가지는 것으로 체계적 해석이 이뤄질 수 있다.

헌법재판소 2009. 10. 29. 자 2008헌바86 결정

[1] 이 사건 강제징수 조항은 건강보험료 채권이 사법상의 일반채권과 달리 건강보험제도의 존립을 위하여 대단히 중요한 역할을 하고, 대량·반복·무차별적으로 발생된다는 특수성을 고려한 것이어서 입법목적의 정당성 및 수단의 상당성을 인정할 수 있고, 체납처분의 적법성을 담보하기 위하여 보건복지가족부장관의 승인을 요하도록 하며, 국세징수법에서 소액의 금융재산을 포함하여 절대적으로 압류가 금지되는 재산 및 연금채권의 2분의 1 상당액을 압류금지채권으로 규정하고 있는 등 자의적인 재산권 침해를 방지하고 최소

한의 인간다운 생활을 할 권리의 보장을 위한 보완책을 마련하고 있다는 점에서 과잉된 제한이라고 볼 수 없다.

[2] 건강보험의 강제성은 소득재분배와 위험분산의 효과를 거두려는 사회보험의 본질로부터 도출되는 것으로, 이는 보험료 체납을 이유로 가입자에 대한 보험급여가 제한되는 상황에서도 여전히 관철되어야 한다. 만일 보험료 체납으로 인하여 보험급여가 정지된 이후에는 가입자가 보험료를 납부하지 않아도 된다면, 건강보험 가입을 원하지 않는 사람은 누구나 보험료를 체납하는 방법으로 보험료 납부의무를 면할 수 있게 되고 소득과 재산이 많아 고액의 보험료를 납부하여야 하는 가입자일수록 보험료의 납부를 기피하게 될 것이므로 강제보험인 건강보험은 더 이상 유지될 수 없기 때문이다. 따라서 보험료 체납으로 인하여 보험급여가 제한되는 기간에도 보험료를 납부할 의무를 부담하도록 하는 것은 건강보험의 목적을 달성하기 위하여 적합하고도 반드시 필요한 조치라는 점에서 그에 따른 재산권 등의 제한은 부득이한 것이고 그로 인하여 달성되는 공익이 침해되는 사익보다 월등히 크다고 할 수 있으므로 헌법에 위반되지 아니한다.

역사적 해석은 입법 과정을 탐색하여 현재 입법된 법조문의 의미가 무엇인지를 밝혀내는 방식의 해석 방법이다. 독도 문제와 관련하여 일본이 독도를 자신들의 땅이라고 주장하는 근거로 드는 것 중에 하나가 바로 이 역사적 해석에 의한 것이다. 아래의 논문을 통해 독도 영유권에 대한 일본측 주장의 근거로서 역사적 해석의 적용 사례를 살펴볼 수 있다.

"연합군 최고사령부 행정지침(SCAPIN) 677호(1946. 1. 29.)와 1033호(1949. 6. 22.)에는 독도에 대한 위치 규정이 명확히 나타나고 있다. 677호 제3조는 통치상·행정상으로도 독도를 일본 영역에서 분리하고 있으며, 지도를 선으로 나눠 영역을 확실히 구분했다. …(중략)… 한국에 대한 권리포기내용을 서술한 샌프란시스코 평화조약 제2조 제a항에는 제주도, 거문도, 울릉도는 명시되 있지만 '독도'는 생략돼 있다. 이를 토대로 일본은 현재까지 독도영유권을 주장하고 있는 것이다 그러나 일본이 폭력적으로 침탈한 지역을 환원해야 한다는 카이로 선언이행을 포츠담 선언이 재확인한 점, 그리고 강화조약이 이 선언원칙에 따라 작성되었다는 점을 상기할 때 이는 논거가 부족하다. 오히려 일본이 외교력을 총동원해 조약 작성 과정에서 독도에 대한 영유권을 확보하려 했지만 실패했다는 사실에 주목할 필요가 있다. 조약 작성

과정에서 몇차례 일본 영토로 표기되기는 했지만 최종안에는 독도에 대한 규정은 없다."

연도/월일		제목	내용
1947.	03.	Agreement Respecting The Disposition of Former Japanese Territories	3항에 독도 표기
	03. 19. 11. 02.	U.S. Draft 1–5	독도 한국 영토 표기
1949.	12. 08.	U.S. Draft 6	독도 일본 영토 표기 Sebald 전문 전달 (11. 14.)
	12. 19.	U.S. Draft 7	독도 한국 영토로 재표기
	12. 29.	U.S. Draft 8	독도 한국 영토로 재표기 Sebald 재고 요청(12. 29.)
1950.	01. 03.	U.S. Draft 9	상동
	08. 07.	U.S. Draft 10	독도 표기 삭제
	09. 11.	U.S. Draft 11	한일 관계 UN결의 준수 적시
1951.	02. 28.	U.S. Draft 1	독도, 울릉도 한국 영토로 표기 오류
	03.	U.S. Draft 2	독도, 울릉도 한국 영토로 수정
	04. 07.	U.S. Draft 3	3차 초안 시 미국, 독도를 일본영토로 표기
	05. 03.	영미합동초안	조약 최종안까지 독도 표기 삭제

〈표1〉 샌프란시스코강화조약 체결과정에서 독도문제 처리과정

(최완, 샌프란시스코강화조약에서 독도문제가 누락된 요인은 무엇인가, 차세대 인문사회연구, 2012, 5–8쪽)

마지막으로 <u>목적적 해석</u>은 법조문의 입법 목적을 고려하여 법조문의 의의를 축소하거나 확대하는 해석을 의미한다. 목적적 해석의 경우 가장 논란이 많은 법학적 해석 방법이라 할 수 있다. 목적적 해석이 전면적으로 적용될 경우 법을 기준으로 판단하는 사법부가 법을 사실상 창조하는 역할을 하며 입법부의 권한을 침해하여 권력분립의 원칙에 반할 수 있다는 점에서 목적적 해석의 활용을 최소화해야 한다는 주장이 있다. 반면 법의 목적을 실현하기 위해 사법부가 적극적으로 목적적 해석을 적용하여 입법 당시에 고려할 수 없었던 상황에 대하여도 입법 목적이 실현될 수 있도록 역할을 다 하여야 한다는 주장도 있다.

전자의 주장을 사법소극주의라고 하고 후자의 주장은 사법적극주의라고 일반적으로 칭한다. 1970년대까지 미국의 연방대법원은 "Separate but Equal"이라는 법리에 따라 대중교통,

식당, 공공시설 등에서의 인종분리가 평등권에 위반되지 않는다는 법리에 따라 판시하였다. 그러나 1970년대 워렌(Warren E. Burger) 대법원장의 재판부는 "Separate but Equal" 법리를 폐기하고 더 나아가 적극적 소수자보호조치(Affirmative Action)을 취하지 않는 입시정책 등은 위헌이라는 판결을 연달아 선고하였다. 이를 통해 미국의 소수자들을 배려하는 적극적 소수자보호조치는 미국 국회의 입법을 통하지 않고 연방대법원의 판결을 통해 사실상 입법되는 결과가 초래되었다. 당시 워렌 대법원장의 판결은 법학적 해석 방법 중 목적적 해석이 적극적으로 활용된 사안이라 할 수 있으며, 사법적극주의가 적극 실현된 판결이라 할 수 있다.

이러한 워렌 대법원의 일련의 판결들에 대하여는 지금도 미국 법학계에서 격렬한 논쟁이 이뤄지고 있고 그중 일부 판결들은 추후 연방대법원의 판결들이나 입법을 통해 부정되기도 하였지만 광범위한 인종차별에 대해 무력했던 입법부와 민주주의에 대해 사법부와 법치주의가 해결책을 마련하는 단초를 마련했다는 점에서 평가를 받고 있다. 그러나 최근 보수적인 대법관 숫자가 6명이 된 미국 연방 대법원은 사법적극주의의 상징과도 같았던 여성의 낙태권을 보장하는 Roe v. Wade 사건과 Affirmative Action 판결을 뒤집으며 미국 사회와 전 세계에 큰 충격을 주고 있다.

사법적극주의와 사법소극주의의 대립은 이처럼 법치주의와 민주주의의 대립과 갈등으로도 치환될 수 있는 사안이며, 우리나라에서는 헌법재판소의 기능 및 역할과 관련하여 그 논쟁이 이어지고 있는 사안이다.

더불어, 목적적 해석이 형사법에 적용될 경우 목적적 해석을 통해 확장 해석을 하는 것이 형사법의 대원칙인 죄형법정주의상 유추해석 금지 원칙의 금지된 유추해석에 해당하는지 여부가 형사법의 목적적 해석에서 반복적으로 문제가 되는 사항이고 논점이 되는 사항이다.

아래의 대법원 판례는 교통사고처리특례법의 입법 목적을 고려하여 트럭에서 상하차를 하는 과정에서 발생한 사고는 교통사고처리특례법에서 규정하고 있는 "교통사고"에 해당하지 않는다고 대법원이 목적적 해석을 한 사례라 하겠다.

대법원 2009. 7. 9. 선고 2009도2390 판결

교통사고처리 특례법 제2조 제2호에서 '교통사고'라 함은 차의 교통으로 인하여 사람을 사상하거나 물건을 손괴하는 것을 말한다고 규정하고 있는 바, 교통사고를 일으킨 운전자에 관한 형사처벌의 특례를 정하는 것을 주된 목적으로 하는 교통사고처리 특례법의 입법 취지와 자동차 운행으로 인한 피해자의 보호를 주된 목적으로 하는 자동차손해배상 보장법의 입법

취지가 서로 다른 점, '교통'이란 원칙적으로 사람 또는 물건의 이동이나 운송을 전제로 하는 용어인 점 등에 비추어 보면, 교통사고처리 특례법 제2조 제2호에 정한 '교통'은 자동차손해 배상 보장법 제2조 제2호에 정한 '운행'보다 제한적으로 해석하여야 한다.

기록에 의하면, 이 사건 공소사실은 피고인이 자신이 운영하는 식품가게 앞에서 1톤 포터 화물차의 적재함에 실려 있던 토마토 상자를 하역하여 가게 안으로 운반하던 중, 위 화물차에 적재되어 있던 토마토 상자 일부가 무너져 내리도록 방치한 과실로 가게 앞을 지나가던 피해자의 머리 위로 위 상자가 떨어지게 하여 골절상 등을 입게 하였다는 것이고, 검사는 형법 제268조의 업무상과실치상을 적용하여 공소를 제기하였음을 알 수 있다.

원심판결 이유에 의하면, 원심은, 이 사건 사고가 위 화물차의 운행으로 인하여 발생한 사고이고 위 화물차가 자동차종합보험에 가입되어 있으므로 교통사고처리 특례법이 적용되어 이 사건 공소를 기각하여야 한다는 피고인의 주장에 대하여, 이 사건 사고는 피고인이 위 화물차를 피고인의 가게 입구 앞 노상에 주차하고 하역작업을 시작한 후 약 1시간이 지나서야 발생한 점, 이 사건 사고 발생 당시 위 화물차의 운전석은 비어 있었고 시동이 꺼져 있었으며 차의 열쇠는 다른 사람이 가지고 있었던 점 등에 비추어 보면 이 사건 사고가 위 화물차의 교통으로 인하여 발생한 것이라고 볼 수 없다고 판단하여 피고인의 주장을 배척하고 업무상과실치상죄를 인정하였다.

앞서 본 법리와 원심이 인정한 사실관계에 비추어 살펴보면, 이 사건 사고가 교통사고처리 특례법에 정한 '교통사고'에 해당하지 않는다고 판단되므로(이 사건 사고가 자동차손해배상 보장법에 정한 자동차의 '운행'으로 인하여 발생한 것인가 여부는 나아가 판단할 필요가 없다), 같은 취지의 원심의 판단은 정당하고, 거기에 교통사고처리 특례법 위반죄의 적용 대상에 관한 법리오해 등의 위법이 없다.

그러므로 상고를 기각하기로 하여 관여 법관의 일치된 의견으로 주문과 같이 판결한다.

 Case Study
형법 제170조 제2항 사건(과수원 실화 사건)

법률
형법 제170조

①과실로 인하여 제164조 또는 제165조에 기재한 물건 또는 타인의 소유에 속하는 제166조에 기재한 물건을 소훼한 자는 1천 500만원 이하의 벌금에 처한다.

②과실로 인하여 자기의 소유에 속하는 제166조 또는 제167조에 기재한 물건을 소훼하여 공공의 위험을 발생하게 한 자도 전항의 형과 같다.

판례(대법원 1994. 12. 20. 자 94모32 전원합의체 결정)

"형법 제170조 제2항에서 말하는 '자기의 소유에 속하는 제166조(일반 건조물) 또는 제167조(일반 물건)에 기재한 물건'이라 함은 '자기의 소유에 속하는 제166조에 기재한 물건 또는 자기의 소유에 속하든, 타인의 소유에 속하든 불문하고 제167조에 기재한 물건'을 의미하는 것이라고 해석하여야 하며, 제170조 제1항과 제2항의 관계로 보아서도 제166조에 기재한 물건(일반건조물 등) 중 타인의 소유에 속하는 것에 관하여는 제1항에서 규정하고 있기 때문에 제2항에서는 그중 자기의 소유에 속하는 것에 관하여 규정하고, 제167조에 기재한 물건에 관하여는 소유의 귀속을 불문하고 그 대상으로 삼아 규정하고 있는 것이라고 봄이 관련조문을 전체적, 종합적으로 해석하는 방법일 것이고, 이렇게 해석한다고 하더라도 그것이 법규정의 가능한 의미를 벗어나 법형성이나 법창조행위에 이른 것이라고는 할 수 없어 죄형법정주의의 원칙상 금지되는 유추해석이나 확장해석에 해당한다고 볼 수는 없을 것이다"

국민의 기본적 권리와 의무

NO 1

인권과 기본권 침해의 판단 기준

◈◈◈

01 인권과 기본권

보편적 인권은 근대와 함께 등장한 개념이라 할 수 있다. 유사 이래 신분제 및 계급 사회를 이뤄 온 인류 역사에서 보편적 인권이라는 개념이 설 자리는 없었다. 그러나 근대 시민혁명의 근거로서 자연법에서 도출되는 보편적 인권 개념이 활용되면서 인류 공통에 적용되는 보편적 인권에 대한 논의가 활성화되었다. 시민혁명기를 거치며 그 개념이 확립되어 갔던 보편적 인권은 각국의 헌법을 통해 기본권이라는 헌법적 권리로 전환되게 되었다. 즉 우리 헌법의 영역에서 다루는 기본권은 보편적 인권이 대한민국 헌법을 통해 기본권으로 변한 것으로 이해할 수 있겠다.

참고 문헌

"자유와 평등은 인간의 존엄과 가치를 보장하기 위한 필수적 조건이다. 그리고 인간의 존엄과 가치는 인권의 기본적 전제다. 이러한 인권은 보편성, 도덕성, 근본성, 추상성, 우월성이라는 다섯 가지 본질적 특성을 가진다. …(중략)… 이러한 특성을 가지는 인권은 헌법에 규정됨으로써 실정법적 권리를 가지는 '기본권'이 된다. 인권을 실정헌법상의 권리인 기본권으로 전환시켜야 되는 까닭은 인권의 불명확성과 비강제성에 있다. 다시 말해 인권은 추상적이고 도덕적인 권리로서 보호영역이 불명확하고, 권리의 관철이 강제될 수 없기 때문에 명확한 보호영역을 확정하고, 강제로라도 관철시킬 필요성이 있다. 따라서 인권은 기본권이라는 헌법적 권리로 전환됨으로써 보호영역이 비교적 명확해지고, 강제적 관철이 가능해진다.”

(이준일, 인권법 제7판, 2017.)

02 본질적 내용 침해금지 원칙

헌법

제37조 제2항 국민의 모든 자유와 권리는 국가안전보장·질서유지 또는 공공복리를 위하여 필요한 경우에 한하여 법률로써 제한할 수 있으며, 제한하는 경우에도 <u>자유와 권리의 본질적인 내용을 침해할 수 없다.</u>

우리나라 헌법 제37조 제2항은 기본권을 국가가 제한할 수 있는 기준을 규정하고 있다. 만약 국가가 기본권을 헌법에 규정된 만큼 지키지 못할 경우 그것이 위헌적이면 침해, 합헌적이면 제한이라고 하는데 그 첫번째 기준으로 헌법 제37조 제2항이 드는 것이 바로 “자유와 권리의 본질적인 내용을 침해할 수 없다”는 규정, 즉 본질적 내용 침해 금지 원칙이다. 기본권의 본질적 내용이 무엇인가에 대하여는 많은 논쟁이 있는 사안이나 일반적으로 자연법으로부터 도출되는 보편적 인권의 범위에 해당하는 것을 본질적 내용으로 이해하는 것이 다수적 견해이다. 따라서 기본권 침해 또는 제한이 문제되는 사안이 본질적 내용을 침해하는 경우는 거의 존재하지 않으나 일반적으로 사안의 위헌성을 판단할 때 다른 위헌심사기준에 앞서 본질적 내용 침해 금지 원칙에 위배되었는지 여부를 판단하는 것이 일반적이다.

🔨 관련 판례

헌법재판소 2005. 11. 24. 2002헌바95·96(병합), 2003헌바9(병합)

1. 이 사건 법률조항은 노동조합의 조직유지·강화를 위하여 당해 사업장에 종사하는 근로자의 3분의 2 이상을 대표하는 노동조합(이하 ‘지배적 노동조합’이라 한다)의 경우 단체협약을 매개로 한 조직강제{이른바 유니언 샵(Union Shop) 협정의 체결}를 용인하고 있다. 이

경우 근로자의 단결하지 아니할 자유와 노동조합의 적극적 단결권(조직강제권)이 충돌하게 되나, 근로자에게 보장되는 적극적 단결권이 단결하지 아니할 자유보다 특별한 의미를 갖고 있고, 노동조합의 조직강제권도 이른바 자유권을 수정하는 의미의 생존권(사회권)적 성격을 함께 가지는 만큼 근로자 개인의 자유권에 비하여 보다 특별한 가치로 보장되는 점 등을 고려하면, 노동조합의 적극적 단결권은 근로자 개인의 단결하지 않을 자유보다 중시된다고 할 것이고, 또 노동조합에게 위와 같은 조직강제권을 부여한다고 하여 이를 근로자의 단결하지 아니할 자유의 본질적인 내용을 침해하는 것으로 단정할 수는 없다.

2. 또한 이 사건 법률조항은 단체협약을 매개로 하여 특정 노동조합에의 가입을 강제함으로써 근로자의 단결선택권과 노동조합의 집단적 단결권(조직강제권)이 충돌하는 측면이 있으나, 이러한 조직강제를 적법·유효하게 할 수 있는 노동조합의 범위를 엄격하게 제한하고 지배적 노동조합의 권한 남용으로부터 개별근로자를 보호하기 위한 규정을 두고 있는 등 전체적으로 상충되는 두 기본권 사이에 합리적인 조화를 이루고 있고 그 제한에 있어서도 적정한 비례관계를 유지하고 있으며, 또 근로자의 단결선택권의 본질적인 내용을 침해하는 것으로도 볼 수 없으므로, 근로자의 단결권을 보장한 헌법 제33조 제1항에 위반되지 않는다.

3. 노동조합의 조직강제는 조직의 유지·강화를 통하여 단일하고 결집된 교섭능력을 증진시킴으로써 궁극적으로는 근로자 전체의 지위향상에 기여하고, 특히 이 사건 법률조항은 일정한 지배적 노동조합에게만 단체협약을 매개로 한 조직강제를 제한적으로 허용하고 있는데다가 소수노조에게까지 이를 허용할 경우 자칫 반조합의사를 가진 사용자에 의하여 다수 근로자의 단결권을 탄압하는 도구로 악용될 우려가 있는 점 등을 고려할 때, 이 사건 법률조항이 지배적 노동조합 및 그 조합원에 비하여 소수노조 및 그에 가입하였거나 가입하려고 하는 근로자에 대하여 한 차별적 취급은 합리적인 이유가 있으므로 평등권을 침해하지 않는다.

[재판관 권성, 재판관 조대현의 반대의견]
헌법 제33조 제1항이 근로3권을 보장한 취지는 근로자의 생존권을 확보하고 근로조건을

향상시켜 근로자의 경제적 지위를 향상시키기 위한 것이고, 또 개개 근로자에게는 단결하지 아니할 자유도 헌법상 보장되어 있다.

그런데 이 사건 법률조항은 근로자가 특정 노동조합에 가입하는 것을 고용조건으로 삼아서 특정 노동조합에 가입하지 않는 근로자를 해고할 수 있도록 허용하는 것이기 때문에 근로자의 단결하지 아니할 자유와 근로자의 생존권을 본질적으로 침해하고 있다. 특정 노동조합에 가입하지 않거나 탈퇴하였다는 이유로 근로자를 해고하여 근로자의 지위를 근본적으로 부정하는 것은 근로자의 생존권 보장과 지위향상을 보장하고자 하는 헌법 제33조 제1항의 취지에 정면으로 반하고 자유민주주의가 지향하는 공존공영(共存共榮)의 원칙 및 소수자 보호의 원칙에도 어긋난다.

따라서 이 사건 법률조항은 근로자의 단결하지 아니할 자유를 헌법 제33조 제1항에 위반하는 방법으로 부당하게 침해한다.

03 과잉금지원칙

기본권의 침해 또는 제한 여부를 판단하는 가장 보편적인 판단 기준은 과잉금지원칙이다. 과잉금지원칙은 우리 헌법재판소가 법률의 위헌성 등을 판단할 때도 활용되고 있어서 위헌적인 법률 등에 대한 판단의 가장 주요한 척도가 되는 것이라 할 수 있다. 다만 과잉금지원칙은 법체계상 공법인 헌법의 영역에서 활용되는 것이므로 사법의 영역에 직접 적용하기 위해서는 기본권의 대사인적 이론을 먼저 언급한 뒤에 적용해야 함을 주의해야 한다. 아래의 참고 문헌은 과잉금지원칙의 세부 기준인 목적의 정당성, 방법의 적정성, 침해의 최소성, 법익의 균형성을 상세히 설명한 것이다.

🖋 참고 문헌

과잉금지의 원칙

"과잉금지의 원칙이라 함은 국민의 기본권을 제한함에 있어서 국가작용의 한계를 명시한 원칙으로서 목적의 정당성·방법의 적정성·침해의 최소성·법익의 균형성 등을 내용으로 하며, 그 어느 하나에라도 저촉되면 위헌이 된다는 헌법상의 원칙을 말한다. 과잉금지의 원칙의 구체적인 내용이 되는 4가지 부분원칙은 다음과 같은 것으로 정리할 수 있다.

A. 목적정당성의 원칙

목적의 정당성이라 함은 국민의 기본권을 제한하는 의회의 입법은 그 입법의 목적이 헌법과 법률의 체계 내에서 정당성을 인정받을 수 있어야 한다는 것을 의미한다.

B. 방법적정성의 원칙

방법의 적정성이라 함은 국민의 기본권을 제한하는 입법을 하는 경우에 법률에 규정된 기본권제한의 방법은 입법목적을 달성하기 위한 방법으로서 효과적이고 적절한 것이어야 한다는 것을 말한다.

C. 침해의 최소성의 원칙

침해의 최소성이라 함은 입법권자가 선택한 기본권의 제한조치가 입법목적달성을 위해 적절한 것일지라도, 보다 완화된 수단이나 방법을 모색함으로써 그 제한을 필요최소한의 것이되게 해야 한다는 것을 말한다.

D. 법익균형성의 원칙

법익의 균형성이라 함은 기본권의 제한이 위의 여러 원칙들에 적합한 경우에도 기본권의 제한이 의도하는 정치·경제·사회적 유용성과 그 제한에 의하여 야기되는 국민적·사회적 손실을 비교형량하여 양자간에 합리적인 균형관계가 성립해야 함을 말한다. 이 원칙은 어떠한 행위를 규제함으로써 초래되는 사적 불이익과 그 행위를 방치함으로써 초래되는 공적 불이익을 비교하여, 규제함으로써 초래 는 공익이 보다 크거나 적어도 양자간에 균형이 유지되어야 한다는 것과 형벌과 책임간에도 균형성이 유지되어야 한다는 원칙이다. 기본권제한에 있어 법익형량의 이론은 실질적 공평의 요청에서 유래한 것으로 배분적 정의의 실현이라고도 할 수 있다."

(권영성, 헌법학원론 2010년판, 2010, 354-355쪽)

관련 판례

헌법재판소 2007. 12. 27. 자 2005헌바95 결정

이 사건 법률조항은 음주측정거부자에 대한 운전면허를 필요적으로 취소하도록 규정함으로써 교통안전과 위험예방을 위하여 음주운전을 방지하고 국민의 생명과 신체 등을 보호하며 도로교통과 관련한 안전을 확보하고자 하는 데 궁극적인 목적이 있으므로, 그 입법목적의 정당성이 인정되고, 나아가 음주운전을 효과적으로 단속·억제하기 위하여는 음주측정거부자에 대한 제재가 불가피한 점 등에 비추어 음주측정거부에 대한 제재로서 운전면허를 취소하도록 한 것은 입법목적의 달성에 적절한 방법이다. 한편, 음주측정거부자에 대하여 임의적 면허취소를 규정하는 데 그친다면 음주운전단속에 대한 실효성을 확보할 수 없게 될 뿐 아니라 음주운전을 방지함으로써 도로교통상의 안전과 위험방지를 기하려는 이 사건 법률조항의 행정목적을 달성할 수 없는 결과가 초래될 수 있는 점, 이 사건 법률조항에 해당하여 운전면허가 취소되더라도 그 면허취소 후 결격기간이 법이 정한 운전면허 결격기간 중 가장 단기간인 1년에 불과하여 다른 면허취소에 비하여 상대적으로 불이익이 가볍다고 보이는 점 등에 비추어 보면, 이 사건 법률조항이 음주측정거부자에 대하여 반드시 면허를 취소하도록 규정하고 있다고 하여 피해최소성의 원칙에 반한다고 볼 수는 없다. 또한 음주측정거부자가 운전면허를 필요적으로 취소당하여 입는 불이익의 정도는 이 사건 법률조항이 추구하고 있는 공익에 비하여 결코 과중하다고 볼 수 없으므로 법익균형성의 원칙에 반하지 않는다. 따라서 이 사건 법률조항은 기본권 제한의 입법한계인 과잉금지의 원칙을 준수하였다고 할 것이므로, 직업의 자유를 본질적으로 침해하거나 일반적 행동의 자유를 침해한다고 볼 수 없다.

형법

제307조(명예훼손)

①공연히 사실을 적시하여 사람의 명예를 훼손한 자는 2년 이하의 징역이나 금고 또는 500만원 이하의 벌금에 처한다. 〈개정 1995. 12. 29.〉

②공연히 허위의 사실을 적시하여 사람의 명예를 훼손한 자는 5년 이하의 징역, 10년 이하의 자격정지 또는 1천만원 이하의 벌금에 처한다. 〈개정 1995. 12. 29.〉

제311조(모욕) 공연히 사람을 모욕한 자는 1년 이하의 징역이나 금고 또는 200만원 이하의 벌금에 처한다. 〈개정 1995. 12. 29.〉

제310조(위법성의 조각) 제307조제1항의 행위가 진실한 사실로서 오로지 공공의 이익에 관한 때에는 처벌하지 아니한다.

Q1. A씨는 B 음식점으로부터 받은 수모를 네이버 상품평에 게시했다는 이유로 B 음식점 사장에게 명예훼손으로 고소를 당하였다. 검찰은 수사 끝에 A씨가 네이버 상품평에 기재한 행위는 명백한 객관적 사실이지만 우리 형법상 사실적시 명예훼손죄를 적용하여 A씨를 기소하였다. 이러한 검찰의 기소행위는 정당한가?

접근전략 형법의 사실적시 명예훼손의 처벌이 위헌적인 것이 아닌지 물어보는 문항이다. 우리 형법에서는 완벽히 객관적인 사실을 적시하였어도 이것이 상대의 명예를 훼손하였다면 명예훼손죄로 처벌된다. 다만 그와 같은 사실의 적시가 공공의 이익을 위한 것인 경우에는 위법성을 조각하여 범죄가 성립되지 않는다고 본다. 그러나 현실적으로 위법성 조각 여부는 수사를 모두 마치고 법원에 가야 판단되는 경우가 많아 이용 후기 등의 형식으로 객관적 사실을 적시한 소비자 등이나 내부고발자나 미투운동에 참여한 사람들도 이 범죄로 고소 또는 고발을 당하고 수사받는 경우가 많이 발생하고 있다. 이러한 점들을 생각한다면 사실적시 명예훼손은 폐지되는 것이 적절하다고 볼 수 있으나 사실적시 명예훼손죄가 보호하는 상황도 분명히 존재한다. 예컨대 범죄 피해 사실이나 전과 사실 등을 적시하는 방식으로 사실을 적시하여 명예를 훼손하는 경우에 대해 처벌하는 조항으로 기능할 수 있는 것이다. 따라서 사실적시 명예훼손 처벌 규정의 위헌 여부나 폐지 여부에 대한 의견이 엇갈리는 상황이며, 폐지론자들 중에서는 형사상 처벌은 폐지하되 민사상 징벌적 손해배상을 도입하여 이 문제를 해결하자는 주장을 하는 경우도 있다.

Q2. 최근 혐한 발언 등이 사회적 문제로 떠오르자 일본의회는 헤이트 스피치에 대한 처벌법을 제정하였다. 이러한 법이 표현의 자유를 제한하고 있다는 비판을 받고 있는 가운데 우리나라에서 헤이트 스피치에 대한 처벌법을 제정하자는 움직임이 일어나고 있다. 현재 우리 형법의 명예훼손죄와 모욕죄는 모두 특정성의 요건을 지니고 있어 특정이 되지 않는 집단에 대한 명예훼손과 모욕 행위는 처벌할 규정이 존재하지 않는다. 이와 같은 헤이트 스피치 처벌법에 대한 본인의 견해를 밝히고 만약 찬성한다면 규제해야 하는 헤이트 스피치의 범위는 어떤 것이라 생각하는가?

접근전략 헤이트 스피치에 대한 처벌법은 제2차세계대전 전범국가였던 독일에서 먼저 시작되었다. 특정인에 대한 혐오표현이나 모욕적 표현은 모욕죄나 명예훼손죄 등으로 처벌될 여지가 있는데 불특정 다수에 대한 혐오표현을 처벌할 규정이 없었기 때문이다. 독일과 일본 등은 제2차세계대전 전 이러한 헤이트 스피치를 방치했다가 파시즘 사상이 발호하는 것을 겪었기 때문에 더욱 헤이트 스피치에 대한 처벌을 필요로 했던 것으로 보인다. 일본도 최근 재일한국인에 대한 헤이트 스피치 등이 폭증하면서 헤이트 스피치 처벌법을 제정하였고, 우리나라 역시 이 법의 제정이 논해지고 있다. 그러나 헤이트 스피치에 대해 형사처벌을 하는 것은 정치권력이 자신들에 대한 정당한 비판까지 헤이트 스피치로 처벌하며 표현의 자유를 위축시킬 위험성이 있다는 점에서 반대하는 경우도 많다. 실제 헌법 제1조에 표현의 자유를 규정하고 있는 미국은 KKK단 등의 헤이트 스피치가 만연함에도 이를 형사적으로 처벌하는 규정을 시행하고 있지 않다. 헤이트 스피치의 위험성 보다 표현의 자유를 더욱 중요한 것으로 보는 것이다. 헤이트 스피치의 경우에는 민사적 해결도 쉽지 않은데 피해자가 특정되는 일반 모욕죄나 명예훼손 사건 등과 달리 헤이트 스피치는 지목이 되는 불특정 다수의 숫자가 너무 많아 이들 모두에게 조금씩만 배상하라 하여도 징벌적인 수준의 금액이 될 수 있기 때문이다. 결국 헤이트 스피치를 규제할 방법은 형사처벌이 유일하기에 더욱 격렬한 논란이 발생하는 주제이다. 현재 우리나라에는 5·18 역사왜곡에 대한 처벌 내용이 5·18 특별법의 내용으로 개정되어 시행되고 있다.

5·18민주화운동 등에 관한 특별법

제8조(5·18민주화운동에 대한 허위사실 유포 금지)

① 다음 각 호의 어느 하나에 해당하는 방법으로 5·18민주화운동에 대한 허위의 사실을 유포한 자는 5년 이하의 징역 또는 5천만원 이하의 벌금에 처한다.

　1. 신문, 잡지, 방송, 그 밖에 출판물 또는 「정보통신망 이용촉진 및 정보보호 등에 관한 법률」 제2조제1항제1호에 따른 정보통신망의 이용

　2. 전시물 또는 공연물의 전시·게시 또는 상영

　3. 그 밖에 공연히 진행한 토론회, 간담회, 기자회견, 집회, 가두연설 등에서의 발언

② 제1항의 행위가 예술·학문, 연구·학설, 시사사건이나 역사의 진행과정에 관한 보도를 위한 것이거나 그 밖에 이와 유사한 목적을 위한 경우에는 처벌하지 아니한다.

행복추구권

✧✧✧

헌법

제10조 모든 국민은 인간으로서의 존엄과 가치를 가지며, 행복을 추구할 권리를 가진다. 국가는 개인이 가지는 불가침의 기본적 인권을 확인하고 이를 보장할 의무를 진다.

헌법상 행복추구권의 의의처럼 일상적으로 오용되는 기본권은 없을 것이다. 우리나라 헌법 제10조는 인간의 존엄과 가치 및 불가침의 기본적 인권을 선언하며 여기에 부가하여 행복추구권을 규정하고 있다. 이로 인하여 행복추구권은 모든 기본권들에 적용 가능한 일반적 기본권으로 오용되는 경우가 많으며, 실제 헌법 관련 사건의 대부분에서 침해되는 기본권으로 주장하는 것이 행복추구권 침해 주장이기도 하다. 그러나 행복추구권의 헌법 체계적 의의는 헌법 제10조 보다는 헌법 제10조 후단의 조문들로부터 확정하는 것이 우리 헌법재판소의 기본적 입장이고 학계의 통설적 견해이다.

헌법 제12조에서 헌법 제23조까지는 모두 국가로부터의 자유인 자유권에 해당하는 기본권이고, 이에 비추어 보았을 때 헌법 제10조는 자유권적 기본권의 일반적 기본권인 일반적 행동자유권으로 볼 수 있는 것이다. 즉 헌법 제37조 제1항이 명시하고 있는 헌법에 열거하지 않은 기본권으로서 헌법 제12조에서 헌법 제23조까지 개별적 자유권이 포함하지 않는 일반적인 자유권의 범위에 있다고 인정될 만한 자유권들이 헌법 제10조 행복추구권에 포섭된다.

이에 따라 우리나라 헌법재판소는 마시고 싶을 물을 자유롭게 선택할 권리와 같은 일반적 행동자유권의 존재 여부를 판단할 때 헌법 제10조의 행복추구권을 고려한다. 그러나 행복추구권은 어디까지나 국가로부터의 자유로서 소극적 자유인 자유권의 일반적 기본권이므로 국가에 의한 자유로서 적극적 자유인 사회권이나 국가에의 자유로서 참정권 등의 경우까지 포괄하는 것으로 이해해서는 안되며, 만약 사회권적 기본권이나 참정권적 기본권등 자유권적 기본권 외의 기본권을 논하며 행복추구권을 언급하는 것은 헌법의 체계적 이해에 부합하지 않는 것이 된다 하겠다.

🔨 관련 판례

헌법재판소 1997. 7. 16. 자 95헌가6 결정

어떻든 이 행복추구권의 법적 성격에 관하여 자연권적 권리이고 인간으로서의 존엄과 가치의 존중규정과 밀접 불가분의 관계가 있고, 헌법에 규정하고 있는 모든 개별적, 구체적 기본권은 물론 그 이외에 헌법에 열거되지 아니하는 모든 자유와 권리까지도 그 내용으로 하는 포괄적 기본권으로 해석되고 있다.

헌법재판소 1995. 7. 21. 자 93헌가14 결정

헌법 제10조의 행복추구권은 국민이 행복을 추구하기 위하여 필요한 급부를 국가에게 적극적으로 요구할 수 있는 것을 내용으로 하는 것이 아니라, 국민이 행복을 추구하기 위한 활동을 국가권력의 간섭없이 자유롭게 할 수 있다는 포괄적인 의미의 자유권으로서 성격을 가진다.

Q1. 죽음에 대한 자기결정권이 행복추구권의 일종으로 인정여부에 대한 견해를 논하라.

접근전략 자기결정권은 행복추구권의 일종으로 논해지는 기본권이다. 이와 관련해 자신이 언제 죽을지, 어떻게 죽을지에 대한 내용 역시 자기결정권으로 인정할 수 있다는 견해가 헌법학계에서 나타나고 있다. 그러나 삶과 죽음의 문제는 인간의 존엄성에서부터 도출되는 생명권과 충돌될 수 있는 영역이라 논란이 발생하고 있다. 죽음에 대한 자기결정권과 생명권이 충돌하는 영역에서 무엇을 더 우선시할 것인가에 대한 견해를 밝히고, 그 논거를 설명해야 하며 이를 통해 안락사와 자살허용에 대한 각론적 입장을 정리해 나가야 한다.

Q2. 안락사에 대한 자신의 견해를 논하라.

접근전략 안락사는 단순히 인공심폐기구를 제거하는 소극적 안락사와 독극물 등을 직접 주입하는 적극적 안락사로 구분된다. 소극적 안락사의 경우에는 현재 우리나라를 비롯한 대부분의 나라에서 인정되나 적극적 안락사는 스위스 등 8개국에서만 인정되고 있다. 소극적 안락사는 일종의 치료방법에 대한 자기결정권의 존중으로도 볼 수 있어 죽음에 대한 자기결정권을 인정하지 않아도 인정할 수 있으나 적극적 안락사는 죽음에 대한 자기결정권에 기반해서만 정당화될 수 있어 죽음에 대한 자기결정권의 인정과 생명권과의 충돌 문제가 주요한 논점이 되는 사안이다.

Q3. 자살에 대하여 금지할 수 있는지에 대한 자신의 견해를 논하라.

접근전략 자살의 경우 자살을 한 본인은 이슬람권 등 극히 일부 국가를 제외하고 형사상 처벌되지 않는다. 그러나 자살을 교사하거나 방조한 행위는 처벌이 되는데 그래서 자살방조죄의 경우 범죄의 성격은 주범이 존재하는 종범의 성격을 띠지만 별도의 구성요건이 형법상 규정되어 있다. 따라서 자살을 금지할 수 있는지는 현실적으로는 자살방조죄를 처벌할 수 있는지가 주요한 논점이 된다 하겠다. 만약 죽음에 대한 자기결정권이 인정되고 생명권보다 우선한다고 본다면 자살이 금지되어서도 안되고 자살방조죄가 성립되어서도 안된다. 적극적 안락사의 경우 최소한 자살방조죄가 성립될 수 있다는 점에서 더욱 그러하다. 따라서 자살에 대한 금지 여부 또한 죽음에 대한 자기결정권과 생명권의 충돌 문제에 대한 가치 판단을 한 후 결론을 내려야 하는 사안이라 하겠다.

NO 3

평등권

⬥⬥⬥

헌법

제11조 ①모든 국민은 법 앞에 평등하다. 누구든지 성별·종교 또는 사회적 신분에 의하여 정치적·경제적·사회적·문화적 생활의 모든 영역에 있어서 차별을 받지 아니한다.

②사회적 특수계급의 제도는 인정되지 아니하며, 어떠한 형태로도 이를 창설할 수 없다.

③훈장등의 영전은 이를 받은 자에게만 효력이 있고, 어떠한 특권도 이에 따르지 아니한다.

헌법 제11조는 평등권을 규정하고 있다. 그러나 우리나라 헌법이 보장하는 평등은 공산주의국가의 헌법에서 말하는 절대적인 결과의 평등이 아니라 상대적인 기회의 평등이다. 따라서 상대적 기회의 평등이 지켜질 수 있다면 합리적 차별로서 차별적 대우의 존재는 우리 헌법의 평등권에 반하는 것이라 할 수 없다. 아울러, 합리적인 근거가 있는 차별인지의 여부는 인간의 존엄성 존중이라는 헌법원리에 반하지 아니하면서 정당한 입법목적을 달성하기 위하여 필요하고도 적정한 것인가를 기준으로 판단하여야 한다. 아래의 판례는 우리나라에서 보호되는 평등권의 의의 및 우리 헌법상 합리적 차별의 의의에 대한 헌법재판소의 입장을 잘 보여준다.

헌법재판소 1996. 11. 28. 자 96헌가13 결정

헌법 제11조 제1항은 '모든 국민은 법 앞에 평등하다. 누구든지 성별·종교 또는 사회적 신분에 의하여 정치적·경제적·사회적·문화적 생활의 모든 영역에 있어서 차별을 받지 아니한다.'라고 규정하고 있다. 이러한 평등의 원칙은 일체의 차별적 대우를 부정하는 절대적 평등을 의미하는 것이 아니라, 입법과 법의 적용에 있어서 합리적인 근거가 없는 차별을 하여서는 아니된다는 상대적 평등을 뜻하므로, 합리적인 근거가 있는 차별 또는 불평등은 평등의 원칙에 반하는 것이 아니라 할 것이다.

한편, 상대적인 기회의 평등이 침해된다면 이는 헌법상 평등권 침해로서 위헌이 논해질 수 있다. 우리나라 헌법재판소는 평등권 침해인지 제한인지 여부와 관련된 판단기준으로 일반적인 기본권 침해 판단 기준인 과잉금지원칙을 바로 사용하지 않고, 그 정도에 따라 2단계 심사기준으로 나눠 적용하고 있다. 차별적 대우에 대한 입법자의 자의성이 크다고 판단되는 경우에는 완화된 심사기준으로서 자의금지원칙이 쓰이고, 입법자의 자의성이 크지 않은 경우에는 엄격한 심사기준으로서 과잉금지원칙이 쓰인다.

자의금지원칙은 입법자에게 광범위한 형성의 자유가 인정되는 영역에서 적용되며, 해당 법조항에 ①차별이 존재하는가 ②그 차별이 자의적인가(합리적 이유가 결여되었는가)만을 판단하면 된다. 차별대우를 정당화하는 객관적이고 합리적인 이유가 존재한다면 차별대우는 자의적인 것이 아니게 된다.

🔨 참조 판례

헌법재판소 1999. 12. 23. 자 98헌마363 결정

가. 평등위반 여부를 심사함에 있어 엄격한 심사척도에 의할 것인지, 완화된 심사척도에 의할 것인지는 입법자에게 인정되는 입법형성권의 정도에 따라 달라지게 될 것이다. 먼저 헌법에서 특별히 평등을 요구하고 있는 경우 엄격한 심사척도가 적용될 수 있다. 헌법이 스스로 차별의 근거로 삼아서는 아니되는 기준을 제시하거나 차별을 특히 금지하고 있는 영역을 제시하고 있다면 그러한 기준을 근거로 한 차별이나 그러한 영역에서의 차별에 대하여 엄격하게 심사하는 것이 정당화된다. 다음으로 차별적 취급으로 인하여 관련 기본권에 대한 중대한 제한을 초래하게 된다면 입법형성권은 축소되어 보다 엄격한 심사척도가 적용되어야 할 것이다.

나. 그런데 가산점제도는 엄격한 심사척도를 적용하여야 하는 위 두 경우에 모두 해당한
    다. 헌법 제32조 제4항은 "여자의 근로는 특별한 보호를 받으며, 고용·임금 및 근로조
    건에 있어서 부당한 차별을 받지 아니한다"고 규정하여 "근로" 내지 "고용"의 영역에 있
    어서 특별히 남녀평등을 요구하고 있는데, 가산점제도는 바로 이 영역에서 남성과 여성
    을 달리 취급하는 제도이기 때문이고, 또한 가산점제도는 헌법 제25조에 의하여 보장된
    공무담임권이라는 기본권의 행사에 중대한 제약을 초래하는 것이기 때문이다(가산점제도
    가 민간기업에 실시될 경우 헌법 제15조가 보장하는 직업선택의 자유가 문제될 것이다).

    이와 같이 가산점제도에 대하여는 엄격한 심사척도가 적용되어야 하는데, 엄격한 심사를
한다는 것은 자의금지원칙에 따른 심사, 즉 합리적 이유의 유무를 심사하는 것에 그치지 아
니하고 비례성원칙에 따른 심사, 즉 차별취급의 목적과 수단간에 엄격한 비례관계가 성립하
는지를 기준으로 한 심사를 행함을 의미한다.

 참조

미국의 평등원칙 심사기준
    미연방대법원은 이중심사기준(합리적 심사기준과 엄격한 심사기준)을 적용하다가 1976년 이후
에는 3중심사기준을 채택하고 있다.

    <u>합리성 심사기준</u>은 국가의 공권력 행사로 인해 차별적 효과가 발생하더라 도 정당한 국가
이익을 달성하기 위한 목적과 수단 사이의 합리적 관련성이 인정되면 평등원칙에 반하지 않
는다는 심사기준이다. (경제정책)

    <u>중간심사기준</u>은 차별의 목적이 중요한 국가이익을 달성하기 위한 것이고 차별의 수단이 그
목적달성에 실질적 관련성이 있어야 한다. (성별차별)

    <u>엄격한 심사기준</u>은 차별목적이 절박한 이익이고, 차별조치가 목적달성에 필수적 관련성이
있어야 한다. (인종차별)

가장 논쟁적인 2023년 미국 연방대법원 판례

1970년대 미국 연방대법원은 흑인 등 소수 인종에 대한 적극적 소수자 보호조치를 규정한 Affirmative Action 규정을 적용하지 않은 경우에 대해 위헌 결정을 이어갔다. 이로서 인종 및 성별 할당 등 적극적인 소수자 보호가 평등권 실현의 구체적 수단으로 여겨지는 50여년간의 시간이 이어졌다.

2023년 미국 연방대법원은 50여년만에 이러한 결정을 뒤집는 결정을 하였다. 인종할당제를 적용한 하바드 대학의 입시제도에 대해 위헌 결정을 내리며 50년간 이어진 Affirmative Action에 대한 사형선고가 내려진 것이다.

다수 의견을 작성한 존 로버츠 대법원장은 "하버드와 노스캐롤라이나대학의 입학 프로그램은 헌법이 보장한 '평등보호조항'과 조화될 수 없다"고 밝히며, 학생들은 "'인종이 아니라 개인'으로서 경험에 근거해 평가되어야 함에도 너무나 오랫동안 많은 대학이 그 반대로 해 왔다"고 지적했다.

반면, 소니아 소토마요르 대법관은 소수의견에서 "오늘의 결정은 수십 년의 선례와 중대한 과정을 되돌리는 것"이라고 말하며 Affirmative Action 폐기에 반대했고 잭슨 대법관은 별도로 작성한 의견문에서 "우리 모두에게 진정으로 비극"이라며 연방대법원의 이번 결정을 비판했다.

각종 입시와 취업 등 기회에 있어 할당제의 사상적 기반이 된 Affirmative Action의 법리가 본고장인 미국에서부터 폐기되면서 전세계의 적극적 소수자 보호조치 역시 논란의 중심에 서기 시작했다.

Q. 다음 차별금지법 입법안에 대한 찬반의 견해를 밝히고, 그 이유를 말하시오.

제안이유

헌법은 "누구든지 성별·종교 또는 사회적 신분에 의하여 정치적·경제적·사회적·문화적 생활의 모든 영역에 있어서 차별을 받지 아니한다."고 규정하고 있습니다. 그러나 많은 영역에서 차별이 여전히 발생하고 있고, 차별 피해가 발생한 경우, 적절한 구제수단이 미비하여 피해자가 제대로 보호받지 못하고 있는 실정입니다.

이에 성별·장애·나이·언어·출신국가·출신민족·인종·국적·피부색·출신지역·용모 등 신체조건·혼인여부·임신 또는 출산·가족 및 가구의 형태와 상황·종교·사상 또는 정치적 의견·형의 효력이 실효된 전과·성적지향·성별정체성·학력(學歷)·고용형태·병력 또는 건강상태·사회적신분 등을 이유로 한 정치적·경제적·사회적·문화적 생활의 모든 영역에서 합리적인 이유 없는 차별을 금지·예방하고 복합적으로 발생하는 차별을 효과적으로 다룰 수 있는 포괄적이고 실효성 있는 차별금지법을 제정함으로써 정치·경제·사회·문화의 모든 영역에서 평등을 추구하는 헌법 이념을 실현하고, 실효적인 차별구제수단들을 도입하여 차별피해자의 다수인 사회적 약자에 대한 신속하고 실질적인 구제를 도모하고자 합니다.

주요내용

가. 차별금지에 관한 기본법이자 현행 「국가인권위원회법」의 차별 분야에 대한 특별법적인 성격에 비추어 이 법에서 금지되는 차별사유를 「국가인권위원회법」상의 차별금지사유를 기본으로 성별·장애·나이·언어·출신국가·출신민족·인종·국적·피부색·출신지역·용모 등 신체조건·혼인여부·임신 또는 출산·가족 및 가구의 형태와 상황·종교·사상 또는 정치적 의견·형의 효력이 실효된 전과·성적지향·성별정체성·학력(學歷)·고용형태·병력 또는 건강상태·사회적신분 등으로 구체화하여 차별의 의미와 판단기준을 명확히 하고자 함(안 제3조제1항제1호).

나. 합리적인 이유 없이 성별등을 이유로 고용·재화·용역 등의 공급이나 이용, 교육기관의

교육 및 직업훈련, 행정서비스 제공이나 이용에서 분리·구별·제한·배제·거부 등 불리하게 대우하는 행위를 차별로 금지함(안 제3조제1항제1호).

다. 직접차별 뿐만 아니라 간접차별, 성별 등을 이유로 특정 개인 및 집단에 대하여 신체적·정신적 고통을 주는 행위 및 차별의 표시·조장 광고 행위를 차별로 금지함(안 제3조제1항제2호부터 제5호까지).

라. 차별 관련 정책을 체계적으로 추진하기 위하여 정부는 차별시정기본계획을 5년마다 수립하고, 국가인권위원회는 차별시정기본계획 권고안을 마련하여 차별시정기본계획을 수립하기 1년 전까지 대통령에게 제출하며, 중앙행정기관 등은 세부시행계획을 수립하고 그 이행결과를 공개하도록 함(안 제6조부터 제8조까지).

마. 고용, 재화·용역·교통수단·상업시설·토지·주거시설·의료서비스·문화 등의 공급이나 이용, 교육기관의 교육기회 및 교육내용, 참정권 등 행정서비스 및 수사 재판상의 차별예방을 위한 조치, 성별 등을 이유로 한 차별 금지 등 영역별 차별금지 유형을 구체화하여 적시함(안 제10조부터 제40조까지).

바. 차별행위의 피해자는 국가인권위원회에 진정을 제기할 수 있으며, 차별구제의 실효성을 제고하기 위하여 국가인권위원회는 시정권고를 받은 자가 정당한 사유 없이 권고를 이행하지 아니하는 경우 시정명령 및 시정명령 불이행시 3천만원 이하의 이행강제금을 부과할 수 있도록 함(안 제41조부터 제44조까지).

사. 위원회는 차별행위로 인정된 사건 중에서 피진정인이 위원회의 결정에 불응하고 사안이 중대하다고 판단하는 경우에는 해당 사건의 소송을 지원할 수 있도록 함(안 제49조).

아. 법원이 피해자의 청구에 따라 차별의 중지 등 그 시정을 위한 적극적 조치 및 손해배상 등의 판결을 할 수 있도록 함(안 제50조).

자. 차별행위가 악의적인 것으로 인정되는 경우(고의성, 지속성 및 반복성, 보복성, 피해의 규모 및

내용 고려하여 판단), 통상적인 재산상 손해액 이외에 별도의 배상금(손해액의 2배 이상 5배 이하)을 지급할 수 있도록 함(안 제51조).

차. 차별행위의 피해자와 그 상대방이 가지고 있는 정보 및 정보에 대한 접근성의 차이로 차별의 입증이 곤란함을 고려하여 차별을 받았다고 주장하는 자의 상대방에 대하여 증명책임을 부담하도록 함. 다만, 이 법의 제3장의 규정을 위반한 경우에 한하여 적용함(안 제52조).

접근전략 차별금지법은 최근 가장 격렬한 논쟁을 불러일으키는 입법안이라 할 수 있다. 차별금지법 입법안의 문제를 논함에 있어 가장 중요한건 차별금지법 입법 찬반의 논점이 어디에 있는지 정확히 파악하는 것이다. 흔히 차별금지법을 논하며 평등권의 문제로만 논하는 경우가 많다. 그러나 차별금지법에서 문제되는 사안 중 가장 대표적인 채용과 관련된 문제를 논해본다면 채용에 있어 차별을 금지하라는 것은 사업자가 영업을 함에 있어 노동자의 채용 문제를 자유롭게 하겠다는 영업의 자유 문제와 충돌하게 되는 것이다. 즉 차별을 금지하는 것은 필연적으로 자유를 제한하는 것으로 이어지기 때문에 차별금지법의 입법 문제는 자유와 평등의 충돌 문제라 하겠다. 평등만큼 자유 역시 중요한 가치인 바, 차별금지법에 대한 논쟁이 줄어들지 않고 있는 것이다. 더불어 차별금지를 위한 수단으로서 도입되는 입증책임 전환 역시 많은 논란을 불러일으키고 있다. 이러한 논점들을 정리한 뒤 각 차별금지법의 항목들이 포함되는 것이 적절한지 각론적인 평가를 체계적으로 하며 이 문제에 대한 입장을 정리해나가야 하겠다.

NO 4

생명권

◇◇◇

우리나라 헌법은 생명권을 보장하는 조항을 별도로 마련하고 있지 않다. 그러나 생명권은 헌법 제10조에서 규정하는 인간의 존엄과 가치로부터 자연스럽게 도출된다는 것이 통설적 견해이다. 인간의 존엄과 가치라는 자연법적 내용으로부터 도출되는 기본권이다 보니 생명권 역시 자연법적인 보편적 인권으로서 이해되고, 일부 헌법학자들 중에는 이러한 점에서 생명권을 절대 제한할 수 없는 절대적 기본권으로 이해하기도 한다. 그러나 대부분의 헌법학자들은 생명권이 자연법적 기본권임을 인정하지만 제한이 가능한 상대적 기본권으로 이해한다. 우리 헌법재판소 역시 아래의 사형제도에 대한 합헌 결정에서 생명권은 제한이 가능하다는 입장을 견지하고 있다.

헌법재판소 1996. 11. 28. 자 95헌바1 결정

인간의 생명에 대하여는 함부로 사회과학적 혹은 법적인 평가가 행하여져서는 안될 것이지만, 비록 생명에 대한 권리라고 하더라도 그것이 헌법상의 기본권으로서 법률상의 의미가 조영되어야 할 때에는 그 자체로서 모든 규범을 초월하여 영구히 타당한 권리로서 남아 있어야 하는 것이라고 볼 수는 없다. 다시 말하면 생명의 가치만을 놓고 본다면 인간존엄성의 활력적인 기초를 의미하는 생명권은 절대적 기본권으로 보아야 함이 당연하고, 따라서 인간존엄성의 존중과 생명권의 보장이란 헌법정신에 비추어 볼 때 생명권에 대한 법률유보를 인정한다는 것은 이념적으로는 법리상 모순이라고 할 수도 있다. 그러나 현실적인 측면에서 볼 때 정당한 이유없이 타인의 생명을 부정하거나 그에 못지 아니한 중대한 공공이익을 침해한 경우에 국법은 그 중에서 타인의 생명이나 공공의 이익을 우선하여 보호할 것인가의 규준을 제시하지 않을 수 없게 되고, 이러한 경우에는 비록 생명이 이념적으로 절대적 가치를 지닌 것이라 하더라도 생명에 대한 법적 평가가 예외적으로 허용될 수 있다고 할 것이므로, 생명권 역시 헌법 제37조 제2항에 의한 일반적 법률유보의 대상이 될 수 밖에 없다 할 것이다.

이에 대하여 청구인은 사형이란 헌법에 의하여 국민에게 보장된 생명권의 본질적 내용을 침해하는 것으로 되어 헌법 제37조 제2항 단서에 위반된다는 취지로 주장한다.

그러나 생명권에 대한 제한은 곧 생명권의 완전한 박탈을 의미한다 할 것이므로, 사형이 비례의 원칙에 따라서 최소한 동등한 가치가 있는 다른 생명 또는 그에 못지 아니한 공공의 이익을 보호하기 위한 불가피성이 충족되는 예외적인 경우에만 적용되는 한, 그것이 비록 생명을 빼앗는 형벌이라 하더라도 헌법 제37조 제2항 단서에 위반되는 것으로 볼 수는 없다 할 것이다.

생명권과 관련하여서는 태아의 생명권을 인간의 생명권과 동일하게 인정할 수 있을지에 대하여 논란의 여지가 있다. 이와 관련하여 생명권을 절대적 기본권으로 이해하는 입장에서는 태아의 생명권도 절대적 기본권에 해당하여, 모자보건법상의 의학적 적응 사유, 즉 태아의 출산이 산모의 생명에 위협이 되는 사유가 아니라면 모든 낙태는 허용되어서는 안된다는 주장을 한다. 아래는 그러한 주장을 보여주는 대표적인 논문의 내용이다.

"우리 헌법은 인간의 존엄을 정점으로 하는 가치질서 위에 구성되어 있다는 것은 누구나가 부인할 수 없을 것이다. 그리고 이러한 가치 질서는 생명을 전제하고 있다는 점 또한 누구도 부정하기 어려울 것이다. 생명을 전제하고 구성되어 있는 헌법은 극히 예외적인 경우에 생명을 보호하기 위하여 생명을 희생하는 단 하나의 예외를 제외하고는 생명(그것이 형성중의 생명이라 할지라도)의 부정을 허용하지 않는다. 그러한 한에서 낙태는 위헌이며, 모자보건법이 규정하고 있는 낙태정당화 사유 또한 정당화될 수 없다고 하겠다."

(홍성방, 낙태와 헌법상의 기본가치, 서강법학연구 제3권, 2001, p.50)

반면, 2019년 우리나라 헌법재판소는 우리나라 모자보건법 상의 낙태의 위법성조각사유의 내용이 여성의 자기결정권을 침해한다는 점에서 아래와 같은 헌법불합치 결정을 내리기도 하였다.

헌법재판소 2019. 4. 11. 자 2017헌바127 결정

가. [재판관 유남석, 재판관 서기석, 재판관 이선애, 재판관 이영진의 헌법불합치의견]

　　자기낙태죄 조항은 모자보건법이 정한 예외를 제외하고는 임신기간 전체를 통틀어 모든 낙태를 전면적·일률적으로 금지하고, 이를 위반할 경우 형벌을 부과함으로써 임신의 유지·출산을 강제하고 있으므로, 임신한 여성의 자기결정권을 제한한다.

　　자기낙태죄 조항은 태아의 생명을 보호하기 위한 것으로서, 정당한 입법목적을 달성하기 위한 적합한 수단이다.

　　임신·출산·육아는 여성의 삶에 근본적이고 결정적인 영향을 미칠 수 있는 중요한 문제이므로, 임신한 여성이 임신을 유지 또는 종결할 것인지 여부를 결정하는 것은 스스로 선택한 인생관·사회관을 바탕으로 자신이 처한 신체적·심리적·사회적·경제적 상황에 대한 깊은 고민을 한 결과를 반영하는 전인적(全人的) 결정이다.

　　현 시점에서 최선의 의료기술과 의료 인력이 뒷받침될 경우 태아는 임신 22주 내외부터 독자적인 생존이 가능하다고 한다. 한편 자기결정권이 보장되려면 임신한 여성이 임신 유지와 출산 여부에 관하여 전인적 결정을 하고 그 결정을 실행함에 있어서 충분한 시간이 확보되어야 한다. 이러한 점들을 고려하면, 태아가 모체를 떠난 상태에서 독자적으로 생존할 수 있는 시점인 임신 22주 내외에 도달하기 전이면서 동시에 임신 유지와 출산 여부에 관한 자기결정권을 행사하기에 충분한 시간이 보장되는 시기(이하 착상 시부터 이 시기까지를 '결정가능기간'이라 한다)까지의 낙태에 대해서는 국가가 생명보호의 수단 및 정도를 달리 정할 수 있다고 봄이 타당하다.

　　낙태갈등 상황에서 형벌의 위하가 임신종결 여부 결정에 미치는 영향이 제한적이라는 사정과 실제로 형사처벌되는 사례도 매우 드물다는 현실에 비추어 보면, 자기낙태죄 조항이 낙태갈등 상황에서 태아의 생명 보호를 실효적으로 하지 못하고 있다고 볼 수 있다.

　　낙태갈등 상황에 처한 여성은 형벌의 위하로 말미암아 임신의 유지 여부와 관련하여 필요한 사회적 소통을 하지 못하고, 정신적 지지와 충분한 정보를 제공받지 못한 상태에서 안전하지 않은 방법으로 낙태를 실행하게 된다.

모자보건법상의 정당화사유에는 다양하고 광범위한 사회적·경제적 사유에 의한 낙태갈등 상황이 전혀 포섭되지 않는다. 예컨대, 학업이나 직장생활 등 사회활동에 지장이 있을 것에 대한 우려, 소득이 충분하지 않거나 불안정한 경우, 자녀가 이미 있어서 더 이상의 자녀를 감당할 여력이 되지 않는 경우, 상대 남성과 교제를 지속할 생각이 없거나 결혼 계획이 없는 경우, 혼인이 사실상 파탄에 이른 상태에서 배우자의 아이를 임신했음을 알게 된 경우, 결혼하지 않은 미성년자가 원치 않은 임신을 한 경우 등이 이에 해당할 수 있다.

자기낙태죄 조항은 모자보건법에서 정한 사유에 해당하지 않는다면 결정가능기간 중에 다양하고 광범위한 사회적·경제적 사유를 이유로 낙태갈등 상황을 겪고 있는 경우까지도 예외 없이 전면적·일률적으로 임신의 유지 및 출산을 강제하고, 이를 위반한 경우 형사처벌하고 있다. 따라서, 자기낙태죄 조항은 입법목적을 달성하기 위하여 필요한 최소한의 정도를 넘어 임신한 여성의 자기결정권을 제한하고 있어 침해의 최소성을 갖추지 못하였고, 태아의 생명 보호라는 공익에 대하여만 일방적이고 절대적인 우위를 부여함으로써 법익균형성의 원칙도 위반하였으므로, 과잉금지원칙을 위반하여 임신한 여성의 자기결정권을 침해한다.

자기낙태죄 조항과 동일한 목표를 실현하기 위하여 임신한 여성의 촉탁 또는 승낙을 받아 낙태하게 한 의사를 처벌하는 의사낙태죄 조항도 같은 이유에서 위헌이라고 보아야 한다.

자기낙태죄 조항과 의사낙태죄 조항에 대하여 각각 단순위헌결정을 할 경우, 임신 기간 전체에 걸쳐 행해진 모든 낙태를 처벌할 수 없게 됨으로써 용인하기 어려운 법적 공백이 생기게 된다. 더욱이 입법자는 결정가능기간을 어떻게 정하고 결정가능기간의 종기를 언제까지로 할 것인지, 결정가능기간 중 일정한 시기까지는 사회적·경제적 사유에 대한 확인을 요구하지 않을 것인지 여부까지를 포함하여 결정가능기간과 사회적·경제적 사유를 구체적으로 어떻게 조합할 것인지, 상담요건이나 숙려기간 등과 같은 일정한 절차적 요건을 추가할 것인지 여부 등에 관하여 앞서 헌법재판소가 설시한 한계 내에서 입법재량을 가진다.

따라서 자기낙태죄 조항과 의사낙태죄 조항에 대하여 단순위헌 결정을 하는 대신 각각 헌법불합치 결정을 선고하되, 다만 입법자의 개선입법이 이루어질 때까지 계속적용을 명함이 타당하다.

[재판관 이석태, 재판관 이은애, 재판관 김기영의 단순위헌의견]

헌법불합치의견이 지적하는 기간과 상황에서의 낙태까지도 전면적·일률적으로 금지하고, 이를 위반한 경우 형사처벌하는 것은 임신한 여성의 자기결정권을 침해한다는 점에 대하여 헌법불합치의견과 견해를 같이한다. 다만 여기에서 더 나아가 이른바 '임신 제1삼분기(first trimester, 대략 마지막 생리기간의 첫날부터 14주 무렵까지)'에는 어떠한 사유를 요구함이 없이 임신한 여성이 자신의 숙고와 판단 아래 낙태할 수 있도록 하여야 한다는 점, 자기낙태죄 조항 및 의사낙태죄 조항(이하 '심판대상조항들'이라 한다)에 대하여 단순위헌결정을 하여야 한다는 점에서 헌법불합치의견과 견해를 달리 한다.

임신한 여성이 임신의 유지 또는 종결에 관하여 한 전인격적인 결정은 그 자체가 자기결정권의 행사로서 원칙적으로 보장되어야 한다. 다만 이러한 자기결정권도 태아의 성장 정도, 임신 제1삼분기를 경과하여 이루어지는 낙태로 인한 임신한 여성의 생명·건강의 위험성 증가 등을 이유로 제한될 수 있다.

한편, 임신한 여성의 안전성이 보장되는 기간 내의 낙태를 허용할지 여부와 특정한 사유에 따른 낙태를 허용할지 여부의 문제가 결합한다면, 결과적으로 국가가 낙태를 불가피한 경우에만 예외적으로 허용하여 주는 것이 되어 임신한 여성의 자기결정권을 사실상 박탈하게 될 수 있다.

그러므로 태아가 덜 발달하고, 안전한 낙태 수술이 가능하며, 여성이 낙태 여부를 숙고하여 결정하기에 필요한 기간인 임신 제1삼분기에는 임신한 여성의 자기결정권을 최대한 존중하여 그가 자신의 존엄성과 자율성에 터 잡아 형성한 인생관·사회관을 바탕으로 자신이 처한 상황에 대하여 숙고한 뒤 낙태 여부를 스스로 결정할 수 있도록 하여야 한다.

심판대상조항들은 임신 제1삼분기에 이루어지는 안전한 낙태조차 일률적·전면적으로 금지함으로써, 과잉금지원칙을 위반하여 임신한 여성의 자기결정권을 침해한다.

자유권을 제한하는 법률에 대하여, 기본권의 제한 그 자체는 합헌이나 그 제한의 정도가 지나치기 때문에 위헌인 경우에도 헌법불합치결정을 해야 한다면, 법률이 위헌인 경우에는 무효로 선언되어야 한다는 원칙과 그에 기초한 결정형식으로서 위헌결정의 존재 이유가 사라진다. 심판대상조항들이 예방하는 효과가 제한적이고, 형벌조항으로서의 기능을 제대로 하지 못하고 있으므로, 이들 조항이 폐기된다고 하더라도 극심한 법적 혼란이나 사회적 비용이 발생한다고 보기 어렵다. 반면, 헌법불합치결정을 선언하고 사후입법으로 이를 해결하는 것은 형벌규정에 대한 위헌결정의 효력이 소급하도록 한 입법자의 취지에도 반할 뿐만 아니라, 그 규율의 공백을 개인에게 부담시키는 것으로서 가혹하다. 또한 앞서 본 바와 같이 심판대상조항들 중 적어도 임신 제1삼분기에 이루어진 낙태에 대하여 처벌하는 부분은 그 위헌성이 명확하여 처벌의 범위가 불확실하다고 볼 수 없다. 심판대상조항들에 대하여 단순위헌결정을 하여야 한다.

　　나. 자기낙태죄 조항과 의사낙태죄 조항이 헌법에 위반된다는 단순위헌의견이 3인이고, 헌법에 합치되지 아니한다는 헌법불합치의견이 4인이므로, 단순위헌의견에 헌법불합치의견을 합산하면 법률의 위헌결정을 함에 필요한 심판정족수에 이르게 된다. 따라서 위 조항들에 대하여 헌법에 합치되지 아니한다고 선언하되, 2020. 12. 31.을 시한으로 입법자가 개선입법을 할 때까지 계속적용을 명한다.

　　아울러 종전에 헌법재판소가 이와 견해를 달리하여 자기낙태죄 조항과 형법(1995. 12. 29. 법률 제5057호로 개정된 것) 제270조 제1항 중 '조산사'에 관한 부분이 헌법에 위반되지 아니한다고 판시한 헌재 2012. 8. 23. 2010헌바402 결정은 이 결정과 저촉되는 범위 내에서 변경하기로 한다.

　　[재판관 조용호, 재판관 이종석의 합헌의견]
　　태아와 출생한 사람은 생명의 연속적인 발달과정 아래 놓여 있다고 볼 수 있으므로, 인간의 존엄성의 정도나 생명 보호의 필요성과 관련하여 태아와 출생한 사람 사이에 근본적인 차이가 있다고 보기 어렵다. 따라서 태아 역시 헌법상 생명권의 주체가 된다.
　　태아의 생명권 보호라는 입법목적은 매우 중대하고, 낙태를 원칙적으로 금지하고 이를 위반할 경우 형사처벌하는 것 외에 임신한 여성의 자기결정권을 보다 덜 제한하면서 태아의 생명 보호라는 공익을 동등하게 효과적으로 보호할 수 있는 다른 수단이 있다고 보기 어렵다.
　　태아의 생명권을 보호하고자 하는 공익의 중요성은 태아의 성장 상태에 따라 달라진다고 볼 수 없으며, 임신 중의 특정한 기간 동안에는 임신한 여성의 인격권이나 자기결정권이 우선하고 그 이후에는 태아의 생명권이 우선한다고 할 수도 없다.
　　다수의견이 설시한 '사회적·경제적 사유'는 그 개념과 범위가 매우 모호하고 그 사유의 충족 여부를 객관적으로 확인하기도 어렵다. 사회적·경제적 사유에 따른 낙태를 허용할 경우 현실적으로 낙태의 전면 허용과 동일한 결과를 초래하여 일반적인 생명경시 풍조를 유발할 우려가 있다.
　　이처럼 자기낙태죄 조항으로 인하여 임신한 여성의 자기결정권이 어느 정도 제한되는 것은 사실이나, 그 제한의 정도가 자기낙태죄 조항을 통하여 달성하려는 태아의 생명권 보호라는 중대한 공익에 비하여 결코 크다고 볼 수 없으므로, 자기낙태죄 조항은 법익균형성 원칙에도 반하지 아니한다.

의사낙태죄 조항은 그 법정형의 상한 자체가 높지 않을 뿐만 아니라, 선고유예 또는 집행유예 선고의 길이 열려 있으므로, 책임과 형벌 간의 비례원칙에 위배되지 아니한다. 태아의 생명을 보호해야 하는 업무에 종사하는 자가 태아의 생명을 박탈하는 시술을 한다는 점에서 비난가능성 또한 크므로, 의사낙태죄 조항에 대하여 동의낙태죄(제269조 제2항)와 달리 벌금형을 규정하지 아니한 것이 형벌체계상의 균형에 반하여 헌법상 평등원칙에 위배된다고도 할 수 없다.

따라서 자기낙태죄 조항 및 의사낙태죄 조항은 모두 헌법에 위반되지 아니한다.

태아의 생명권 보호 범위와 낙태죄 인정 여부 및 인정시 가벌 범위와 관련한 논쟁은 현재도 전세계적으로 반복되고 있으며, 우리나라 역시 낙태죄 처벌 자체에 대한 위헌 결정을 내린 것은 아니고 정당화 사유의 범위를 입법 과제로 남겨뒀다. 특히 헌법재판소가 정한 시점인 2020. 12. 31.까지 국회에서 낙태죄 대체입법을 하지 않아 형법상 자낙태죄(형법 제269조 제1항), 업무상 동의 낙태죄 중 의사낙태죄(형법 제270조 제1항)는 모두 위헌으로 효력을 상실하였다. 그러나 그렇다 하여도 동의낙태죄(형법 제269조 제2항)나 낙태치사상죄(형법 제269조 제3항) 관련 조항 등은 위헌으로 효력이 상실되지는 않은 어정쩡한 상태가 이어지고 있다. 특히 의사낙태죄가 위헌으로 효력을 상실한 상태에서 낙태를 바라는 여성이 의사에게 낙태를 요구했을 때 이에 응하지 않은 의사에게 의료법 제15조에 따라 정당한 이유없이 의료행위를 거부한 것으로 처벌할 수 있는지, 응한 의사에게 형법 제269조 제2항에 따라 동의낙태죄로 처벌할 수 있는지에 대한 논란도 정리되지 않고 있다. 낙태죄의 완전 폐지와 일부 완화 사이에서 사회적·법적 논쟁이 격렬히 이어지는 상황에서 대체 입법이 쉽게 이뤄지기도 어려울 것으로 보인다. 이와 관련하여 낙태죄 처벌과 관련한 해외 입법 사례를 살펴보면 다음과 같다.

독일

현재 독일은 낙태죄를 형법 제218조를 통하여 처벌하고 있으나 이어서 낙태의 처벌면제에 대한 조항을 을 제218조의 a에 두고 있다. 통일 당시 구 서독 지역에서는 의사의 확인없는 낙태를 모두 불법으로 처벌하는 적응해결방안이 적용되고 있었던 반면, 구 동독 지역에서는 12

주 이내의 낙태를 허용하는 기한부 낙태허용방안이 적용되고 있었다. 낙태처벌규정의 확장 적용 문제는 통일조약 합의 당시 가장 첨예하게 의견이 대립된 부분으로서 이에 연방정부는 연방형법의 확장적용을 포기하고, 1992. 12. 31.까지 통일된 새로운 낙태규정을 제정할 것을 조건으로 양 독일 지역에 각각 적용하기로 합의하였다. 연방의회는 통일조약 규정에 의거하여 1992. 7. 27. 12주 이내 상담조건부 낙태허용방안을 규정하고 있는 「임부 및 가족원조법」을 제정하였으나, 이 법률은 1993년 헌법재판소의 위헌판결에 의하여 그 주요부분이 무효로 선언되었다. 이후 격렬한 사회적 논란을 거쳐 1995년 「임부 및 가족원조법」 재개정을 통해 연방 전 지역에 통일된 낙태 규정을 적용하고 있다.

독일 형법과 「임부 및 가족원조법」에서 적용하고 있는 낙태죄 처벌 조각 사유를 요약하면 임신 12주 이내의 임신중절은 처벌하지 않지만, 의학적·사회적 적응사유(독일형법 제218조 a 제2항)나 범죄학적 적응사유(제218조 a 제3항)이 존재해야 한다. 또한 이러한 임신중절은 임산부의 동의를 얻어 의사가 시술하여야 한다.

한편 1974년 독일형법개정에서 수태후 12주 이내에 임신부의 동의아래 의사가 실시하는 중절은 처벌하지 않는 것으로 규정하고, 12주후의 낙태는 예외적 제한과 함께 종전처럼 처벌할 수 있는 범죄로 하였다.(제218조 a 기한모델) 이에 대해 연방헌법재판소는 태아의 생명을 적절하게 보호하지 않는다는 이유로 당해 법조문을 무효화 했다. 또한 본 판결에서 연방헌법재판소는 임신부의 자기결정권에 대한 태아의 생명보호의 우월성이 도출된다고 명시적으로 판결하였다. (1차 낙태 판결 BVerfGE 39, 1.)

동서독이 통일된 후 의회는 1992년 「임신과 가족보호법」을 제정하고 이에 따라 형법의 낙태죄 규정을 개정하였다. 이에 대해 연방헌법재판소는 동법의 근간 부분인 ①조언을 받은 12주 이내의 중절을 위법이 아니라고 규정한 형법 제218조 a, ②조언의 조직, 절차, 내용, 목적을 규정한 형법 제219조, ③중절에 관한 연방 통제의 폐지, ④조언 후의 중절에 대한 법정질병보험급부가 모두 위헌이라고 판시하였다. 본 판결에서 연방헌법재판소는 국가의 생명보호의무를 적시하였다. 그러나 미출생생명의 권리가 절대적인지 여부에 대해서는 명백히 하지 않았다. 아울러 형법의 입법자는 과소보호금지 원칙을 존중해야 한다는 점을 명시하였다. (2차 낙태 판결 BVerfGE 88, 203.)

미국

미국의 경우 각 주의 법령이 다른 연방국가이며 판례가 법원으로 인정되는 영미법계 국가이다 보니 낙태죄의 입장에 대한 전체적인 고찰을 하기에 무리가 따를 수 있다. 따라서 여기서는 연방대법원의 대표적인 낙태결정인 Roe v. Wade 판결과 Planned Parenthood v. Casey 판결을 검토함으로써 낙태에 대한 미국 사회 태도가 어떻게 변화되어 왔는지 고찰해 보겠다.

1) Roe v. Wade

1973년 연방대법원은 의학적 조언에 의한 낙태를 제외하고 범죄로 규정한 텍사스주의 낙태법을 무효화하였다. 이 판결에 의하면 텍사스주의 낙태법은 1891년 이래 기본권으로 인정되어온 프라이버시의 권리를 침해한 것으로 사생활의 권리는 임신의 종료여부에 관한 여성의 결정을 포함할 정도로 광범위하다고 보고 있다. 그러나 여성의 낙태의 권리가 절대적인 것은 아니고 중대한 이익에 의하여 제한될 수 있다고 하였는데 이는 모체의 건강과 태아의 생명에 관한 이익을 들고 있다. 이 판결은 세간에 3·3·3 판결로도 알려져 있는데 낙태 허용에 관한 기준을 제시하고 있기 때문이다. 즉 제1기 3개월 동안에는 국가는 낙태를 금지하지 못하며, 제2기 3개월 동안에는 모의 건강상 이익을 위해서만 낙태를 규제할 수 있고, 마지막 제3기 3개월 동안에는 법원은 낙태를 규제하거나 심지어 전적으로 금지할 수 있다.

2) Planned Parenthood of S. E. Pa. v. Casey

연방대법원은 1992년 본 사건에서 20여년 전의 Roe v. Wade 사건의 주된 논지를 재확인하였다. 즉 태아가 자궁밖에서 독립적으로 생존할 수 있는 능력을 지니는 지를 낙태 허용의 주요 기준으로 삼았다. 단 Roe v. Wade 사건에서 제시한 3·3·3 원칙은 폐기하고 대신에 태아가 생존능력을 갖추기 전에는 여성의 낙태를 선택할 권리에 부당한 부담을 지워서는 안된다고 하였다. 또한 태아가 생존가능한 시점이후는 모체의 안전을 위한 경우를 제외하고는 중절을 규제하거나 금지할 수 있다는 입장을 재확인하였다.

Dobbs v. Jackson Women's Health Organization

2022년 미국 연방대법원은 "헌법은 낙태에 대한 권리를 부여하지 않으며 헌법의 어떤 조항도 그런 권리를 보호하지 않는다" "이에 따라 이 판결은 기각돼야 한다" "낙태를 규제할 수 있는 권한은 국민과 그들이 선출한 대표에게 반환된다"고 판단하며, Roe v. Wade 사건 이후 50년간 이어진 낙태의 전면적 합법화를 폐기하였다. 금번 판결로 인해 낙태가 전면 위법이 되는 것은 아니며, 각 주의회 또는 연방의회의 판단에 따라 합법과 불법이 결정될 수 있다.

즉, 금번 판결은 헌법에 명시적으로 존재하지 않는 낙태권이라는 기본권은 인정할 수 없고, 기본권을 창설하는 것은 입법부가 할 일이지 사법부가 할 일이 아니라는 사법소극주의의 원칙이 반영된 결과라 볼 수 있다.

🌰 참조 개념

사법적극주의와 사법소극주의

사법적극주의는 사법부과 헌법적 가치 실현과 정의 실현을 위해 적극적인 판단을 내릴 수 있다는 입장이다. 사실상 법창조에 가까운 판단을 했던 Roe v. Wade 사건이나 Affirmative Action과 관련된 미국 연방대법원의 판결이 이러한 사법적극주의에 기반하여 나온 판결이라 할 수 있다. 반면 사법소극주의는 권력분립원칙을 엄격히 준수하여야 할 것을 주장하며, 사법부는 입법부의 입법의 합헌이나 위헌 등을 판단할 수 있을 뿐이지 유무효나 적극적 법창조에까지 관여해서는 안된다는 입장이다. 입법부의 권한을 절대적으로 존중하는 이 입장은 입법부에서 입법된 원전의 문구에 충실한 판단을 추구하다보니 원전주의자라고도 불린다.

미국의 연방대법원은 Roe v. Wade 사건이나 Affirmative Action 도입을 이끈 워런 버거(Earl warren) 대법관 시절 사법적극주의적 입장에서 적극적인 판결을 많이 내렸으나 이러한 판결에 대해 사법소극주의자이자 원전주의자인 스캘리아 대법관 등으로부터 많은 비판이 가해졌다. 진보적이고 사법적극주의자의 입장이던 긴스버그 대법관이 사망한 이후 스캘리아 대법관의 로클럭을 지낸 애이미 배럿 대법관이 트럼프 대통령에 의해 임명되며, 현재 미국 연방대법원은 사법소극주의자들이 6명을 차지하게 되었다. 2022년 Dobbs 판결과 2023년 하버드대의 Affirmative Action이 반영된 입학제도에 대한 위헌 결정은 사법소극주의자들이 절대 다수를 차지하게 된 미국 연방대법원 구성 변화에 힘입은 것이라 볼 수 있다.

헌법불합치 결정 전 우리나라

형법

제269조(낙태) ①부녀가 약물 기타 방법으로 낙태한 때에는 1년 이하의 징역 또는 200만원 이하의 벌금에 처한다. 〈개정 1995. 12. 29.〉

②부녀의 촉탁 또는 승낙을 받아 낙태하게 한 자도 제1항의 형과 같다. 〈개정 1995. 12. 29.〉

③제2항의 죄를 범하여 부녀를 상해에 이르게 한때에는 3년 이하의 징역에 처한다. 사망에 이르게 한때에는 7년 이하의 징역에 처한다. 〈개정 1995. 12. 29.〉

[헌법불합치, 2017헌바127, 2019. 4. 11. 형법(1995. 12. 29. 법률 제5057호로 개정된 것) 제269조 제1항, 제270조 제1항 중 '의사'에 관한 부분은 모두 헌법에 합치되지 아니한다. 위 조항들은 2020. 12. 31.을 시한으로 입법자가 개정할 때까지 계속 적용된다.]

제270조(의사 등의 낙태, 부동의낙태) ①의사, 한의사, 조산사, 약제사 또는 약종상이 부녀의 촉탁 또는 승낙을 받아 낙태하게 한 때에는 2년 이하의 징역에 처한다. 〈개정 1995. 12. 29.〉

②부녀의 촉탁 또는 승낙없이 낙태하게 한 자는 3년 이하의 징역에 처한다

③제1항 또는 제2항의 죄를 범하여 부녀를 상해에 이르게 한때에는 5년 이하의 징역에 처한다. 사망에 이르게 한때에는 10년 이하의 징역에 처한다. 〈개정 1995. 12. 29.〉

④전 3항의 경우에는 7년 이하의 자격정지를 병과한다.

[헌법불합치, 2017헌바127, 2019. 4. 11. 형법(1995. 12. 29. 법률 제5057호로 개정된 것) 제269조 제1항, 제270조 제1항 중 '의사'에 관한 부분은 모두 헌법에 합치되지 아니한다. 위 조항들은 2020. 12. 31.을 시한으로 입법자가 개정할 때까지 계속 적용된다.]

헌법불합치 결정 전 우리나라는 형법 제269조와 제270조를 통하여 낙태죄를 처벌하고 있었다. 다만 낙태죄에만 해당하는 특별한 위법성 조각사유를 모자보건법을 통해 허용하고 있다. 동법에 의하면 임신한 날로부터 28주 이내에 ①임신의 지속이 보건의학적 이유로 모체의 건강을 심히 해하고 있거나 해할 우려가 있는 경우(의학적 적용), ②본인 또는 배우자가 우생학적 또는 유전학적 정신장애나 신체질환이 있는 경우와 본인 또는 배우자가 전염성질환이 있는 경우(우생학적 적용), ③강간 또는 준강간에 의하여 임신된 경우와 법률상 혼인할 수 없는

혈족 또는 인척간에 임신된 경우(윤리적 적응)에 낙태죄의 위법성이 조각된다.

한편 대법원은 84도1958 사건에서 "임산부의 촉탁이 있으면 의사로서 낙태를 거절하는 것이 보통의 경우 도저히 기대할 수 없게 되었다고 할수도 없다."고 판시하며 "모자보건법 제8조 제1항 제5호 소정의 인공임신중절수술 허용한계 중 임신의 지속이 보건의학적 이유로 모체의 건강을 심히 해하고 있거나 해할 우려가 있는 경우라 함은 임신의 지속이 모체의 생명과 건강에 심각한 위험을 초래하게 되어 모체의 생명과 건강만이라도 구하기 위하여는 인공임신중절수술이 부득이하다고 인정되는 경우를 말하며"라고 판시함으로써 모자보건법 상의 의학적 적응도 모체의 생명이 위험할 정도의 요건을 요구하며 엄격히 적용하고 있다.

양심의 자유

❖❖❖

헌법

제19조 모든 국민은 양심의 자유를 가진다.

01 양심의 자유 의의

가. 윤리적 양심설

양심은 옳고 바른 것을 추구하는 윤리적 도덕적 마음가짐의 자유를 의미하는 것으로 사상의 자유는 양심의 자유의 영역에 포함되지 않는다.

헌법재판소 2002. 4. 25. 자 98헌마425 결정 준법서약서 다수 의견

"우리 헌법 제19조는 모든 국민은 양심의 자유를 가진다고 하여 명문으로 양심의 자유를 보장하고 있다. 여기서 헌법이 보호하고자 하는 양심은 어떤 일의 옳고 그름을 판단함에 있어서 그렇게 행동하지 않고는 자신의 인격적 존재가치가 파멸되고 말 것이라는 강력하고 진지한 마음의 소리로서의 절박하고 구체적인 양심을 말한다. 따라서 막연하고 추상적인 개념으로서의 양심이 아니다.

이른바 개인적 자유의 시초라고 일컬어지는 이러한 양심의 자유는 인간으로서의 존엄성 유지와 개인의 자유로운 인격발현을 위해 개인의 윤리적 정체성을 보장하는 기능을 담당한다. 그러나 내심의 결정에 근거한 인간의 모든 행위가 헌법상 양심의 자유라는 보호영역에 당연히 포괄되는 것은 아니다. 따라서 양심의 자유가 침해되었는지의 여부를 판단하기 위하여는 먼저 양심의 자유의 헌법적 보호범위를 명확히 하여야 하는바, 이를 위해서는 양심에 따른 어느 행위(또는 불행위)가 실정법의 요구와 서로 충돌할 때 과연 어떤 요건하에 어느 정도 보호하여야 하는가의 측면에서 고찰되어야 할 것이다."

나. 사회적 양심설

사상의 자유 역시 양심의 자유 영역에 포함된다는 학설이다.

헌법재판소 2002. 4. 25. 자 98헌마425 결정 준법서약서 반대 의견

"이러한 판시는 양심의 자유를 보장하고 있는 헌법이념에 배치될 뿐만 아니라 논리적으로도 비약된 것이라 아니할 수 없다. 물론 폭력적 방법으로 정부를 전복할 권리는 누구에게도 보장되어 있지 않다. 그러나 그러한 사고가 개인의 내면에 머무는 한, 이를 고백하게 하거나 변경하게 하는 것은 양심의 자유를 침해하는 것이다. 그런데 준법서약서 제출이 특정한 세계관이나 이데올로기를 지닌 수형자의 내심의 신조를 변경할 것을 사실상 또는 간접적으로 강요하는 결과가 생긴다 하더라도 이를 양심의 자유의 침해가 아니라고 할 수 있을 것인가.

또한 '그 질서나 체제 속에 담겨있는 양심의 자유를 포함하여 어떠한 헌법적 자유나 권리도 침해될 수 없다'는 주장은 동의하기 어렵다. 양심의 자유는 원칙적으로 국가의 세계관적·도덕적 중립성을 전제로 한다. 이는 개개인의 내면의 세계관·도덕관이 어떠하든 국가가 특정한 세계관·도덕관을 개인에게 강요할 수가 없고 관용하여야 한다는 이념에서 나오는 것이다. 따라서 원칙적으로 자유민주주의 헌법에 있어서 양심의 자유 혹은 표현의 자유는 자유민주주의가 아닌 체제를 선호하는 개인에 대해서도 일정 부분 보장되는 것이다. 즉 자유민주주의 체제에 맞는 양심, 자유민주주의 체제에 맞는 표현만이 보장되는 것이 아니기 때문이다."

⚖️ 참조 판례

대체복무 미인정 헌법불합치 사건(헌법재판소 2018. 6. 28. 자 2011헌바379 결정)

가. 비군사적 성격을 갖는 복무도 입법자의 형성에 따라 병역의무의 내용에 포함될 수 있

고, 대체복무제는 그 개념상 병역종류조항과 밀접한 관련을 갖는다. 따라서 병역종류조항에 대한 이 사건 심판청구는 입법자가 아무런 입법을 하지 않은 진정입법부작위를 다투는 것이 아니라, 입법자가 병역의 종류에 관하여 입법은 하였으나 그 내용이 양심적 병역거부자를 위한 대체복무제를 포함하지 아니하여 불완전·불충분하다는 부진정입법부작위를 다투는 것이라고 봄이 상당하다.

나. 병역종류조항이 대체복무제를 포함하고 있지 않다는 이유로 위헌으로 결정된다면, 양심적 병역거부자가 현역입영 또는 소집 통지서를 받은 후 3일 내에 입영하지 아니하거나 소집에 불응하더라도 대체복무의 기회를 부여받지 않는 한 당해 형사사건을 담당하는 법원이 무죄를 선고할 가능성이 있으므로, 병역종류조항은 재판의 전제성이 인정된다.

다. 병역종류조항은, 병역부담의 형평을 기하고 병역자원을 효과적으로 확보하여 효율적으로 배분함으로써 국가안보를 실현하고자 하는 것이므로 정당한 입법목적을 달성하기 위한 적합한 수단이다.

병역종류조항이 규정하고 있는 병역들은 모두 군사훈련을 받는 것을 전제하고 있으므로, 양심적 병역거부자에게 그러한 병역을 부과할 경우 그들의 양심과 충돌을 일으키는데, 이에 대한 대안으로 대체복무제가 논의되어 왔다. 양심적 병역거부자의 수는 병역자원의 감소를 논할 정도가 아니고, 이들을 처벌한다고 하더라도 교도소에 수감할 수 있을 뿐 병역자원으로 활용할 수는 없으므로, 대체복무제를 도입하더라도 우리나라의 국방력에 의미 있는 수준의 영향을 미친다고 보기는 어렵다. 국가가 관리하는 객관적이고 공정한 사전심사절차와 엄격한 사후관리절차를 갖추고, 현역복무와 대체복무 사이에 복무의 난이도나 기간과 관련하여 형평성을 확보해 현역복무를 회피할 요인을 제거한다면, 심사의 곤란성과 양심을 빙자한 병역기피자의 증가 문제를 해결할 수 있으므로, 대체복무제를 도입하면서도 병역의무의 형평을 유지하는 것은 충분히 가능하다. 따라서 대체복무제라는 대안이 있음에도 불구하고 군사훈련을 수반하는 병역의무만을 규정한 병역종류조항은, 침해의 최소성 원칙에 어긋난다.

병역종류조항이 추구하는 '국가안보' 및 '병역의무의 공평한 부담'이라는 공익은 대단히 중요하나, 앞서 보았듯이 병역종류조항에 대체복무제를 도입한다고 하더라도 위와 같은 공익은 충분히 달성할 수 있다고 판단된다. 반면, 병역종류조항이 대체복무제를 규정하지 아니함으로 인하여 양심적 병역거부자들은 최소 1년 6월 이상의 징역형과 그에 따른 막대한 유·무형의 불이익을 감수하여야 한다. 양심적 병역거부자들에게 공익 관련 업무에 종사하도록 한다면, 이들을 처벌하여 교도소에 수용하고 있는 것보다는 넓은 의미의 안보와 공익실현에 더 유익한 효과를 거둘 수 있을 것이다. 따라서 병역종류조항은 법익의 균형성 요건을 충족하지 못하였다.

그렇다면 양심적 병역거부자에 대한 대체복무제를 규정하지 아니한 병역종류조항은 과잉금지원칙에 위배하여 양심적 병역거부자의 양심의 자유를 침해한다.

헌법재판소는 2004년 입법자에 대하여 국가안보라는 공익의 실현을 확보하면서도 병역거부자의 양심을 보호할 수 있는 대안이 있는지 검토할 것을 권고하였는데, 그로부터 14년이 경과하도록 이에 관한 입법적 진전이 이루어지지 못하였다. 그사이 여러 국가기관에서 대체복무제 도입을 검토하거나 그 도입을 권고하였으며, 법원에서도 양심적 병역거부에 대해 무죄판결을 선고하는 사례가 증가하고 있다. 이러한 사정을 감안할 때 국가는 이 문제의 해결을 더 이상 미룰 수 없으며, 대체복무제를 도입함으로써 기본권 침해 상황을 제거할 의무가 있다.

라. [재판관 강일원, 재판관 서기석의 합헌의견]

병역종류조항에 대체복무제가 규정되지 아니한 상황에서 현재의 대법원 판례에 따라 양심적 병역거부자를 처벌한다면, 이는 과잉금지원칙을 위반하여 양심적 병역거부자의 양심의 자유를 침해하는 것이다. 따라서 지금처럼 병역종류조항에 대체복무제가 규정되지 아니한 상황에서는 양심적 병역거부를 처벌하는 것은 헌법에 위반되므로, 양심적 병역거부는 처벌조항의 '정당한 사유'에 해당한다고 보아야 한다. 결국 양심적 병역거부자에 대한 처벌은 대체복무제를 규정하지 아니한 병역종류조항의 입법상 불비와 양심적 병역거부는 처벌조항의 '정당한 사유'에 해당하지 않는다는 법원의 해석이 결합되어 발생한 문제일 뿐, 처벌조항 자체에서 비롯된 문제가 아니다. 이는 병역종류조항에 대한 헌법불합치 결정과 그에 따른 입법부의 개선입법 및 법원의 후속 조치를 통하여 해결될 수 있는 문제이다.

이상을 종합하여 보면, 처벌조항은 정당한 사유 없이 병역의무를 거부하는 병역기피자를 처벌하는 조항으로서, 과잉금지원칙을 위반하여 양심적 병역거부자의 양심의 자유를 침해한다고 볼 수는 없다.

[재판관 안창호, 재판관 조용호의 합헌의견]

처벌조항은 병역자원의 확보와 병역부담의 형평을 기하고 국가의 안전보장과 국토방위를 통해 헌법상 인정되는 중대한 법익을 실현하고자 하는 것으로 입법목적이 정당하고, 입영기피자 등에 대한 형사처벌은 위 입법목적을 달성하기 위한 적절한 수단이다.

양심을 빙자한 병역기피자를 심사단계에서 가려내는 것은 지극히 개인적·주관적인 양심의 형성과정을 추적해야 하는 쉽지 않은 일이다. 나아가 생명과 신체에 대한 위험 속에서 이행하는 병역의무와 등가성이 확보된 대체복무를 설정하는 것은 사실상 불가능하거나 매우 까다로운 일이다.

대체복무제의 도입은 국가공동체가 양심적 병역거부에 대한 합법성과 정당성을 인정하는 문제이므로, 그 도입여부는 규범적 평가 이전에 국민적 합의가 선행되어야 하는데, 아직 이에 관한 국민적 합의가 이루어지지 못한 것으로 보인다. 이와 같은 상황에서 양심적 병역거부자에 대해 형벌을 부과한다고 하여 침해의 최소성 요건을 충족하지 못한다고 볼 수 없다.

병역거부는 양심의 자유를 제한하는 근거가 되는 다른 공익적 가치와 형량할 때 우선적으로 보호받아야 할 보편적 가치를 가진다고 할 수 없다. 반면 처벌조항에 의하여 달성되는 공익은 국가공동체의 안전보장과 국토방위를 수호함으로써, 헌법의 핵심적 가치와 질서를 확보하고 국민의 생명과 자유, 안전과 행복을 지키는 것이다. 따라서 처벌조항에 의하여 제한되는 사익이 달성하려는 공익에 비하여 우월하다고 할 수 없으므로, 처벌조항은 법익의 균형성 요건을 충족한다.

그렇다면 처벌조항은 과잉금지원칙을 위반하여 양심의 자유를 침해하지 아니한다.

[재판관 이진성, 재판관 김이수, 재판관 이선애, 재판관 유남석의 일부위헌의견]

병역종류조항은 처벌조항의 의미를 해석하는 근거가 되고, 처벌조항은 병역종류조항의 내용을 전제로 하므로, 병역종류조항의 위헌 여부는 처벌조항의 위헌 여부와 불가분적 관계에 있다. 따라서 병역종류조항에 대하여 헌법불합치 결정을 하는 이상, 처벌조항 중 양심적 병역거부자를 처벌하는 부분에 대하여도 위헌 결정을 하는 것이 자연스럽다.

처벌조항은 양심적 병역거부자에 대한 처벌의 예외를 인정하지 않고 일률적으로 형벌을 부과하고 있으나, 대체복무제의 도입은 병역자원을 확보하고 병역부담의 형평을 기하고자 하는 입법목적을 처벌조항과 같은 정도로 충분히 달성할 수 있다고 판단되므로, 처벌조항은 침해의 최소성 원칙에 어긋난다.

'국가안보' 및 '병역의무의 공평한 부담'이라는 공익은 중요하나, 양심적 병역거부자에 한정하여 볼 때 형사처벌이 특별예방효과나 일반예방효과를 가지지 못하는 것으로 보이므로, 처벌조항이 위 공익 달성에 기여하는 정도는 그다지 크다고 하기 어렵다. 반면, 형사처벌로 인한 불이익은 매우 크므로, 처벌조항은 법익의 균형성 요건을 충족하지 못한다.

따라서 처벌조항은 과잉금지원칙에 위배하여 양심적 병역거부자의 양심의 자유를 침해하므로, 처벌조항 중 '양심적 병역거부자를 처벌하는 부분'은 헌법에 위반된다.

[재판관 김창종의 각하의견]

청구인들의 주장은 양심상의 결정을 내세워 입영을 거부하였을 경우 '정당한 사유'에 해당하지 않는다고 보는 법원의 법령 해석·적용은 잘못된 것이고, 그렇게 해석하면 청구인들의 양심의 자유 등을 침해하여 헌법에 위반된다는 취지이다. 이는 처벌조항 자체의 위헌 여부를 다투는 것이 아니라, 법원의 처벌조항에 대한 해석·적용이나 재판결과를 다투는 것에 불과하므로 헌법재판소법 제68조 제2항의 헌법소원으로는 부적법하다.

제청법원들의 위헌제청 역시 대법원판결과 같이 양심적 입영거부를 처벌조항의 '정당한 사유'에 해당하지 않는 것으로 해석하는 한 처벌조항이 위헌이라는 취지로서, 처벌조항 중 '정당한 사유'의 포섭이나 해석·적용의 문제에 관하여 헌법재판소의 해명을 구하는 것에 불과하므로 부적법하다. 나아가 제청법원들은 처벌조항의 '정당한 사유'의 합헌적 해석을 통하여 양심적 병역거부자들에 대하여 무죄를 선고함으로써 그들의 기본권 침해를 방지할 수 있음에도, 자신의 합헌적 법률해석에 일반적 구속력을 얻기 위하여 헌법재판소에 위헌제청을 한 것에 불과하므로, 이러한 관점에서도 제청법원들의 위헌제청은 부적법하다.

마. 병역종류조항에 대해 단순위헌 결정을 할 경우 병역의 종류와 각 병역의 구체적인 범위에 관한 근거규정이 사라지게 되어 일체의 병역의무를 부과할 수 없게 되므로, 용인하기 어려운 법적 공백이 생기게 된다. 더욱이 입법자는 대체복무제를 형성함에 있어 그 신청절차, 심사주체 및 심사방법, 복무분야, 복무기간 등을 어떻게 설정할지 등에 관하여 광범위한 입법재량을 가진다. 따라서 병역종류조항에 대하여 헌법불합치 결정을

선고하되, 다만 입법자의 개선입법이 이루어질 때까지 계속적용을 명하기로 한다. 입법자는 늦어도 2019. 12. 31.까지는 대체복무제를 도입하는 내용의 개선입법을 이행하여야 하고, 그때까지 개선입법이 이루어지지 않으면 병역종류조항은 2020. 1. 1.부터 효력을 상실한다.

[재판관 안창호, 재판관 조용호의 병역종류조항에 대한 반대의견]

청구인 등이 주장하는 대체복무는 일체의 군 관련 복무를 배제하는 것이므로, 국방의무 및 병역의무의 범주에 포섭될 수 없다. 따라서 병역종류조항에 대체복무를 규정하라고 하는 것은 병역법 및 병역종류조항과 아무런 관련이 없는 조항을 신설하라는 주장이다. 헌법재판소법 제68조 제2항에 의한 헌법소원에서 위와 같은 진정입법부작위를 다투는 것은 그 자체로 허용되지 아니하므로, 병역종류조항에 대한 심판청구는 부적법하다.

[재판관 김창종의 병역종류조항에 대한 반대의견]

병역종류조항은 당해사건의 공소사실을 유죄로 판단할 때 적용된 법률조항이 아니고 법원이 이를 적용하지 않더라도 당해사건 해결을 위한 재판을 하는데 아무런 지장이 없으므로, 병역종류조항의 위헌 여부는 당해사건을 해결하기 위하여 필요한 선결문제가 아니다.

병역종류조항이 위헌으로 결정되면 그에 근거한 병역처분은 후발적으로 위법하게 되는 하자가 있게 되지만, 그러한 병역처분의 하자는 독립적인 후속처분인 입영처분에 승계된다고 볼 수 없으므로, 병역종류조항에 대한 위헌결정으로 인하여 입영처분까지 위법한 처분으로 된다고 볼 수 없다. 당해사건 법원은 입영처분이 적법, 유효한 이상, 그 입영처분에 따른 의무의 이행을 거부한 청구인들에게 '정당한 사유'가 없다면 처벌조항에 따라 유죄판결을 선고할 수밖에 없는 것이고, 병역종류조항에 대한 위헌결정이 있다는 이유만으로 청구인들에게 당연히 무죄판결을 선고하여야 하는 것은 아니다. 그러므로 청구인들의 병역종류조항에 대한 심판청구는 당해사건 재판의 전제성이 인정되지 아니하여 부적법하므로 각하하여야 한다.

[재판관 이진성, 재판관 김이수, 재판관 이선애, 재판관 유남석의 병역종류조항 법정의견에 대한 보충의견]

병역종류조항은 처벌조항의 의미를 해석하는 근거가 되고, 처벌조항은 병역종류조항의 내용을 전제로 한다. 만약 병역종류조항이 양심적 병역거부자에 대한 대체복무제를 포함하고 있지 않다는 이유로 위헌으로 결정된다면, 처벌조항이 이행을 강제하는 병역의무의 내용 역시 대체복무제를 포함하여야 하는 것으로 달라지게 되고, 그에 따라 처벌조항 중 대체복무의 기회를 부여하지 않고 양심적 병역거부자를 처벌하는 부분 역시 위헌으로 결정되어야 한다. 따라서 병역종류조항의 위헌 여부는 처벌조항의 위헌 여부와 불가분적 관계에 있다고 볼 수 있으므로, 병역종류조항은 당해 사건에 간접 적용되는 조항으로서 재판의 전제성이 인정된다.

[재판관 서기석의 병역종류조항 법정의견에 대한 보충의견]

처벌조항에 대한 합헌의견에서 본 바와 같이, 병역종류조항에 대체복무제가 규정되지 아니한 상황에서 현재의 대법원 판례에 따라 양심적 병역거부자를 처벌한다면, 이는 과잉금지원칙을 위반하여 양심적 병역거부자의 양심의 자유를 침해한다. 따라서 대체복무제를 규정하지 아니한 현행 병역종류조항에 대하여 헌법불합치 결정을 선고함으로써 대체복무제가 도입되도록 할 필요가 있다.

한편, 대체복무제가 도입되지 아니한 현 상황에서 법원이 현재의 견해를 변경하여 양심적 병역거부자에 대하여 무죄 판결을 선고한다면, 양심적 병역거부자는 결과적으로 병역의무도 면제받고 대체복무도 이행하지 않게 됨으로써, 군복무를 이행하는 사람과 비교하여 형평에 어긋나는 결과를 초래하게 된다. 따라서 이러한 위헌적인 결과가 발생하는 것을 막기 위해서도 대체복무제를 규정하지 아니한 현행 병역종류조항에 대하여 헌법불합치 결정을 선고하여야 하는 것이다.

이와 같이 양심적 병역거부자를 처벌조항에 의하여 처벌하든지, 처벌하지 않든지 간에 위헌적인 상황이 발생하는 것을 막기 위해서는 대체복무제가 도입되어야 하므로, 병력종류조항에 대하여는 헌법불합치 결정이 선고되어야 한다고 본다.

[재판관 조용호의 병역종류조항 반대의견에 대한 보충의견]

병역의 종류를 어떻게 형성할 것인지는 병력의 구체적 설계, 안보상황의 예측 및 이에 대한 대응 등에 있어서 매우 전문적이고 정치적인 사항에 관한 규율이므로, 입법자가 광범위한 입법형성의 재량 하에 결정할 사항이다.

입법자에게 법률의 제정 시 개인적인 양심상의 갈등의 여지가 발생할 수 있는 사안에 대하여 사전에 예방적으로 양심의 자유를 고려하는 일반조항을 둘 것을 요구할 수는 없다. 양심의 자유에서 파생하는 입법자의 의무는 단지 입법과정에서 양심의 자유를 고려할 것을 요구하는 '일반적 의무'이지 구체적 내용의 대안을 제시해야 할 헌법적 입법의무가 아니므로, 양심의 자유는 입법자가 구체적으로 형성한 병역의무의 이행을 양심상의 이유로 거부하거나 법적 의무를 대신하는 대체의무의 제공을 요구할 수 있는 권리가 아니다.

그렇다면 처벌조항과 달리 양심에 반하는 행위를 강제하는 효력이 없는 병역종류조항에 대하여 입법자가 대체복무제를 규정하지 않았음을 이유로 위헌확인을 할 수는 없다. 나아가 입법자가 국가안보를 위태롭게 하지 않고서는 양심의 자유를 실현할 수 없다는 판단에 이르렀기 때문에 대체복무의 가능성을 제공하지 않았다면, 이러한 결단은 국가안보라는 공익의 중대함에 비추어 정당화될 수 있는 것으로서 위헌이라고 할 수 없다.

[재판관 안창호의 병역종류조항 반대의견 및 처벌조항 합헌의견에 대한 보충의견]

처벌조항에 대한 합헌의견을 토대로, 국가공동체가 양심적 병역거부에 대해 합법성과 정당성을 인정하기 전에라도 다음과 같이 형사처벌 이외의 법적 제재를 완화함으로써 양심적 병역거부자의 기본권 제한을 경감하는 방안을 검토해 볼 수 있다.

예컨대 ①학계·법조계·종교계 등으로 구성된 전문위원회가 형 집행 종료 즈음에 형 집행과정에서 취득한 자료 등에 기초하여 진정한 양심에 따른 병역거부인지 여부를 판정하고, 양심적 병역거부자인 경우에는 사면을 하는 방법, ②공직 임용, 기업의 임·직원 취임, 각종 관허업의 특허 등 취득 등과 관련하여 양심적 병역거부자에 대한 불이익의 예외를 인정하는 방법, ③양심적 병역거부자가 징역형을 선고받고 정역에 복무할 때, 그 정역을 대체복무에서 고려될 수 있는 내용으로 함으로써, 일정부분 대체복무제를 도입한 효과를 거둘 수 있게 하는 방법 등을 고려할 수 있다. 이런 불이익 완화 조치는 '평상시'에만 양심적 병역거부자에 대한 법적 제재를 완화하여 국가안보의 위험성을 최소화 할 수 있다. 나아가 위 조치는 양심적 병역거부에 대하여 합법성과 정당성을 인정하는 것은 아니므로 국민적 합의가 필요하다 하더라도 그 합의는 상대적으로 쉽게 이루어질 수 있을 것이다.

합헌의견은 민주주의의 포용성과 다양성을 포기하려는 것이 아니라, 민주주의의 가치와 질서를 수호하여 이를 바탕으로 그 포용성과 다양성을 확대하기 위한 것이며, 이를 통해 우리와 우리 자손들이 자유롭고 평등한 가운데 안전하고 행복하게 살 수 있는 터전을 마련하기 위한 것이다.

병역법 개정으로 시행되고 있는 대체복무제도

1. 복무 장소 : 법무부 교정시설
2. 복무 기간 : 36개월
3. 선정 절차

    입영일이나 소집일 5일 전까지 '대체역 편입신청서', '본인 진술서' 등 서류를 대체역 심사위원회 또는 가까운 지방병무청에 직접 방문해 제출하거나 우편, 팩스, 인터넷으로 신청하면 대체역 편입 여부는 '대체역 심사위원회'의 결정에 따라 선정된다. 국가인권위원회·법무부·국방부·병무청·대한변호사협회가 각각 위원 5명, 국회 국방위원회가 4명을 추천해 총 29명으로 구성한 심사위원회는 병무청장 산하 조직이지만, 업무는 독립해 수행한다. 위원회는 ▶심사대상 여부 판단 ▶사실 조사 ▶사전심사위원회 심사 ▶전체심사위원회 심사 등을 통해 대체역 편입을 결정하고, 위원회의 결정에 불복할 경우 행정심판 청구나 행정소송을 제기할 수 있다.

4. 추후 논란 사항

    복무 기간을 36개월로 정한 데 대해 국가인권위는 "현역 군 복무기간의 최대 1.5배를 넘지 않는 범위에서 대체 복무 기간을 정하라는 국제인권기구의 권고에 어긋난다"고 반대해왔다. 36개월이라는 기간은 현행 21개월에서 2021년 말까지 18개월로 단축되는 육군 병사 복무 기간의 2배다. 이에 군 당국은 법적 근거를 마련해 향후 상황 변화에 따라 복무 기간을 조정할 수 있도록 했고, 복무 분야도 넓힐 수 있도록 했다.

NO 6

표현의 자유

◈◈◈

헌법 제21조

①모든 국민은 언론·출판의 자유와 집회·결사의 자유를 가진다.

②언론·출판에 대한 허가나 검열과 집회·결사에 대한 허가는 인정되지 아니 한다.

③통신·방송의 시설기준과 신문의 기능을 보장하기 위하여 필요한 사항은 법률로 정한다.

④언론·출판은 타인의 명예나 권리 또는 공중도덕이나 사회윤리를 침해하여서는 아니된 다. 언론·출판이 타인의 명예나 권리를 침해한 때에는 피해자는 이에 대한 피해의 배상 을 청구할 수 있다.

01 검열금지의 원칙

"사전검열금지의 원칙은 모든 형태의 사전적인 규제를 금지하는 것은 아니고, 의사표현의 발표 여부가 오로지 행정권의 허가에 달려있는 사전심사만을 금지하는 것으로, 일반적으로 허가를 받기 위한 표현물의 제출의무, 행정권이 주체가 된 사전심사절차, 허가를 받지 아니 한 의사표현의 금지 및 심사절차를 관철할 수 있는 강제수단 등의 요건을 갖춘 경우에만 이 에 해당한다."

(헌법재판소 2007. 10. 4. 자 2004헌바36 결정)

알권리

언론의 표현의 자유의 대척점에 서는 권리로서 국민들의 알권리를 의미한다. 헌법 제10조 근거설과 헌법 제21조 근거설이 대립하고 있다. 최근 국민의 알권리와 관련하여 특정강력범죄 형사피의자에 대한 보도시 이름과 얼굴 등 신상을 공개하는 것과 관련한 논쟁이 발생하고 있다. 무죄추정을 받는 형사범죄피의자라도 국민의 관심을 한몸에 받는 특정 사건의 형사피의자의 경우 국민의 알권리 보장 및 언론의 자유 보장을 위하여 이름과 얼굴 등의 신상을 공개할 수 있다는 입장과 아무리 국민적 관심을 받는 사건이라 하여도 형사피의자에게는 무죄추정의 원칙이 지켜져야 하고, 확정판결이 나기 전에 이름과 얼굴이 공개될 경우 일종의 여론 재판이 진행되어 재판부의 예단에 영향을 미칠 수 있다는 주장이 대립되고 있다. 한편 현재 우리나라는 아래 특정강력범죄의 처벌에 관한 특례법 제8조의 2의 요건이 충족될 경우 형사피의자의 이름과 얼굴을 공개할 수 있다.

특정강력범죄의 처벌에 관한 특례법

제8조의2(피의자의 얼굴 등 공개) ①검사와 사법경찰관은 다음 각 호의 요건을 모두 갖춘 특정강력범죄사건의 피의자의 얼굴, 성명 및 나이 등 신상에 관한 정보를 공개할 수 있다. 〈개정 2011. 9. 15.〉

1. 범행수단이 잔인하고 중대한 피해가 발생한 특정강력범죄사건일 것
2. 피의자가 그 죄를 범하였다고 믿을 만한 충분한 증거가 있을 것
3. 국민의 알권리 보장, 피의자의 재범방지 및 범죄예방 등 오로지 공공의 이익을 위하여 필요할 것
4. 피의자가 「청소년 보호법」 제2조제1호의 청소년에 해당하지 아니할 것

②제1항에 따라 공개를 할 때에는 피의자의 인권을 고려하여 신중하게 결정하고 이를 남용하여서는 아니 된다.

03 액세스권

언론매체로 인하여 개인의 명예나 인격이 침해된 자가 언론매체에 접근하여 자신의 주장을 알릴 수 있는 권리이다. 일반적으로 반론보도청구나 정정보도청구 등을 통해 구체적으로 보장된다.

Q. 지난 문재인 정부에서 검찰개혁의 일환으로 검찰 수사단계에서 포토라인 제도가 폐지되었다. 검찰 수사단계의 포토라인 제도의 폐지는 피의자의 무죄추정원칙이 지켜질 수 있는 실효적 제도라는 점에서 의의가 있다는 평가가 있다. 그러나 한편으로 이는 국민의 알권리를 침해하는 것으로 적절하지 못하다는 비판도 있다. 포토라인 제도 폐지에 대한 찬반의 견해를 밝히고 그 이유를 말하시오.

접근전략 형사사법절차에 있어 포토라인 제도의 폐지나 피의사실유포죄의 강한 규제 등은 모두 피의자나 피고인 방어권 보장 및 무죄추정원칙을 지키기 위한 것이다. 그러나 이는 국민의 알권리와 언론의 자유와 충돌되는 가치라 할 수 있다. 포토라인 제도는 국민의 알권리와 언론의 자유를 위한 제도라 할 수 있기 때문이다. 따라서 두개의 가치 중 무엇이 우선되어야 하는지에 대해 판단하며 답안을 구성해야 한다. 더불어 검찰 수사단계에서 포토라인 제도는 폐지되었으나 경찰 수사단계에서 포토라인 제도는 여전히 폐지되지 않고 있는데 이에 대해서도 비판의 목소리가 나오고 있는 실정임도 참조해 보아야 한다. 검경수사권 조정과 소위 검수완박 입법 이후 검찰은 부패와 경제 범죄 수사 등만 직접 수사할 수 있게 되면서 검찰 수사의 경우 권력형 부패 범죄와 대규모 경제 범죄만 수사받을 수 있게 되고, 경찰 수사의 경우 강력범죄나 민생범죄 수사가 집중된다는 점에서 검찰 포토라인 제도만 폐지한 것은 범죄자 공개 등에 있어서도 권력자 또는 자산가와 평범한 국민들을 차별하고 있다고도 볼 수 있기 때문이다.

NO 7

직업의 자유

◈◈◈

헌법

제15조 모든 국민은 직업선택의 자유를 가진다.

  직업의 자유는 모든 국민이 자신의 직업을 자유롭게 선택하고, 또 그 직업적 일을 자유롭게 수행할 수 있을 권리가 있다는 자유권적 기본권이다. 하지만 직업의 자유 역시 여타의 자유권들과 마찬가지로 무제한으로 보장되는 기본권은 아니며, 국가에 의해 제한될 수 있다. 직업의 자유 침해인지 축소인지를 판단하는 기준은 일반적인 기본권의 침해와 제한을 판단하는 기준인 과잉금지원칙이 적용될 수는 있으나 직업의 자유에만 특별히 적용되는 아래의 3단계 이론에 따라 심사의 정도가 각각 달라진다.

직업의 자유 제한 관련 3단계 이론

제1단계(직업행사의 자유의 제한) : 완화된 심사

  예 택시합승금지, 유흥업소의 영업시간의 제한 등

제2단계(주관적 사유에 의한 직종결정의 자유 제한) : 엄격한 심사

  예 변호사 의사 등 전문직 자격 제한

제3단계(객관적 사유에 의한 직종결정의 자유 제한) : 가장 엄격한 심사

  예 약국 또는 주유소 거리 제한

⚖️ 참조 판례

경비업법 위헌 사건(헌법재판소 2002. 4. 25. 자 2001헌마614 결정)

1. 하나의 규제로 인해 여러 기본권이 동시에 제약을 받는다고 주장하는 경우에는 기본권 침해를 주장하는 청구인의 의도 및 기본권을 제한하는 입법자의 객관적 동기 등을 참작하여 먼저 사안과 가장 밀접한 관계에 있고 또 침해의 정도가 큰 주된 기본권을 중심으로 해서 그 제한의 한계를 따져 보아야 한다. 청구인들의 주장취지 및 입법자의 동기를 고려하면 이 사건 법률조항으로 인한 규제는 직업의 자유와 가장 밀접한 관계에 있다.

2. 이 사건 법률조항은 청구인들과 같이 경비업을 경영하고 있는 자들이나 다른 업종을 경영하면서 새로이 경비업에 진출하고자 하는 자들로 하여금 경비업을 전문으로 하는 별개의 법인을 설립하지 않는 한 경비업과 그밖의 업종간에 택일하도록 법으로 강제하고 있다. 이와 같이 당사자의 능력이나 자격과 상관없는 객관적 사유에 의한 제한은 월등하게 중요한 공익을 위하여 명백하고 확실한 위험을 방지하기 위한 경우에만 정당화될 수 있고, 따라서 헌법재판소가 이 사건을 심사함에 있어서는 헌법 제37조 제2항이 요구하는 바 과잉금지의 원칙, 즉 엄격한 비례의 원칙이 그 심사척도가 된다.

3. 이 사건 법률조항은 과잉금지원칙을 준수하지 못하고 있다.
   (1) 목적의 정당성 : 비전문적인 영세경비업체의 난립을 막고 전문경비업체를 양성하며, 경비원의 자질을 높이고 무자격자를 차단하여 불법적인 노사분규 개입을 막고자 하는 입법목적 자체는 정당하다고 보여진다.

   (2) 방법의 적절성 : 먼저 "경비업체의 전문화"라는 관점에서 보면, 현대의 첨단기술을 바탕으로 한 소위 디지털시대에 있어서 경비업은 단순한 경비자체만으로는 '전문화'를 이룰 수 없고 오히려 경비장비의 제조·설비·판매업이나 네트워크를 통한 정보산업, 시설물 유지관리, 나아가 경비원교육업 등을 포함하는 '토탈서비스(total service)'를 절실히 요구하고 있는 추세이므로, 이 법에서 규정하고 있는 좁은 의미의 경비업만을 영위하도록 법에서 강제하는 수단으로는 오히려 영세한 경비업체의 난립을 방치하는 역효과를 가져올 수도 있다. 또한 "경비원의 자질을 높이고 무자격자를 차단하

여 불법적인 노사분규 개입을 방지하고자"하는 점도, 경비원교육을 강화하거나 자격요건이나 보수 등 근무여건의 향상을 통하여 그 목적을 효과적이고 적절하게 달성할 수 있을지언정 경비업체로 하여금 일체의 겸영을 금지하는 것이 적절한 방법이라고는 볼 수 없다.

(3) 피해의 최소성 : 이 사건 법률조항은 그 입법목적 중 경비업체의 전문화 추구라는 목적달성을 위하여 효과적이거나 적절하지 아니하고 오히려 그 반대의 결과를 가져올 수 있다는 점은 앞에서 본 바와 같고, 다른 입법목적인 경비원의 자질향상과 같은 공익은 이 법의 다른 조항에 의하여도 충분히 달성할 수 있음에도 불구하고 노사분규 개입을 예방한다는 이유로 경비업자의 겸영을 일체 금지하는 접근은 기본권침해의 최소성 원칙에 어긋나는 과도하고 무리한 방법이다.

(4) 법익의 균형성 : 이 사건 법률조항으로 달성하고자 하는 공익인 경비업체의 전문화, 경비원의 불법적인 노사분규 개입 방지 등은 그 실현 여부가 분명하지 않은데 반하여, 경비업자인 청구인들이나 새로이 경비업에 진출하고자 하는 자들이 짊어져야 할 직업의 자유에 대한 기본권침해의 강도는 지나치게 크다고 할 수 있으므로, 이 사건 법률조항은 보호하려는 공익과 기본권침해간의 현저한 불균형으로 법익의 균형성을 잃고 있다.

재산권과 토지공개념

01 재산권 제도의 연혁

근대 초기 재산권은 천부인권의 하나로 이해되었다. 따라서 국가는 국민의 재산권을 보호할 의무만을 가지고, 국민의 재산권에 어떠한 제한도 가할 수 없는 것으로 이해하였다. 특히 프랑스 대혁명 당시 인간과 시민의 권리선언과 미국 수정헌법은 아래와 같이 재산권을 신성불가침의 권리로 설명하고 있다.

프랑스 인간과 시민의 권리선언

제17조 신성불가침의 권리인 소유권은, 합법적으로 확인된 공공필요성에 따라 사전에 정당한 보상조건하에서 그것을 명백히 요구하는 경우가 아니면, 어느 누구도 박탈할 수 없다.

미국 수정헌법

제5조 법의 정당한 절차에 의하지 아니하고는 생명, 자유 또는 재산은 박탈되지 아니한다. 사유재산은 정당한 보상없이 공공의 이용에 제공하기 위하여 징수되지 아니한다.

그러나 자본주의의 심화에 따라 빈부격차 상승, 노동인권 보호의 문제 등이 생겨나며 재산권의 절대성은 점차 부정되고 재산권의 사회적 제한 가능성을 논하는 수정자본주의 원리가 나타나게 되었고, 이는 바이마르 헌법과 독일 기본법 등에서 천명된다.

바이마르 헌법

제153조 ③재산권은 의무를 수반한다. 재산권의 행사는 공공복리를 위하여야 한다.

독일 기본법

제14조 ①소유권과 상속권은 보장된다. 그 내용과 제한은 법률로써 정한다.
②소유권은 의무를 포함한다. 그 행사는 동시에 공공의 복지에 이바지 하여야 한다.

02 우리나라의 재산권

헌법

제23조 ①모든 국민의 재산권은 보장된다. 그 내용과 한계는 법률로 정한다.
②재산권의 행사는 공공복리에 적합하도록 하여야 한다.
③공공필요에 의한 재산권의 수용·사용 또는 제한 및 그에 대한 보상은 법률로써 하되, 정
　당한 보상을 지급하여야 한다.

제120조 ①광물 기타 중요한 지하자원·수산자원·수력과 경제상 이용할 수 있는 자연력은
법률이 정하는 바에 의하여 일정한 기간 그 채취·개발 또는 이용을 특허할 수 있다.
②국토와 자원은 국가의 보호를 받으며, 국가는 그 균형있는 개발과 이용을 위하여 필요한
　계획을 수립한다.

제121조 ①국가는 농지에 관하여 경자유전의 원칙이 달성될 수 있도록 노력하여야 하며,
농지의 소작제도는 금지된다.
②농업생산성의 제고와 농지의 합리적인 이용을 위하거나 불가피한 사정으로 발생하는 농
　지의 임대차와 위탁경영은 법률이 정하는 바에 의하여 인정된다.

제122조 국가는 국민 모두의 생산 및 생활의 기반이 되는 국토의 효율적이고 균형있는 이
용·개발과 보전을 위하여 법률이 정하는 바에 의하여 그에 관한 필요한 제한과 의무를 과할

수 있다.

제126조 국방상 또는 국민경제상 긴절한 필요로 인하여 법률이 정하는 경우를 제외하고는, 사영기업을 국유 또는 공유로 이전하거나 그 경영을 통제 또는 관리할 수 없다.

우리나라 헌법은 재산권을 신성불가침의 권리로 보고 있지 않고 재산권의 내용과 한계를 법률이 정한다고 천명함으로써 사유재산제도 보장의 본질에 어긋나지 않는 한 광범위한 입법적 재량을 인정하고 있으며, 이는 헌법재판소 판례를 통해서도 확인된다.

"우리 헌법상의 재산권에 관한 규정은 다른 기본권규정과는 달리 그 내용과 한계가 법률에 의해 구체적으로 형성되는 기본권형성적 법률유보의 형태를 띠고 있으므로, 재산권의 구체적 모습은 재산권의 내용과 한계를 정하는 법률에 의하여 형성되고, 그 법률은 재산권을 제한한다는 의미가 아니라 재산권을 형성한다는 의미를 갖는다."

(헌법재판소 2005. 5. 26. 자 2004헌가10 결정)

03 토지공개념

토지는 유한하고 고정되어 있으며 대체될 수 없는 재화로서 성격을 가진다. 특히 생산수단으로서 토지는 토지 소유자의 노력과 무관하게 국가의 개발계획, 주변 입지 환경의 변화, 토지 지목 변경, 임차인의 노력 등에 의해 가치가 변경되는 특징이 있다. 이에 오래 전부터 토지 재산권의 행사는 특별히 더 강하게 제한할 수 있다는 토지공개념 이론이 등장하게 되었고, 헌법재판소는 초창기부터 토지공개념 이론을 수용하였던 바 있다.

"모든 사람들에게 인간으로서 생존권을 보장해 주기 위하여서는 토지소유권은 이제 더 이상 절대적인 것일 수가 없었고 공공의 이익 내지 공공복리의 증진을 위하여 의무를 부담하거나 제약을 수반하는 것으로 변화되었으며, 토지소유권은 신성불가침의 것이 아니고 실정법상의 여러 의무와 제약을 감내하지 않으면 안되는 것으로 되었으니 이것이 이른바 '토지공개념이론'인 것이다."

(헌법재판소 1989. 12. 22. 자 88헌가13 결정)

그러나 헌법재판소는 토지공개념 이론의 적용이 문제된 각종 법률이 토지공개념에 부합되어 합헌적인 제한인지 위헌적인 침해인지에 대하여는 엇갈린 판단을 내리고 있는데 토지거래허가제와 개발제한구역에 대해서는 토지공개념에 부합하여 합헌이라는 입장이지만 토지초과이득세법과 택지소유상한법에 대하여는 각각 실질과세원칙에 부합하지 않거나 신뢰보호의 원칙 및 평등원칙에 위반된다 하여 헌법불합치와 위헌을 선고하였다.

최근 주택가격 상승과 함께 토지공개념을 다시 도입한 각종 법률들이 검토되고 있는데 재건축초과이익공유제, 분양가상한제, 종합부동산세, 주택 및 상가 임대차보호법 상 임차인 보호규정 강화 등이 그 대표적 예이다. 이러한 토지공개념에 기반한 각종 법률들은 재산권 등의 개별 기본권의 침해가 논란이 된다는 점에서 격렬한 찬반 논쟁이 펼쳐지고 있다.

"토지초과이득세법의 미실현이득에 대한 과세제도는 극히 예외적인 제도임에도 신중성이 결여되었으며, 과표를 전적으로 대통령령에 맡긴 것은 잘못이고, 지가의 등락에 관계없는 징세는 헌법상 사유재산권보장에 위반되고, 임대토지를 유휴토지로 하고 대통령령으로 예외규정한 것은 위헌이며, 고율의 단일 비례세로 한 것은 고소득자와 저소득자간의 평등을 저해하며, 유휴토지의 범위가 택지소유상한에관한법률의 소유제한범위와 상충될 뿐만 아니라, 토초세액 전액을 양도세에서 공제하지 아니하는 것은 실질과세원칙에 위배되므로 헌법에 합치되지 아니한다."

(헌법재판소 1994. 7. 29. 92헌바49 결정)

Q. 도심지의 구시가지를 철거하고 재개발하여, 도시재생과 주택 부족 문제를 해결하는 방안과 구시가지의 형태는 그대로 둔 채 주변환경을 개선하고 지역 커뮤니티를 활성화하는 도심재생 사업을 실시하는 방안 중 어느 것이 더 바람직한 지 사회적 논란이 이어지고 있다. 두 방안 중 어느 방안이 활력을 잃은 구도심의 활력을 회복하고, 주택 부족 문제 해결에 도움이 될지 의견 과 그 이유를 말해보자.

접근전략 우리 사회의 진보 진영에서는 도심지 구시가지를 철거하고 재개발을 하는 것이 지역 커뮤니티를 파괴하고, 환경을 오염시키며, 부동산 경기 과열화를 발생시키고, 불로소득이 만연하는 문제가 생긴다는 이유로 기존 재개발 방식이 아닌 도심재생사업의 방식으로 도심 지 구시가지를 활성화시키는 방안을 적극적으로 추진해야 한다고 주장하고 있다. 이러한 도심재생사업으로 인해 종로구 익선동 등 새로운 상권이 개발되는 성과를 일부 거두기도 하였 지만 결과적으로 주택 공급량을 축소시켜 지난 몇 년간의 주택가격 폭등을 불러왔다는 견해 도 있다.

한편 우리나라의 도시 및 주거환경정비법은 재개발 및 재건축을 위해서는 소유주 75% 동의 를 요건으로 하고 있는데 이로 인해 25%의 소유자들과 임차인들의 의견이 재개발 및 재건축 진행에 있어 반영되지 못해 재개발과 재건축 사업이 폭력으로 얼룩지는 문제가 발생하고 있 기도 하다. 독일과 프랑스 등의 국가에서는 소유주나 때로는 임차인까지 동의를 해야지만 재 개발이나 재건축이 가능하도록 하여 이러한 갈등이 발생할 소지를 원천적으로 막는다. 그러 나 그 결과 제대로 된 시점에 도심이 재개발 또는 재건축되지 못하며 과도하게 슬럼화되는 부작용이 발생하고 있다.

NO 9

인간다운 생활을 할 권리

✦✦✦

헌법

제34조 ①모든 국민은 인간다운 생활을 할 권리를 가진다.

②국가는 사회보장·사회복지의 증진에 노력할 의무를 진다.

③국가는 여자의 복지와 권익의 향상을 위하여 노력하여야 한다.

④국가는 노인과 청소년의 복지향상을 위한 정책을 실시할 의무를 진다.

⑤신체장애자 및 질병·노령 기타의 사유로 생활능력이 없는 국민은 법률이 정하는 바에 의하여 국가의 보호를 받는다.

⑥국가는 재해를 예방하고 그 위험으로부터 국민을 보호하기 위하여 노력 하여야 한다.

사회권적 기본권은 국가에 의한 자유에 해당하는 기본권으로서 국가가 적극적으로 작위를 할 때 보장되는 기본권이다. 따라서 사회권적 기본권은 여타 기본권과 달리 국가의 재정 상황 등에 따라 보장 범위가 달라질 수 밖에 없고 이로 인하여 침해 여부에 대한 심사기준 역시 과잉금지원칙보다는 크게 완화된 심사기준이 적용될 수 밖에 없다. 우리 헌법재판소도 사회권적 기본권을 심심사할 때 아래의 과소보호금지의 원칙을 적용하며, 과잉금지원칙보다 완화된 심사기준을 적용하고 있다.

헌법재판소 2008. 7. 31. 자 2006헌마711 결정

"일정한 경우 국가는 사인인 제3자에 의한 국민의 환경권 침해에 대해서도 적극적으로 기본권 보호조치를 취할 의무를 지나, 헌법재판소가 이를 심사할 때에는 국가가 국민의 기본권적 법익 보호를 위하여 적어도 적절하고 효율적인 최소한의 보호조치를 취했는가 하는 이른바 '과소보호금지원칙'의 위반 여부를 기준으로 삼아야 한다."

더불어 사회권적 기본권의 경우 헌법에서부터 바로 구체적 권리성이 인정되는 자유권적 기본권들과 달리 법률을 통해 구체화된 범위에서만 권리로 주장할 수 있는 추상적 권리로 보는 견해가 헌법학계의 통설적 견해이다. 우리나라가 결과적 평등을 보장하는 공산주의 국가가 아니고 국가 재정 등의 한계 등이 존재한다는 점에서 사회권적 기본권의 경우 자유권적 기본권에 비해 한정적으로 보장될 수 밖에 없다고 보는 것이다. 한편 사회권적 기본권도 자유권적 기본권과 마찬가지로 헌법 제37조 제1항에 따라 헌법에 쓰여져 있지 않다는 이유로 보장되지 않는 것은 아닌 바, 헌법에 개별적으로 규정되어 있는 외에도 헌법 제34조 제1항에 따른 인간다운 생활을 할 권리로 부터 헌법에 명시되지 않은 개별적 사회권을 도출할 수 있다 하겠다. 즉 인간다운 생활을 할 권리는 자유권적 기본권에서 행복추구권이 가지는 의의와 비슷한 의의를 가진다 볼 수 있다.

기본권의 대사인적 효력

◈◈◈

　기본권은 헌법에서 규정되어 있다. 헌법은 우리나라의 최고 법이긴 하지만 법체계상으로는 국가와 사인에 관한 사항을 규율하는 공법에 해당한다. 이로 인하여 기본권이 사인과 사인 간에 바로 적용될 수 있는지에 대하여 논쟁이 존재한다. 즉 기본권이 우리나라의 최고 법인 헌법으로부터 도출된다는 점에서 사인 상호간의 법률관계에도 직접 적용된다는 직접적 효력설과 직접적 효력설은 사법의 독자성을 무시했다는 비판을 하며, 헌법의 최고규범성보다 사법의 독자성에 더 큰 비중을 두고 사인상호간의 법률관계에 일차적으로 적용되는 것은 사법이고 헌법상 기본권은 사법의 일반원칙을 매개로 하여 간접적으로(공서양속원칙, 신의칙 등) 적용된다는 입장인 간접적 효력설이 대립하고 있는 것이다.

　현대사회가 고도화되면서 국민의 기본권에 대한 침해의 주체가 국가로 한정되지는 않고 사인 간의 관계에서도 기본권 침해를 주장하는 사고가 확산되었다. 그러나 법학은 엄연히 체계적인 학문이라는 점에서 공법에 속하는 헌법상 기본권을 사법의 영역인 사인간의 관계에 기본권의 대사인적 효력을 논하지 않고 직접 적용할 수는 없는 일이다. 기본권의 대사인적 효력을 제대로 이해하고 적용할 수 있다면 공·사법 2원체계에 대해 적절한 이해를 하고 있다 평가할 수 있다. 공법과 사법이 이원적이라는 것을 몰라서 생기는 무익한 논쟁이 많기에 기본권의 대사인적 효력과 같은 내용들은 정확히 숙지하는 것이 좋다.

Q. 국내 대기업 P사는 사원들의 스마트폰에 사원들의 문자메시지와 메신저 사진 등을 검열할 수 있는 앱의 설치를 의무화하는 근로계약을 근로자들과 체결하고 있다. 회사 노조 측은 이는 사생활 침해 라고 주장하고 있으나 회사측에서는 자유로운 근로계약상의 근로조건에 따르는 것에 불과 하다고 주장하고 있다. 이러한 P사의 입장에 대한 자신의 견해를 밝히고, 정부가 이에 대해 개입하는 것이 옳은지에 대한 견해를 밝히시오.

접근전략 사례는 사기업이 노동자의 사생활을 규제하는 내용이다. 일반적으로 이러한 경우 헌법상 기본권인 사생활의 비밀과 자유를 바로 적용하려고 하는데 이는 잘못된 적용이다. 헌법은 공법으로서 국가와 개인의 관계를 규율한다. 사례처럼 개인과 개인의 관계에는 사법이나 사회법이 적용된다. 즉 이 경우 기본권을 바로 적용하기 위해서는 공법 규정을 사법에 적용하는 기본권의 대사인적 효력이라는 일종의 필터링이 필요하다. 기본권의 대사인적 효력과 관련하여서는 직접효력설과 간접효력설이 있고 공법인 헌법상 기본권의 정신을 담은 사법이나 사회법으로 규율해야 한다는 간접효력설이 다수설과 판례의 입장이다.

국민의 의무와 제도 보장

✧✧✧

헌법

제31조 ②모든 국민은 그 보호하는 자녀에게 적어도 초등교육과 법률이 정하는 교육을 받게 할 의무를 진다.

제32조 ②모든 국민은 근로의 의무를 진다. 국가는 근로의 의무의 내용과 조건을 민주주의 원칙에 따라 법률로 정한다.

제38조 모든 국민은 법률이 정하는 바에 의하여 납세의 의무를 진다.

제39조 ①모든 국민은 법률이 정하는 바에 의하여 국방의 의무를 진다.
②누구든지 병역의무의 이행으로 인하여 불이익한 처우를 받지 아니한다.

헌법상 국민의 의무는 납세, 국방, 교육, 근로의 의무이다. 이를 국민의 4대의무라고 이야기하며, 4대의무는 대한민국 국민이라면 누구나 부담하는 의무라고 할 수 있다. 그러나 4대의무라고 하여도 그 의무를 부과하고 수행하는 것은 국가가 정하는 바에 따라 전 국민이 항상 해야만 하는 것은 아니다. 예컨대 납세의 의무의 경우 모든 국민이 항상 세금을 내야 하는 것은 아니다. 소득세나 상속세의 경우 일정 정도의 소득액이나 상속액이 넘는 경우에만 부과되며, 부과되는 액수 역시 소득액수나 상속액에 따라 각기 다른 비율의 세금을 부담한다. 과세 능력에 따라 과세의 여부와 정도가 결정되는 것이다.

이는 국방의 의무에 있어서도 마찬가지이다. 대한민국 국민이라면 누구나 국가가 부여하는 국방의 의무를 부여할 의무를 지니고 있다. 그러나 대한민국 국민 모두가 병역의 의무를 균등하게 부담해야만 하는 것은 아니다. 납세의 의무처럼 대한민국의 법률이 정하는 바에 따라 병역의무 부담 여부와 정도가 결정될 수 있다. 그러나 국가 비상사태 등에 접어들 경우 국가가 법률에 따라 병역의무 등의 대상을 확대하여 국방의 의무를 부과한다면 이에 따를 의무가 국민에게 있는 것이다.

한편 헌법은 기본권과 국민의 의무 외에도 대한민국이 지키고자 하는 제도를 보장하는 제도보장의 기능도 가지고 있다. 우리 헌법이 지키고자 하는 대한민국의 제도는 자유민주주의 정치제도와 복수정당제도, 시장경제제도 등을 들 수 있다. 이러한 제도가 위협받을 경우 대한민국 헌법은 그 제도를 지키기 위한 각종 제도를 준비하고 있으며 민주적 기본질서에 위배되는 정당을 해산할 수 있는 위헌정당해산제도가 그 대표적 예이다. 제도 보장은 제2차세계대전 이전 바이마르 공화국 시절 바이마르 헌법이 너무나 기계적으로 기본권 보장에만 충실했던 나머지 바이마르 헌법 상의 제도를 지켜내지 못하고 히틀러의 집권과 바이마르 헌정 질서의 파괴를 방임했던 역사적 반성으로부터 확립된 헌법상 이론이라고 할 수 있다.

그러나 대한민국 헌법이 지키고자 하는 제도가 영구불변의 것이라고 말할 수 있는 것은 아니다. 예컨대 우리나라의 혼인제도는 아래의 헌법 조항을 근거로 일부일처 이성혼 제도로 해석된다.

제36조 ①혼인과 가족생활은 개인의 존엄과 양성의 평등을 기초로 성립되고 유지되어야 하며, 국가는 이를 보장한다.

"혼인이 양성의 평등을 기초로 성립되고"라는 표현에서 우리나라의 혼인제도는 일부일처의 이성혼 제도만을 보장하고 있다고 보는 것이다. 따라서 최근 개헌 논쟁에서 해당 조항의 "양성의 평등"을 "성 평등"으로 개정하는 것과 관련한 논쟁이 발생하기도 하였다.

그러나 우리나라의 혼인제도를 일부일처 이성혼 제도로 한정할 수 있을지에 대하여 지속적으로 격렬한 논쟁이 발생하고 있다. 21세기에 접어들어 동성혼, 폴리가미(일부다처,일처다부), 폴리아모리(다부다처제), 근친혼 등 우리나라 법제도가 허용하지 않는 다양한 형태의 가족 형태가 제안되고, 실제 실정법의 밖에서 실현되고 있는 상화에서 일부일처 이성혼 제도를 우리의 혼인제도로 한정할 수 있을지에 대한 논쟁은 앞으로 더욱 격화될 것으로 보인다.

한편 이와 관련해 법정혼으로서 동성혼을 인정해달라는 주장에 대하여 최근 우리나라 법원은 아래와 같은 판결을 내린 바 있다.

서울서부지방법원 2016. 5. 25. 자 2014호파1842 결정

먼저 신청인들이 주장하는 바와 같은 성적(性的)자기결정권이나 혼인의 자유, 특히 혼인에 있어서 상대방을 결정할 수 있는 자유에 기초하여 동성 간의 혼인이 허용될 수 있는 지에 관하여 본다. 우리 헌법 제10조에 규정된 개인의 인격권과 행복추구권은 개인의 자기운명결정권을 전제로 하고 있고, 거기에는 성적자기결정권 특히 혼인의 자유와 혼인에 있어서 상대방을 결정할 수 있는 자유가 포함되어 있는 것은 신청인들이 주장하는 바와 같다. 하지만 성적자기결정권이라는 것은 통상적인 의미에서 성행위 여부 및 그 상대방을 결정할 수 있는 개인의 권리라는 점에서 그로부터 동성 간의 성행위 가능성 혹은 동성 간에 사실적으로 애정을 가지고 공동생활체를 구성할 가능성을 넘어서서, 직접 혼인제도에 있어 동성의 배우자를 선택할 수 있는 권리까지 도출된다고 보기는 어렵다. 나아가 넓은 의미에서의 성적자기결정권에는 혼인의 자유와 혼인에 있어서 상대방을 결정할 수 있는 자유가 포함되어 있기는 하지만, 그러한 자유에는 당연히 제한이 따른다. 그 제한에는 근친혼이나 중혼과 같은 법률상 명문으로 금지된 제한뿐만 아니라, 앞서 본 바와 같은 우리 헌법, 민법 및 가족관계등록법에 규정되어 있는 '혼인'은 '남녀의 애정을 바탕으로 일생의 공동생활을 목적으로 하는 도덕적, 풍속적으로 정당시되는 결합'을 가리킨다는 내재적 혹은 전제적 제한도 포함된다고 할 것이다.

왜냐하면 법률혼 제도를 채택하고 있는 국가에서 혼인제도가 있고 그 이후에 그 제도 범위 내에서 혼인의 자유가 있는 것이지, 거꾸로 혼인의 자유 혹은 혼인에 있어서 상대방을 결정할 수 있는 자유가 있다고 하여 법률혼 제도 자체의 내용이 변경되거나 수정될 수는 없기 때문이다. 이것은 혼인에 있어서 상대방을 결정할 수 있는 자유가 있다고 하여 민법 제809조에 규정된 근친을 혼인의 상대방으로 결정할 수는 없다는 점에 비추어 보아도 분명하다. 따라서 위와 같은 제한에 따라 법적 의미에서의 혼인은 '남녀 간의 결합'을 가리키는 것이므로, 동성애적 성적 지향을 기초로 동성 간의 결합을 하고자 하는 사람의 성적자기결정권 속에는 동성

간의 결합을 할 자유와 동성 간의 결합에 있어서 상대방을 결정할 수 있는 자유가 있을 뿐이지, 이를 넘어서서 적극적으로 동성 간의 결합을 법적 의미의 '혼인'으로 인정받을 권리까지 헌법 제10조의 인격권이나 행복추구권으로부터 곧바로 도출된다고 보기는 어렵다. 위와 같은 결론은 신청인들이 주장하는 헌법합치적 해석의 원칙이나 기본권 최대 보장의 원칙을 적용한다고 하더라도 달라질 여지가 없다. 신청인들의 이 부분 주장은 이유 없다.

다음으로, 남녀 간의 결합만을 혼인으로 인정하여 혼인에 따른 제반 권리를 인정하고 동성 간의 결합을 혼인으로 인정하지 아니하여 혼인에 따른 제반 권리를 부인하는 것이, 합리적인 이유 없이 동성 간의 결합을 남녀 간의 결합에 비하여 차별하는 것으로서 헌법 제11조에 규정된 평등권을 침해하는지 여부에 관하여 본다. 민법 제812조 제1항은 혼인은 가족관계등록법에 정한 바에 의하여 신고함으로써 효력이 생긴다고 규정하여 신고혼주의에 의한 법률혼주의를 채택하고 있고, 혼인신고는 일반적으로 민법 제813조의 규정에 따라 심사를 거쳐 수리된 때에 비로소 부부관계가 형성되는 창설적 효력을 갖게 된다. 그리고 혼인신고가 적법하게 수리되어야 민법 등에서 규정하고 있는 혼인의 효력을 누리거나 부담할 수 있고, 부적법하다고 하여 수리되지 않는 경우에는 혼인의 효력이 발생하지 않는다. 법률혼제도를 채택하고 있는 이상 이처럼 양자 사이에 차이가 발생하게 되는 것은 어쩔 수 없다. 신청인들은 자녀를 출산할 수 있는지 여부는 혼인의 요소가 아니고, 동성혼을 허용하더라도 결혼제도가 붕괴되거나 전통이 침해되는 것은 아님에도 불구하고, 동성 간의 혼인을 남녀 간의 혼인에 비하여 차별하는 것은 평등권의 침해라고 주장하므로 이에 관하여 구체적으로 보건대, 특별한 사정이 없는 한 임신 가능 여부는 민법 제816조 제2호의 부부생활을 계속할 수 없는 악질 기타 중대한 사유에 해당한다고 볼 수 없고, 민법의 규정상 혼인의 성립요건으로 공동의 자녀 출산에 관한 합의를 요구하거나 혼인의 장애요소로 공동의 자녀를 출산하지 아니하거나 출산하지 못한다는 사정을 들고 있지 아니하는 점 등을 고려하여 볼 때, 개별적인 임신의 가능 여부 즉 공동의 자녀 출산 가능성은 혼인의 요건에 해당하지 아니한다고 해석되는 것은 신청인들이 주장하는 바와 같다. 그리고 동성혼을 허용하더라도 동성혼의 예상되는 비율 등을 고려할 때 그로 인하여 결혼제도 자체가 근본적으로 완전히 붕괴되거나 전통이 침해되는 것은 아닐 것이다. 그러나 헌법, 민법 및 혼인에 관련된 제반 법령이 혼인을 장려하고 혼인 당사자에 대하여 혼인에 따른 제반 권리를 부여하는 것은 혼인이 단순히 혼인 당사자인 두 남녀 간의 결합을 통해 서로에게 친밀감, 안정감을 부여하고 그로 인한 사회적 안정을 가져오기 때문만은 아니다.

우리 사회가 남녀 간의 결합을 혼인으로 인정하여 그에 따른 존중받는 지위와 법적 혜택을 부여하는 것은, 일반적으로 남녀 간의 결합을 통하여 혼인을 이룬 혼인 당사자는 혼인 및 공동의 자녀 출산을 통하여 가족을 이루고, 서로에 대한 사랑과 믿음, 헌신을 바탕으로 보다 안정적인 상황에서 공동의 자녀를 출산하여 자녀를 함께 양육하게 되며, 그와 같은 혼인·출산·자녀양육의 과정을 통해서 우리 사회의 새로운 구성원이 다시 만들어지고, 우리 사회가 지속적으로 유지·발전할 수 있는 토대를 형성하는 역할을 수행하기 때문이다. 그와 같은 취지에서 헌법 제36조 제1항에서는 '혼인'뿐만 아니라 이에 따른 '가족생활'을 함께 규정하여 이에 대한 국가의 보장의무를 규정하고 있다. 동성 간의 결합관계에서도 적법한 혼인으로 인정받으면 입양제도를 통하여 일정 부분 위와 같은 역할을 수행할 수 있기는 하나, 그 효과는 제한적일 것이고 또한 궁극적으로 그 효과는 입양제도의 효과이지 동성 간의 혼인의 효과라고 볼 수 없다. 최근에 와서 불임 부부나 자발적 무자녀 부부의 증가, 혼인 외 출산의 증가, 이혼의 증가 등의 사회 변화로 인하여 앞서 본 바와 같은 일반적으로 예상되는 혼인의 역할에 대한 예외적인 모습이 늘어나고 있는 점은 부인할 수 없다. 그러나 그와 같은 예외적 상황의 존재로 인하여, 우리 사회가 각종 법령을 통하여 혼인을 장려하고 보호함과 동시에 혼인에 대하여 기대하고 있는 혼인의 사회적 역할, 나아가 혼인의 본질이 변하는 것은 아니다. 따라서 혼인의 성립요건으로 공동의 자녀 출산 가능성 혹은 결혼제도나 전통을 붕괴시키지 않을 것 등을 요구하지 않는다고 하여, 그것만으로 곧바로 동성 간의 결합이 남녀 간의 결합과 본질적으로 같다고 볼 수는 없고, 양자 사이에는 앞서 본 바와 같이 기본적으로 동일시할 수 없는 차이가 여전히 있다고 할 것이므로, 혼인을 남녀 간의 결합만으로 보고 동성 간의 결합을 배제하는 것으로 해석하는 것은 합리적인 이유가 있어 이를 달리 취급하는 것이 헌법상의 평등의 원칙에 위배된다고 할 수 없다. 신청인들의 이 부분 주장도 이유 없다.

한편 2023년 서울고등법원은 동성부부의 건강보험 피부양자 자격을 인정하지 않아 청구된 건강보험 보험료 부과처분 취소소송에서 동성부부의 건강보험 피부양자 자격을 인정하는 판단을 하였다. 1심 법원이 "동성결합과 남녀결합이 본질적으로 같다고 볼 수 없다"고 판시한 것을 뒤집은 결과이다. 미국의 경우 민주당이 다수당인 의회와 정부는 "결혼존중법"으로 동성혼을 합법화하였고, 보수 대법관이 다수인 연방대법원은 동성혼의 권리를 기본권으로 인정하지 않으려 하고 있다. 우리나라 역시 진보 진영을 중심으로, 법률혼으로서 이성혼보다는 약하지만 법률혼에 가깝게 동성혼을 인정하는 생활동반자법을 국회에 발의한 상황이다.

Q1. 이슬람교를 믿는 난민 A씨는 자국에서 B씨와 이미 혼인하였고, 아직 그 법률혼 관계가 유지되고 있는 상황에서 대한민국에 단신으로 입국하여 난민인정을 받았다. 대한민국에서 대한민국 여성 C씨와 만나 사랑에 빠진 A씨는 C씨와 결혼식을 하고 혼인신고를 하였다. 그러나 추후 B씨도 대한민국에 입국하여 난민 인정을 받았는데 A씨의 중혼 사실을 알게된 B씨가 중혼취소를 청구하자 이슬람 난민 A씨가 A씨의 본국법과 A씨의 종교교리에 따르면 일부다처가 가능하다며 이러한 중혼취소는 A씨의 종교의 자유 및 행복추구권 등을 침해한다고 주장하며 C씨와의 혼인을 법률혼으로 인정해줄 것을 주장할 경우 이러한 주장은 정당한가?

접근전략 우리 민법이 인정하지 않는 중혼이 자국에서 합법이었던 난민이 자국에서 전처와 이혼하지 않고 우리나라에서 후처와 결혼했을 때의 문제이다. 우리나라 가족법상 전처에게는 이혼사유가 후처에게는 혼인취소사유가 발생하게 된다. 즉 전처인 본국의 처가 입국후 후처인 한국의 처에게 혼인취소를 청구할 수 있게 되는 것이다. 이를 종교의 자유 및 행복추구권 침해에 해당될 수 있는지를 살펴야 한다. 우선 본질적 내용 침해인지 여부를 살피고 그것이 아니라면 과잉금지원칙의 기준으로 판단할 수 있다. 난민 A씨의 경우 자신이 난민으로 머무를 나라를 중혼이 금지된 나라로 선택하지 않아도 되었음과 혼인제도는 각 국가의 사회적 가치에 따라 결정되는 것이라는 측면, 중혼제도 금지를 통한 대한민국 사회가 합의한 가족제도의 유지 등을 고려하여 과잉금지원칙에 위반되지 않는다 판단할 수 있다. 그러나 한편으로 이성혼 일부일처제만을 정상적인 법률혼으로 인정하는 것이 행복추구권 상 자기결정권이 침해라고 보는 입장에서는 다양한 형태의 혼인제도를 모두 긍정해야 한다는 주장도 가능하다. 이러한 논점들을 모두 고려하여 답변과 근거를 준비해야 하는 문항이다.

Q2. 동성애 관계인 D씨와 E씨는 서로 깊이 사랑하였고, 이에 혼인신고를 하고자 하였으나 대한민국에서 동성혼이 인정되지 않는 것은 D씨와 E씨의 행복추구권 등이 침해된다는 이유로 위헌이라는 주장을 하며 헌법소원을 제기하였다. D씨와 E씨의 주장에 따라 이성혼만을 인정하는 것의 위헌성을 인정할 수 있는가? 동성혼이 법률혼으로 인정된다 할 경우 동성혼의 입양까지 인정할 수 있다 생각하는가?

접근전략 일반적으로 동성혼에 대해서만 답변하는 경우가 많으나 동성혼의 인정은 우리가 제도로서 어떤 종류의 혼인까지 인정할 수 있을 것인지에 대한 본질적인 문제에서부터 출발하는 것이 맞다. 현재 우리나라는 일부일처 이성혼만을 법률혼으로 인정하고 있다. 이러한 것에 대하여 개인의 행복추구권을 강조하는 입장에서는 동성혼, 근친혼, 중혼 등이 금지되는 이유에 대해 각각 의문을 제기하고 있다. 정상적인 혼인의 범위를 어디까지 정할 것인지를 정함에 있어 모 아니면 도로 대답할 필요는 없다. 그러나 어떤 것은 허용되고, 어떤 것은 허용되지 않는다면 그 이유가 무엇인지는 말할 수 있어야 한다. 항상 같은 것은 같게 다른 것은 다르게가 법학적 사고의 기본임을 인식해야 한다.

민주주의와
통치구조

대의제와 방어적 민주주의

◈◈◈

01 대의제와 직접민주주의

대한민국은 민주주의 국가이다. 이 점은 대한민국 국민이라면 누구도 부정할 수 없는 사실이고, 우리 헌법 제1조도 "대한민국은 민주공화국이다."라고 선언하며, 민주주의 국가임을 확인하고 있다. 그러나 대다수 국민들이 생각하는 민주주의의 의미와 우리 헌법이 원칙적으로 규정하고 있는 민주주의의 의미가 일치하지 않는데서 많은 오해와 갈등이 발생하고 있다. 예컨대 대부분의 국민들은 국회의원은 지역구 구성원의 의사에 반드시 종속되고 따르는 것이 민주주의라고 생각하는데 이는 우리 헌법이 기본적으로 따르고 있는 대의제 민주주의의 대척점에 있는 직접 민주주의의 주된 성격이다. 우리 헌법이 기본적으로 따르고 있는 대의제 민주주의는 국회의원이 부분이익에 대해 전체이익의 우선을 할 수 있다면 지역구 구성원의 의사를 반드시 따르지 않아도 된다는 원리를 따르고 있다. 대한민국 헌법이 기본적으로 취하고 있는 대의제 민주주의의 의의와 그 대척점에 서있는 직접민주주의의 의의에 대하여 아래 논문에서 설명되는 내용을 참조하면 보다 정확하게 이해할 수 있다.

"헌법 제1조는 '대한민국은 민주공화국이다. 대한민국의 주권은 국민에게 있고, 모든 권력은 국민으로부터 나온다'고 하여 국민주권의 원리를 천명하고 있다. 국민주권의 원리는 소극적으로는 어떤 형태의 군주국도 인정되지 않음을 의미하지만, 적극적으로는 국가권력의 정당성이 국민에게 있고, 모든 통치권력의 행사를 최후로 국민의 의사에 귀착시킬 수 있다는 것을 의미한다. 그러나 이로부터 국민이 직접 통치권을 행사하여야 함이 도출되지는 않는다. 국민주권의 행사방법으로는 간접민주제와 직접민주제가 있는데, 국민은 선거를 통하여 대표를 선출하고 그 대표가 통치권을 행사하는 간접민주제(대의제)가 국민주권의 원칙적 행사방법이다.

대의제의 원리는 통치자와 피치자를 구별하고, 통치구조에 있어서 정책결정권과 기관구성권을 분리하며, 대표자는 선거에 의해 선출되고 전체국민을 대표하며, 경험적 의사에 대한 추정적 의사의 우선, 부분이익에 대한 전체이익(일반이익)의 우선, 명령적 위임의 배제 등을 기본내용과 개념으로 하고 있다.

직접민주제는 국민이 직접 국정을 운영하는 제도를 말한다. 직접민주제는 국민의 투표에 의한 표결의 방법으로 행해지는 것이 보통이다. 직접민주제의 방법으로는 국민표결(국민투표), 국민발안, 국민소환, 국민거부가 있다.

국민주권과 통치원리에 관하여 이러한 결론으로 정착되기 까지에는 역사적으로 대립되어 온 주권이론이 있었다. 특히 프랑스에서 정립·발전되어 온 국민(Nation)주권권과 인민(Peuple)주권론은 오늘날 대의제 – 반(半)대의제 – 직접민주제의 논의와 깊은 연관성을 지니고 있다.

국민주권론은 몽테스키외의 '법의 정신'에서 제시하고 있는 순수대표제에서 그 이론적 기초를 찾을 수 있는데, Nation주권에 있어 Nation이란 개념은 '전체로서의 국민'을 의미한다. 이는 이념적 통일체로서 존재하는 추상적 존재이다. 따라서 Nation의 주권은 원천적으로 직접 행사될 수 없고, 대표자에 의해서만 행사될 수 있다. 대표자는 그를 선출해 준 Nation으로부터 아무런 명령이나 지시도 받지 않은 채 그 자신이 자유롭게 행동한다.

이에 반해 루소(Rousseau)로부터 시작되는 Peuple주권론에 있어서 Peuple은 추상적인 존재가 아니라 현실적으로 살아서 직접 자신의 의사를 결정하고 표시하며 행동하는 주체이다. 이는 현실적인 개인들의 총체이며, 의사무능력자를 제외시킨 개념이므로 Peuple은 항상 주권을 스스로 행사 할 수 있는 존재이다. 따라서 주권은 유권자의 총체에게 있고 개개의 유권자는 1/유권자수 만큼의 주권의 지분을 가지고 행사한다. 불가피하게 주권을 타인으로 하여금 행사시킬 때에는 그 대리인에게 지시나 명령을 할 수 있다.

이러한 두 주권이론을 통치원리(대의제 또는 직접민주제)에 곧바로 대입할 수 있는지에 관하여는 논란이 있지만, 국민주권론에서는 대의제원리가, 인민주권론에서는 직접민주제가 보다 이상적인 제도로 여겨질 수 있다. 오늘날 대의제의 정착은 국민주권론의 승리를 의미한다고 볼 수 있지만, 보통선거의 일반화, 직접민주제원리의 헌법상 제도화는 이제 두 주권이론이 융합되고 통합된 타협적 헌법체제로 정착되었음을 의미한다.

프랑스 헌법 제3조 제1항상의 '국민주권은 인민에 속하며, 인민은 대표자와 국민투표를 통하여 이를 행사한다'라는 규정은 이를 웅변적으로 표현하고 있다. 이와 같이 대의제와 직접민주제가 융합된 통치원리를 프랑스에서는 半대표제라 부르고 있다.

오늘날의 현대국가에서 대의제가 기본원리로 정착하였지만, 대의제 또한 문제점을 지니고 있다. 국민주권의 원리가 의회주권의 원리로 변질되고, 일반국민은 명목상의 주권자에 불과하게 되었다. 또한 국민의 대표자여야 할 국회의원은 정당지도부의 지시와 통제에 얽매이게 되었다. 이와 같이 대표자와 국민과의 사이에 벌어진 간극을 좁히고 국민주권을 보다 실질화하려는 시도로서 국민의 직접적인 개입을 인정하는 직접민주제적 요소가 속속 도입되기에 이르렀다. 스위스, 프랑스, 미국의 州들(대표적으로 캘리포니아)을 필두로 러시아, 이탈리아, 스페인, 오스트리아, 아일랜드, 헝가리, 슬로바키아, 리투아니아 등의 나라에서 다양한 형태의 국민투표제를 도입하였다(헌법개정국민투표와 입법에 관한 국민투표가 주류를 이루지만, 국민투표의 대상, 발의주체 및 절차, 효력은 각국에 따라 다기하다). 따라서 대의제도의 현대적 유형은 경직된 순수한 대의제가 아니라 '직접통치적 요소의 공존과 상용(相容)'의 원리에 의해 지배되는 대의제 또는 半대표제(半직접 민주제)라 부를 수 있다. 완전하고 순수한 형태의 직접민주주의는 실현될 수 없는 이상향이라 할지라도 대표자를 일정하게 제한하는 구속적 형태인 半직접민주주의는 대표제를 한층 더 의미깊게 하는 제도로서 대의제의 발전된 형태라 할 것이다.

프랑스에 있어 대의제와 반직접민주제가 양립가능하냐의 논의가 있었는데, 프랑스에 있어 직접민주제에 대한 전통적인 적의(敵意)는 체험적인 적의이고, 통설에 의하면 대의제의 본질은 의회의사와 국민의사의 합일을 추정하는 것인데, 이 합일을 보장하는 데에 도움이 되는 절차(즉, 국민투표)는 합헌일 뿐 아니라 바람직한 것으로 보고 있다고 한다. 이에 반해, 독일기본법은 바이마르공화국과 Hitler의 역사적 체험에 대한 반성으로 연방영토 또는 州의 재편성(독일기본법 제29조, 제118조, 제118조 a)의 경우 외에는 국민투표의 도입을 극력 저지하고 있다. 그러나 통일 이후 독일의 거의 모든 州에서 국민발의제와 국민표결제를 광범위하게 도입하였다."

(김하열, 대통령 신임투표를 국민투표에 붙이는 행위 위헌확인 등, 헌법재판소 결정해설집 2집, 2003, 733-764쪽)

헌법

제4조 대한민국은 통일을 지향하며, 자유민주적 기본질서에 입각한 평화적 통일 정책을 수립하고 이를 추진한다.

제8조 ④정당의 목적이나 활동이 민주적 기본질서에 위배될 때에는 정부는 헌법재판소에 그 해산을 제소할 수 있고, 정당은 헌법재판소의 심판에 의하여 해산된다.

독일은 제1차세계대전의 패전과 함께 제정(帝政)이 철폐되고 공화국으로 변모한다. 바이마르 지역에서 열린 바이마르 헌법을 기반으로 한 전간기의 독일의 공화정은 흔히 바이마르 공화국으로 불리운다. 히틀러와 나치당의 집권이라는 결말로 막을 내렸지만 바이마르 공화국의 헌법은 국민의 자유와 권리를 대폭적으로 보장하여 당대에도 가장 현대적인 헌법이라는 평가를 받았고, 현대 헌법에도 많은 영향을 미쳤다.

의원내각제를 기반으로 한 대의제 민주주의를 원칙으로 하고 있었지만 일부 직접민주주의적 요소도 헌법에 수용하였고, 정당설립의 자유와 정치활동의 자유를 폭넓게 보장하여 극좌정당인 공산당과 극우정당인 나치당이 같은 의사당에서 활동하는 진풍경을 보여주기도 하였다.

다양한 정치사상을 제한없이 인정하던 바이마르 공화국은 역설적이게도 그런 이유로 인하여 정치적 안정성을 보장받지 못했다. 의원내각제 정치체제의 특성상 특정 정당이 과반의 다수당이 되기 어려웠고, 바이마르 공화국의 경제적 불안정으로 인해 특정 정치세력이 지속적인 지지를 받기도 어려웠다. 반면 초기에는 극소수의 지지자만을 확보했던 극좌 정당인 공산당과 극우 정당인 나치당은 점차 의석수를 늘려나가며 영향력을 확대하기 시작하였고, 두 정당의 의석만으로 내각불신임이 가능해지고 부터는 연립정부가 구성될때마다 반복적으로 내각불신임을 의결하여 정부를 해산시켰다. 결국 1933년 1월 독일의 보수파 정치인들은 자신들에게 공산당보다는 가깝다고 느낀 나치당의 히틀러를 총리로 임명하여 내각불신임을 면할 수 있는 내각을 간신히 구성하였다.

그러나 히틀러는 총리에 임명된 이후 국회의사당 방화사건이 발생한 것을 이용하여 함께 바이마르 공화국 내각을 줄기차게 불신임했던 공산당 의원들은 체포되고 탄압받았으며, 바이마르 공화국 의원들에 대한 지속적 겁박을 통해 바이마르 공화국의 입법권을 의회에서 행정부로 바꾸는 수권법을 1933년 3월 통과시켰다. 수권법의 통과와 함께 인류 역사상 그 어느 시대와 국가중 정치적으로 가장 자유로웠던 바이마르 공화국은 사실상 사라지게 되었고, 1933년 11월 수권법에 의해 개정된 법률에 따라 나치당만이 단독 출마 가능한 의회 선거가 실시되고 나치당 1당독재가 확립되었다. 한편 수권법에 찬성하였던 정당들은 1934년까지 나치당에 의해 차례로 해산되었고, 히틀러의 총리 임명 1년만에 독일에는 나치당 외의 정당이 하나도 남지 않게 되었다.

이와 같은 바이마르 공화국의 아픈 기억은 인류에게 민주주의 적에게 민주주의를 허용하는 것이, 자유의 적에게 자유를 허용하는 것이 얼마나 위험한 일인가를 알려주는 계기가 되었다. 결국 제2차세계대전 이후 현대민주국가의 헌법에는 바이마르 공화국 당시 나치당이나 공산당처럼 민주적 기본질서를 부정하고 1당독재를 추구하는 정치세력을 막기 위한 방어적 민주주의의 정신에 따라 위헌정당해산제도, 기본권 실효 제도와 같은 다양한 제도가 고안되었다.

우리나라 헌법도 헌법 제8조 제4항에서 민주적 기본질서에 반하는 정당을 헌법재판소의 결정에 따라 해산할 수 있다는 위헌정당해산제도를 도입하였고, 통합진보당 해산사건에서 해당 제도가 처음으로 활용되었던 바 있다. 2014년도에 있었던 통합진보당 해산사건 판례는 우리의 민주적 기본질서를 구성하는 주요 요소들에 대해 설시하고 있고, 우리의 민주적 기본질서가 포섭할 수 없는 민주주의로서 인민민주주의의 의의에 대하여 명확히 설명하고 있으며, 보충의견을 통해 사회민주주의의 경우 우리나라의 민주적 기본질서에서 포용될 수 있음을 밝히고 있다.

⚖️ 참조 판례

헌법재판소 2014. 12. 19. 선고 2013헌다1

"헌법 제8조 제4항이 의미하는 '민주적 기본질서'는 개인의 자율적 이성을 신뢰하고 모든 정치적 견해들이 각각 상대적 진리성과 합리성을 지닌다고 전제하는 다원적 세계관에 입각한 것으로서, 모든 폭력적·자의적 지배를 배제하고, 다수를 존중하면서도 소수를 배려하는 민주적 의사결정과 자유·평등을 기본원리로 하여 구성되고 운영되는 정치적 질서를 말하며, 구체적으로는 국민주권의 원리, 기본적 인권의 존중, 권력분립제도, 복수정당제도 등이 현행 헌법상 주요한 요소라고 볼 수 있다.

강제적 정당해산은 헌법상 핵심적인 정치적 기본권인 정당활동의 자유에 대한 근본적 제한이므로, 헌법재판소는 이에 관한 결정을 할 때 헌법 제37조 제2항이 규정하고 있는 비례원칙을 준수해야만 한다. 따라서 헌법 제8조 제4항의 명문규정상 요건이 구비된 경우에도 해당 정당의 위헌적 문제성을 해결할 수 있는 다른 대안적 수단이 없고, 정당해산결정을 통하여 얻을 수 있는 사회적 이익이 정당해산결정으로 인해 초래되는 정당활동 자유 제한으로 인한 불이익과 민주주의 사회에 대한 중대한 제약이라는 사회적 불이익을 초과할 수 있을 정도로 큰 경우에 한하여 정당해산결정이 헌법적으로 정당화될 수 있다.

앞서 본 바와 같이, 피청구인 주도세력은 폭력에 의하여 진보적 민주주의를 실현하고 이를 기초로 통일을 통하여 최종적으로 사회주의를 실현한다는 목적을 가지고 있다. 피청구인 주도세력은 북한을 추종하고 있고, 그들이 주장하는 진보적 민주주의는 북한의 대남혁명전략과 거의 모든 점에서 전체적으로 같거나 매우 유사하다. 한편 피청구인 주도세력은 민중민주주의 변혁론에 따라 혁명을 추구하면서 북한의 입장을 옹호하고 대한민국의 정통성을 부정하고 있는데, 이러한 경향은 위와 같은 내란관련 사건에서 극명하게 드러났다. 위와 같은 사정과 피청구인 주도세력이 피청구인을 장악하고 있음에 비추어 그들의 목적과 활동은 피청구인의 목적과 활동으로 귀속되는 점 등을 종합하여 보면, 피청구인의 진정한 목적과 활동은 1차적으로 폭력에 의하여 진보적 민주주의를 실현하고 최종적으로는 북한식 사회주의를 실현하는 것으로 판단된다.

피청구인이 추구하는 북한식 사회주의 체제는 조선노동당이 제시하는 정치 노선을 절대적인 선으로 받아들이고 그 정당의 특정한 계급노선과 결부된 인민민주주의 독재방식과 수령론에 기초한 1인 독재를 통치의 본질로 추구하는 점에서 민주적 기본질서와 근본적으로 충돌한다."

[재판관 김이수 반대의견]

"피청구인이 주장하는 '민중주권'은, 주권 독점의 특권적 현상을 타파하고, 지금껏 정치·경제적 권력으로부터 소외된 계급·계층의 주권적 권리를 실질적으로 보장하겠다는 취지이지, 국민주권의 원리를 부인하는 것이 아니다. 또한 피청구인이 주장하는 '민생 중심의 자주자립 경제체제'는 시장에 대한 민주적 통제와 사회복지·정의 실현을 위한 국가적 규제와 조정을 강화할 것을 주장하는 것으로서, 기본적 인권의 보장을 위한 경제적 토대가 되는 사유재산권이나 경제활동의 자유를 박탈할 것을 주장하는 것이 아니다. 나아가 피청구인이 주장하는 '코리아연방제'는 체제통일과정에서의 과도기적 통일국가를 전제한 것이라고 볼 수 있으나, 피청구인이 종국적으로 추구하는 통일국가의 상은 코리아연방제 통일안에 나타나 있지 아니하다. 그 밖에 국가보안법 폐지 등 피청구인의 주장은 우리 사회에서 이미 충분히 논의된 여러 현안에 대한 하나의 입장을 지지하는 것에 불과하다. 즉 피청구인의 강령상 '진보적 민주주의'의 구체적인 내용은 특정한 집단의 주권을 배제한다거나 기본적 인권을 부인하고 나아가 북한의 적화통일전략에 동조하는 내용을 담고 있다고 볼 수 없다.

한편 피청구인이 주장하는 '진보적 민주주의'는 민주노동당 시기 강령에 도입된 것인데, 그 도입과정을 종합하여 보면, 사회주의적 이상과 가치를 반영하는 광의의 사회주의 지향성을 드러낸 것으로서 베네수엘라, 브라질 등 남미의 모델로부터 영향을 받았던 것으로 보이고, 민주노동당이 제시한 '대중투쟁을 동력으로 한 선거승리'나 '원내외 통합전략'은 궁극적으로 선거에 의한 집권 추구, 군소정당의 한계를 극복하기 위한 전략적 선택으로서, 폭력 사용을 용인한 것이라거나 북한의 대남혁명전략의 수단인 통일전선전술을 편 것이라고 볼 수 없다."

[재판관 안창호 조용형의 보충의견]

"피청구인은 피청구인 강령상 사회민주주의적 내용을 제시하면서 진보적 민주주의에는 문언에 나타난 내용 이외에 숨겨진 목적이 없다고 주장하나, 피청구인 주도세력이 주장하는 진보적 민주주의는 사회민주주의와는 다른 것이며, 그들이 '현재' 사회민주주의에서 실시 가능한 내용들을 주장하고 있다고 하여 그들에게 종국적으로 북한식 사회주의를 추구하려는 숨겨진 목적이 없다고 할 수 없다. 피청구인은 민중주권이 단지 '민중'이라는 특정계층의 이익을 대변하기 위한 개념이라고 주장하나, 특정 계층만의 이익 보호를 종국적인 목적으로 삼고 나머지 국민에 대하여는 적대적 태도를 보이는 것은 국민주권주의와 일치하지 않으며, 피청구인의 주도세력이 내세우는 민중주권주의는 인민민주주의국가에서 인민민주주의혁명과 인민민주주의독재를 통해 인민의 주권을 확립한다는 의미로 보일 뿐이다. 피청구인 주도세력이 주장하는 진보적 민주주의체제는 프롤레타리아독재의 범주에 해당하는 계급독재 또는 '민중독재'가 실현된 사회를 의미하므로, 피청구인의 최종 목적인 북한식 사회주의뿐만 아니라 피청구인의 1차(중간) 목적인 진보적 민주주의 역시 민주적 기본질서에 저촉된다."

독일 제3제국의 수권법

민족과 국가의 위난을 제거하기 위한 법률

독일 국회는 다음과 같은 법률을 제정한다. 이로써 상원의 승인을 선언하며, 이 법률의 하위 항들로 인해 헌법 수정의 요건을 채운 것으로 확실하게 인정받는다.

제1조 독일의 법률은 헌법에서 규정되고 있는 절차 이외에 독일 행정부에 의해서도 제정될 수 있다. 이 조는 바이마르 헌법 제85조 제2항 및 제87조에 관한 사항에 대하여도 적용된다.

제2조 독일 행정부는 연방 의회 및 연방 참의원의 제도에 영향을 미치지 않는 범위 내에서 헌법에서 정한 것과 다른 내용의 법률을 제정할 수 있다. 다만, 대통령의 권한을 변경할 수는 없다.

제3조 독일 행정부에 의해 제정된 법률은 총리에 의해 작성되어 관보(官報)를 통해 공포된다. 다른 특별한 규정이 없는 한 그 법률은 공포한 다음 날부터 그 효력을 발생한다. 헌법 제68조에서 제77조는 정부에 의해 제정된 법률에 대하여서는 적용하지 아니한다.

제4조 독일이 외국과 조약을 체결하는 경우 그 조약은 입법권을 가진 다른 기관과의 합의를 필요로 하지 않는다. 행정부는 이러한 조약의 이행에 필요한 법률을 공포할 수 있다.

제5조 이 법은 공포한 날부터 1937년 4월 1일까지 효력을 발휘하며 현 행정부가 다른 행정부로 교체될 경우에는 효력을 잃는다.

독일사민당(SPD) 당수 오토벨스의 수권법 반대 연설문

신사 숙녀 여러분, 저희 사회민주당은 독일이 외국과 같은 동등한 제국이라는 대통령의 의견에 동의합니다. 더군다나 저희들은 대통령이 하는 바를 언제나 옹호에 왔기에 더욱 강력히 동의하는 바입니다. 이러한 맥락에서 저희는 저희 사회민주당이 1919. 2. 3. 베른협상 전에 유일하게 독일의 세계대전에 대한 죄의식에 맞선, 최초의 독일인들이라는 개인적 발언을 해볼까 합니다. 당시 저희는 실제로는 프랑스의 요구를 막지 못했으나 독일 민족에 대한 정당한 요구를 청구하였습니다. 그저께도 대통령께서는 포츠담에서 영원한 승자, 혹은 패자 이론을 들고 독일 민족에 배상금을 물린 결과 경제적 대재앙이 찾아왔다는 성명을 발표하였습니다. 이는 국외로든 국내로든 해당되는 사항입니다. 영원한 승자 혹은 패자의 이론은 대통령의 말처럼 광적인 사상에 불과합니다. 하지만 저는 1919. 7. 23. 국회에서의 어떤 발언이 생각납니다. "우리는 명예가 있지만 무방비 상태이다. 적들은 우리의 명예를 노리고있다. 이것은 의심의 여지가 없는 불변의 진실이다. 하지만 이러한 협상국의 명예훼손 행위로 인해 언젠가는 선동가가 등장할 것이라는 것, 그리고 그로 인해 재앙적으로 파괴되는 것은 우리의 명예가 아닌 우리의 신념일 것이다"는 발언이었습니다.

프랑스인들이 독일로 침공하는 것을 막기 위해 휴전협정이 발표되기 4시간 전, 독일 인민의 이름으로 사회주의 성향 정부가 선언문에 모습을 드러냈습니다. 선언문에서 지시된 평화는 축복을 뒤에 이고 따라옵니다. 적어도 우리의 가정에서는요. 진정한 '인민공동체' 라는 것은 폭력이나 전쟁을 기반으로 둘 수 없습니다. 진정한 인민공동체의 첫번째 요건은 평등한 법입니다. 평등하고 동등한 법은 법을 파괴하기 위한 선동자들의 폭력을 엄격히 제한합니다. 또 정부는 반민주적 범죄로부터 자신들을 보호할 수 있습니다. 그러나 이것을 뒤집어 엎고 승리자가 패배자를 마치 패배자들이 원래부터 금지되어 있었다는 듯이 대우한다면, 이것이야말로 "영원한 승자와 패자의 논리" 아니겠습니까? 한마디로 말해서, 그들은 우리의 자유와 삶은 빼앗을 수 있지만 우리의 명예를 빼앗을 수 없습니다. 최근 사회민주당이 법에 의해 탄압받은 이후 아무도 우리의 요구에 대해서 투표를 하지 않을 것이라는 점은 잘 알고 있습니다. 3월 5일의 선거는 나치당에게 다수당 지위를 부여하였고 이것은 그들의 합헌적 통치를 가능하게 하였습니다. 합헌의 가능성이 존재하는 곳에서 여당은 헌법을 받들어야 하는 의무를 가집니다. 비판은 유익하고 필수적인 것입니다. 독일의 제국주의자들이 원내에 진출한 이후 선출직 공무원들의 권리는 새로이 제정될 수권법으로 인해 땅에 떨어질 겁니다. 이러한 히틀러 정부의 전지전능한 국가 통제력은 언론마저도 표현의 자유를 **빼앗을** 것이기 때문에 더욱 심각한 방향으로 흘러갈 것입니다.

신사숙녀 여러분, 오늘날 독일에서 만연히 일어나고 있는 파시즘 운동은 종종 무지갯빛으로 비춰집니다. 그러나 이것은 항상 그렇듯이 과장이 넘치는 묘사입니다. 저희들은 여기서 선언합니다. 저희는 프랑스에게 도움을 요청하지도 않았고 프라하로 수만명을 이주시키지도 않았으며 가짜뉴스를 해외에 퍼트려 선동하지도 않았습니다. 가정에서 직접 나치당에서 퍼트리는 선동에 대하여 민주적인 진실을 가려낼 수 있다면 그러한 파시즘에 대한 과장에 더욱 쉽게 맞설 수 있을 것입니다. 정의의 완전한 보호가 저희에 의해 실천된다는 것을 증명한다면 그것은 더욱 좋을 것입니다. 이것은 모두 여러분의 손에 달려있는 문제입니다. 나치당 당원들은 자신들이 일으킨 것을 파시즘적 폭동이 아닌 국가혁명이라고 자랑스럽게 말합니다. 이것은 사회민주주의에 대한 파괴 시도일 뿐입니다. 그들은 결코 사회주의자들이 아닙니다. 만약 나치당 당원들이 사회주의적 헌법을 하기로 작정했다면 그들은 수권법을 필요로 하지 않았을 것입니다. 노동자, 농부, 화이트 칼라, 공무원, 중산층들의 100% 지지는 아니더라도 다수적 지지는 받았을 것입니다.

그럼에도 불구하고 파시스트들은 자신들의 "명예로운 혁명"을 지속하기 위해 국회의 권리를 파괴하려 들고 있습니다. 그러나 국민들은 결코 국회의 파괴를 원하지 않습니다. 국민들은 긍정적 성과를 기대합니다. 국민들은 경제적 성공을 기대합니다. 국민들은 독일 뿐 아니라 세계를 휘감는 대공황에 대한 확실한 대처를 기대합니다. 저희 사회민주당은 가장 어려운 시기 가장 큰 책임을 져야 했습니다. 저희들의 경제적, 정치적, 민주적 노력은 역사의 시험대에 설 것입니다. 저희는 평등한 노동자의 주권 확립을 위해 투쟁하였고 귀족적 권리에 맞서 노동자와 여성들까지도 주권을 가질 수 있도록 노력했습니다. 아돌프 히틀러를 끌어내리지 않고서는 이 모든 노력들이 다시 수포로 돌아갈 것입니다. 저희 사회민주당은 단지 법적인 시위로써는 독재 정치를 바꿀 수 없다는 것을 알고 있습니다. 저희는 파시스트들의 권위주의 행태를 지켜보고 있습니다. 국민의 의사는 정의이며, 저희는 국민들이 비로소 무엇인가를 깨달을 때까지 호소하는 것을 멈추지 않을 것입니다. 바이마르 민주헌법은 파시스트 헌법이 아닙니다. 이 역사적 변환점에서 저희는 인류애와 사회정의, 법치주의와 평등권 그리고 자유에 입각한 사회주의 원칙을 엄숙히 선언합니다.

하여간에 나치당 당원들도 자신들이 '사회주의'를 신봉한다고 밝혔습니다. 수권법은 결코 저희의 영원 불멸한 이념을 없앨 수 없습니다. 저희는 나치당의 독재로부터 새로운 탄력을 얻습니다. 저희는 독재에 신음하는 모든 민주주의자와 자유주의자들에게 안부인사를 건넵니다. 동지여러분, 여러분들의 민주적 의지와 충성심은 훌륭합니다. 동지의 신념과 낙관주의는 독일 조국의 밝고 자유로운 독일의 미래를 보장할 것입니다.

🌱 참조 문헌 3

방어적 민주주의

"방어적 민주주의란 민주주의의 이름으로 민주주의 그 자체를 파괴하거나 자유의 이름으로 자유 그 자체를 말살하려는 민주적 헌법질서의 적에 대하여 자신을 수호하기 위한 자기방어적 민주주의를 의미한다. 민주주의를 형식적 민주주의로 이해하면 어떠한 정치적 입장을 가진 세력이라도 다수의 지지만 얻으면 누구라도 집권할 수 있고, 이를 통하여 민주주의가 민주적 방법에 의해 파괴될 수도 있다. 이는 독일의 나치스에 의해 바이마르공화국이 붕괴된 역사적 경험에서 사실로 드러났다. 따라서 형식적 민주주의에 대한 반성으로 민주주의가 스스로의 존립을 유지하기 위해서는 가치상대주의적 관용을 지양하고 민주주의를 일정한 가치에 구속된 것으로 이해하는 가치구속적 민주주의를 전제로 할 것을 필요로 한다.

방어적 민주주의를 위한 실정제도로 독일은 기본권상실제와 위헌정당강제해산제도를 도입하였다. 이러한 제도하에서 독일 연방법원은 1952. 10. 23. 사회주의국가당(SRP)에 대한 강제해산, 1956. 8. 17. 독일공산당(KDP)에 대한 위헌판결을 선고하였고, 1970. 2. 18.의 군인판결, 1970. 12. 15.의 도청판결, 1975. 5. 22.의 급진주의자판결 등을 통하여 방어적 민주주의가 거듭 확인되었다. 특히 급진주의자판결에서 연방헌법법원은 '모든 공직자는 기본법상의 가치질서에 구속되므로, 자유민주적·사회국가적 및 법치국가적 질서를 거부하거나 이에 저항하는 자를 공직에 취임시켜서는 아니되며, 국가에 봉사하려는 자는 국가와 국가의 헌법질서에 대하여 비방하거나 공격하여서는 아니된다'고 판시하였다.

우리 헌법도 방어적 민주주의를 수용하여 헌법 제8조제4항에서 위헌정당의 강제해산제도를 규정하고 있다. 하지만 기본권상실제는 수용하고 있지 아니하다. 헌법재판소와 대법원도 자유민주주의를 헌법의 최고이념으로 규정하면서 이를 수호하기 위하여 방어적 민주주의를 수용하고 있다. 즉 헌법재판소는 헌법 제8조제4항에 대해 "민주주의를 파괴하려는 세력으로부터 민주주의를 보호하려는 소위 '방어적 민주주의'의 한 요소"(헌결 99헌마135)라고 판시하였고, 대법원도 "국가보안법은 동법 소정의 행위가 국가의 존립, 안전을 위태롭게 하거나 자유민주적 기본질서에 위해를 줄 경우에 적용되는 한에서는 헌법상 보장된 국민의 권리를 침해하는 법률이라고 볼 수 없다"(대판 92도1211)라고 판시하였다.

이러한 방어적 민주주의는 민주주의를 보호하기 위한 방어수단이므로 일정한 한계가 내재한다. 우선 방어적 민주주의가 그 보호대상으로 하는 민주주의의 본질을 침해해서는 안 된다. 또한 민주주의도 헌법원리의 하나에 불과하기 때문에 국민주권, 법치국가, 사회국가, 평화국가의 원리 등 다른 헌법원리를 침해해서는 안 된다. 그리고 방어적 민주주의는 소극적·방어적인 것이어야 하므로 엄격한 비례의 원칙이 준수되어야 하는 한계가 존재한다."

(오세경, 도설 법률용어사전, 2017.)

03 공화주의

"대한민국은 민주공화국이다"는 헌법 제1조의 내용은 대한민국을 구성하는 원리가 민주주의와 공화주의임을 밝히고 있다 하겠다. 그러나 민주주의보다 대중들에게 이해되지 못하는 개념이 바로 공화주의라는 개념이다. 공화주의는 고대의 공화정 시대부터 확립되어 온 이론으로 시민들이 덕성에 따라 개인의 이익보다 공공의 이익을 중시하며 정치에 참여하는 정치체제인 공화정 체제를 구성하는 이념이라 하겠다. 즉 개별 시민들이 자신들의 이익만을 위해 활동하기 보다는 자발적으로 공공의 이익에 더욱 부합하는 결정을 하는 것을 장려하는 것으로 근대 이후 확립된 개인주의 및 자유주의 사상과 일정 정도 갈등 관계에 있다 하겠다.

우리나라 국민들은 대부분 어려서부터 교육과정 상 도덕과 윤리 과목을 통해 민주시민사회의 덕성으로서 시민의식과 윤리를 학습해 왔는데 이러한 시민의식과 윤리가 바로 공화주의에서 추구되는 시민들의 덕성이라 할 수 있다. 미국 건국의 아버지들은 대부분 공화주의자들이었고 미국의 독특한 연방제 헌법은 이러한 공화주의에 사상적 기반을 두고 제정되었다. 특히 미국 헌법을 해석하는 주요 기준으로 평가받는 "Federalist Report"를 거의 작성하다시피한 메디슨(James Madison)은 직접민주적 요소가 강한 정치체제를 주장했던 "민주주의자"들에 맞서 대의제 민주주의에 입각한 미국 연방헌법을 기초하였고, 이러한 미국 연방헌법의 정신은 현재까지도 이어지고 있다.

🖋 참조 문헌

"공화주의는 비교적 낯선 개념이므로 보다 자세한 설명이 필요하다. 공화주의는 자유주의와는 달리 고대와 근대의 여러 사상이 혼합되어 있는 사상체계이다. 고대의 공화정이론은 15세기 말, 16세기 초 르네상스 시대 이태리의 도시공동체적 인문주의자들(civic humanists), 그 가운데서도 마키아벨리(Niccolo Machiavelli)의 저술에 의해 전승되었다. 그 후 17세기 중엽에 이 공화정이론을 계승한 영국의 사상가 해링턴(James Harrington)이 이를 영국 실정에 맞게 변형시켰다. 18세기 초 영국의 반정부 논객(論客)들은 이 사상을 발전시켜 월폴(Sir Robert Walpole) 정부에 맞서 싸우는 자신들의 활동 기반으로 삼았다.

공화주의사상에 따르면, 이상적인 정치체제는 미덕(virtue)을 지닌 시민들이 공공의 이익을 실현하기 위해 개인의 이익을 버리고 적극적으로 정치에 참여하는 체제, 즉 공화정이었다. 다시 말해서 공화정이란 그 목표가 공익을 구현하는 데 있는 정부를 가리키는 말이었다. 그러므로 공화정체제가 존속하느냐, 아니면 멸망하느냐는 공화국의 구성원들이 얼마나 개인의 이익, 즉 사리사욕을 버리고 공익을 위해 헌신하는가에 달려 있었다. 이렇다보니 공화국은 매우 취약해서, 통치자가 사리사욕에 빠져 권력을 남용하거나 통치를 받는 시민, 즉 피치자(被治者)가 사리사욕에 빠져 미덕을 저버리게 되면 언제라도 소멸의 길을 걷게 될 가능성이 있었다. 그러므로 공화국의 멸망을 막으려면 한편으로는 통치자가 권력을 남용하지 못하도록 항상 감시하고, 다른 한편으로는 시민의 미덕을 유지할 방안을 찾아내야 했다.

공화주의는 정치의 세계를 '권력(power)'과 '자유(liberty)'라는 본래 적대적인 두 개의 영역이 상호 대립하는 세계로 파악하고 있었다. 그런데 '권력'은 언제나 '자유'를 침해하고 파괴하려 하기 때문에 '자유'는 늘 '권력'을 감시해야만 했다. '자유'를 잃게 되면 공화국에는 부패가 만연되어 마침내 멸망하고 말 것이기 때문이다. 공화국의 멸망을 막기 위해서 통치자가 권력을 남용하지 못하도록 온 힘을 다해서 감시해야 하는 까닭이 여기에 있었다.

한편 공화국의 존망은 시민에게 미덕이 있고 없음에도 달려 있었다. 시민의 미덕이란 공공의 이익을 위해 개인이 자신의 이익을 희생하고 공화국의 복리를 위해 헌신하는 것을 의미했다. 그리고 공화주의에서 말하는 자유란 시민의 개인적인 자유와 권리를 보호하는 자유를 뜻하는 것이 아니라 개인의 이익을 포기하고 공공의 이익을 위해 헌신하는 자유, 즉 정치참여를 뜻하는 것이었다. 이처럼 미덕과 자유는 떼려야 뗄 수 없는 관계였으므로 공화국은 시민에게 미덕을 지니고, 그 미덕을 유지할 것을 요구했다. 이상이 공화주의사상의 요약이라 할 수 있다."

(정경희, 미국을 만든 사상들, 2004, 10-12쪽)

대의제 민주주의의 대안

◈◈◈

01 직접민주주의적 요소 도입

우리나라 헌법이 지키고자 하는 민주적 기본질서의 원칙적인 모습은 대의제 민주주의라고 할 수 있다. 견제와 균형의 원리와 권력분립의 원칙이 적절히 유지되는 대의제 민주주의는 독재를 막을 수 있는 가장 현실적인 해결책이라는 점에서 많은 현대 국가들의 헌법이 채택하고 있는 민주주의 정치체제라 할 수 있다. 그러나 대의제 민주주의는 정치 엘리트들의 자유로운 통치를 사실상 허용함으로써 선거 이후 치자(治者)와 피치자(被治者)가 유리되는 문제와, 정치 엘리트들이 정치를 독점하는 문제를 발생시켰다. 이와 같은 대의제 민주주의의 문제점에 대해 일찍이 루소는 프랑스 국민들은 투표할 때만 자유롭고 투표가 끝나면 다시 노예가 된다는 취지의 말로 비판한 바 있다.

대의제 민주주의 제도가 가지고 있는 문제들을 해결하기 위한 방안으로 직접민주제적 요소를 대의제 민주주의를 기반으로 한 헌법에 도입하고자 하는 시도가 이루어졌던 것은 자연스러운 일이었다. 대의제 민주주의의 문제점을 보완하기 위한 직접민주제적 요소로서 국민투표제, 국민소환제, 국민발안제가 일반적으로 논해지고 있고, 우리나라 헌법은 이들 중 국민투표제를 도입하고 헌법상 도입하고 있다. 국민발안제는 일정수 이상 국민 동의 시 헌법과 법률안을 발의할 수 있는 제도로서 우리나라에서는 1954년 제2차개헌에서 국민 50만명 이상

동의 시 헌법과 법률안을 발의할 수 있는 제도로 도입되었다가 1972년 유신헌법 개헌에서 폐지되었던 전례가 있다.

한편 풀뿌리 민주주의를 지향하는 지방자치제도의 경우에는 현재 우리나라는 주민투표와 주민소환제를 도입하였고 주민조례발안제의 도입을 추진중이다. 주민소환의 경우 주민소환에 관한 법률에 따라 시·도지사는 투표권자 총수 중 10%, 시장 군수는 15%, 지방의원은 20% 이상의 서명으로 소환투표 청구를 하고, 주민소환 투표권자의 3분의 1 이상 투표에 유효투표 과반수 찬성 등 조건을 충족할 경우 소환이 이루어진다.

지방자치법

제20조(주민소환) ①주민은 그 지방자치단체의 장 및 지방의회의원(비례대표 지방의회의원은 제외한다)을 소환할 권리를 가진다.

②주민소환의 투표 청구권자·청구요건·절차 및 효력 등에 관하여는 따로 법률로 정한다.

지방교육자치에 관한 법률 제24조의2(교육감의 소환)

①주민은 교육감을 소환할 권리를 가진다.

②교육감에 대한 주민소환투표사무는 제44조에 따른 선거관리위원회가 관리한다.

③교육감의 주민소환에 관하여는 이 법에서 규정한 사항을 제외하고는 그 성질에 반하지 아니하는 범위에서 「주민소환에 관한 법률」의 시·도지사에 관한 규정을 준용한다. 다만, 이 법에서 「공직선거법」을 준용할 때 「주민소환에 관한 법률」에서 준용하는 「공직선거법」의 해당 규정과 다르게 정하고 있는 경우에는 이 법에서 준용하는 「공직선거법」의 해당 규정을 인용한 것으로 본다.

02 숙의 민주주의

대의제 민주주의의 보완책으로 논의되는 것 중에 숙의 민주주의도 있다. 숙의 민주주의는 하버마스의 대화이론에 기반한 민주주의 사상으로 숙의를 통해 서로의 입장과 견해를 조정하는 전근대 사회의 생활세계를 근대 이후에도 확장하는 방식으로 민주주의의 참 뜻이 실현될 수 있다는 입장이다.

일반적으로 유럽의 각국에서 숙의 민주주의는 도시재개발과 관련하여 많이 활용되고 있다. 우리가 유럽 각국에 여행을 다니다보면 유독 오래된 건물들을 많이 보게 되는 반면 우리나라의 건물들과 시가지는 언제나 새로운 건물들로 가득 차서 크게 대비된다. 이러한 차이가 발생하는 이유는 재개발에 대한 법률의 차이에서 기인한다. 독일의 경우 재개발 또는 재건축을 하게 될 경우 재개발 또는 재건축 지구 주민들이 거의 만장일치로 동의하여야만 재개발 또는 재건축이 가능하다. 이렇게 만장일치로 의사결정을 하는 과정에서 숙의 민주주의가 실현되고, 재개발 또는 재건축에 오랜 시간이 소요된다 하여도 이러한 결정으로부터 소외되는 지역 구성원은 없다. 그러나 우리나라의 도시정비법은 재개발 지구 주민 75%의 동의가 있으면 25%가 반대하더라도 재개발이 가능하도록 규정하고 있다. 결국 재개발에 대한 충분한 숙의보다는 빠르게 다수결로 재개발 여부를 결정짓게 되고, 이 과정에서 재개발에 동의하지 않는 소수의 의사는 묵살된다. 재개발이 진행될 경우 우리나라 법상 보상체계가 사실상 완전한 보상을 보장하고 있지 않은 점 역시 재개발에 동의하지 않는 25%가 최종 결정에 불만을 가지게 되는 이유이다. 결국 자신들의 의견이 묵살된 주민들은 재개발 지구에서 퇴거를 거부하기 마련이고 이러한 과정에서 용산 참사 등의 사태도 반복될 수 밖에 없는 것이다.

숙의 민주주의는 다수결과 대표에 의한 의사결정으로 특징지어지는 대의제 민주주의가 해결하지 못하는 소수자 의사 존중의 문제를 해결할 수 있는 가장 효과적인 보완책이 될 수 있다. 그러나 앞서의 사례처럼 너무 철저히 숙의 민주주의를 시행할 경우 모두가 동의할 만한 합의책이 나올때까지 의사결정이 무제한으로 미뤄질 수 있는 문제가 발생할 수 있다. 이 또한 숙의민주주의의 전면적 도입 여부와 관련하여 반드시 고려되어야만 하는 사항이다.

참고 문헌

"하버마스는 사회가 '체계(system)'와 '생활세계(life world)'로 이원화 될 수 있다고 판단한다. 먼저 '체계'는 화폐와 권력에 의해 조정이 이루어지는 영역이다. 여기서의 조정은 돈과 권력이 지니는 영향력에 의해 이루어진다. 양보와 타협도 실질적 가치의 교환에 의해서 이루어진다. 즉 말과 생각의 전달 내지는 교환만으로 이루어지지 않는다. 반면 '생활세계'는 순수한 의미의 언어적 소통에 의해 사회화와 사회통합 그리고 문화전승이 이루어지는 영역이다. 순수한 의미의 언어적 소통이라 함은 명령이나 지시 등과 같이 영향력이 내포된 언어가 아니라 그러한 의미가 전혀 없는 언어적 소통을 말하는데, 이 생활세계에서는 조정도 이러한 언어적 소통에 의해 이루어진다. 즉 영향력의 행사나 실질적 가치의 교환에 의해서 이루어지는 것이 아니라 표현된 언어와 대화의 타당성에 의해 이루어지는 것이다.

숙의를 통해 서로의 입장과 견해가 바꾸어 질 수 있는 영역은 생활세계인데, 하버마스는 근대 이전의 사회는 대부분 이 생활세계에 의해 사회행위들이 조정되었다고 본다. 그러나 근대화가 이루어지고 자본주의와 관료체제가 발달하면서 사회행위들은 점차 체계에 의해, 즉 돈과 권력에 의해 조정되기 시작되기 시작했다는 것이다. 심지어 체계 영역이 생활세계 영역으로 파고드는 '생활세계의 식민화(colonization of the life world)' 현상까지 나타나게 되었고, 그 결과 후기자본주의 사회에서는 공적 이성이나 숙고에 의해 조정되는 영역이 크게 줄어들게 되었다고 본다. 마르크스의 '소외'에 해당하는 부분이다.

그러나 하버마스의 주장은 여기서 끝나지 않는다. 그의 주장은 이러한 현상이 다시 복원될 수 있다는(reversible) 믿음으로 이어진다. 의도적 노력에 의해 숙의와 언어적 소통(communication)이 기능하는 공적영역을 복원할 수 있으며, 이를 통해 생활세계도 복원할 수 있다는 것이 그의 설명이다. 마르크스를 비롯한 전통 좌파 사상가들과 확연히 구별되는 지점이라 하겠는데, 그는 바로 이 '복원'을 위한 한 수단으로서 숙의의 가능성과 가치를 강조한다."

(김병준, 사회과학연구 : 숙의민주주의의 가능성과 논의의 과제; 정책과정 연구의 관점에서, 2013, 170-171쪽)

03 추첨 민주주의

대의제 민주주의의 대척점에 서 있는 직접민주주의가 인류 역사에서 성공적으로 기능한 사례는 많지 않다. 직접민주주의를 표방한 많은 정부는 치자(治者)와 피치자(被治者)가 동일하다는 동일성 민주주의의 정신을 악용하여 인민과 동일시 되는 독재자의 권력을 정당화하는 인민민주주의의 형태로 귀결되는 경우가 대부분이었다. 프랑스 대혁명 이후 로베스피에르의 정부, 히틀러의 나치당 정부, 볼세비키 혁명 이후 레닌과 스탈린의 정부, 중국의 마오쩌둥 정부, 북한과 쿠바 등의 현실 사회주의 정부들은 모두 직접민주주의의 이상을 실현한다고 표방하였으나 인민민주주의로 귀결되고 말았다.

상기의 직접민주주의를 표방한 정부들이 독재로 흘러갔던 이유는 직접민주주의의 가장 핵심적인 요소가 치자와 피치자의 동일성에 있는데 치자를 특정 개인으로 인격화함으로써 특정 개인에 대해 의혹을 품는 것이 곧 인민에게 의혹을 품는 것으로 해석하였기 때문이다. 그러나 직접민주주의가 인류 역사에서 항상 실패만 했던 것은 아니다. 그리스 아테네의 민주정은 직접민주주의의 형태였지만 페르시아 제국의 침공을 막아내고 아테네의 문명을 화려히 꽃피우는 밑바탕이 되었고, 스위스 연방을 구성하는 일부 칸톤에서는 직접민주주의적 기구인 민회를 통해 다양한 의사를 결정하는 방식을 현재까지 운용하고 있다.

이들 직접민주주의의 성공 사례의 특징은 적은 인구와 추첨제 등을 활용하여 진정한 치자와 피치자의 동일성을 쟁취하였다는데 있다. 즉 그리스 아테네의 경우 매년 추첨을 통해 아테네의 최고 지도자인 집정관부터 최말단 공직에 이르기까지 임명하였고, 이런 추첨의 과정을 통해 대부분의 아테네 시민들은 생애 과정에서 몇번은 국가의 공직을 경험할 수 있게 되었던 것이다. 이러한 아테네의 직접민주주의가 현대에도 적용 가능하다는 주장이 최근 대의제 민주주의의 대안으로 논의되고 있는 추첨 민주주의이다.

추첨 민주주의는 실제 영미법계 국가들에서는 배심원을 임명할 때 이용되고 있으며, 일부 국가들에서는 교육의 기회 제공 등에도 추첨의 방식을 활용하는 방식으로 활용되고 있다. 추첨 민주주의를 주장하는 자들은 대의제 민주주의의 의회가 국민을 전혀 대표하고 있지 않는 점을 지적한다. 추첨 민주주의가 이루어진다면 의회가 진정한 사회의 축소판으로 구성될 수 있음 역시 추첨 민주주의가 도입되어야 하는 주된 근거로 적시한다. 대의제 민주주의를 보완하는 수준을 넘어 대체할만한 제도로서 추첨 민주주의의에 대한 논의는 향후 더 많은 논쟁을 불러일으킬 것으로 예상된다.

참고 문헌

"지금의 입법 기관은 국민을 전혀 대표하고 있지 않기 때문에 전체 사회를 그대로 옮겨놓았다고 볼 수 없다. 우선 심각한 불균형이 존재한다. 성인 인구의 51%인 여성은 하원의 4.8%만을 차지한다. 인구의 12%인 아프리카계 미국인은 하원의 4.5%만을 구성한다. 인구의 6%를 차지하는 히스패닉도 하원의 2.5%만을 차지해 저대표되고 있다. 투표를 하지 않는 유권자의 절반 정도는 전혀 대표되지 않으며, 이 중에는 (전체 인구의 6분의 1 정도를 차지하는) 가난과 실업 등 열악한 상황에 놓인 사람들도 포함되어 있다.

대신 하원은 거의 모두 백인과 부유한 남성들이 차지하고 있다. 이런 불균형을 가장 잘 보여주는 계층이 바로 변호사다. 변호사는 1983년 현재 전체 인구의 아주 적은 부분을 차지하는데도 하원의 46%를 차지하고 있다. …(중략)…

추첨제로 구성된 하원은 이전의 하원과 전혀 다를 것이다. 하원 회의장에 일단 들어서면 50퍼센트 이상의 여성과 약 12%의 흑인, 6%의 히스패닉, 그리고 1%의 다른 인종으로 구성된 의원들을 볼 수 있을 것이다. 옷차림이나 태도 때문에 의원들의 전체적인 인상은 중간계급이나 노동계급 사람들이라고 느껴질 것이다."

(어니스트 칼렌바크·마이클 필립스, 추첨민주주의, 2011, 23쪽, 39-40쪽)

NO 3

정부형태

❖❖❖

01 대통령제

대통령제는 행정부와 의회가 모두 국민에게 책임을 지는 구조인 정부형태이다. 입법부, 사법부, 행정부가 엄격히 3권분립이 되는 것이 특징으로 몽테스키외의 3권분립론에 대응하는 정부형태라 할 수 있다. 대통령제가 엄격히 지켜지는 국가의 경우 의원과 행정부의 각료 겸직이 불가능하며, 대통령은 법률안 거부권으로 의회를 견제하고, 의회는 대통령에 대한 탄핵소추권으로 행정부를 견제한다.

02 의원내각제

의원내각제는 의회가 국민에게 책임을 지고, 행정부인 내각은 의회에게 책임을 지는 구조인 정부형태이다. 의원내각제가 채택된 국가들은 대체로 시민혁명을 거치지 않고 절대왕조가 "군림하나 지배하지 않는" 입헌군주왕조로 전환된 국가들이다. 이에 전통적인 왕조를 대표하는 국왕과 의회 세력의 타협으로 정부형태가 구성되어 국왕이 형식상의 국가원수 지위를 가지는 대신 의회 다수세력이 선출한 수상이 행정부의 실권을 장악하는 방식으로 구성된다. 국왕이 없이 의원내각제를 채택한 독일과 같은 국가에서는 형식상의 국가원수인 대통령을 따로 선출하나 대통령의 권한은 거의 존재하지 않는다. 의회가 내각을 구성하다 보니 의회와 내각이 융합된 2권분립의 형태를 띄는 경우가 많은데 이는 로크의 2권분립론에 대응하는 정부형태라 할 수 있다. 의원과 각료의 겸직이 가능하고, 내각의 법률안 제출권이 인정되는 특징을 가진다.

의회와 내각이 융합된 형태라고는 하지만 의회는 내각불신임권으로, 내각은 의회해산권으로 각각 상호 견제가 가능한 제도를 두고 있다. 일반적으로 중대선거구제나 비례대표제가 강하게 반영된 선거제도가 운영될 경우 다당제 의회가 나타나게 되고, 연립정부 형태의 정부가 수립되는 경우가 많다. 반면 소선거구제를 채택하고 있는 영국의 경우 의원내각제 국가이지만 양대 정당이 번갈아 집권하는 방식으로 운영되고 있다.

03 이원집정부제

이원집정부제는 대통령제나 의원내각제가 모두 결국은 행정부와 의회 모두 다수당이 장악하여 융합되는 구조를 갖추고 있어 권력분립원칙이 적절하게 실현되지 못한다는 비판 아래 고안된 정부형태이다. 프랑스가 이원집정부제를 대표적으로 따르고 있는데 국민은 대통령과 의회를 모두 직접 선출하며, 대통령은 외치와 국방을 담당하고 의회가 구성한 내각의 총리는 내치를 담당하여 행정부를 이원화시킨 것이 특징이다. 국민의 선택에 따라 대통령과 의회 다수당이 각각 다른 정당일 경우 행정부를 두개의 정당이 공동으로 운영하는 동거정부 형태가 나타나 행정부 내부에서도 견제와 균형의 원리가 실현되고, 대통령과 의회 다수당이 동일 정당일 경우 신대통령제에 버금가는 권력이 집중된 정부가 탄생할 수 있는 특징을 가진다.

04 우리나라의 정부형태

1945년 해방이후 1948년 수립된 대한민국 정부의 정부형태는 9번의 개헌을 거치는 동안 여러가지 형태로 변화되어 왔다. 제1공화국 시기는 대통령제에 가까운 정부형태였으나 4·19. 혁명 이후 제2공화국의 의원내각제, 5·16. 쿠데타 이후 제3공화국의 대통령제, 제4공화국의 신대통령제 유신헌법, 그리고 12·12. 쿠데타 이후 제5공화국의 간선제 대통령제로 이어지는 동안 우리나라의 정부형태는 10년을 넘기지 못하고 계속하여 변경되어 왔다. 이러한 우리나라의 정부형태의 변화를 헌법의 왈츠시대라고 부르던 헌법학자도 있었다. 그러나

1987년 6월 민주화 운동 이후 여야 합의에 의해 개헌된 현행 헌법 이후 30년이 넘는 기간동안 87년 헌법이 바뀌지 않음으로써 우리나라의 헌정 체제가 어느 정도 안정됐다는 평가를 받고 있다.

87년 헌법은 대통령중심제로 평가받으나 국회의원과 국무위원의 겸직, 국회의 해임건의제, 국회의 국무총리 임명동의권, 국무총리의 국무위원 임명제청권 등의 존재로 인하여 과거 DJP 정부와 같은 공동정권이 탄생할 수 있었고, 이로 인하여 87년 헌법으로 이원집정부제적 운용이 가능하다는 평가를 하는 경우도 있었다. 그러나 현행 우리나라 헌법상 정부형태는 대통령에게 많은 권한이 집중되어 있다는 점에서 대통령제에 가까운 대통령중심제로 이해하는 것이 바람직하다. 다만 현행헌법 체제에서의 대통령들이 임기 이후가 대부분 불행했던 역사에 비추어 향후 책임정치 구현을 위한 4년중임제 대통령제 개헌이나 대통령 권력 분산을 위한 이원집정부제 개헌이 논의되고 있다.

Q. 현행 헌법상 5년 단임제 대통령제의 문제점을 논하고, 이에 대한 대안으로 논해지는 4년중임 대통령제, 의원내각제, 이원집정부제가 현행 헌법상 대통령제의 문제점을 해결할 수 있을지에 대하여 말하고, 어떤 통치구조가 우리나라에 가장 적절하다 생각하는지와 그 논거를 말해보시오.

접근전략 1987년 민주화 이후 절충적으로 도입된 5년단임제 대통령제는 독재를 막기 위한 방안으로 선택되었다. 그러나 단임제의 특성상 임기 말기에 필연적으로 레임덕이 찾아오고 이로 인한 책임정치 구현이 충분히 이뤄지지 않으며, 장기적인 국가발전에 매진하기 어려운 점 등이 문제점으로 논해지면서 4년중임 대통령제 개헌이 지속적으로 논해지고 있다. 특히 우리나라의 민주화가 진전되고 시민의식이 성숙해지면서 중임제를 도입해도 독재로 까지 이어질 가능성이 낮을 것이라는 낙관론도 4년중임 개헌에 힘을 실어주고 있는 상황이다. 이와 별개로 대통령제 정부형태가 대통령에게 너무 많은 권력이 집중된다는 점에서 바람직하지 못하므로 의원내각제나 프랑스식 이원집정부제의 도입을 통해 대통령에게 집중된 권력을 분산시키는 개헌도 지속적으로 논의되고 있는 상황이다. 그러나 완벽한 정부형태가 존재하지는 않는다는 점에서 각 정부형태의 장단점을 잘 분석하여 본인이 최선이라 생각하는 정부형태를 선택하고 그 이유와 단점을 보완할 방안을 함께 정리해두어야 할 것이다.

NO 4

저항권과 시민불복종

◈◈◈

01 혁명권과 저항권

2016년 겨울 대한민국을 뒤흔든 촛불정국은 결국 사상 초유의 현직 대통령에 대한 탄핵심판으로 종결 지어졌다. 이를 두고 일각에서는 저항권 행사를 넘어 촛불혁명으로까지 이름을 붙이고 있으나 법적 의미로서 혁명은 지난 2016년 겨울에 있었던 촛불집회와 같은 것이라 할 수 없다. 일반적으로 인권 또는 기본권의 개념으로 논의되는 혁명권이란 구체제를 뒤엎고 완전히 새로운 체제로 나아가는 혁명을 할 수 있는 권리를 의미한다. 예를들어 프랑스혁명은 절대왕정 중심의 신분제 사회인 구체제를 대의제 민주주의가 실현되는 신체제로 전환시킨 점에서 혁명이라 할 수 있으며, 러시아 혁명도 제정 러시아의 구체제를 인민민주주의와 공산주의의 신체제로 전환시킨 점에서 혁명이라 할 수 있다. 그러나 지난 2016년 겨울의 촛불집회는 집회의 성공 이후 87년 헌법의 헌정질서를 회복하고 새로운 대통령을 선출하는 것으로 종결되었다는 점에서 법적 의미로서는 혁명이라 칭하기 어렵다. 실제 2016년 촛불집회로 교체되었던 정권은 2022년 다시 탄핵되었던 대통령이 있던 정당으로 교체되었다는 점에서 2016년 촛불집회는 혁명권의 행사라기 보다는 제6공화국 헌정 질서가 계속되는 중에 일어난 사건 중 하나로 이해하는 것이 맞아 보인다.

다만 해당 사건은 현직 대통령이 탄핵을 당할 정도로 파괴되었던 헌정질서를 회복했다는 점에서 시민들의 직접적인 행동을 통해 기존의 헌정질서를 수호하는 것을 목표로 하는 저항권의 실현으로 해석될 여지가 있다. 기본권으로서 혁명권은 미국 독립선언서 정도에서나 찾아볼 수 있으나 저항권의 경우에는 많은 국가들에서 헌법에 규정하거나 해석상 인정하고 있다. 독일의 경우 독일기본법에서 저항권을 기본권으로 명시하고 있으며 성공가능성을 요건으로 적시하고 있고, 미국의 수정헌법 제2조의 총기소유권은 일반적으로 미국 독립혁명 당시 저항권 행사의 일환으로 규정되었다고 이해된다. 우리나라의 경우 1987년 6월 항쟁 이후 저항권을 기본권으로 규정한 것도 논의되었으나 하단의 헌법 전문에서 3·1운동과 4·19 민주이념을 계승한다는 내용을 포함하는 것을 통해 간접적으로 저항권의 헌법적 근거를 마련하였다.

대한민국 헌법 전문

유구한 역사와 전통에 빛나는 우리 대한국민은 3·1운동으로 건립된 대한민국임시정부의 법통과 불의에 항거한 4·19민주이념을 계승하고, 조국의 민주개혁과 평화적 통일의 사명에 입각하여 정의·인도와 동포애로써 민족의 단결을 공고히 하고, 모든 사회적 폐습과 불의를 타파하며, 자율과 조화를 바탕으로 자유민주적 기본질서를 더욱 확고히 하여 정치·경제·사회·문화의 모든 영역에 있어서 각인의 기회를 균등히 하고, 능력을 최고도로 발휘하게 하며, 자유와 권리에 따르는 책임과 의무를 완수하게 하여, 안으로는 국민생활의 균등한 향상을 기하고 밖으로는 항구적인 세계평화와 인류공영에 이바지함으로써 우리들과 우리들의 자손의 안전과 자유와 행복을 영원히 확보할 것을 다짐하면서 1948. 7. 12.에 제정되고 8차에 걸쳐 개정된 헌법을 이제 국회의 의결을 거쳐 국민투표에 의하여 개정한다.

헌법전문의 규범성에 대하여 학설 대립이 있으나 헌법전문의 규범성을 인정하지 않는 입장에서도 헌법적 권리로서 저항권의 의의에 대하여 부정하지는 않는다. 일반적으로 저항권이 성립되기 위한 요건으로 논의되는 것은 보충성, 최후수단성, 성공가능성이지만 성공가능성의 경우 성공한 저항권 행사만이 저항권으로 인정되는 문제가 발생한다는 점에서 비판하는 학자들도 다수 있다. 저항권이 인정될 경우 저항권의 행사에 수반된 물리적 폭력행위는 위법성이 조각되며, 형사처벌할 수 없다고 보는 것이 다수의 견해이다.

🔨 참조 판례

2014. 12. 19. 2013헌다1

저항권은 공권력의 행사자가 민주적 기본질서를 침해하거나 파괴하려는 경우 이를 회복하기 위하여 국민이 공권력에 대하여 폭력·비폭력, 적극적·소극적으로 저항할 수 있다는 국민의 권리이자 헌법수호제도를 의미한다. 하지만 저항권은 공권력의 행사에 대한 '실력적' 저항이어서 그 본질상 질서교란의 위험이 수반되므로, 저항권의 행사에는 개별 헌법조항에 대한 단순한 위반이 아닌 민주적 기본질서라는 전체적 질서에 대한 중대한 침해가 있거나 이를 파괴하려는 시도가 있어야 하고, 이미 유효한 구제수단이 남아 있지 않아야 한다는 보충성의 요건이 적용된다. 또한 그 행사는 민주적 기본질서의 유지, 회복이라는 소극적인 목적에 그쳐야 하고 정치적, 사회적, 경제적 체제를 개혁하기 위한 수단으로 이용될 수 없다.

대법원 1980. 5. 26. 선고 80도306

(다수의견) 현대 입헌 자유민주주의 국가의 헌법이론상 자연법에서 우러나온 자연권으로서의 소위 저항권이 헌법 기타 실정법에 규정되어 있는 없든 간에 엄존하는 권리로 인정되어야 한다는 논지가 시인된다 하더라도 그 저항권이 실정법에 근거를 두지 못하고 오직 자연법에만 근거하고 있는 한 법관은 이를 재판규범으로 원용할 수 없다고 할 것인 바, 헌법 및 법률에 저항권에 관하여 아무런 규정없는 우리나라의 현 단계에서는 저항권이론을 재판의 근거규범으로 채용, 적용할 수 없다.

(소수의견) 형식적으로 보면 합법적으로 성립된 실정법이지만 실질적으로는 국민의 인권을 유린하고 민주적 기본질서를 문란케 하는 내용의, 실정법상의 의무이행이나 이에 대한 복종을 거부하는 등을 내용으로 하는 저항권은 헌법에 명문화되어 있지 않았더라도 일종의 자연법상의 권리로서 이를 인정하는 것이 타당하다 할 것이고 이러한 저항권이 인정된다면 재판규범으로서의 기능을 배제할 근거가 없다고 할 것이다.

☑ 저항권 관련 각국의 입법례

1. 영국

"제61조 짐은 신을 위하고, 또한 짐의 왕국을 개혁하고 짐과 짐의 남작 사이에 발생한 분쟁을 더욱 완화시키기 위하여 상기의 모든 사항을 인정한 것이므로 짐은 이 모든 것이 영구히 침해됨 없이 완전하게 향유되기를 바라면서 남작에 대하여 다음의 보증제도를 확립하고 이를 승인한다. 즉 남작들은 그들이 바라는 바에 따라서 평화와 이 특허장으로서 짐이 남작들에게 허용하고 확인한 여러 자유를 전력을 다하여 준수하고 또한 준수시킬 의무를 지닌 25인의 남작을 선출한다. 만일 짐이나 짐의 판관, 대관 또는 관리 중의 어떤 자가 누군가에 대해 불법을 범하거나 평화의 조항과 보증을 유린하여 상기 25인의 남작 중 4인의 남작에게 그 불법이 제시된 경우에는 그 4인의 남작이 짐에게 짐이 왕국밖에 있을 때는 짐의 판관에게 그 위반을 적시하고 그 위반이 지체없이 개선되도록 요구한다. 짐이 왕국 밖에 있을 때에는 짐의 판관에게 위반 사실이 지적되고 그로부터 40일 내에 짐이나 짐의 판관이 그를 개선하지 않을 경우에는 상기한 4인의 남작이 25인의 남작 중 잔여인에게 그 사건을 회부한다. 이 25인의 남작은 전국의 평민과 함께 성, 토지, 재산의 압류 기타 가능한 모든 수단을 동원하여 그들이 적당하다고 판단하는 개선이 이루어질 때까지 짐에게 책임을 묻고 강압을 가할 수 있다. 단, 짐과 짐의 왕비 및 짐의 아들의 신체는 그러한 강압수단의 대상에서 제외한다. 그리고 위반 사실이 개선되면 짐과의 종전관계는 회복되어야 한다. 또한 원하는 자는 누구나 위의 일을 실행하기 위해 25인의 남작들의 명령에 따라 그들과 함께 가능한 한 짐에게 강압을 가한다는 뜻을 선서할 수 있다. 짐은 그러한 선서를 원하는 자에 대해 공개적이고도 자유로운 의사로 그를 허가하며 어느 누구에 대해서도 선서하는 일을 금하지 아니한다. 한편 자신의 발의로 25인과 더불어 짐에게 강압을 가하는 것을 선서하고자 하지 않는 자에 대해서는 짐의 명령을 따라 전기한 선서를 강제할 수 없다. 25인의 남작 중 사망자나 왕국을 떠난 자 또는 기타 사유로 전기한 여러 사항을 실행할 수 없는 자가 발생했을 때는 25인의 잔여인이 그들의 판단에 따라 새로운 자를 선출하고 그 선출된 자는 다른 사람과 같은 방법으로 선서한다. 25인의 남작에게 실행이 위임된 모든 사항과 관련하여 어떤 사항에 의견이 일치되지 않는 경우 또는 몇사람이 소집에 응하지 않고 출석하지 않거나 혹은 출석할 수 없을 경우 출석한 다수인이 결정하거나 명령한 것은 25인 전부가 그에 의견이 일치된 것과 동일한 효력을 가지며 확정적이다. 전기 25인은 전술한 모든 사항을 충실하게 준수할 것이며 가능한 한 타인에게도 준수시킬 것을 선서해야 한다. 짐 또한 짐 스스로나 혹인 타인을 통해서거나 전술한 여러 가지 특권과 자유를 취소하지 않을 것이며 그 효과를 감소시키지도 않을 것이다. 그러한 일이 있을 경우에는 그 자체가 무효이며, 짐 스스로가 타인을 통해서거나 결코 그러한 일은 있을 수 없다."

마그나카르타 제61조(저항권의 효시)

2. 프랑스

"제2조 모든 정치적 결사의 목적은 자연적이고 소멸될 수 없는 인간의 권리를 보장하는 데 있다. 그 권리란 자유, 재산, 안전, 그리고 압제에 대한 저항이다."

프랑스 인권선언 제2조

3. 독일

"제20조(연방공화국의 원칙, 저항권)

①독일연방공화국은 민주적이고 사회적인 연방국가이다.

②모든 국가권력은 국민으로부터 나온다. 국가권력은 선거와 투표에 있어서는 국민에 의해 그리고 입법, 행정 및 사법의 특별한 기관을 통해 행사된다.

③입법은 헌법적 질서에, 행정과 사법은 법률과 법에 구속된다.

④이러한 질서의 제거를 감행하는 이에 대하여 다른 대응수단이 가능하지 아니한 경우 모든 독일인은 저항할 권리를 가진다."

독일 연방기본법 제20조 제4항

4. 미국

"제2조 잘 규율된 민병대는 자유로운 주(State)의 안보에 필수적이므로, 무기를 소장하고 휴대하는 인민의 권리는 침해될 수 없다."

미국 수정헌법 제2조

시민불복종은 미국의 사상가 소로(H.D Thoreau)가 주창한 개념이다. 그는 미국 정부가 여전히 노예제도를 용인하는 것에 대한 저항의 표시로 미국 국민 개개인에게 부과되는 인두세의 납부를 거부하는 방식으로 시민불복종 운동을 전개하기도 하였다. 소로에 따르면 시민불복종이 성립하기 위해서는 ①목적의 정당성, ②처벌의 감수, ③비폭력, ④최후수단성, ⑤공공성이 충족되어야 한다고 본다. 시민불복종이 저항권과 가장 차이가 나는 지점이 바로 이러한 면에 있는데 저항권은 형사처벌의 대상이 되는 물리적인 폭력이 다소 동원되더라도 이를 통해 헌정질서를 회복하고 그를 위해 사용한 폭력에 대한 처벌이 면제되는데 반해, 시민불복종은 적극적이고 자발적으로 법을 어기고 또 처벌받음으로써 해당 법의 부정의함을 알려 그 법의 개정을 추진하는 것이란 점에서 극명히 대비된다.

시민불복종 운동의 가장 대표적인 사례는 "Separate but Equal" 법리가 적용되어 식당, 대중교통, 공공기관, 학교 등에서 노골적인 흑백 분리 정책이 정당화되던 시절 흑인들의 의한 불복종 운동이었다. 흑인들은 백인전용 교통수단이나 식당, 공공기관 등에 의도적으로 출입하고 처벌받는 행동을 이어가며 "Separate but Equal" 법리와 당시 미국 법의 부정의함을 알렸고, 결국 이러한 흑백 분리 정책이 위헌 위법이라는 판결과 흑백 분리 관련 법제의 철폐를 쟁취하였다. 이외에도 베트남 전쟁 당시 징병거부운동, 양심적 병역 거부 등을 통해 시민불복종 운동은 지금까지도 계속하여 이어지고 있다.

Q. 영화 〈핵소고지〉에서는 집총을 거부하는 주인공이 의무병으로의 복무를 주장하며, 굳이 지원병으로 군에 입대하여 집총훈련을 거부함으로써 군법에 따라 처벌될 수 있는 상황에 놓이게 된다. 이러한 경우 군법에 따라 처벌하는 것이 정당하다고 생각하는가? 이러한 처벌이 이루어졌을 경우 주인공은 어떤 선택을 할 수 있다고 생각하는가?

접근전략 지원병으로 입대후 집총을 거부하였는데 형사처벌이 주어진 경우 이를 감수하는 것은 전형적인 시민불복종의 형태라 할 수 있다. 시민불복종은 정의롭지 못한 법을 어기고 처벌받음으로써 그 법의 부정의성을 국민들에게 환기시키는 형태의 운동이라 할 수 있다. 이러한 주인공의 행동이 사람들에게 호소력을 갖춘다면 결국 법이 변경될 것이고 그렇지 않다면 실패한 운동으로 끝날 수 있다. 따라서 이러한 문제에 대한 답변을 준비하며, 시민불복종의 대상이 되는 법이 부정의한 법으로 볼 수 있을지에 대해 판단한 후 자신의 입장을 정리하는 것이 필요하다.

NO 5

다문화주의와 국민개념의 확장

◈◈◈

01 민족주의와 국적 개념의 태동과 발전

가. 민족주의의 기원과 전파

민족이라는 개념 역시 태고적부터 존재했다고 보기는 어렵다. 동양과 서양에 걸쳐 중세의 세계는 神과 같은 형이상학을 중심으로 구성된 세계였고, 하나의 우주관과 세계관을 공유한 다민족 다인종의 코스모폴리탄적 세계였다. 따라서 고대와 중세 시대에 존재했던 국경은 민족간의 경계라기 보다는 지배계층인 왕조들의 경계라고 이해하는 것이 옳다 하겠다.

민족이라는 개념이 상상되어 시작한 개념이라 보는 것이 옳으며 이는 가장 작은 민족의 성원들도 대부분의 자기 동료들을 알지 못하고 만나지 못하며 심지어 그들에 관한 이야기를 듣지도 못하지만, 구성원 각자의 마음에 서로 친교의 이미지가 살아있다는 점을 통해서도 입증될 수 있다. 실제 개인을 기준으로 보았을 때 "같은 민족" 보다 가까운 "타민족"의 사람을 떠올리기가 어렵지 않다 할 것이다. 그럼에도 우리는 추상적으로는 "같은 민족"의 사람이 "타민족"의 사람보다 가깝다고 느끼곤 한다.

단일민족국가를 내세우는 우리나라의 경우 이와같은 "상상의 공동체"로서 민족주의가 더 심하다 할 수 있으며 국민교육헌장의 첫 구절이 "우리는 민족중흥의 역사적 사명을 띠고 이 땅에 태어나"로 시작하는 것에서도 볼 수 있듯이 민족과 국적을 동일시하는 시각을 지니고 있다 하겠다.

나. 국적 개념의 태동과 발전 – 영국의 국적 개념 태동을 중심으로

인류의 역사를 돌아보면, 그 명칭이 무엇이건 그리고 구체적 조직 원리나 제도적 특성이 어떻든 사람들은 언제나 일정한 집단을 이루어 생존해 왔다. 그러나 그 집단이 언제나 국가였던 것은 아니며 하나의 국가에만 속해야 한다는 것이 당연했던 것도 아니다. 고대 로마의 법률가들이 이론의 여지없이 받아들였던 다음 명제와 13세기 영국의 법률가 블랙튼이 제시하는 다음의 명제, 그리고 18세기 영국의 법률가 블랙스톤이 제시하는 마지막 명제는 국적이라는 개념의 태동과 발전을 단적으로 보여준다.

"사람의 지위에 관한 가장 중요한 법적 구분은 자유민과 노예간의 구분이다."
"사람의 지위에 관한 구분 중 으뜸가는 것은, 간단히 말하자면 자유민과 비자유민 간의 구분이다."
"사람들을 나누는 일차적이고 가장 당연한 구분은 외국인과 내국인의 구분이다."

로마시대 뿐만아니라 중세시대까지 사람과 사람의 구별은 국적에 대한 개념 보다는 *私法的* 법률관계에 기인한 바가 컸다 할 수 있으며, 영국의 경우 일정한 조세에 대한 면제권의 근거로서 국왕에 대한 충성의 개념이 국왕의 신민과 신민이 아닌 자를 구분하기 시작하면서 국적에 대한 개념이 싹트기 시작하며 비로소 내국인과 외국인의 구별이 발생하였다 볼 수 있다.

이와같은 영국의 국적 개념 태동 과정을 살펴보면 국적이라는 개념은 제국주의 국가들에 의한 근대화와 함께 전파된 서구의 국적 개념 역시 처음부터 존재하였다기 보다는 왕에 대한 공법적 충성의 연대 관계에 편입되지 못하는 외국인에 대한 체계적 차별에서부터 출발했다고 이해해야 할 것이며 태고적부터 당연히 존재해왔던 개념이라고 할 수는 없다 하겠다.

02 다문화주의(문화상대주의)와 보편적 인권의 문제

"'후기 다문화주의 시대'에 들어선 현 시점에서 다문화주의에 대한 기존 평가를 재평가해 보는 것은 의미 있는 작업이다. 이 점에서 논문은 윌 킴리카(Will Kymlicka)의 다문화주의 재

평가에 주목한다. 킴리카에 따르면, 다문화주의를 실패로 진단하는 기존 다문화주의 평가는 잘못된 것이며, 대신에 다문화주의의 성공과 실패를 좌우하는 요인은 다문화주의 전제조건 (precondition)이라고 지적한다. 논문에서 중점적으로 살펴보는 것은 킴리카가 지적한 다문화주의 전제조건이 내포한 다문화주의의 역설과 모순이다. 킴리카의 다문화주의 전제조건은 (1)이민자 문화와 수용국 문화를 이분법적으로 구별하고, (2)국가 간 경계구분과 일국의 국경 통제력을 강조하며, (3)이주 수용국 중심으로 이주를 이해한다. 그러나 다문화주의가 개방된 전지구적 맥락에서 문화와 인구의 이동과 상호 교류, 국가 경계의 무너짐, 국민국가 중심주의를 벗어난 논의에 필연적으로 연계되고 있다는 것을 감안한다면, 이러한 전제조건은 그 자체로 다문화사회로의 이행에 역행하는 모순을 드러낸다고 논문은 주장한다. 결국 다문화주의의 역설은 다문화주의가 다문화주의를 야기하는 원동력과 동학을 간과하고 있다는 점에서 찾을 수 있다.”

(김희강, 다문화주의의 역설, 담론201, 2013, 67쪽)

Q1. 많은 경우 남북한이 통일해야 한다는 이유를 민족통일이라는 곳에서 근거를 찾는다. 그러나 대한민국의 다문화사회화가 진전되어 이민자가 대한민국 국민의 과반에 육박할 정도로 대한민국이 다문화사회가 될 경우 더 이상 대한민국과 북한이 하나의 민족이기 때문에 통일해야 한다는 것은 그 근거를 잃게 될 수 있다. 이러한 경우 남북이 통일이 되어야 하는 당위를 어디에서 찾을 수 있다고 생각하는가?

접근전략 남북한 통일의 이유를 하나의 민족에서 찾을 경우 우리 사회의 다문화 사회화에 따른 다문화주의 가치와 충돌될 위험성이 크다. 그러나 하나의 민족이 아니더라도 남북한이 통일을 해야 하는 이유는 우리 헌법에서부터 찾을 수 있다. 대한민국 헌법 제3조는 대한민국의 영토를 한반도와 그 부속도서로 정하고 있다. 즉 국내법적으로 북한의 영토는 엄연히 대한민국의 영토이고, 북한 정부의 국내법적 지위는 반국가단체이며, 북한 주민은 반국가단체의 지배를 받고 있는 대한민국 국민이라 할 수 있다. 일반적으로 국가의 가장 중요한 3요소가 주권, 영토, 국민이라는 측면에서 영토와 국민의 절반을 포기한 나라를 동일한 대한민국이라 보기 어렵다는 점에서 북한의 영토와 국민은 반드시 회복되어야 하는 곳으로서 의의를 지닌다. 이러한 헌법적 근거를 이유로 통일의 이유를 충분히 발견할 수 있다.

Q2. 난민들을 수용하였을 때 이들이 대한민국의 법체계와 다른 생활(여성의 사회참여 제한, 중혼제도 유지 등)을 유지하고자 할 때 국내법으로 이를 규제할 수 있다고 생각하는가?

접근전략 제도는 각국의 독특한 역사와 사회적 상황에 따라 결정되는 것으로서 각국의 국민이 주권을 통해 결정하는 것이다. 그 제도의 요체에 해당하는 부분까지 무조건 인정하는 것을 문화상대주의라 인정할 수는 없다. 더구나 난민들의 경우 자국의 제도와 같은 나라에 난민을 신청할 수 있었다는 점에서 다른 제도를 따르게 한다 하여 문화상대주의에 반한다고 이야기할 수는 없다.

행정법의 주요원리

⋄⋄⋄

　행정법은 국가와 개인의 관계를 규율하는 공법의 일종이지만 국가배상청구와 같은 영역에서는 사법의 책임법과 비슷한 특징도 가지고 있어 공법적 특성과 사법적 특성이 동시에 존재하는 법이라 할 수 있다. 공법과 사법의 특성을 모두 지닌 행정법의 가장 근본적인 주요 원리들은 아래와 같다. 이들 원리들은 행정사건에서 재판규범으로도 활용된다.

1. 신뢰보호의 원칙

　행정청이 행정행위(처분) 등을 함으로써 국민들에게 신뢰를 주었다면 그 신뢰를 보호해야 한다는 원칙이다.

2. 비례의 원칙

　행정행위를 할 때는 수단의 적합성, 침해의 최소성, 법익의 균형성을 지켜야 한다는 원칙이다. 헌법의 과잉금지원칙과 유사한 원칙이라 하겠다.

3. 평등의 원칙

　행정행위에 있어 헌법상 평등의 원칙을 준수해야 한다는 원칙이다.

4. 부당결부금지의 원칙

허가나 인가의 행정행위를 하며, 부당한 사항과 결부해서는 안된다는 원칙이다.

5. 자기구속의 원칙

행정청이 이전에 했던 행위에 구속되어 그 행위로부터 벗어난 행위를 해서는 안된다는 원칙이며, 선례구속의 원칙으로도 부른다.

Q. A건설회사는 B시에 택지를 조성하고 아파트를 건축해 분양할 계획이었다. 이에 B시에 아파트 건축 승인을 요청하였다. B시는 검토 결과 아파트 단지의 입지로서 별다른 문제점이 없다고 확인되었고, 주변 교통여건 또한 다소 해당 아파트 단지 건설 로 체증이 다소 증가할 수준이라는 것이 예상되었다. 그럼에도 B시는 아파트 건축 승인의 조건으로 해당아파트 진입도로와 우회도로의 건설을 A건설회사에게 요구하였다. 그러한 B시의 요구는 정당한가?

접근전략 행정법의 원리 중 하나인 부당결부금지원칙에 해당될 수 있는 사안인가 물어보는 문항이다. 진입도로와 우회도로의 건설이 아파트 건축 승인의 요건으로서 정당하다면 부당결부금지원칙에 반하지 않으나 그렇지 않다면 부당결부금지원칙에 반하는 것으로 보아야 한다.

형사법과
검찰개혁 논란

NO 1

형법의 의의와 죄형법정주의

◇◇◇

형법은 범죄와 형벌에 관한 법이다. 형법이 다른 법과 달리 불문법 국가들인 영미권에서도 엄격히 성문법으로 규정되는 것은 형벌이 국가가 개인의 자유에 가할 수 있는 가장 강력한 강제력이기 때문에 그 적용의 엄격성을 보장하기 위해서이다. 이러한 정신이 담겨져 있는 형법의 대원칙이 바로 죄형법정주의 원칙이다. 죄형법정주의 원칙은 범죄와 형벌은 법으로 정해져 있어야 한다는 원칙으로서 세부원칙으로 ①관습형법금지원칙, ②유추해석금지원칙, ③형벌불소급원칙, ④명확성의 원칙, ⑤적정성의 원칙이 있다.

죄형법정주의의 원칙 외에도 형사법에서 국가에 의한 인권 침해를 방지하고 형사사법 운용의 공정성을 보장하기 위해 피의자 또는 피고인은 확정판결을 받기 전까지는 완전히 무죄로 추정된다는 무죄추정의 원칙과 형사사법의 절차는 적법한 절차를 지켜야 한다는 적법절차의 원칙이 형사사법의 대원칙으로 논해진다.

한편 형법에서 규정된 것은 범죄와 형벌이지만 이외에도 장래적인 범죄예방을 위한 보안처분도 함께 규정되어 있다. 보안처분은 형벌이 아니기 때문에 형벌과 함께 부과되어도 이중처벌금지원칙에 반하지 않으며, 순수하게 범죄예방을 위해서만 선고할 수 있다. 보안처분에는 치료감호, 보호관찰, 전자발찌, 신상공개, 성충동 약물치료 등이 시행되고 있으며, 과거 시행되었던 보호감호제도는 사실상 이중처벌로서 위헌이라는 논란 속에 현재는 폐지되었다.

현재 시행중인 보안처분과 법적 근거

보호관찰 – 보호관찰등에관한법률

치료감호 – 치료감호등에관한법률

전자발찌 – 특정범죄자에대한보호관찰및전자장치부착등에관한법률

성범죄자 신상정보 공개 – 개별 성범죄 관련 특별법

성충동 약물치료 – 성폭력범죄자의 성충동 약물치료에 관한 법률

형벌의 목적

◈◈◈

01 응보형주의

인류 최초의 법전이라 평가받는 함무라비 법전은 형벌의 목적으로서 응보형주의를 구현하고 있다. 아래 함무라비 법전의 조항들은 "눈에는 눈, 이에는 이"라는 응보형주의 원칙이 적나라하게 드러난다.

함무라비 법전

제196조 만일 사람이 평민의 눈을 상하게 했을 때는 그 사람의 눈도 상해져야 한다.

제200조 만일 사람이 평민의 이를 상하게 했을 때는 그 사람의 이도 상해져야 한다.

이러한 응보형주의는 지금까지도 형벌에 대한 일반 대중의 이해와 맞닿아 있다. 그러나 형벌의 목적이 사적인 복수에서 치안과 질서 유지를 강화하고 유지하는 것으로 점차 변화되어가면서 대부분의 국가에서 응보형주의를 폐기하였고, 이슬람 교리에 따르는 일부 이슬람 법계 국가에서만 현재까지 응보형주의를 형벌의 목적으로 유지하고 있다. 아래 사건은 응보형주의가 여전히 적용되고 있는 이란법에 따라 응보형이 선고되었으나 피해 여성이 마지막 순간에 용서함으로써 형의 집행이 이뤄지지 않은 사례이다. 해당 사례에서 전세계의 많은 인권단체들은 응보형을 선고한 이란 법정을 비판하였으나 해당 피해 여성이 응보형을 선고한 이란 법원을 옹호하고 나오면서 세계 법률가들 사이에 많은 파장을 일으킨 사례이다. 국가의 형벌이 개인의 사적 보복을 위해 활용되는 것이 바람직하지 않겠지만 응보형주의가 가진 미덕인 범죄 피해자의 응보감정 충족과 법에 대한 신뢰 회복이란 점에서 여러가지 시사점이 많은 사안이었다.

서울신문 2011. 8. 1. '염산테러' 이란 女 "마지막 순간, 그를 용서한다"

"이란 여성이 자신의 눈을 멀게 한 남성에 마지막 자비를 베풀었다. 이란 테헤란에 사는 아메드 바라미(32)는 7년 전 자신의 얼굴에 염산을 뒤집어씌웠던 마지드 모하베디(30)에 더이상 '눈에는 눈, 이에는 이 형벌'(qisas·보복)을 요구하지 않을 것을 선언했다.

이란 ISNA통신에 따르면 염산테러 가해자 모하베디는 이슬람법에 따라 지난 31일(현지시간) 테헤란의 한 병원에서 눈에 염산을 주입, 실명시키는 형벌을 받기로 돼 있었다. 수술실에 들어가기 직전 바라미가 "가해자를 용서한다."는 뜻을 밝혀 형 집행은 취소됐다.

2004년 무바헤디는 자신의 청혼을 거절한 같은 대학 여학생 바라미에 염산테러를 자행했다. 그녀는 얼굴 전체에 중화상을 입고 두 눈의 시력을 모두 잃었다. 바라미는 "가해자도 똑같은 고통을 느껴야 한다."며 강력한 처벌을 요구했고 이란법원은 2009년 염산 처벌 요구를 수락한 바 있다.

바라미는 ISNA와 한 인터뷰에서 "7년 간 가해자에 똑같은 고통을 주기 위해서 싸웠지만 용서하기로 했다."면서 "형 집행 그 자체 보다는 다른 나라들이 이란의 대응을 지켜보고 있는 상황을 고려했다."고 밝혀 그녀가 애초에 이 형집행 의도가 없었음을 고백했다.

바라미의 사건은 그동안 전 세계적인 관심을 끌었으며, 인권단체로부터 이 처벌이 지나치게 잔인하고 비인권적이라는 비판을 받아왔다. 이러한 압력에도 그녀는 "나와 같은 피해자가 나오면 안된다."며 자서전을 내는 등 '눈에는 눈' 형집행을 적극적으로 요구해왔다.

이란 언론매체에 따르면 바라미가 육체적 형벌을 면해준 만큼 가해자로부터 금전적 보상을 받게 될 전망이지만 자세한 내용은 아직 알려지지 않았다."

  형벌의 목적으로서 사적 복수를 국가가 대신해준다는 응보형주의가 퇴조하고 등장한 것이 바로 일반예방주의이다. 일반예방주의는 형벌의 목적을 사회의 구성원들에게 형벌로 위하를 주고 이를 기반으로 범죄를 저지르지 못하게 하여 사회질서와 치안을 유지하는 사상이다. 따라서 일반예방주의에 따를 경우 응보형주의처럼 엄격하게 범죄에 비례한 형벌이 가해지는 것은 아니지만 다소 범죄에 비해 과도한 형벌을 주더라도 그것이 사회구성원에게 충분한 위하의 효과가 있다면 정당하다 볼 수 있다. 아래 사례는 푸코의 〈감시와 처벌〉에 소개된 루이 15세 국왕 암살 미수범에게 가해진 형벌을 목격한 사람이 이를 서술한 내용이다. 봉건시대 가장 강력한 권위인 국왕에 대한 암살 미수범을 공개적으로 잔혹하게 처벌함으로써 사회 구성원들이 국왕 암살과 같은 시도를 결코 하지 못하도록 하는 것으로서 일반예방주의가 적용된 전형적인 형벌 실행 사례라 하겠다.

  "1757. 3. 2., 다미엥(루이15세 암살 미수범)에 대해서 다음과 같은 유죄판결이 내려졌다. '손에 2파운드 무게의 뜨거운 밀랍으로 만든 횃불을 들고, 속옷 차림으로 파리의 노트르담 대성당의 정문 앞에 사형수 호송차로 실려 와, 공개적으로 사죄를 할 것.' 다음으로 '상기한 호송차로 그레브 광장에 옮겨간 다음, 그곳에 설치될 처형대 위에서 가슴, 팔 넓적다리, 장딴지를 뜨겁게 달군 쇠집게로 고문을 가하고, 그 오른손은 국왕을 살해하려 했을 때의 단도를 잡게 한 채, 유황불로 태워야 한다. 계속해서 쇠집게로 지진 곳에 불로 녹인 납, 펄펄 끓는 기름, 지글지글 끓는 송진, 밀랍과 유황의 용해물을 붓고, 몸은 네 마리의 말이 잡아끌어 사지를 절단하게 한 뒤, 손발과 몸은 불태워 없애고 그 재는 바람에 날려 버린다.'
  〈암스테르담 신문〉은 이렇게 보도하였다.

  드디어 그는 네 갈래로 찢겨졌다. 이 마지막 작업은 시간이 많이 걸렸다. 왜냐하면, 동원된 말이 그러한 견인 작업에 익숙해 있지 못했기 때문이다. 그래서 네 마리 대신에 여섯 마리의 말을 동원하지 않으면 안 되었다. 그러나 그것도 불충분해서 죄수의 넓적다리를 잘라내기 위해 할 수 없이 근육을 자르고 관절을 여러 토막으로 절단해야 했다.
  평소에는 지독한 저주의 말을 퍼붓는 사람이었음에도 불구하고, 그의 입에서는 어떤 모욕적인 말도 전혀 흘러나오지 않았다. 다만 극도의 고통 때문에 그는 무서운 비명소리를 지르고 있었고, 이따금 '하나님, 제발 자비를, 예수님, 살려주십시오'하는 말을 되풀이했다. 고령에도 불구하고, 사형수를 위로해 주기 위해 약간의 시간도 낭비하지 않았던 생 폴 주임사제의 정성을 다하는 태도는 구경하는 사람들 모두에게 깊은 감명을 주었다."

(푸코, 감시와 처벌, 2008, 23-24쪽)

일반예방주의의 경우 현재도 상당한 다수의 형법학자들이 지지하는 형벌의 목적 이론이기는 하지만 후술할 특별예방주의가 등장한 이후로는 그 지지세가 많이 약해진 것은 사실이다. 그러나 일반예방주의가 논하는 범죄예방으로서의 형벌 목적을 위하라는 수단이 아니라 철저한 법치가 이뤄지는 것을 보여줌으로써 달성하려는 적극적 일반예방주의의 경우 최근 형법학자들 사이에서 많은 지지를 받고 있다. 적극적 일반예방주의에 따를 경우 권력자나 자본가들처럼 사회 기득권층에게도 엄격하게 법이 적용되고 집행되는 것을 보여줌으로써 사회 구성원들이 범죄를 저지를 생각을 하지 않게 된다고 본다.

03 특별예방주의

응보형주의와 일반예방주의는 모두 형벌을 받는 범죄자에 대하여는 특별히 관심이 없으며, 범죄자를 통해 보복을 하거나 위하를 한다는 수단으로서 형벌을 받는 범죄자를 취급한다는 점에서 공통점이 있다. 반면 특별예방주의는 형벌의 목적을 범죄자를 교화시키고 정상화시켜 사회에 복귀시키는 것으로 삼는다는 점에서 응보형주의 및 일반예방주의와 결정적인 차이가 있다. 응보형주의와 일반예방주의에 따를 경우 형벌을 다 한다 하여 범죄자가 교화되었는지 확신할 수 없는 상태에서 형벌이 끝났다는 이유로 범죄자를 사회에 다시 돌려보내야 한다. 그러나 이러한 경우 석방된 범죄자가 더욱 반사회적인 성향이 강화될 경우 형벌의 집행에 의해 재범의 위험성이 커지고 치안이 불안정해질 수 있는 문제가 발생할 수 있게 되는 것이다. 이에 특별예방주의에서는 형벌의 가장 큰 목적으로 범죄자의 교화가 되어야 한다고 주장한다. 또 이를 위하여 형벌은 교육형 중심으로 바꿔야 하고 범죄자가 교화될 수 있도록 최대한 수형자의 인권을 보호하고 그 심리에 대해서도 세심한 관리를 하여야 한다고 말한다. 따라서 이러한 특별예방주의의 정신에 따른다면 형집행 종료 이후에도 격리적인 처분을 강화하는 보안처분의 강화나 범죄자에 대한 교화의 가능성이 완전히 사라지는 사형제도 등에 대하여 반대하는 입장을 취하는 것이 논리 일관적이라 하겠다.

"'교정 시설'은 어떤 범죄의 소멸이 아니라, 그 재발 방지를 주요 역할로 삼는다. 그것은 미래로 향해 있는 것이고, 또한 범행의 재발을 막기 위하여 마련한 장치이다. "형벌의 목적은 최고의 존재인 신에게 결정을 맡겨야 할 범죄의 대가가 아니라, 같은 종류의 범행을 방지하는 일이다." 또한 펜실바니아 주에서 벅스톤은 몽테스키외와 베카리아의 원칙이야말로 바야흐로 '공리로서의 힘'을 가져야 하고, 범죄의 방지가 징벌의 유일한 목적이다" 라고 주장했다. 따라서, 처벌은 어떤 범죄를 소멸시키기 위한 것이 아니라 죄인을 개조하기 위한 것이다. 이어서, 징벌은 어떤 종류의 교정기술을 포함하고 있어야 한다. 그런 점에서도 러쉬는 개혁적인 법학자들과 아주 흡사한 데가 있다. 그가 사용하고 있는 비유적 표현이 아니더라도 다음과 같이 말하는 점에서는 유사한데, 즉 인간은 노동을 용이하게 만드는 기계류를 발명하였으므로 "인간에게 가장 사악한 부분을 미덕과 행복으로 선도하고, 이 세상에 존재하는 악의 큰 요소를 근절시키기 위한 가장 빠르고 가장 유효한 방법"을 고안해내는 사람에 대해서는 기계를 발명한 사람 이상으로 찬양해야 한다는 것이다."

(푸코, 감시와 처벌, 2008, 203-204쪽)

04 회복적 사법

히틀러와 나치당, 일본 군국주의가 저지른 전쟁범죄의 사상적 기반이 된 것은 악한 인종에 대한 인종청소가 필요하다는 생각이었다. 이런 생각 하에 아우슈비츠, 731 부대로 대변되는 수많은 전쟁범죄가 일어났고 제2차세계대전 이후 이들 전쟁범죄가 청산되면서 롬브르조 이후 반복된 "생래적 범죄인설"류의 학설은 형법학계에서도 추방되는 듯 했다. 이러한 풍토는 제2차세계대전 이후 형법학계가 모든 인간은 본래 선하고 잠시 실수를 저질러 범죄를 하지만 이는 충분히 인간의 이성과 교육으로 교화될 수 있다는 특별예방주의가 주류가 되도록 만들기도 하였다. 그러나 특별예방주의에서 범죄자의 교화와 인권을 강조할수록 범죄피해자의 응보감정이나 정의감은 무시되는 경우가 많이 발생하게 되었다. 이에 범죄피해자의 응보감정 등을 충족할 수 있는 형사정책으로서 회복적 사법이라는 개념이 최근 법학계에서 생겨나고 있다. 회복적 사법은 범죄가 발생하게 된 원인의 사회 구조적 원인에 주목하며, 범죄로 인하여 사회에 대한 신뢰와 상실된 것을 회복하는 것을 형벌의 주된 목적 중 하나로 인정하는 이론이다. 회복적 사법이 실제 입법화되어 시행되고 있는 북유럽의 경우 범죄 피해자가 승낙할 경우 범죄 피해자가 용서할때까지 자신의 범죄행위에 대한 용서를 범죄가해자가 피해자에게 청하는 것이 강제된다. 이러한 과정을 통하여 범죄 피해자와 그 지역 사회가 범죄로 인하여 상실된 사회에 대한 신뢰와 애정을 회복시키는 것을 목표로 한다. 회복적 사법 이론은 특별예방주의 이론의 발전과 적용으로 소외되기 시작한 범죄 피해자의 응보감정과 정의감을 살핀다는 점에서 의의를 지니고 있으며, 아직 형성중인 이론으로서 형벌의 목적을 범죄자에 한정짓지 않고 범죄자와 범죄피해자가 구성된 사회 전체의 회복으로까지 확장했다는 점에서 향후 발전을 주목할 만한 이론이라 하겠다.

Q. 상습적인 성범죄자들은 성범죄 충동이 해결될 방법이 없으므로 강제적으로라도 성충동 약물치료의 방법을 통하여 생리 의학적으로 성충동을 조절해야 한다는 견해와 상습적인 성범죄자들 역시 합리적 인간으로서 자신의 왜곡된 성충동을 조절할 수 있도록 교육을 통한 교화가 가능하다는 견해가 충돌하고 있다. 이러한 두 생각중 어떠한 생각이 올바르다 생각하며 그 이유는 무엇인가?

접근전략 성충동 약물치료의 경우 보안처분의 일종으로 다뤄지는 내용이다. 그러나 보안처분이라 하여도 형벌에 해당되는 것으로 본다면 이중처벌금지원칙에 위반되어 위헌이라 볼 수 있다. 성충동 약물치료는 보안처분의 형식을 가지고는 있지만 신체에 직접적인 약물이 투여되고 이로 인한 부작용 등도 발생한다는 점에서 최근 문명국에서 사라져가는 신체형의 일종일 수 있다는 주장이 일각에서 지속적으로 제기되고 있다. 또한 성충동은 생리적인 것만이 아니라 심리적으로도 발생한다는 점에서 성충동 약물치료가 성범죄 예방에 큰 도움이 되지 못할 수 있다는 주장도 계속해서 나오고 있다. 마지막으로 성충동 약물치료를 강제적으로 인정하는 나라가 현재까지 우리나라와 폴란드 두 나라 뿐이라는 점에서도 많은 비판을 받고 있는 보안처분 제도이다.

NO 3

국부주의와 자유법 사상

◈◈◈

형법에서 규정하고 있는 범죄는 크게 개인적 법익에 관한 범죄, 사회적 법익에 관한 범죄, 국가적 법익에 관한 범죄로 구분되어진다. 그중 개인적 법익과 국가적 법익에 관한 범죄는 법익이 침해되는 대상이 비교적 명백하다보니 이들 범죄의 처벌 자체에 대하여는 거의 논쟁이 없는 경우가 많다.

반면, 도박죄, 마약죄, 성풍속에 관한 범죄(성매매, 음란물 관련 범죄, 공연음란죄 등) 등 사회적 법익에 관한 범죄는 우리 사회가 지키고자 하는 가치에 위반되는, 즉 비도덕적이고 비윤리적인 행위를 하는 경우에 처벌하다보니 그 범죄의 처벌 자체에 대한 격렬한 논쟁이 늘 이어지는 편이다.

이들 사회적 법익에 관한 범죄들을 처벌할 수 있는지와 관련하여 크게 국부주의(國父主義)와 자유법사상으로 대립한다. 국부주의는 국가가 아버지의 역할을 하여 사회적인 가치를 어긴 행위도 범죄로 규정하여 처벌해야 한다는 형법 사상으로서 이 사상에 따를 경우 그 사회가 지키고자 하는 가치를 어기는 행위의 경우 특별히 피해를 주는 당사자가 특정되지 않아도 그 행위만으로 처벌할 수 있다는 사상으로서 공동체주의적 입장에 부합하는 형법 사상이라 하겠다.

반면, 자유법 사상은 개인적 재산적 법익 침해에 대한 범죄들(살인, 절도 등)처럼 명백한 법익 침해가 있는 경우만 범죄로 규정하여 처벌하고, 그렇지 않은 사회적 가치와 관련된 것들은 범죄로 처벌하지 않아야 한다는 사상을 말하며, 자유주의적 입장에 부합하는 형법 사상이다.

　우리나라 헌법재판소는 사회적 법익에 관한 범죄에 편재되어 있던 간통죄 위헌 사건에서 간통죄처벌이 위헌이라는 다수 의견에서는 자유법사상의 입장을 보여주었고, 간통죄 처벌이 합헌이라는 소수 의견에서는 국부주의 사상의 입장을 보여준 바 있다. 그러나 도박이나 마약, 성매매, 음란물 등과 관련하여 우리 헌법재판소는 일관되게 국부주의적인 입장에서 합헌 결정을 내리고 있다.

⚖️ 참조 판례

헌법재판소 2015. 2. 26. 자 2009헌바17 결정

　[재판관 박한철, 재판관 이진성, 재판관 김창종, 재판관 서기석, 재판관 조용호의 위헌의견]

　사회 구조 및 결혼과 성에 관한 국민의 의식이 변화되고, 성적 자기결정권을 보다 중요시하는 인식이 확산됨에 따라 간통행위를 국가가 형벌로 다스리는 것이 적정한지에 대해서는 이제 더 이상 국민의 인식이 일치한다고 보기 어렵고, 비록 비도덕적인 행위라 할지라도 본질적으로 개인의 사생활에 속하고 사회에 끼치는 해악이 그다지 크지 않거나 구체적 법익에 대한 명백한 침해가 없는 경우에는 국가권력이 개입해서는 안 된다는 것이 현대 형법의 추세여서 전 세계적으로 간통죄는 폐지되고 있다. 또한 간통죄의 보호법익인 혼인과 가정의 유지는 당사자의 자유로운 의지와 애정에 맡겨져야, 형벌을 통하여 타율적으로 강제될 수 없는 것이며, 현재 간통으로 처벌되는 비율이 매우 낮고, 간통행위에 대한 사회적 비난 역시 상당한 수준으로 낮아져 간통죄는 행위규제규범으로서 기능을 잃어가고, 형사정책상 일반예방 및 특별예방의 효과를 거두기도 어렵게 되었다. 부부 간 정조의무 및 여성 배우자의 보호는 간통한 배우자를 상대로 한 재판상 이혼 청구, 손해배상청구 등 민사상의 제도에 의해 보다 효과적으로 달성될 수 있고, 오히려 간통죄가 유책의 정도가 훨씬 큰 배우자의 이혼수단으로 이용되거나 일시 탈선한 가정주부 등을 공갈하는 수단으로 악용되고 있기도 하다.

　결국 심판대상조항은 과잉금지원칙에 위배하여 국민의 성적 자기결정권 및 사생활의 비밀과 자유를 침해하는 것으로서 헌법에 위반된다.

[재판관 김이수의 위헌의견]

간통죄의 본질은 자유로운 의사에 기하여 혼인이라는 사회제도를 선택한 자가 의도적으로 배우자에 대한 성적 성실의무를 위배하는 성적 배임행위를 저지른 데 있다.

혼인생활을 영위하고 있는 간통행위자 및 배우자 있는 상간자에 대한 형사처벌은 부부 간의 성적 성실의무에 기초한 혼인제도에 내포되어 있는 사회윤리적 기본질서를 최소한도로 보호하려는 정당한 목적 하에 이루어지는 것으로서 개인의 성적 자기결정권에 대한 과도한 제한이라고 하기 어렵다. 그러나 사실상 혼인관계의 회복이 불가능한 파탄상태로 인해 배우자에 대한 성적 성실의무를 더 이상 부담하지 아니하는 간통행위자나 미혼인 상간자의 상간행위 같이 비난가능성 내지 반사회성이 없는 경우도 있다.

그럼에도 불구하고, 심판대상조항이 일률적으로 모든 간통행위자 및 상간자를 형사처벌하도록 규정한 것은 개인의 성적 자기결정권을 과도하게 제한하는 국가형벌권의 과잉행사로서 헌법에 위반된다.

[재판관 강일원의 위헌의견]

간통 및 상간행위가 내밀한 사생활의 영역에 속하는 것이라고 해도 이에 대한 법적 규제를 할 필요성은 인정되고, 그에 대한 규제의 정도는 원칙적으로 입법자가 결정할 사항이므로, 입법자가 간통행위를 예방하기 위하여 형벌이라는 제재수단을 도입한 것이 그 자체로 헌법에 위반된다고 볼 수는 없다.

그러나 형법은 간통죄를 친고죄로 규정하면서, 배우자의 종용이나 유서가 있는 경우 간통죄로 고소할 수 없도록 규정하고 있는데, 소극적 소추조건인 종용이나 유서의 개념이 명확하지 않아 수범자인 국민이 국가 공권력 행사의 범위와 한계를 확실하게 예측할 수 없으므로 심판대상조항은 명확성원칙에 위배되며, 간통 및 상간행위에는 행위의 태양에 따라 죄질이 현저하게 다른 수많은 경우가 존재함에도 반드시 징역형으로만 응징하도록 한 것은 구체적 사안의 개별성과 특수성을 고려할 수 있는 가능성을 배제 또는 제한하여 책임과 형벌간 비례의 원칙에 위배되어 헌법에 위반된다.

[재판관 이정미, 재판관 안창호의 반대의견]

간통은 일부일처제에 기초한 혼인이라는 사회적 제도를 훼손하고 가족공동체의 유지·보호에 파괴적인 영향을 미치는 행위라는 점에서 개인의 성적 자기결정권의 보호영역에 포함되어 있다고 보기 어렵다.

배우자 있는 자의 간통 및 그에 동조한 상간자의 행위는 단순한 윤리적·도덕적 차원의 문제를 넘어서 사회질서를 해치고 타인의 권리를 침해하는 것이라고 보는 우리 사회의 법의식은 여전히 유효하다. 특히 간통죄의 폐지는 우리 사회 전반에서 성도덕 의식의 하향화를 가져오고 성도덕의 문란을 초래할 수 있으며, 그 결과 혼인과 가족 공동체의 해체를 촉진시킬 수 있다는 점에서, 간통죄를 형사처벌하도록 한 입법자의 판단이 자의적인 것이라고 보기는 어렵다.

부부공동생활이 파탄되어 회복될 수 없을 정도의 상태에 이르러 더 이상 배우자에 대한 성적 성실의무를 부담한다고 볼 수 없는 경우에는 간통행위가 사회윤리 내지 사회상규에 위배되지 아니하는 행위로서 위법성이 조각될 여지가 있으므로 과잉처벌의 문제는 발생하지 않을 수 있다.

심판대상조항은 징역형만을 규정하고 있으나 법정형의 상한 자체가 높지 않아 지나치게 과중한 형벌을 규정하고 있다고 볼 수 없고, 벌금형에 의할 경우 간통행위자에 대하여 위하력을 가지기 어려우므로 형벌체계상 균형에 반하는 것이라고 할 수도 없다.

또한 현행 민법상의 제도나 재판실무에 비추어보면, 간통죄를 폐지할 경우 수많은 가족공동체가 파괴되고 가정 내 약자와 어린 자녀들의 인권과 복리가 침해되는 사태가 발생하게 될 것을 우려하지 않을 수 없다.

따라서 심판대상조항은 과잉금지원칙에 위반된다고 할 수도 없다.

[재판관 이진성의 다수의견에 대한 보충의견]

간통행위는 행위 유형이 다양하여 법정형으로 징역형만 규정한 것이 책임과 형벌 사이에 균형을 잃을 가능성은 있지만, 재산형인 벌금형이나 명예형인 자격형이 배우자에 대한 정조의무를 저버리고 혼인제도의 문란을 가져오는 비윤리적 범죄인 간통죄에 유효하고 적절한 수단이라고 보기 어렵다. 부부 일방의 부정행위로 인한 민사, 가사 문제들의 해결수단을 간통죄를 유지시켜 형사사건에서 찾을 것도 아니다. 간통행위로 인한 가족의 해체 사태에서 손해배상, 재산분할청구, 자녀양육 등에 관한 재판실무관행을 개선하고 배우자와 자녀를 위해 필요한 제도를 새로 강구해야 한다.

Q1. 도박 범죄 처벌에 대한 자신의 견해를 논하시오.

접근전략 도박 범죄는 국부주의와 자유법 사상이 충돌하는 대표적인 주제라 할 수 있다. 현행 형사법상 도박죄에 따르면 도박으로 돈을 잃은 경우까지 형사처벌을 하도록 하는데 이는 도박이란 행위 자체가 사회적 법익을 침해하는 것으로 보기 때문이다. 국부주의와 자유법 사상은 사안별로 일관되게 판단하기 보다는 다르게 판단할 수도 있다. 그러나 다르게 판단한다면 같은 것은 같게 다른 것은 다르게 따라 어떤 사안은 국부주의를 따를지 어떤 사안은 자유법사상을 따를지에 대한 명확한 기준을 세울 수 있어야 하겠다.

Q2. 마약의 단순소지만으로도 처벌하는 현행형법의 규정에 대한 자신의 입장을 밝히시오.

접근전략 마약 단순소지는 국부주의와 자유법 사상이 충돌하는 대표적인 주제라 할 수 있다. 현행 형사법상 마약을 투약한 경우가 아니라 단순히 지니고 있는 경우까지 형사처벌을 하도록 하는데 이는 마약소지란 행위 자체가 사회적 법익을 침해하는 것으로 보기 때문이다. 국부주의와 자유법 사상은 사안별로 일관되게 판단하기 보다는 다르게 판단할 수도 있다. 그러나 다르게 판단한다면 같은 것은 같게 다른 것은 다르게 따라 어떤 사안은 국부주의를 따를지 어떤 사안은 자유법사상을 따를지에 대한 명확한 기준을 세울 수 있어야 하겠다.

NO 4

위법성 조각사유

◇◇◇

01 범죄 성립 요소

범죄와 형벌을 규정하는 형법에서 범죄가 성립하기 위해서는 구성요건해당성, 위법성, 책임이 모두 존재해야 하며 그 요건은 구성요건해당성의 충족 여부부터 시작하여 책임의 충족 여부까지 순차적으로 판단한다.

구성요건해당성은 형법 조문상 범죄 구성요건에 해당할 경우 인정되고 구성요건이 인정된다면 위법성은 추정되나 위법성조각사유가 별도로 존재할 경우 위법성이 부정되고 범죄가 성립되지 않는다. 위법성조각사유가 전혀 존재하지 않는다면 책임을 따지게 되는데 책임조각사유가 존재하지 않는다면 책임도 인정되어 범죄가 성립하게 되는 것이다.

위법성조각사유로는 정당방위, 긴급피난, 피해자의 승낙, 자구행위, 정당행위의 5가지가 존재한다. 만약 구성요건에 해당하고 위법성이 인정되면 그 행위는 불법적인 행위로 평가되어 정당방위가 가능한 행위가 된다.

형법

제21조(정당방위) ①자기 또는 타인의 법익에 대한 현재의 부당한 침해를 방위하기 위한
행위는 상당한 이유가 있는 때에는 벌하지 아니한다.

②방위행위가 그 정도를 초과한 때에는 정황에 의하여 그 형을 감경 또는 면제할 수 있다.

③전항의 경우에 그 행위가 야간 기타 불안스러운 상태하에서 공포, 경악, 흥분 또는 당황
으로 인한 때에는 벌하지 아니한다.

가. 요건

1) 자기 또는 타인의 법익

정당방위가 성립하기 위해서는 자기 또는 타인의 법익이 침해되어야 한다. 국가 또는
사회적 법익을 위한 정당방위에 대하여는 학계의 찬반 대립이 있으나 우리 대법원은
국가 또는 사회적 법익을 위한 정당방위를 인정하지 않은 바 있다.

대법원 1993. 6. 8. 선고 93도766

"기록에 비추어 볼 때 원심이, 거시증거에 의하여 피고인의 위 이탈동기에 관하여 피고인
이 위 분실에서 위 '혁노맹'사건 수사에 협조하면서 현실과 타협해 가는 자신의 모습에 대한
인간적인 좌절감과 동료에 대한 배신감을 만회하여야겠다는 생각 등으로 개인적으로는 도저
히 더이상의 부대생활을 할 수 없어 보안사의 민간인에 대한 정치사찰을 폭로한다는 명목으
로 위 분실을 빠져나가 부대를 이탈한 사실을 인정하고, 피고인이 이 사건 양심선언을 하기
위한 목적은 이 사건 군무이탈을 하게 된 여러 동기가운데 하나를 이루는데 불과하다고 판단
한 것은 수긍할 수 있는 바, 피고인이 군무를 기피할 목적으로 부대에서 이탈하였음이 위와
같이 인정되고 있는 이 사건에서 피고인의 군무이탈동기가 위 원심판시와 같다면 그 동기나
목적, 부대이탈 후의 피고인의 행적 등 기록에 나타난 제반사정에 비추어 볼 때 군무기피를
목적으로 한 피고인의 이 사건 부대이탈행위가 자기 또는 타인의 법익에 대한 현재의 부당한
침해를 방위하기 위한 행위로서 사회적으로 상당하여 형법 제21조에 정한 정당방위에 해당한다
거나 같은법 제20조에 정한 사회통념상 허용될 수 있는 정당행위에 해당한다고 볼 수는 없을 것
이다."

2) 현재의 부당한 침해

정당방위의 요건으로서 "현재의 부당한 침해"로서 현재성의 범위에 대하여는 학설과 판례의 대립이 계속하여 발생하는 영역이다. 매맞는 사람 증후군 등이 발생할 수 있는 상황에서는 예외적으로 정당방위의 침해의 현재성 범위를 확장하여 예방적 정당방위가 인정될 수 있다는 견해가 있는 반면, 예방적 정당방위를 인정한다면 사적 복수가 횡행하여 법적 안정성이 침해될 여지가 크다는 점에서 인정하여서는 안된다는 입장이 있다. 현재 대법원은 후자의 입장을 따르고 있다.

참고 문헌

예방적 정당방위

"일반적으로 정당방위가 성립하기 위해서는 (ⅰ)현재의 부당한 침해가 있고, (ⅱ)자기 또는 타인의 법익을 방위하기 위한 행위여야 하며, (ⅲ)상당한 이유가 있어야 한다. (ⅰ)과 관련해 침해의 현재성이란, 과거나 장래의 침해에 대해서는 정당방위를 할 수 없다는 의미로, 법익에 대한 침해가 급박한 상태에 있거나, 방금 막 발생하였거나, 아직 계속되고 있는 상황을 말한다. 침해의 현재성과 관련해 유의해야 할 개념은 반복될 침해의 위험을 방위하기 위한 소위 '예방적 정당방위'란 상황이다. 이를테면 자신을 공격할 계획으로 술을 마시고 있는 취객에게 술집 주인이 술에 수면제를 타서 제공하는 경우가 여기에 해당한다. 또 하나 유의할 개념은 '지속적 위험' 상황이다. 이는 과거부터 침해가 줄곧 있어 왔었기 때문에 또 그러한 침해가 반복하여 계속될 염려가 있는 상황을 뜻한다. 예컨대 술을 마시면 폭행을 일삼는 남편이나 부의 반복된 폭행을 피하고자 부를 살해하는 경우가 이에 해당한다. 상기 대상판결은 예방적 정당방위 상황인 동시에 지속적 위험 상황에 해당한다고 볼 수 있다. 예방적 정당방위든 지속적 위험이든 학설은 이에 대해 침해의 현재성을 인정하려는 긍정설과 부정설로 대립되지만, 다수설은 현재성을 부정하는 입장이다."

(안성조, 정당방위의 성립요건으로서 침해의 현재성, 형법판례 150선, 2016, 54쪽)

"미국의 러노르 워커 박사(Lenore Walker)는 일찍이 아내에 대한 남편의 구타 학대현상에 관심을 갖고 연구를 진행하여 매맞는 여성 증후군(Battered Woman Syndrome) 이론으로 정립한 바 있다. 그녀는 여성구타 학대가 몇가지 국면으로 순환 반복함을 발견하였다. 첫째가 긴장수립국면(tensionbuilding phase)으로서 남성이 사소한 구타나 언어폭력을 행사하면서 여성과 남성 사이에 긴장이 조성된다 두 번째가 격심한 구타국면(acute battering incident phase)으로 남편이 격심한 구타로서 아내나 여자친구를 학대하고 여기서 여성은 심각한 상해를 입는다 셋째는 조용한 휴지국면(calm loving respite phase)으로 남편이 다시는 여성을 때리지 않겠다고 단호하게 약속하고 이 때문에 여성이 남편이 개선될 수 있다는 믿음을 가지게 되는 국면이다. 그러나 이러한 순환은 반복되고 폭행과 학대는 점점 더 빈번해지고 악화되는 것이 보통이다. 이러한 순환의 결과 피해자는 이른바 학습된 무기력(learned helplessness)으로 고통받게 되는데, 결국 피해여성은 자신을 구타하는 남성의 전능함 또는 힘을 믿게 되어 그들에게 대항하는 어떤 시도도 희망이 없다고 느끼게 된다고 한다. 이러한 연구결과는 왜 매맞는 많은 여성들이 자신이 처해 있는 상황을 떠나려고 시도하지 않고서 곧바로 반격행위로 나아가는가를 설명해 준다고 한다. 매맞는 여성에 의한 반격행위의 상황은 통상 두 가지로 나누어질 수 있는 바 첫째는 남성에 의한 구타가 진행되는 동안 여성이 반격을 가하는 대결 상황과 둘째는 남성의 구타가 진행되고 있지는 않으나 새로운 공격이 예상되는 상황에서 여성이 공격을 가하는 비대결 상황으로 나눌 수 있다."

(박강우, 정당방위의 사회윤리적 제한-부부 사이의 정당방위의 제한, 형사판례연구 10권, 2002, 7쪽)

3) 침해의 부당성

정당방위의 대상이 되는 침해는 부당한 침해가 되어야 한다. 부당한 침해가 되는 것에 있어 반드시 형사상 범죄가 성립되어야 하는 수준이 필요한 것은 아니며, 형법상 구성요건에 해당하고 위법하면, 즉 불법인 경우에만 해당되어도 침해의 부당성이 인정된다.

4) 방위의사

정당방위 행위자는 주관적으로 방위의 의사가 있어야 한다.

5) 방위행위의 상당한 이유

정당방위는 不正 VS 正의 관계에서 발생하는 것이다 보니 방위행위의 상당한 이유를 판단함에 있어 적합성과 최소침해성만을 판단한다. 즉 엄격한 보충성과 균형성을 필요로 하지는 않는 것이다. 그러나 최소침해성 요건을 넘어선 방위행위에 대하여는 과잉방위로서 정당방위가 인정되는 상황이라 하여도 방위행위로 인한 형사처벌을 받을 수 있다.

나. 효과

정당방위가 성립되면 위법성이 조각된다.

03 긴급피난

가. 요건

1) 자기 또는 타인의 법익

정당방위 행위자와 동일하게 긴급피난의 경우에도 긴급피난 행위자의 자기 또는 타인의 법익을 위해서 행위해야 하며 여기에는 국가 또는 사회적 법익은 포함되지 않는다는 것이 통설적인 견해이다.

2) 현재의 위난

긴급피난은 정당방위와 달리 正 VS 正의 관계에서 인정되는 위법성 조각사유이다. 따라서 자초위난의 경우 상당성이 없으면 위법성 조각사유로서 긴급피난의 요건인 "현재의 위난" 요건을 충족하는 것으로 인정하지 않는다. 예컨대 강간범이 물린 자신의 손가락을 비틀어 빼다 치아를 손상시킨 사건에서 긴급피난을 인정하지 않는다.

3) 위난의 현재성

정당방위와 동일한 수준의 위난의 현재성이 필요하며, 예방적인 형태의 긴급피난에 현재성이 인정되지 않는다는 것이 통설적 견해이다.

4) 피난의사

긴급피난 행위자의 경우 자신의 행위가 피난의 의사에 기반해 이뤄졌다는 주관적 요건이 필요하다.

5) 피난행위의 상당한 이유

긴급피난의 경우 정당방위와 달리 正 VS 正의 관계에서 인정되는 위법성 조각사유인바, 피난 행위의 상당한 이유를 판단함에 있어 보충성, 균형성, 적합성의 요건을 엄격히 요구하여 위난 상황에 비해 과도한 피난행위나 최후수단이 아닌 피난행위에 대하여는 위법성을 조각해주지 않는다.

나. 효과

긴급피난의 경우 위법성이 조각된다. 그러나 후술할 면책적 긴급피난의 경우에는 책임

조각이 문제된다.

04 자구행위(청구권에 대한 것 한정)

자구행위는 청구권을 행사하기 어려운 급박한 상황에 예외적으로 인정되는 위법성 조각사유이다. 예컨대 채무자가 공항에서 막 출국장으로 나가는 상황에 출국을 막는 행위는 자구행위로서 위법성이 조각될 수 있다.

05 피해자의 승낙

피해자가 승낙한 구성요건을 충족하는 행위는 원칙적으로 위법성이 조각되어 범죄가 성립하지 않는다. 그러나 살인, 낙태, 병역기피목적 상해에는 적용되는 위법성 조각사유가 아니다. 다만, 낙태의 경우 금년 낙태죄 처벌 규정에 대한 헌법불합치 결정으로 인하여 추후 변경된 입법에 따라 동의낙태죄의 처벌 범위가 달라질 것으로 보인다. 한편 촉탁 승낙의 살인죄의 경우 적극적 안락사를 인정하지 않는 우리나라에서는 처벌되지만 적극적 안락사 인정 여부와 연계하여 지속적인 논란이 발생하는 분야이다.

06 정당행위

범죄의 구성요건에 해당하지만 사회상규상 위법성을 조각하는 행위이다. 예를들어 의사의 수술행위나 권투선수의 경기중 행위는 상해죄의 구성요건에 해당하지만 그 자체로서 의료행위와 운동경기 중에 이뤄지는 행위로서 사회상규상 위법성을 인정하기 어려운 행위이다. 이러한 행위들의 경우 범죄 구성요건에 해당하는 행위라 하더라도 정당행위로서 위법성을 조각할 수 있다. 위법성조각사유로서 정당행위를 인정할지 여부와 관련하여 최근 논쟁이 되고 있는 분야는 미성년자에 대한 부모와 학교의 체벌행위이다. 우리 대법원은 미성년자의 체벌행위에 대하여 정당행위로서 위법성조각을 인정해준 사례가 있지만 법학자들 사이에서는 모든 체벌행위를 금지해야 한다는 주장을 하는 경우도 있어 논쟁이 계속되고 있는 사안이다.

A씨의 아내는 현재 난치병으로 죽어가고 있다. 그러나 아내의 난치병에 대한 유일한 치료제의 약값이 너무 비싸 아내에게 그 약으로 치료를 받게 할 수가 없었다. 이에 A씨는 유일한 치료제가 있는 약국에서 치료제를 훔쳐 아내에게 투약하였다. A씨는 치료제에 대한 절도죄로 경찰에 체포된 후 정당방위를 주장하고 있다.

Q1. A씨의 주장은 수용될 수 있다고 생각하는가?

접근전략 사례의 경우 긴급피난이 성립될 수 있을 것이라 생각하기 쉽다. 특히 아내의 생명권과 치료제의 재산권이 충돌되는 상황에서 생명권이 재산권보다 우위에 있다고만 생각한다면 이러한 상황을 긴급피난 성립이 아니라 보기가 더 어려운 면이 있다. 그럼에도 현실적으로는 사례와 같은 경우 절도죄 성립을 인정한다. 이를 이해하기 위해서는 사안을 보는 시각을 다소 바꿀 필요가 있다. 의약품에 대한 긴급피난을 인정할 경우 의약품에 대한 절도가 횡행할 수 있고 이러한 경우 의약품을 개발하는 측에서 의약품 개발의 유인이 사라질 수 있다. 이는 신약 개발이 이뤄지지 못하게 되어 더 많은 생명을 구하기 어려운 사태를 낳을 수 있다. 생명과 생명의 중요성을 단순히 숫자로 비교할 수는 없겠지만 의약품 절도의 긴급피난 인정이 적어도 정당화적 긴급피난의 대상이 되기는 어렵고 보호하고자 하는 법익과 침해되는 법익의 동가치성을 인정할 수 있다는 점에서 위법성조각사유로 보기 힘든 것이다.

Q2. 당신이 A씨라면 A씨와 동일한 선택을 할 것인가?

접근전략 위법성조각사유에 해당하지 않더라도 본인으로서 어떤 가치관을 더 중요시할지에 대해 묻는 문항이다. 개인적 상황에서 두가지 판단이 모두 가능하지만 만약 절도를 선택한다 하여도 처벌은 감수할 수 있어야 하겠다.

NO 5

책임 조각사유

◈◈◈

01 강요된 행위

형법

제12조(강요된 행위) 저항할 수 없는 폭력이나 자기 또는 친족의 생명, 신체에 대한 위해를 방어할 방법이 없는 협박에 의하여 강요된 행위는 벌하지 아니한다.

02 기대가능성

대법원 1987. 1. 20. 선고 86도874

수학여행을 온 대학교 3학년생 34명이 지도교수의 인솔하에 피고인 경영의 나이트클럽에 찾아와 단체입장을 원하므로 그들중 일부만의 학생증을 제시받아 확인하여 본 즉 그들이 모두 ○○대학교 같은 학과 소속의 3학년 학생들로서 성년자임이 틀림없어 나머지 학생들의 연령을 개별적, 기계적으로 일일이 증명서로 확인하지 아니하고 그들의 단체입장을 허용함으로써 그들 중에 섞여 있던 미성년자(19세 4개월 남짓된 여학생) 1인을 위 업소에 출입시킨 결과가 되었다면 피고인이 단체입장하는 위 학생들이 모두 성년자일 것으로 믿은데에는 정당한 이유가 있었다고 할 것이고, 따라서 위와 같은 상황아래서 피고인에게 위 학생들 중에 미성년자가 섞여 있을지도 모른다는 것을 예상하여 그들의 증명서를 일일이 확인할 것을 요구하는 것은 사회통념상 기대가능성이 없다고 봄이 상당하므로 이를 벌할 수 없다.

03 면책적 긴급피난

위법성 조각사유로서 긴급피난(정당화적 긴급피난)은 보충성, 균형성, 적합성을 요건으로 하다 보니 보호하고자 하는 법익이 피난행위로 침해되는 법익보다 커야 한다. 그러나 보호하고자 하는 법익과 침해되는 법익이 동일한 수준인 경우에도 범죄를 인정하지 않아야 하는 경우가 있다. 예컨대 영화 "Alive"로도 제작된 바 있는 안데스 산맥 여객기 조난사건의 경우 생존자들이 살아남기 위해 부상자들을 죽이고 식인하는 가운데 구출된 사건에서 이들의 행위를 살인죄 등으로 처벌할 경우 그러한 조난 상황에서 이들이 합법적인 행위를 할 기대가능성을 인정하기 어려울 수 있는 것이다. 이와 같은 경우 동가치적 긴급피난(면책적 긴급피난)으로서 책임을 조각하여 범죄의 성립을 인정하지 말자는 이론이 바로 면책적 긴급피난 이론이라 하겠다. 다만, 이러한 면책적 긴급피난을 책임조각사유로 인정할지 여부에 대하여는 법학계 내에서도 오랫동안 논란이 있는 사안이다.

04 형사미성년자 문제

우리나라는 만 14세 미만의 청소년의 경우 형사책임무능력자로 보고 어떤 행위를 저질러도 처벌하지 않는다. 그러나 이에 대한 하향 논쟁이 꾸준히 발생하고 있다. 학교폭력 문제 등의 해결을 위해서도 소년범에 대한 형사미성년자 연령을 하향시키자는 주장이 있는 반면, 미성년자는 교화에 보다 중점을 줘야 한다는 점에서 형사미성년자 하향을 반대하는 입장이 부딪힌다. 현재 소년범에 대한 현행 형법의 규정은 아래와 같다.

연령	보호처분	형사처벌
범법소년(만 10세 미만)	X	X
촉법소년(10세~14세 미만)	O	X
범죄소년(14세~19세 미만)	O	O

※ 보호처분 : 전과기록 남지 않음

즉, 학교폭력 등의 문제가 발생하였을 때 만7세 이상 만 10세미만 초등학생의 경우 학교폭력예방법에 따라 교육지원청에 설치된 학교폭력위원회의 처분만이 가해자에게 주어질 수 있고, 만10세 이상 만14세 미만일 경우 학교폭력예방법상 처분과 소년법상 보호처분만 주어질 수 있다. 학교폭력예방법상 처분은 교육지원청이 부여하는 것으로서 행정처분으로서 의미를 지니나 소년법상 보호처분은 법원의 결정에 의한 처분으로서 성격이 다르다. 만14세 이상 만19세 미만의 경우에는 학교폭력예방법상 처분과 소년법상 보호처분, 형법상 형사처벌이 모두 가능해지는데 학교폭력예방법상 처분은 교육청이나 학교 등 교육당국에 학교폭력 신고를 하였을 때 진행되고, 형사처벌이나 소년법상 처분은 경찰에 신고나 고소 및 고발을 하면서 진행된다는 점에서 차이가 있다. 경찰에 신고나 고소 및 고발을 하면 수사결과를 본 검찰은 이에 대해 직접 기소를 할지 아니면 소년법원으로 송치를 할지 결정을 하게 되고, 소년법원에 송치를 한다면 소년법상 보호처분으로, 검찰이 직접 기소를 한다면 형사처벌로 결론지어질 수 있게 된다.

소년법원으로 사건이 송치될 경우 소년부 판사가 보호처분 결정의 전권을 가지는데 현행 소년법상 소년법원에서 피해자의 목소리가 재판정에서 반영될 수 있는 제도가 전무하다는 것이 오랫동안 문제가 되고 있다. 소년법원은 소년부 판사와 가해자, 가해자 학부모, 가해자의 대리인인 변호사가 참석하며 피해자나 피해자 가족, 피해자 대리인인 변호사는 별도의 소송참가 신청을 하지 않는 한 참석하고 진술하는 것이 법률상 보장되고 있지 않다. 실제 소년부 재판의 경우 학교폭력 피해자에게 소년부 재판 진행 절차나 결과가 전혀 통지되지 않는다는 점에서 학교폭력 피해자가 소년부 재판에 소송참가를 할 방법이 전무한 형편이다. 이로 인하여 소년법원에서의 결정이 가해자에게 온정주의적으로 결말지어질 가능성이 높다는 점에서 법제도 개선에 대한 목소리가 최근 높아지고 있는 추세이다.

소년법

제32조(보호처분의 결정) ①소년부 판사는 심리 결과 보호처분을 할 필요가 있다고 인정하면 결정으로써 다음 각 호의 어느 하나에 해당하는 처분을 하여야 한다.

1. 보호자 또는 보호자를 대신하여 소년을 보호할 수 있는 자에게 감호 위탁
2. 수강명령
3. 사회봉사명령

4. 보호관찰관의 단기(短期) 보호관찰

5. 보호관찰관의 장기(長期) 보호관찰

6. 「아동복지법」에 따른 아동복지시설이나 그 밖의 소년보호시설에 감호 위탁

7. 병원, 요양소 또는 「보호소년 등의 처우에 관한 법률」에 따른 소년의료보호시설에 위탁

8. 1개월 이내의 소년원 송치

9. 단기 소년원 송치

10. 장기 소년원 송치

제53조(보호처분의 효력) 제32조의 보호처분을 받은 소년에 대하여는 그 심리가 결정된 사건은 다시 공소를 제기하거나 소년부에 송치할 수 없다.

2. 사형, 무기형 → 최대 15년 이하 유기징역(다만 특정강력범죄의처벌에 관한 법률 제4조에 해당하는 범죄인 살인, 강도, 강간치상 등의 범죄의 경우 20년 이하 유기징역)

한편 아래의 각국의 형사미성년자 연령 제한을 보면 형사미성년자 연령 제한은 각국의 입법사항으로 각국의 사정에 따라 각기 다르게 운용되고 있음을 알 수 있다.

국가	형사미성년자 기준
영국	만 10세
미국	주마다 다름(만 6세 ~ 만 12세)
캐나다	만12세
프랑스	만 13세
독일	만 14세
스웨덴	만15세
중국	만 16세

〈표 1〉 각국의 형사미성년자 연령 제한

[학교폭력관련 법적 현실과 학교현장에서의 회복적 사법 실현 방안]

박상수 변호사

Ⅰ. 교실로 찾아온 법원과 경찰

지난 2018년 진행된 교육부의 학교폭력실태조사에 따르면 교육지원청으로 기능이 이관되기 전에 학교에서 학내폭력 사건을 다뤘던 학교폭력대책자치위원회 심의에 올라간 학교폭력 사건은 지난 2018년 기준으로 3만 2632건에 달했다. 5년 전인 2014년(1만 9521건)에 비해 67% 증가한 수치로 2015년 1만 9968건, 2016년 2만 3673건, 2017년 3만 1240건으로 매년 증가했다.

(학교폭력 특별교육 실효성 의문⋯가해학생 재발건수 오히려 늘어, 아시아경제, 2020. 10. 5.)

학교폭력 재발건수 또한 2016년부터 2018년까지 지속적으로 상승하였고, 학교폭력 문제의 양상도 집단화, 흉폭화 되어가는 모습을 보이고 있다. 또한 학교폭력 문제 발생을 목격한 이후 방관했다는 비율은 2017년 20.3%에서 2018년 이후 30%대로 급상승했다. 학교폭력 예방을 위한 많은 노력이 있었지만 학교폭력 건수와 재발률은 여전히 큰폭으로 증가하고, 방관자 비율도 증가하면서 피해자들의 소외는 심화되고 있는 실정이다.

학교폭력의 증가는 발생 건수와 다른 새로운 문제점을 야기하고 있는데 2012년 학교폭력 예방법이 시행된 이후 학교폭력자치위원회 또는 학교폭력대책심의위원회(이하 "학폭위")의 개최가 의무화되면서 종래 교육 자치적 측면에서 해소되었던 학교폭력의 문제가 행정법상 처분으로서 법적 문제로 변화하기 시작하였다. 이는 자연스럽게 학교 현장의 문제들이 법적 분쟁으로 비화되는 결과로 초래되었는데 교육부의 발표에 따르면 2020년에서 2022년까지 단 2년간 학폭위 처분에 대한 불복 심판과 소송이 두배 늘어난 것이 이를 입증한다.

학교폭력 문제에 대한 법적 분쟁이 증가하면서 교사에 대한 민·형사상 법적 쟁송을 청구하는 경우도 증가하고 있다. 특히 2014년 아동학대법이 제정되고, 2016년 아동학대법 시행일인 2014년 9월 이전에 공소시효가 완료되지 않은 아동학대 사건의 경우 아동이 성인이 된 이후 공소시효가 진행하는 아동학대법 소급적용이 대법원 판결로 확정된 이후(2016. 9. 28. 선고 2016도7273) 교사와 학부모 간의 법적 분쟁이 급증하고 있는 양상이다.

2012년 이후 근 10년간 학교는 수사기관과 법률전문가들이 활동하는 장이 되었고, 교사와 학교 등 교육 당국은 쟁송의 상대방으로 급격히 변화하고 있는데 여전히 과거에 머물러 있는 학교 현실로 인해 일선에서 학생과 학부모를 상대해야 하는 교사들과 학교폭력 피해자들의 어려움이 가중되고 있는 상황이다.

Ⅱ. 현행 학교폭력 법제도에서 피해자가 겪어야 하는 어려움

학교폭력은 형사상 범죄의 구성요건을 구성한다 해도 가해자가 미성년자에 학생이란 특징 때문에 행정처분으로서의 교육청 학교폭력대책심의위원회(이하 "학폭위")의 처분과 수사기관에 신고 또는 고소를 할 경우 수사기관의 수사를 기반해 소년법원에 송치가 된다면 소년법상 보호처분, 형사절차가 진행된다면 형사처벌이 각각 가해질 수 있다.

따라서 117 신고 등이나 고소가 접수되는 경우가 아니라면 대부분 행정법상 처분인 교육청 학폭위를 통해 사건이 진행되는데 이 때 경미한 학교폭력의 경우 2021년부터 학교장 종결처리제도가 도입되었다. 그러나 이 경우에도 피해자가 원한다면 반드시 학폭위가 열리도록 규정되어 있다.

학폭위 처분이 진행되기 전에는 각 학교의 학교폭력전담업무를 시행하는 교사와 담임교사가 초동 조사를 하게 되는데 이때 교사들에게 직·간접적으로 조사를 강제할 권한이 전혀 존재하지 않는다. 이는 학폭위도 마찬가지이다. 결과적으로 학교폭력이 발생할 경우 피해자가 피해 사실에 대한 충분한 증거를 확보하지 못하고, 가해자가 가해 사실을 일관되게 부인한다면 학교폭력 사실이 인정되지 못하는 경우가 태반이다.

실제 복수의 가해자가 있을 때 가해 사실을 인정한 가해자에게는 학폭위상 처분이 내려지고, 끝까지 가해사실을 부정한 가해자에게는 아무런 처분이 내려지지 않는 경우도 자주 발생한다. 결국 법률적 조언을 받는 가해자의 경우 피해자에게 확실한 증거가 존재하지 않는다고 판단된다면 가해 사실 자체를 전면 부인하며 최소한의 사과도 하지 않는 일이 반복되며 교육 현장에서 학교폭력의 문제를 교육적 문제로 풀어갈 가능성이 사라져 버리는 결과로 이어지고 있다.

피해자와 그 학부모 역시 학교폭력 피해로 고통을 받는 상황에서도 직접 학교폭력의 증거와 증인을 수집하기 위해 백방으로 뛰어 다녀야 하며 이러한 과정에서 그 고통이 더욱 가중되는 상황이다.

더구나 학폭위 처분이 있다 하여도 이러한 처분이 내려질 경우 가해학생은 이러한 처분에 불복하여 행정심판 또는 행정소송을 제기할 수 있다. 이러한 본안사건이 진행되기 전에 가해학생은 학폭위 처분에 대한 집행정지를 신청할 수 있는데 해당 처분의 당부에 대한 취소소송

이 진행 중이고 돌이킬 수 없는 피해가 발생할 수 있음을 충분히 소명한다면 집행정지가 인정되는 경우가 많다. 최근 강득구 의원실의 발표에 따르면 학교폭력 불복사건의 집행정지 인용율은 58%에 달한다.

집행정지가 이뤄진 상태에서 학교폭력예방법 상의 처분에 대한 취소소송을 최대한 오래 진행한다면 극단적인 경우 가해학생이 상급학교에 진학할 때까지 집행정지의 효력을 유지시킬 수 있다.

현재 이러한 맹점을 이용하여 학교폭력 가해자를 적극적으로 대리하는 사안도 증가하는 추세이고, 학교폭력 가해자들 역시 이러한 방법을 알고 있어 학교폭력 피해자에게 처분이 나와도 집행정지하면 그만이라고 말하는 경우도 다수 생겨나고 있는 실정이다.

학교폭력 사건의 집행정지를 금지하는 것은 불가능하며, 학폭위의 결정은 법적으로 처분의 성격만을 지니고 있는 바, 이에 대한 종국적인 당부 판단을 위해 행정심판과 행정소송으로 다투는 것을 막을 수 없고, 그러한 종국적인 판단이 이뤄지기까지 회복하기 어려운 손해가 있고, 긴급한 필요가 있다면 집행정지 결정이 나오는 것을 막을 수는 없다. 다만 법원은 학교폭력 사안의 경우 피해자의 삶과 인간적 존엄성과 연계되고, 이러한 결정과 재판의 지연 등으로 피해자 역시 돌이킬 수 없는 피해를 입을 수 있다는 점에서 가급적 집행정지 결정을 하는데 신중해야 하고, 교육당국 역시 학폭위의 결정에 대해 집행정지 결정이 나오지 않도록 최선의 노력을 다할 필요가 있을 것이다.

Ⅲ. 현행 학교폭력 법제도에서 교사가 겪는 어려움

아동학대 사건에서 의사는 법상 신고 의무가 존재하는 직역이다. 그러나 의사에게 조사와 처분 그리고 아동 보호의 의무를 동시에 지우지 않는다. 이러한 조치는 수사기관 등 다른 기관이 담당할 일이다. 이에 의사들은 아동학대가 의심되면 신고를 하는 것을 게을리 하지 않는 편이다.

반면 학교폭력 사건에서는 아동학대 사건과 달리 교사에게 신고와 조사 및 보호처분의 책임을 모두 지운다. 교사에게 아무런 권한을 주지 않고 면책요건도 부여하지 않으면서 조사 및 보호처분의 책임까지 지우고 있는 것인데 이러한 상황이 교사들에게 매우 어려운 현실을 가져오고 있으며, 학교폭력 문제가 공정히 해결되지 못하게 한다. 교사들은 현재 학교폭력 조사 과정에서 가해사실을 확인하거나 사과문 작성 등 자치적 해결을 도모하다 아동학대죄로 고소당하기도 하고, 학폭위로 사건을 회부한다고 무고죄로 고소당하기도 하며, 학교폭력 사실을 단순히 알렸다고 사실적시 명예훼손죄로 고소당하기도 한다. 학부모에 의한 이러한 고소 사건이 최근 급증하면서 학교폭력 업무에 대한 기피와 교사직 퇴직 등이 줄을 잇는 것이 현실이다.

이에 학교폭력 현장에서도 신고의 의무는 교사에게 부담시키되 조사는 SPO 등 수사기관이 보호처분은 소년법원 등의 사법기관이 역할을 나누어 맡도록 하는 것이 바람직하다 사료된다. 실제 미국, 캐나다 등에서는 학교폭력 사건에 있어 이러한 방식의 프로세스가 작동하고 있다.

Ⅳ. 제언 – 처벌 만능주의가 아닌 회복적 사법의 실현 방안

학교폭력사건 발생시 엄벌주의가 모든 문제를 해결할 전가의 보도처럼 논의되면서 학교폭력에 대한 처벌과 불이익의 인플레이션을 점점 심화되어 가고 있다. 그러나 그렇다 하여 그것이 딱히 균형잡힌 처벌과 불이익의 인플레이션은 아니다 보니 새로운 모순에 의한 파열음이 발생하고 있다. 예컨대 처벌과 불이익을 인플레이션 시키면서 한편으로 학폭위 처분에 대한 집행정지 남발을 방치하고, 불복 소송으로 시간 끌기를 방치함으로써 그나마 엄벌주의가 가져올 위하라는 순기능이 소멸되는 것이나 학생부에 절대 기재되지 않는 형사처벌이나 소년보호처분과 학생부에 기재되는 학폭위 처분이 가져오는 불이익의 불균형 문제가 여전히 해결되지 않는 것 등이 대표적이다.

엄벌주의는 제2차세계대전 이후 세계 형법학의 흐름에도 동떨어진 대응책이라 할 수 있다. 제2차세계대전 이후 형사법계에서는 형벌의 목적을 단순한 응보적 처벌이 아닌 교화를 목적으로 하는 견해가 주류를 이루고 있다. 교육의 목적이 더욱 큰 학교에서 발생하는 학교폭력의 문제에서는 더욱 교화적 목적이 실현될 필요가 있다.

특히 최근 형사법계에서는 형벌의 목적을 교화에 두는 교육형 주의 외에 범죄의 발생으로 변화하게 된 가해자, 피해자 그리고 학교 사회를 범죄 발생 이전으로 되돌리는 회복적 사법이론이 주목을 받고 있습니다. 회복적 사법 이론은 가해자에 대한 교화의 범위를 확장하여 피해자와 주변 사회까지 치유하는 것을 형사법체계의 목적으로 삼는 것이다.

교육적 목적이 강하게 요구되는 학교 현장에서는 보기에만 선명한 엄벌주의보다 회복적 사법 이론의 적용이 더욱 필요하다. 이러한 교육적이며 미래지향적 해결책을 도모하며, 한편으로 현장에서 학교폭력의 문제가 더 곪아터지지 않도록 아래와 같은 입법이 도입될 필요가 있다.

1. 학교폭력 사건에 대한 피해자 통지제도 강화 및 피해자 진술제도 필요적 보장

금년 교육부에서 학교폭력 대책을 발표하며, 학폭위 처분에 대해 가해자가 불복을 한다면 이를 피해자에게 통지하는 제도를 도입하겠다고 발표하였다. 늦은 감은 있지만 피해자 보호를 위해 상당히 필요한 사안이 도입되었다 하겠다. 그러나 여전히 소년법원에 송치된 소년사건이나 인지사건으로 진행되는 형사사건에서는 처분의 결과나 기소여부가 피해자에게 통지되지 않고 있다. 이는 피해자의 소송참가 권한이나 불복 권한을 심대하게 약화시킨다. 피해자는 가해자에 대해 불기소나 기소유예 또는 보호처분이 있어도 이 사실을 본인이 정보공개청구 등을 하지 않는 한 알 방법이 없는 현실이 여전히 개선되지 않고 있으며, 그 과정에서 제도로부터 소외되었고 버려졌다는 생각을 가질 수 밖에 없게 된다. 이는 피해자가 치유되고 학교 공동체가 피해 사실이 발생되기 이전으로 돌아가기 어렵게 하는 결과로 이어지고 있다. 따라서 소년법상 소년보호사건과 형사사건으로서 인지사건의 경우에도 피해자에게 처분결과나 기소 여부가 통지될 수 있도록 해야할 것이다.

더불어 학교폭력 관련 사건들이 법원이내 행정심판위원회에서 진행될 때 피해자의 진술권이 충분히 보장될 필요가 있다. 현재 우리나라의 학폭위 불복 사건이나 소년보호 사건에서 가해자는 충분한 진술권이 보장되는 반면 피해자는 별도의 소송참가 등을 신청하지 않는 경우 진술권이 보장되지 않는 것이 현실이다. 이러한 현실은 가해자에 대한 온정적인 처분이나 결론이 나올 수 있을 가능성을 높이고 피해자와 그 가족의 억울함을 가중시키고 있다. 따라서 학폭위 처분에 대한 행정심판과 행정소송 그리고 소년보호사건에서 피해자 진술을 필요적 절차로 규정하는 것이 필요하다.

2. 강제수사권이 없는 교사에게 조사를 위한 권한 부여

학교폭력 사건의 1차적인 조사기관은 아무리 제도가 변화해도 교사이다. 그러나 교사는 학교폭력 사건 조사에 있어 아무런 법적 권한이 없다. 경찰 등 수사기관은 강제수사권이 있는 반면 교사에게는 이러한 권한이 없다. 따라서 교사의 조사에 대해 학교폭력 가해자와 피해자 모두 불만이 생기고, 조사에 있어 합법적 절차를 마련하기 조차 힘들다.

우리 법에서 행정부가 사안에 대해 조사를 할 권한을 부여하면서 이토록 그 권한을 담보할 제도를 하나도 마련하지 않은 경우를 살펴보기 힘들다. 예컨대 공정거래위원회의 조사관들은 임의조사를 하지만 기업들은 이러한 조사에 모두 응한다. 그것은 바로 아래의

공정거래법 상 규정 때문이다.

"제124조(벌칙) ①다음 각 호의 어느 하나에 해당하는 자는 3년 이하의 징역 또는 2억원 이하의 벌금에 처한다.

13. 제81조제2항에 따른 조사 시 폭언·폭행, 고의적인 현장진입 저지·지연 등을 통하여 조사를 거부·방해 또는 기피한 자"

이러한 조사방해 규정이 있기에 공정거래위원회의 조사가 실효성을 지니게 되는 것이다. 현재 학교폭력 현장에서 교사의 조사행위에 대한 방해가 있다하여 이를 규제할 규정이 전무한 실정이다. 기껏해야 교권보호위원회 제도가 마련되어 있지만 이 또한 행정법상 처분에 머무르는 경우가 대부분이라 실질적으로 교사의 권한이 제대로 실현되는 것을 보장해주지 못하고 있다. 따라서 학교폭력 사건 등에 있어 조사 기능을 수사기관 등에 이양하는 것이 어렵다면 최소한 공정거래법 상 조사방해죄 조항과 같은 벌칙 조항이 입법될 필요가 있다.

3. 담임 및 학교폭력전담교사의 처우 개선

현재 학교현장에서 학교폭력 사건 등을 전담하다시피 하는 담임 및 학교폭력 전담교사 업무를 수행하는 교사에 대한 처우가 매우 미미한 실정이다. 많은 학교 현장에서 학교폭력 전담교사는 저년차 교사가 담당하는 경우가 많고, 담임교사 역시 기피 업무 중 하나가 되어버린지 오래이다. 학교폭력 문제는 교육적인 경험이 많고 노련한 교사가 사안을 사법적 해결의 대상으로 끌고 가지 않을 가능성이 높다는 점에서 이러한 교사들이 전담교사를 맡을 수 있을 만큼 충분한 인센티브 제공이 가능한 처우 개선이 이뤄져야 한다.

현재 우리나라의 학교는 학생수 감소 등으로 학생 1인당 태블릿 PC가 한 대씩 제공될 수 있을 정도로 물적 시설이란 측면에서는 선진국 수준에 환경 개선이 이뤄지고 있다. 반면 인적 자원에 대한 투자는 인색하기 짝이 없고 이로 인해 학교 현장의 문제가 더 심해지고 있다. 이에 교육 당국에서는 학교폭력 등의 업무를 담당하는 교사들에 대한 처우를 획기적으로 개선하여 학교폭력 문제와 교권 침해 문제 등에 대한 문제를 근본적으로 개선해 나가야 한다.

학교내 사건에 대한 가장 올바른 해결 방법은 예방적이고 교육적인 해결이라 할 수 있다. 따라서 학교 현장에서는 학교에서 발생할 수 있는 각종 분쟁들에 대해 유형별로 현황과 대응 방안 등이 적절히 교육될 필요가 있다. "법의 무지는 용서받지 못하"기에 "법의 무지"를 줄이기 위한 노력도 지속되어야 한다. 학교 현장과 관련한 법제도는 지금까지 수차례 손질되는 과정에서 땜빵식 처방으로 누더기가 되어가고 있다. 이러한 법제도에 대해 보다 장기적 안목으로 체계적으로 고쳐나가기 위한 노력이 그 어느 때보다 요구된다 하겠다.

Q. 최근 소년범죄의 급증과 함께 형사미성년자의 연령을 하향하거나 소년범에게 적용되는 소년법의 폐지를 요구하는 주장이 생겨나고 있다. 형사미성년자 연령 하향 또는 소년법 폐지 등을 통하여 소년범죄 처벌을 강화하는 것에 대하여 찬반의 견해를 밝히고 그 이유를 말하시오.

접근전략 소년범죄에 대한 처벌을 완화하는 소년법은 특별예방주의의 사상을 소년범에게는 보다 강하게 적용하는 것이라 할 수 있다. 소년범의 경우 처벌을 받고도 어린 경우가 많고 아직은 충분히 교육을 받지 못한 상태에서 저지른 범죄행위라는 점에서 교화의 가능성이 크다는 것이 그 이유로 논해지고 있다. 다만 최근 미성년자 범죄의 흉폭화와 학교폭력이 점점 더 심각해지면서 소년법의 폐지까지 주장되고 있는 실정이다. 그러나 소년법 폐지 등을 주장한다 해도 미성년자를 평생 격리시킬 수 없다면 격리와 처벌의 강화가 소년범의 재범 방지 등에 도움이 될 수 있을지에 대해 답변할 수 있어야 한다.

NO 6

실체적 진실 발견주의와
적법절차의 원칙

◈◈◈

형사소송은 인류역사에서 오랫동안 범죄자를 찾아내는 실체적 진실 발견을 목표로 구성되어 왔다. 중세 봉건 시대를 지나 근대 초기까지 이러한 목표는 변하지 않았는데 일제시대의 우리나라를 비롯하여 제국주의 시대 거의 모든 국가들에서 수사의 수단으로 고문이 활용되었다는 점도 이러한 목표에서 기인한다.

중세 봉건 시대까지 인류의 형사재판은 소추기관인 검사와 심판기관인 판사가 일원화되어 있는 규문주의 형사재판구조로 구성되었다. 규문주의 형사재판에서 피의자나 피고인은 자신의 진술을 번복한다 해도 이것이 소추기관이자 재판기관인 존재에게 받아들여질 가능성이 높지 않았다. 또한 소추기관으로서 수사에 고문 등의 방법이 활용된다 하여도 소추기관과 심판기관이 일원화된 구조이다 보니 고문에 의해 수집된 증거의 증거능력이 부정될 일도 없었다. 피의자 또는 피고인에 대한 변호인 제도가 제대로 확립되지 못한 국가들도 많아서 피의자 또는 피고인의 방어권이 제대로 보장되지도 못하였다.

그러나 근대 형사법이 확립되면서 소추기관과 재판기관을 분리하고 소추기관에 대응되는 변호인 제도가 점차 확립되는 탄핵주의 형사재판구조가 규문주의 형사재판구조를 대체하기 시작하였다. 탄핵주의 형사재판구조는 소추기관과 재판기관의 분리를 통해 소추기관의 위법한 수사를 제재할 토대가 마련되었고, 변호인 제도의 확립을 통해 피의자 또는 피고인의 방어권이 보장될 계기를 마련하였으나 여전히 실체적 진실 발견 주의가 형사사법의 주요 원리로 작동하는 상황에서 수사기관 또는 소추기관이 불법적인 절차로 수사를 진행하고 소추를 하였더라도 그 수사된 결과가 실체적 범죄 사실을 입증하기만 한다면 유죄 판결을 내리는 것은 계속되었다. 그 결과 탄핵주의 형사재판구조가 확립된 이후에도 여전히 수사기관에 의한 강압수사와 심지어 고문이 자행되었고 그런 과정에서 실체적 진실이 기어코 발견되는 경우도 있었지만 권력자의 자의에 형사법이 도구로 활용되며 누명을 쓴 억울한 사람이 다수 양산되기도 하였다.

이에 형사사법에 있어 정의는 실체적 진실의 발견도 중요하지만 "열 사람의 도둑을 놓치더라도 한 사람의 억울한 사람을 만들지 않는 것이 중요하다"는 법언처럼 적법절차를 준수하며, 억울한 사람이 최대한 생기지 않도록 하는 적법절차의 원칙의 준수가 실체적 진실의 발견보다 중요하다는 주장이 점차 힘을 얻게 되었다. 우리나라 역시 과거 일본 제국주의 식민지배 당시 독립운동가들에 대해 자행된 고문행위, 군부독재 시절 민주화 투사들에게 행해진 수사기관의 고문행위 등이 야기한 무수한 부작용들에 대한 반성 끝에 2007년 형사소송법을 전면 개정하며 형사소송법의 기본 정신을 실체적 진실 발견 주의에서 적법절차의 원칙으로 변경하게 되었다.

☑ 적법절차 원칙 적용의 대표적 사례 - 미란다 고지

형사소송법
제244조의3(진술거부권 등의 고지) ①검사 또는 사법경찰관은 피의자를 신문하기 전에 다음 각 호의 사항을 알려주어야 한다.

1. 일체의 진술을 하지 아니하거나 개개의 질문에 대하여 진술을 하지 아니할 수 있다는 것
2. 진술을 하지 아니하더라도 불이익을 받지 아니한다는 것
3. 진술을 거부할 권리를 포기하고 행한 진술은 법정에서 유죄의 증거로 사용될 수 있다는 것
4. 신문을 받을 때에는 변호인을 참여하게 하는 등 변호인의 조력을 받을 수 있다는 것

②검사 또는 사법경찰관은 제1항에 따라 알려 준 때에는 피의자가 진술을 거부할 권리와 변호인의 조력을 받을 권리를 행사할 것인지의 여부를 질문하고, 이에 대한 피의자의 답변을 조서에 기재하여야 한다. 이 경우 피의자의 답변은 피의자로 하여금 자필로 기재하

게 하거나 검사 또는 사법경찰관 이 피의자의 답변을 기재한 부분에 기명날인 또는 서명
하게 하여야 한다.

Miranda v. Arizona 사건

1963년 미국 애리조나주 피닉스에서 18세 여성을 강간한 죄로 체포된 에르네스토 미란다
(Ernesto Miranda, 1941~1976) 관련된 사건으로 미란다 원칙이 확립되게 된다. 미란다는 1963
년 8월 은행에서 8달러를 강취한 혐의로 체포되었는데, 이를 자백하는 과정에서 여죄로 18세
소녀를 강간했다고 진술하였다. 이후 재판과정에서 미란다의 변호인은 이러한 여죄 자백 당
시 변호사가 같이 입회하지 않았고, 진술거부권에 대한 법적 권리를 충분히 고지받지 못했기
에, 미란다가 수사기관에서 진술한 내용을 담은 진술서가 증거가 될 수 없다고 주장했다.

상급법원인 애리조나 주 법원은 미란다의 주장을 받아들이지 않고 유죄를 선고하였으나
1966년 미국 연방대법원은 미란다가 미국 수정헌법 제5조의 불리한 증언을 하지 않아도 될
권리와 제6조의 변호사 조력을 받을 권리를 침해당했다고 하였다. 연방대법원은 경찰 심문
중에 변호인의 도움을 받을 권리가 충분히 보장되지 않았고, 진술거부권도 여러 면에서 효과
적으로 보장되지 못했으며, 단순히 진술서에 피고가 자신의 법적 권리를 충분히 안다고 기재
하는 것만으로는 피고가 그의 헌법상 권리를 포기한다고 보기 어려우므로 자백이 적힌 진술
서는 증거능력을 가지지 못한다고 판시하며, 5대 4로 애리조나 주 법원의 판결을 파기하고
사건을 다시 애리조나 주 법원으로 환송했다. 이후 미란다는 다른 보강 증거가 인정되어 10
년형을 선고받게 되었으나 이 사건으로 인해 형사법 절차에 있어 적법절차원칙의 중요성이
주목받기 시작하였다.

위법수집증거배제법칙과
독수독과 이론

◈◈◈

01 위법수집증거배제원칙

형사소송법

제308조의2(위법수집증거의 배제) 적법한 절차에 따르지 아니하고 수집한 증거는 증거로 할 수 없다. [본조신설 2007. 6. 1.]

2007년 형사소송법의 전면 개정 이전 까지 우리나라 형사소송법과 대법원의 태도는 형사소송에 있어 실체적 진실 발견주의를 따르고 있었다. 이를 상징하는 대표적인 판례 이론이 대법원의 반복되는 판례를 통해 확립된 성질·형상 불변론이다. 성질·형상 불변론을 따르는 아래 대법원 판례를 보면 영장없는 압수수색으로 확보된 증거로서 그 수사 절차가 위법하였더라도 유죄의 증거라는 성질과 형상이 변하는 것은 아니므로 수사절차 상의 위법성으로 인해 증거의 증거능력이 상실되지 않는다는 입장을 보였다.

대법원 1987. 6. 23. 선고 87도705

"사법경찰관이 압수수색 영장없이 수색 압수하였음은 소론과 같으나 압수물은 압수절차가 위법하다 하더라도 그 물건 자체의 성질, 형상에 변경을 가져오는 것은 아니어서 그 형상 등에 관한증거가치에는 변함이 없다 할 것이므로 증거능력이 있다 할 것이고(당원 1968. 9. 17. 선고 68도932 판결 참조) 위 증 제1호가 사법경찰관이 피고인 몰래 압수장소에 숨겨두었다가 압수한 조작된 증거라고 인정할 자료는 기록상 찾아볼 수 없다. 따라서 피고인의 검찰에서의 자백이 임의성 있는 자백이고 다른 증거들에 의하여 위 자백사실이 진실한 것이라고 판단한 원심의 조치는 정당하고 거기에 소론과 같은 법리오해 내지 채증법칙을 위배한 위법이 있다 할 수 없다."

이러한 성질·형상 불변론에 따를 경우 진술거부권 미고지, 압수·수색 영장이 없는 압수·수색, 체포영장이 없는 체포 등이 있는 상태에서 수집된 증거능력이 부정되지 않았고 수사기관은 굳이 형사소송법이 정한 적법절차를 따를 필요가 없었다. 그 결과 수사기관에 의한 강압수사와 위법한 수사관행, 권위주의적 수사, 더 나아가 고문 등의 명백히 불법적인 수사가 이뤄지는 경우가 많았고 이와 같은 위법한 수사를 기반으로 유죄가 확정되는 경우도 많이 발생하였다. ― 물론 2007년 이전에도 명백한 고문에 의한 수사로 얻은 증거의 경우 증거능력이 부정되었지만 수사에 있어 적법절차를 중요시하지 않는 분위기상 재판과정에서 고문의 사실 등이 은폐되는 경우가 많았다. ―

이에 2007년 형사소송법이 적법절차원칙을 따르는 방향으로 크게 변경된 이후 일련의 전원합의체 판결을 통해 이전의 성질·형상 불변론에 해당하는 판례의 입장이 180도 변경되었다. 애초 개정된 형사소송법에는 이전까지 우리나라 형사소송법에 존재하지 않았던 위법수집증거배제법칙이 규정됨으로써 적법절차를 지키지 않은 수사를 통해 얻은 증거의 증거능력이 모두 상실되도록 하였다.

일반적으로 법률 전공자들이 아닌 경우 법률 용어를 쓴다면 정확히 사용할 수 있어야 한다. 형사법의 증거와 관련하여서 증거능력과 증명력은 단어는 비슷하지만 그 의미는 전혀 다르다는 점에서 두 용어를 혼동해서는 안될 것이다. 증거능력은 형사소송의 증거로서 쓰일 수 있는지 유무를 말하는 것이고, 증명력은 우선 증거능력이 있는 증거중 유죄 또는 무죄의 증거로 어느 정도 신빙성 있냐를 지칭하는 말로서 이들 용어 사용시 유의해야 하겠다.

2007년 형사소송법의 전면개정이후 위법한 수사에 의해 수집된 증거는 증거능력을 상실하게 되었다. 여기서 더 나아가 위법한 수사에 의해 수집된 증거로부터 도출된 증거의 증거능력도 상실된다는 독수독과의 원리(독나무에서 열린 열매도 독이 있다는 원리)가 우리 형사사법에도 전면 적용되게 되었다. 그러나 독수독과의 원리가 너무 전면적으로 적용될 경우 실체적 진실 발견이라는 형사사법의 목표가 너무 심하게 형해화될 수 있다는 비판이 제기되면서 최근 우리 대법원은 법원에서 피고인의 진술과 같은 경우 위법성이 희석되었다는 이론에 따라 독수독과에 해당하더라도 증거능력을 인정하는 등 독수독과의 원리의 예외 사항을 판례를 통해 확립해 나가고 있다.

🔨 참조 판례

대법원 2007. 11. 15. 선고 2007도3061 전원합의체 판결

'수사기관의 절차 위반 행위가 적법절차의 실질적인 내용을 침해하는 경우에 해당하지 아니하고, 오히려 그 증거의 증거능력을 배제하는 것이 헌법과 형사소송법이 형사소송에 관한 절차조항을 마련하여 적법절차의 원칙과 실체적 진실 규명의 조화를 도모하고, 이를 통하여 형사 사법 정의를 실현하려고 한 취지에 반하는 결과를 초래하는 것으로 평가되는 예외적인 경우라면, 법원은 그 증거를 유죄 인정의 증거로 사용할 수 있다. 따라서 법원이 2차적 증거의 증거능력 인정 여부를 최종적으로 판단할 때에는 먼저 절차에 따르지 아니한 1차적 증거 수집과 관련된 모든 사정들, 즉 절차조항의 취지와 그 위반의 내용 및 정도, 구체적인 위반 경위와 회피가능성, 절차조항이 보호하고자 하는 권리 또는 법익의 성질과 침해 정도 및 피고인과의 관련성, 절차 위반행위와 증거수집 사이의 인과관계 등 관련성의 정도, 수사기관의 인식과 의도 등을 살피는 것은 물론, 나아가 1차적 증거를 기초로 하여 다시 2차적 증거를 수집하는 과정에서 추가로 발생한 모든 사정들까지 구체적인 사안에 따라 주로 인과관계 희석 또는 단절 여부를 중심으로 전체적·종합적으로 고려하여야 한다'

형사사법의 민주적 정당성 제고 방안

✧✧✧

2007년 형사소송법에 대한 전면 개정이 있었지만 여전히 우리나라 수사기관 및 형사사법 절차의 비민주성과 검찰권력의 비대화, 검경 등 수사기관에 대한 견제 및 감시 수단 미비 등이 비판점으로 논해지고 있다. 이에 2007년 형사소송법 전면 개정 이후에도 우리나라 형사사법의 민주적 정당성을 제고하는 다양한 방안들이 논의되어 왔다. 그중 우선 우리나라 형사재판의 민주적 정당성을 강화하기 위하여 독일식 참심제와 영미법식의 배심제의 도입이 지속적으로 논의되어 왔다.

독일식 참심제의 경우 법관이 아닌 국민이 합의부 중 일원으로 참여하는 것으로 우리나라의 경우 아래의 헌법 제27조 제1항에 정면으로 위반될 소지가 있기에 개헌을 하지 않는 한 법률로서 도입이 불가능한 제도이다.

헌법

제27조 ①모든 국민은 헌법과 법률이 정한 법관에 의하여 법률에 의한 재판을 받을 권리를 가진다.

반면 영미법식 배심제의 경우 형사사건의 사실심 결정을 무작위 추첨으로 선발된 배심원이 결정하고 법률심을 법관이 판단하는 형식의 공판제도로서 배심원들이 공판에서 밝혀진 증거를 통해서 형사사건의 사실관계를 판단하므로 자연스럽게 공판중심주의와 증거재판주의가 실현될 수 있다는 점에서 도입에 대한 지지가 높았던 제도이다.

그러나 대륙법적 전통을 지닌 우리나라의 특성상 그리고 배심제도가 항상 실체적 진실의 발견에 부합하는 결론을 도출하지는 않고 오히려 공판정에서 오도된 여론에 따라 결정되는 경우도 있다는 점 등에 비추어 배심제도와 비슷한 국민참여재판제도를 도입하되, 국민참여 재판에 참여하는 배심원들의 판단을 법관은 참조할 수 있을 뿐 법관이 배심원의 결정에 기속 되지 않는 제도로서 운용하게 되었다.

국민의형사재판참여에관한법률

제5조(대상사건) ①다음 각 호에 정하는 사건을 국민참여재판의 대상사건(이하 "대상사건"이라 한다)으로 한다. 〈개정 2012. 1. 17.〉

1. 「법원조직법」 제32조제1항(제2호 및 제5호는 제외한다)에 따른 합의부 관할 사건
2. 제1호에 해당하는 사건의 미수죄·교사죄·방조죄·예비죄·음모죄에 해당하는 사건
3. 제1호 또는 제2호에 해당하는 사건과 「형사소송법」 제11조에 따른 관련 사건으로서 병합하여 심리하는 사건

②피고인이 국민참여재판을 원하지 아니하거나 제9조제1항에 따른 배제결정이 있는 경우 는 국민참여재판을 하지 아니한다

제46조(재판장의 설명·평의·평결·토의 등) ①재판장은 변론이 종결된 후 법정에서 배심원에게 공소사실의 요지와 적용법조, 피고인과 변호인 주장의 요지, 증거능력, 그 밖에 유의할 사항 에 관하여 설명하여야 한다. 이 경우 필요한 때에는 증거의 요지에 관하여 설명할 수 있다.

②심리에 관여한 배심원은 제1항의 설명을 들은 후 유·무죄에 관하여 평의하고, 전원의 의 견이 일치하면 그에 따라 평결한다. 다만, 배심원 과반수의 요청이 있으면 심리에 관여 한 판사의 의견을 들을 수 있다.

③배심원은 유·무죄에 관하여 전원의 의견이 일치하지 아니하는 때에는 평결을 하기 전에 심리에 관여한 판사의 의견을 들어야 한다. 이 경우 유·무죄의 평결은 다수결의 방법으 로 한다. 심리에 관여한 판사는 평의에 참석하여 의견을 진술한 경우에도 평결에는 참여 할 수 없다.

④제2항 및 제3항의 평결이 유죄인 경우 배심원은 심리에 관여한 판사와 함께 양형에 관하

여 토의하고 그에 관한 의견을 개진한다. 재판장은 양형에 관한 토의 전에 처벌의 범위와 양형의 조건 등을 설명하여야 한다.

⑤제2항부터 제4항까지의 평결과 의견은 법원을 기속하지 아니한다.

⑥제2항 및 제3항의 평결결과와 제4항의 의견을 집계한 서면은 소송기록에 편철한다.

한편, 수사권과 기소권을 동시에 지니고 있어 유독 비대한 권력을 누리고 있다고 평가받는 검찰 개혁과 관련한 사안도 지속적으로 논의되고 있다. 우리나라 검찰제도는 일제시대 법관의 수가 부족할 때 과거 규문주의 전통을 일부 유지하여 법관의 판단을 받을 정도의 사건이 아닌 경우라 판단될 경우 검사가 직접 법관의 역할을 담당하는 예비판사제도로부터 출발한 제도로서 현재도 이는 검찰의 약식명령 권한 등을 통해 유지되고 있다. 또한 당시 사법경찰관들의 근대법의 이해가 높지 않은 상황에서 사법경찰관들에게 전면적인 수사권을 부여하기 어렵다고 판단한 일제 식민지 통치자들이 검사들에게 수사권과 사법경찰관들에 대한 수사지휘권까지 부여하면서 수사권과 기소권, 그리고 일부 사건에서는 법관과 동일한 지위로 약식명령을 발할 수 있는 막강한 권한을 가진 검찰제도가 탄생하여 지금까지 이어지고 있는 것이다.

이에 검찰의 권한이 너무 집중되고 비대하며 이로 인해 형사사법절차의 공정성이 위협받을 수 있다는 점에서 검찰의 권한을 축소하고 검찰에 대한 견제기구를 만드는 방안이 지속적으로 논의되고 있는 것이다. 먼저 대배심제도는 미국 등 영미법계 국가에서 도입되어 있는 제도로서 검찰이 기소를 하기 전에 기소여부에 대하여 추첨으로 선발된 대배심원들에게 묻고 대배심원들의 의견에 따라 기소 여부를 결정하는 제도이다. 검찰의 기소권 행사에 대한 민주적 정당성을 부여할 수 있다는 점과 검찰의 기소권을 견제할 수 있다는 강점이 있으나 미국에서는 대배심의 기소율이 거의 100%에 달하고 있어 제도의 실효성에 대한 의심이 발생하고 있고, 이미 우리나라에서는 재정신청 등을 통해 검찰의 기소권 남용에 대해 통제할 수 있는 제도가 마련되어 있다는 점에서 대배심제도 도입을 통해 검찰제도의 획기적인 개혁이 이뤄질 수 있다는 기대는 높지 않은 상황이다.

더불어 2021년에는 그동안 논의로만 진행되어왔던 형사공공변호인 제도 도입과 관련된 법무부 입법예고가 발표되었다. 형사공공변호인 제도는 수사단계인 피의자 단계에서부터 국가가 지원하여 형사공공변호인을 선임할 수 있도록 하는 것이다. 그러나 이에 대하여는 법조계 내부에서 논쟁이 다수 발생하고 있다. 지난 정부의 집권당인 민주당에서는 피의자를 위한 형사공공변호인과 기소된 이후 피고인을 위한 국선변호인이 분리될 이유가 없고, 국선변호인이 법원의 관할에 있는 것이 적절하지 못하다며 형사공공변호인과 국선변호인 제도를 합쳐 형사사법구조를 일원화하는 입법안을 주장하고 있고, 재야법조계에서는 형사공공변호인이든 기존의 국선변호인이든 충분한 보상이 주어지지 않고 기소를 관할하는 검찰이 소속되어 있는 법무부나 재판을 관할하는 법원이 주관할 경우 변호인의 자유롭고 공정한 변론권행사가 제한될 수 있다는 점에서 형사공공변호인제도의 도입보다는 법률보험제도의 도입이나 대한변호사협회가 주관하여 형사공공변호인 제도나 국선변호인 제도를 운영하는 것을 대안으로 주장하고 있다.

☑ 재정신청

형사소송법

제260조(재정신청) ①고소권자로서 고소를 한 자(「형법」 제123조부터 제126조까지의 죄에 대하여는 고발을 한 자를 포함한다. 이하 이 조에서 같다)는 검사로부터 공소를 제기하지 아니한다는 통지를 받은 때에는 그 검사 소속의 지방검찰청 소재지를 관할하는 고등법원(이하 "관할 고등법원"이라 한다)에 그 당부에 관한 재정을 신청할 수 있다. 다만, 「형법」 제126조의 죄에 대하여는 피공표자의 명시한 의사에 반하여 재정을 신청할 수 없다. 〈개정 2011. 7. 18.〉

②제1항에 따른 재정신청을 하려면 「검찰청법」 제10조에 따른 항고를 거쳐야 한다. 다만, 다음 각 호의 어느 하나에 해당하는 경우에는 그러하지 아니하다.

1. 항고 이후 재기수사가 이루어진 다음에 다시 공소를 제기하지 아니한다는 통지를 받은 경우

2. 항고 신청 후 항고에 대한 처분이 행하여지지 아니하고 3개월이 경과한 경우

3. 검사가 공소시효 만료일 30일 전까지 공소를 제기하지 아니하는 경우

③제1항에 따른 재정신청을 하려는 자는 항고기각 결정을 통지받은 날 또는 제2항 각 호의 사유가 발생한 날부터 10일 이내에 지방검찰청검사장 또는 지청장에게 재정신청서를 제출하여야 한다. 다만, 제2항 제3호의 경우에는 공소시효 만료일 전날까지 재정신청서를 제출할 수 있다.

④재정신청서에는 재정신청의 대상이 되는 사건의 범죄사실 및 증거 등 재정신청을 이유있게 하는 사유를 기재하여야 한다.

한편, 검찰의 수사권 독점과 관련하여서는 경찰의 수사능력과 법에 대한 이해 능력이 처음 수사권을 검찰에게 독점시키기로 하였던 일제시대보다 현저히 증대했다는 점에서 경찰에게 도 수사권을 부여하는 것이 바람직하다는 경찰의 수사권 독립 방안과 고위공직자 등의 수사를 위한 공수처법의 도입이 논의되었고, 결국 2019년 개정법안들이 통과되어 다음 장의 내용들과 같이 변화하게 되었다.

NO 9

검찰 및 수사기관 개혁 관련 논란

◈◈◈

Ⅰ. 2019년도 제1차 검경수사권 조정 주요 내용

1. 검찰과 경찰은 수사에 있어 협력관계임을 명시

2. 검찰의 경찰에 대한 수사 지휘 조항 폐지

3. 경찰은 기소 의견 사건만 검찰에 송치하고 불기소 의견 사건은 자체 종결 가능

4. 경찰이 무혐의로 판단하는 경우 불송치결정을 내릴 수 있고, 경찰이 불송치결정을 내리면 그 이유를 명시한 서면과 함께 서류·증거물을 검찰에 송부하도록 했으며, 검찰은 90일 이내가 재수사 요청 여부를 검토하고, 검찰이 재수사 요청을 할 경우 경찰은 재수사에 착수해야함. 더불어 경찰이 불송치결정을 내릴 경우 고소인 또는 고발인에게 이를 7일 이내 통지해야 하며, 고소인 또는 고발인은 이에 대해 이의신청을 할 수 있고, 이의신청이 있으면 경찰은 즉시 사건을 검찰에 송치하여야 함. 다만 사건이 검찰에 송치된다 하여도 검찰은 기소 여부만 판단할 수 있고, 기소 판단을 하기에 사건의 수사가 충분하지 못하다 판단된다면 경찰에게 보완수사 요구를 할 수 있음.

5. 검사가 직접 수사를 개시할 수 있는 범죄를 아래와 같이 한정함

　　가. 부패범죄, 경제범죄, 공직자범죄, 선거범죄, 방위사업범죄, 대형참사 등 대통령령으로 정하는 중요범죄

　　나. 경찰공무원이 범한 범죄

다. 가목·나목의 범죄 및 사법경찰관이 송치한 범죄와 관련하여 인지한 각 해당 범죄와 직접 관련성이 있는 범죄

6. 검찰 작성 피의자신문조서의 증거능력이 법정에서 내용부인만으로 상실됨

(유예기간 4년내 대통령령으로 정하는 시점부터 시행 가능하나 2020년부터 시행 검토중)

7. 고위공직자범죄수사처 설치 및 운영에 관한 법률 제정

1) 수사대상

　가. 대통령

　나. 국회의장 및 국회의원

　다. 대법원장 및 대법관

　라. 헌법재판소장 및 헌법재판관

　마. 국무총리와 국무총리비서실 소속의 정무직공무원

　바. 중앙선거관리위원회의 정무직공무원

　사. 「공공감사에 관한 법률」 제2조제2호에 따른 중앙행정기관의 정무직공무원

　아. 대통령비서실·국가안보실·대통령경호처·국가정보원 소속의 3급 이상 공무원

　자. 국회사무처, 국회도서관, 국회예산정책처, 국회입법조사처의 정무직공무원

　차. 대법원장비서실, 사법정책연구원, 법원공무원교육원, 헌법재판소사무처의 정무직공무원

　카. 검찰총장

　타. 특별시장·광역시장·특별자치시장·도지사·특별자치도지사 및 교육감

　파. 판사 및 검사

　하. 경무관 이상 경찰공무원

　　ㄱ. 장성급 장교

　　ㄴ. 금융감독원 원장·부원장·감사

　　ㄷ. 감사원·국세청·공정거래위원회·금융위원회 소속의 3급 이상 공무원

2) 수사대상 범죄

　수뢰죄, 직무 관련 범죄, 알선수재죄, 변호사법상 알선 금지, 정치자금부정수수죄 등

3) 수사방법

　공수처의 범죄수사와 중복되는 다른 수사기관의 범죄수사에 대하여 처장이 수사의 진행 정도 및 공정성 논란 등에 비추어 수사처에서 수사하는 것이 적절하다고 판단하여 이첩

을 요청하는 경우 해당 수사기관은 이에 응하여야 하고, 다른 수사기관이 범죄를 수사하는 과정에서 고위공직자범죄등을 인지한 경우 그 사실을 즉시 수사처에 통보하여야 함 다만, 처장은 피의자, 피해자, 사건의 내용과 규모 등에 비추어 다른 수사기관이 고위공직자범죄등을 수사하는 것이 적절하다고 판단될 때에는 해당 수사기관에 사건을 이첩할 수 있음

4) 공수처 검사 및 일반 검사들에 대한 수사

공수처장은 공수처 검사의 범죄 혐의를 발견한 경우에 관련 자료와 함께 이를 대검찰청에 통보하여야 하고, 수사처 외의 다른 수사기관이 일반 검사의 고위공직자범죄 혐의를 발견한 경우 그 수사기관의 장은 사건을 공수처에 이첩하여야 함

Ⅱ. 2022 소위 검수완박 개정안 주요 내용

1. 2019년 개정에 비해 검찰 직접 수사 가능한 범죄 한정

부패범죄, 경제범죄 등 대통령령으로 정하는 중요범죄

2. 고발인의 이의신청권 폐지

경찰의 불송치 결정시 고발인은 이에 대하여 이의신청을 할 수 없음

3. 검수완박의 완전한 실현 및 중수청 설치 등 관련 국회에 수사사법체계개혁특위 설치

2019년부터 시작된 소위 검찰개혁은 지금까지 지속적으로 이어지고 있다. 2019년의 형사소송법 개정으로 인해 이미 주요 민생범죄에 대한 수사권은 경찰이 보유하고 있는 상황이다. 특히 사기나 배임 등의 범죄는 가장 기본적인 민생 범죄라 할 수 있는데 이들 민생 범죄의 경우 일정 액수 이상의 피해액이 발생하지 않으면 2019년부터 검찰이 직접 수사할 수 없다. 이들 민생범죄의 경우 그동안 검찰이 수사를 했고, 경찰은 살인 등 흉악 범죄 체포와 수사에 특화된 분업체계가 70년간 진행되어 왔다. 그러나 2019년 형사소송법 개정 이후 경찰이 이들 범죄에 대해서도 모두 수사권을 지니게 되었고, 검찰은 재수사 지시를 할 수 밖에 없게 되었다. 이로 인하여 민생 경제범죄에 대한 수사지연 문제가 심각하게 발생하고 있는 상황이다.

한편 경찰이 수사권을 대부분 가지게 되면서 수사의 속도에 있어서도 문제가 발생하고 있다. 과거 검찰이 수사권을 가질 때 압수수색은 매우 빠르게 진행이 됐다. 그러나 이제 다르다. 영장청구권을 지닌 검찰은 기록이 없다. 기록이 없으니 경찰의 설명만을 듣고는 영장을 청구할 수 없다. 영장 청구 필요성에 대한 설명을 주고 받는 것만으로도 검찰과 경찰은 하세

월인 경우가 대부분이다. 그리고 겨우 영장청구를 해도 기록도 없이 하는 영장청구에 과거보다 법원에서 기각이 더 많이 나온다. 그러면 다시 처음부터 시작해 자료를 보강해 영장을 청구해야 한다. 수사는 속도가 중요한데 기본적인 압수수색영장 발부부터 지연되고 있으니 범죄자는 증거를 은닉하고 은폐할 충분한 시간을 가지게 된다.

검찰은 수사권이 없다. 일부 있지만 대부분 민생 범죄에 대해 없다. 그러니 경찰이 수사를 종결해 불송치 결정을 하면 범죄피해자는 불송치 결정에 대해 이의신청을 할 수 밖에 없다. 과거 검찰은 수사 이후 불기소 결정을 하고 신청을 하면 불기소 결정문을 자세히 보내줬다. 그런 절차와 기간이 형사소송법에 엄격히 법정되어 있었다. 하지만 많이 나아지긴 했어도 경찰의 불송치 결정에 대해서는 고소 또는 고발인이 제대로 그 이유를 받지 못하는 경우도 많다. 또한 2022년 형사소송법 개정으로 인해 고소인이 아닌 고발인은 불송치결정에 대해 이의신청도 할 수 없게 되었다. 시민단체 등에 의한 고발 남용을 막기 위한 것이라고는 하지만 선거범죄 등 피해자가 특정되지 않아 고발 사건으로만 진행해야 하는 사건의 경우 경찰이 불송치결정을 하면 이에 대해 고발인은 이에 대해 불복 한번 하지 못하고 사건이 암장되는 문제가 발생하게 된다. 더구나 이의신청에 대한 처리 시한을 법정하지 않아 이의신청에 대한 처분 결과를 받으려면 6개월 이상 과도한 시간이 소요되는 경우가 많다. 과거 검찰의 불기소 결정에 대한 항고와 재정신청은 형사소송법이 결정될 시한을 명확히 정해놓고 있어 비교적 신속한 결정을 받을 수 있었던 것과 너무도 차이가 나는 점이다.

만약 이의신청이 받아들여지지 않으면 또 이의신청을 할 수 밖에 없다. 항고 다음 재정신청이 가능했던 것과 달리 이의신청에 대한 불복은 오직 이의신청 뿐이다. 이의신청의 횟수 기간 제한도 없다. 불송치결정후 10년이 지나도 20년이 지나도 이의신청할 수 있다. 이러한 점으로 인해 범죄 피의자 역시 고소인의 이의신청이 이어질 경우 피의자 지위가 계속 유지되는 문제가 발생할 수 있다.

이의신청이 받아들여져도 문제다. 검찰은 검찰의 수사권이 없음을 이유로 검찰이 직접 수사하기 보다는 경찰에게 보완수사 지시를 내리기 일쑤다. 이의신청의 경우 검찰의 수사가 가능하단 해석도 있으나 현실은 경찰에 보완수사 지시를 내릴 뿐이다. 이미 한번 불송치 결정한 경찰이 검찰의 지시를 받았다고 다시 수사를 하니 다른 결론이 나오기 쉽지 않다. 검찰개혁전 범죄피해자에게 보장되던 절차적 권리가 대부분 무시되고 있는 것이다.

2022년부터는 2019년 개정된 형사소송법의 유예조항이 시행되며 검사작성 피의자신문조서도 공판정에서 내용부인이 가능하다. 더불어 헌법재판소의 위헌결정으로 미성년 성폭행 피해자 영상녹화진술 증거능력이 상실되게 되었다. 이 두가지는 과거 피의자 및 피고인 방어권 보장을 위해 많은 지지를 받았던 사안이다. 그러나 상기한 검경 수사권 조정 등 검찰개혁 및 검수완박이 더해지면서 범죄자의 실체적 진실 발견에 큰 어려움을 가할 수 있는 사안으로 작용할 수 있게 되었다.

미성년 성폭행 피해자들을 보호하기 위해 영상녹화진술의 증거능력을 인정해 한번 진술하면 법원에서 추가 진술없이 증거능력을 인정했던 바 있다. 이것이 2022년 헌법재판소의 위헌 결정으로 사용할 수 없는 방법이 되었다. 이제 미성년 성폭행 피해자들은 수사과정을 다 거치고 검찰의 기소로 법원까지 와도 과거처럼 법정에 나와 성폭행 피해 사실을 반복해 진술해야 한다. 특히 검사작성 피의자신문조서까지 내용부인으로 증거능력이 인정되지 않을 수 있게 되면서 더욱 더 그런 광경이 연출될 수 밖에 없을 것으로 보인다.

우리 형사소송법은 오랫동안 검사작성 피의자신문조서의 경우 진정성립(고문 안받고 진술했단 사실 등)만 인정되면 증거능력을 인정했다. 피의자들이 변호인의 조력을 받는 경우가 드문 현실에서 이러한 검사작성 피신조서 증거능력 인정은 수사 및 공판 효율화와 범죄자 처벌에 큰 도움이 된 면도 있다. 그러나 2019년 형사소송법 개정의 유예조항이 효력을 다하면서 2022년부터 공판장에서 피고인이 그런 진술한 적 없다 하면 사법경찰관 작성이든 검사작성이든 피의자신문조서의 증거능력이 모두 사라지고 자백을 받기 위해서는 공판장에서 다시 처음부터 진술을 받아내야만 한다. 공판중심주의를 통해 피의자 및 피고인의 방어권을 보장한다는 검찰 및 수사절차 개혁의 대원칙이 실현되는 것이라 할 수도 있으나 충분한 판검사 수 증원이 이뤄지지 못한 상태에서 이러한 제도부터 시행됨으로써 범죄의 실체적 진실 발견의 어려움이 생기거나 실체적 진실 발견의 속도가 지연될 것이 충분히 예견되는 상황이다.

한편 검·경의 수사 중 피의사실이 외부에 지속적으로 발표되는 경우가 있는데 이는 여론재판을 유도하고, 이를 통해 법원이 예단을 형성하도록 하며, 피의자의 방어권이 충분히 보장받지 못해 유죄추정의 원칙에 따라 억울한 사람을 양산할 수 있다는 점에서 수사기관의 피의사실 유포 행위는 엄중히 처벌되어야 할 필요가 있다. 실제 우리 형법은 수사기관이 피의사실을 공표하는 경우 이에 대해 형사처벌을 하도록 규정하고 있다. 수사기관의 피의사실 공표를 금지하는 것은 피의자 또는 피고인의 방어권을 충분히 보장하고, 무죄추정의 원칙을 지켜주기 위한 것이라 하겠다.

그러나 한편으로 국민의 알권리를 보장하기 위하여 흉악 범죄자 등 특정강력범죄자에 대해 수사단계에서도 신상을 공개하는 법률이 존재하고 있다. 무죄추정의 원칙과 피고인의 방어권과 국민의 알권리는 이처럼 충돌되는 영역이라 할 수 있으며, 서로 다른 가치가 충돌되는 영역 답게 개별 범죄혐의에 대한 보도와 피의자 신상공개와 관련한 문제에 대해 끝없는 사회적 논쟁이 유발되고 있는 실정이다.

포토라인의 경우에도 현재 검찰 수사 사건의 포토라인은 금지되고, 경찰 수사 사건의 포토라인은 금지되지 않고 있는데 이는 법무부 훈령인 "형사사건공개금지 등에 관한 규정"과 경찰청 훈령인 "경찰수사사건등의 공보에 관한 규칙"이 모순되는 내용을 담고 있기 때문이다. 이러한 모순점으로 인하여 형사사법의 무죄추정원칙과 국민의 기본권으로서 알권리와 언론의 자유는 매우 첨예한 긴장관계를 유지하고 있는 상황이다.

형법

제126조(피의사실공표) 검찰, 경찰 기타 범죄수사에 관한 직무를 행하는 자 또는 이를 감독하거나 보조하는 자가 그 직무를 행함에 당하여 지득한 피의사실을 공판청구전에 공표한 때에는 3년 이하의 징역 또는 5년 이하의 자격정지에 처한다.

특정강력범죄의 처벌에 관한 특례법

제8조의2(피의자의 얼굴 등 공개) ①검사와 사법경찰관은 다음 각 호의 요건을 모두 갖춘 특정강력범죄사건의 피의자의 얼굴, 성명 및 나이 등 신상에 관한 정보를 공개할 수 있다. 〈개정 2011. 9. 15.〉

1. 범행수단이 잔인하고 중대한 피해가 발생한 특정강력범죄사건일 것
2. 피의자가 그 죄를 범하였다고 믿을 만한 충분한 증거가 있을 것
3. 국민의 알권리 보장, 피의자의 재범방지 및 범죄예방 등 오로지 공공의 이익을 위하여 필요할 것
4. 피의자가 「청소년 보호법」 제2조제1호의 청소년에 해당하지 아니할 것

②제1항에 따라 공개를 할 때에는 피의자의 인권을 고려하여 신중하게 결정하고 이를 남용하여서는 아니 된다.

형사사건 공개금지 등에 관한 규정

제28조(사건관계인 출석 정보 공개금지 및 수사과정 촬영 등 금지) ①사건관계인의 출석 일시, 귀가 시간 등 출석 정보를 공개해서는 안 된다.

②사건관계인의 출석, 조사, 압수·수색, 체포·구속 등 일체의 수사과정에 대하여 언론이나 그 밖의 제3자의 촬영·녹화·중계방송을 허용해서는 안 된다.

③사건관계인이 원하지 않는 경우에는 언론이나 그 밖의 제3자와 면담 등 접촉을 하게 해서는 안 되며, 언론 등과의 접촉을 권유하거나 유도해서는 안 된다.

제29조(초상권 보호조치) 검찰총장 및 각급 검찰청의 장은 제28조 제2항이 실질적으로 이행될 수 있도록 다음 각 호의 조치를 취할 수 있다.

1. 검찰청에서 수사 과정에 있는 사건관계인의 촬영·녹화·중계방송 제한
2. 검찰청 내 포토라인(집중촬영을 위한 정지선을 말한다)의 설치 제한

경찰수사사건등의 공보에 관한 규칙

제13조(수사과정의 촬영 등 금지) ①경찰관서의 장은 소환, 조사, 압수·수색, 체포, 구속 등의 수사과정이 언론이나 그 밖의 사람들에 의하여 촬영·녹화·중계방송되지 않도록 하여야 한다.

②다만, 범죄에 대한 사회적 경각심 제고 등 공익적인 목적을 위하여 필요한 경우에 경찰관서의 장은 언론에 의한 취재를 허가할 수 있다.

③제2항에 의하여 촬영·녹화·중계방송을 허가하는 경우에는 수사상 차질이 발생하지 않도록 대비하고, 기자 등의 안전을 확보하기 위한 조치를 하여야 한다.

제17조(포토라인) 사건관계자에 대한 소환·현장검증 등의 수사과정에서 안전사고 방지와 질서유지를 위하여 언론의 촬영을 위한 정지선(포토라인)을 설치할 수 있다. 포토라인을 설치할 때에는 언론에 미리 그 내용을 알려 포토라인이 원활히 운영되도록 하여야 한다.

Q. 검찰의 민주화와 독립성 보장을 위해 검사장을 임명하지 않고 국민이 선출하는 검사장 직선제의 도입이 논의되고 있다. 이러한 검사장 직선제 도입에 대한 찬반의 견해를 밝히고 그 이유를 설명하시오.

접근전략 검찰의 민주화를 위해 각 지방 검찰청장을 맡는 검사장을 직선제로 선출하자는 대안이 논해지고 있다. 그러나 검사장 직선제의 투표권자를 전국민으로 할 경우 정당추천이 금지되지만 결국 보수 후보와 진보 후보가 대립되는 교육감 선거처럼 진행될 가능성이 높다. 또한 이렇게 선거가 진행된다면 보수 검사장과 진보 검사장의 지역에 따라 형사사건의 기소, 불기소 판단이 달라지는 사례가 발생함으로써 형사사건의 공정성에 대한 심각한 불만이 발생할 수 있다. 이에 검찰권력의 독립을 위해 검사장 직선제를 대학교수들의 총장 선출처럼 검사들간의 직선제로 하는 대안도 논해지는데 이는 검찰이란 조직이 아무의 견제도 받지 않는 무소불위의 조직으로 바뀔 수 있다는 점에서 비판적으로 보는 시각이 존재한다.

제 5 강

근대적 개인의
권리와 책임

NO 1

근대적 개인의 탄생과 민법

◇◇◇

　민사법은 개인과 개인을 규율하는 법으로서 민법과 상법이 민사법으로 지칭되며, 민사소송법이 민사사건에 대한 소송법으로서 기능한다. 민사법의 역사는 가장 오래되었고, 로마법 시대에 발달된 저당권의 법리를 살펴보면 현대 사회의 저당권 법리와 비교해도 손색이 없다는 특징을 지니고 있다. 그러나 이러한 고대의 민사법은 모든 인간을 평등하게 보지도, 인간의 주체적인 판단 능력에 대하여 확실히 신뢰하지도 않았다. "약속은 지켜져야 한다"는 지금은 당연히 여겨지는 민사법의 대원칙이 확립된 것도 근대에 이르러서였다. 근대 이전까지 약속을 지키지 않은 경우 이에 대한 배상은 가능하지만 약속 자체를 강제할 수 있는 방안은 논의되지 않았다. 근대 이후 경제가 확장되고 인플레이션이 증대하면서 약속을 지키는 것을 법적으로 강제하는 방안이 강구되기 시작하였다.

　근대 사회가 되며 주체적이고 독립적인 개인으로서의 인간이 계약의 주체가 되어 심사숙고를 한 끝에 한 약속, 즉 계약은 반드시 지켜져야 하는 것으로 간주되기 시작하였고, 여기서부터 근대 민법이 탄생하기 시작했다.

　근대민법을 지배한 3가지 원칙은 바로 이러한 근대의 특성에서부터 출발한다. 개인의 발견으로 이야기되어지는 근대는 공동체나 종교에 매이지 않고 합리적으로 판단하여 결정하고, 그 결정에 대해서 책임질 수 있는 개인을 가정한 가운데 모든 법률관계를 이러한 가정에 기반하여 규정하는 것에서부터 출발하였다. 따라서 근대인이라 할 수 있는 개인은 자신의 합리적 판단에 따라 무엇이든 약속할 수 있고(사적자치의 원칙), 자신이 저지른 잘못에 한해서만 책임지며(과실책임의 원칙), 그러한 근대인이 계약과 생산활동 등을 기반으로 보유한 사유재산은 절대적으로 존중되는(사유재산권 존중의 원칙) 근대민법의 3원칙이 성립되게 되었다. 따라서 근대민법의 3원칙이 지배하는 세계에서 국가는 경찰과 국방의 역할만 충실히 수행해주며 합리적 개인들이 한 약속들이 지켜지도록 해주는 것으로 충분히 역할을 다하는 것으로 이해될 수 있었다.

그러나 이처럼 사적자치의 원칙을 무제한으로 보장해주다 보니 산업혁명 시기 노동자의 생활 환경이 매우 열악해지게 되고 아동노동이 횡행하며 노동자의 평균수명이 고작 25세에 이를 정도로 비참해지는 상황이 초래되기 시작하였다. 그럼에도 이에 대해 국가는 아무런 개입을 해서는 안된다는 주장도 있었지만 점차 이러한 상황을 개선하기 위해 국가가 개입하여 불공정한 계약이 있다면 그 계약을 무효화하거나 조정할 수 있는 권한을 국가가 가져야 한다거나(계약공정의 원칙), 자신의 재산을 사용해도 그것이 공공의 이익에 반한다면 이는 제한할 수 있다는 주장(소유권 공공의 원칙), 지금 당장 과실을 인정할 수 없다 해도 사회적 경제적 약자들이 과실을 입증하기 어렵다면 사회적 경제적 강자들에게 위험을 야기했다는 이유로 과실이 당장 입증되지 않아도 책임을 물을 수 있다는 견해(무과실책임의 원칙)도 나타나기 시작하며 근대민법의 3원칙에 대비되어 현대민법의 3원칙으로 확립되어 가기 시작했다.

오늘날 현대민법의 3원칙이 근대민법의 3원칙을 완전히 대체한 것은 아니며, 현대민법의 3원칙과 근대민법의 3원칙은 현재 서로 보완적 관계를 유지하며 기능하고 있는 상황이다.

이렇게 확립되어 온 현대민법을 구성하는 가장 기본적인 주요 개념들을 정리해 보면 다음과 같다.

01 민사상 "능력"의 종류

①의사능력 : 의사결정을 할 수 있는 능력(의사무능력자 : 젖먹이, 명정상태)

②행위능력 : 민사상 단독으로 유효한 법률행위를 할 수 있는 능력

  → 행위무능력자는 민법으로 엄격히 法定되어 있다.(미성년자, 성년후견제도)

③권리능력 : 권리를 가질 수 있는 능력(태아의 권리능력 존재에 대해 문제된다)

④책임능력 : 형사와 달리 민사상 책임무능력자에 대한 획일적 기준은 없다.

02 신의성실의 원칙

민법

제2조(신의성실) ①권리의 행사와 의무의 이행은 신의에 좇아 성실히 하여야 한다.
②권리는 남용하지 못한다.

신의성실의 원칙은 민사법의 주요한 대원칙 중 하나이다. 즉 사법상 권리의 행사와 의무의 이행을 무제한적으로 하거나 대충 할 수는 없고, 최소한 신의에 좇아 성실히 해야 함을 명시적으로 규정한 것이다. 민사법의 대원칙이다 보니 재판에서도 변론주의가 적용되지 않고 직권주의가 적용되어 당사자나 변호사가 주장하지 않아도 판사가 적용할 수 있는 원칙이기도 하다. 신의칙의 개별원칙인 권리남용금지의 원칙은 사법상의 권리 행사가 무제한으로 허용될 수는 없고 남용될 수 없음을 이야기한다.

03 민사상 책임의 종류

가. 법률행위에 의한 책임 : 채무불이행 책임

민법 제390조(채무불이행과 손해배상) 채무자가 채무의 내용에 좇은 이행을 하지 아니한 때에는 채권자는 손해배상을 청구할 수 있다. 그러나 채무자의 고의나 과실없이 이행할 수 없게 된 때에는 그러하지 아니하다.

나. 법률규정에 의한 책임 : 불법행위 책임

민법 제750조(불법행위의 내용) 고의 또는 과실로 인한 위법행위로 타인에게 손해를 가한 자는 그 손해를 배상할 책임이 있다.

※ 호의동승과 같은 경우 계약과는 다른 관계이므로 사고 발생시 법률행위에 의한 책임이 아니라 법률규정에 의한 책임이 발생한다.

Q. A씨는 자신의 소유 아파트에 거주하는 80대의 노부에게 자신의 아파트에서 퇴거해줄 것을 요청하였다. 이에 노부는 해당 아파트에서 퇴거할 경우 갈 곳이 없고, 경제적 자력이 없어 갈 곳을 찾을 수도 없다는 이유로 거부하였다. 이에 A씨는 소유권에 기한 아파트의 점유이전청구 소송을 법원에 제기하였다. A씨의 주장은 받아들여질 수 있다고 생각하는가?

접근전략 전형적인 권리남용 사례라 할 수 있다. 대법원 판례에서는 사례의 경우 권리남용에 해당된다고 보아 점유이전청구소송을 기각했다. 다만, 이러한 경우라 해도 적정한 임차료를 청구하는 것은 권리남용이라 볼 수 없다.

NO 2

법률행위 및 의사표시 규정

◈◈◈

01 반사회적 법률행위와 불법원인급여

민법

제103조(반사회질서의 법률행위) 선량한 풍속 기타 사회질서에 위반한 사항을 내용으로 하는 법률행위는 무효로 한다.

제746조(불법원인급여) 불법의 원인으로 인하여 재산을 급여하거나 노무를 제공한 때에는 그 이익의 반환을 청구하지 못한다. 그러나 그 불법원인이 수익자에게만 있는 때에는 그러하지 아니하다.

계약 자유의 원칙(사적 자치의 원칙)이 지켜지는 민사법의 영역에서 계약의 자유는 최대한 보장된다. 그러나 사인간의 합의라 하여 모든 계약이 유효한 것은 아니다. 도박채무계약, 첩계약, 장기매매계약, 성매매계약 등 반사회적 법률행위의 경우 계약 자체가 무효가 된다. 그러나 이런 무효의 계약을 위해 지불된 금원을 계약이 무효란 이후로 반환하는데 법원이 조력한다면 이는 불법원인에 대하여 법원이 조력하는 것이 되기 때문에 무효인 계약에 기했어도 이미 지불된 금원에 대하여는 반환을 청구할 수 없다는 것이 불법원인급여 법리이다.

02 불공정법률행위

민법

제104조(불공정한 법률행위) 당사자의 궁박, 경솔 또는 무경험으로 인하여 현저하게 공정을 잃은 법률행위는 무효로 한다.

근대민법의 3원칙중 계약자유원칙에 대한 보완책으로 논의된 현대민법의 3원칙 중 하나가 계약공정의 원칙이다. 계약공정의 원칙에 따라 불공정한 법률행위의 경우에는 무효가 될 수 있다는 내용이다. 그러나 이러한 무효를 너무 넓게 해석할 경우 거래의 안전이 위협될 수 있으므로 최대한 엄격하게 해석하는 것이 우리 법원의 입장이다.

03 착오 취소

민법

제109조(착오로 인한 의사표시) ①의사표시는 법률행위의 내용의 중요부분에 착오가 있는 때에는 취소할 수 있다. 그러나 그 착오가 표의자의 중대한 과실로 인한 때에는 취소하지 못한다.

②전항의 의사표시의 취소는 선의의 제삼자에게 대항하지 못한다.

표시주의와 의사주의는 민법에서 오랫동안 대립되어온 이념이다. 의사주의는 계약서의 표시와 무관하게 계약하는 사람들의 의사를 기준으로 계약이 성립된다는 사상인 반면, 표시주의는 계약서에 표시된 대로 계약의 효력이 발생한다는 사상이다. 일본민법을 의용민법으로 활용한 구 민법은 의사주의, 우리나라만의 독자적 민법으로 제정된 신 민법은 표시주의를 따르고 있다. 따라서 현행 표시주의 민법 사상에 따를 때 동기의 착오는 계약서에 표시되지 않는 한 착오로서 취소가 인정되지 않는다.

Q1. A씨는 B씨와 성매매를 하기로 하고 B씨에게 미리 화대를 지급하였다. 그러나 성매매 행위 개시 이전에 경찰의 단속으로 체포되었다. 이에 A씨는 B씨에게 자신이 미리 지급한 화대는 채무불이행으로 인해 돌려받아야 한다고 주장하며, 반환을 청구하였다. 이러한 A씨의 주장은 정당한가?

접근전략 A가 B에게 미리 지급한 화대는 불법원인급여에 해당하므로 민법 제746조에 따라 반환을 청구할 수 없다.

Q2. B씨는 성매매에 종사하기에 앞서 포주인 C씨와 성매매 대가를 일단 포주가 입금받고 추후 5:5로 정산하기로 합의하였다. 그러나 C씨는 성매수자로부터 받은 화대 전부를 B씨 몰래 소비하였다. 이러한 C씨에게 B씨는 자신 몫의 성매매 대가의 반환을 청구할 수 있는가? C씨의 행위는 형사상 처벌될 수 있는가?

접근전략 C씨가 횡령함으로써 사실상 B씨가 C씨에게 지급하게 된 것 역시 불법원인에 의해 지급한 것으로 반환을 청구할 수 없다고 보는 것이 맞으나 이 경우 우리 대법원은 민법 제746조의 단서 규정을 확장해석하여 불법성비교론의 입장을 취하고 있다. 즉 B와 C의 불법성을 비교하여 C의 불법성이 B의 불법성보다 현저히 크다면 민법 제746조 단서 조항에 따라 반환을 청구할 수 있다고 판시하는 것이다. 이러한 판례의 불법성비교론에 대해 법학계에서는 오랫동안 찬반의 논쟁이 있는 상황이다.

- -

이중매매의 법리

◈◈◈

이중매매는 우리 사회 많은 곳에서 발생하고 있다. 매도인이 제1매수인에게 동산이나 부동산의 판매를 계약하고, 그보다 높은 가격을 부르는 제2매수인에게 다시 판매한 뒤 동산이나 부동산을 인도하는 것이 가장 전형적인 이중매매의 유형이다. 재화의 가격이 상승하고 있을 때 자주 나타나는 형태의 계약인데 이러한 이중매매가 사적자치로서 인정되는지, 인정되지 않는다면 민형사상 책임이 어떻게 달라지는지 판례의 결론이 모두 다르다보니 법적 사고능력, 즉 리걸마인드를 테스트해볼 수 있는 소재로 많이 활용된다.

우선 중고거래 등에서 자주 발생하는 동산의 이중매매의 경우에는 아래 판례의 내용처럼 사적자치의 영역으로 인정되어 이중매매 자체가 민형사상 불법이 아니다. 다만 매도인은 최종적으로 매수를 하지 못하게 된 제1매수인의 신뢰이익에 대해 민사상 배상책임이 인정될 수 있다.

대법원 2011. 01. 20. 선고 2008도10479 전원합의체 판결

매매의 목적물이 동산일 경우, 매도인은 매수인에게 계약에 정한 바에 따라 그 목적물인 동산을 인도함으로써 계약의 이행을 완료하게 되고 그때 매수 인은 매매목적물에 대한 권리를 취득하게 되는 것이므로, 매도인에게 자기의 사무인 동산인도채무 외에 별도로 매수인의 재산의 보호 내지 관리 행위에 협력할 의무가 있다고 할 수 없다. 동산매매계약에서의 매도인은 매수인에 대하여 그의 사무를 처리하는 지위에 있지 아니하므로, 매도인이 목적 물을 매수인에게 인도하지 아니하고 이를 타에 처분하였다 하더라도 형법 상 배임죄가 성립하는 것은 아니다.

반면, 부동산의 경우는 조금 다른데 우선 형사상 책임을 볼 경우 부동산 매매에서 계약금만 받은 상황에서는 매도인에게 형사상 책임이 전혀 발생하지 않으나 중도금까지 받은 경우에는 타인의 사무를 하는 자의 지위를 매도인이 얻게 되어 제2매도를 한다면 이는 형사상 배임죄의 책임을 지게 된다.

그러나 매도인에게 형사상 배임죄의 책임이 발생한다 하여 부동산 제2매매계약이 민사상 모두 무효가 되는 것은 아니다. 민사와 형사는 별개의 법리가 적용되는 영역이므로 형사상 범죄행위라 하여 민사상 모두 무효가 되는 것은 아니기 때문이다. 우리 대법원도 매도인에게 형사상 배임죄가 성립한다 하여도 제2매매가 민사상 무효가 되기 위해서는 제2매수인이 매도인의 배신행위를 알고서도 배신행위에 적극 가담한 경우에만 민사상 무효가 될 수 있다고 판시하고 있다.

대법원 1985. 1. 29. 선고 84도1814 판결

그러나 부동산의 매도인이 매수인으로부터 계약금과 중도금까지 수령한 이상 특단의 약정이 없다면 잔금수령과 동시에 매수인 명의로의 소유권이전 등기에 협력할 임무가 있다고 할 것이므로(당원 1983. 10. 11. 선고 83도 2057 판결참조), 그후 매도인이 위 부동산을 제3자에게 처분함으로써 제1차 매수인이나 중간생략등기의 합의를 한 전매수인에게 잔대금수령과 상환으로 소유권이전등기절차를 이행하는 것이 불가능하게 되었다면 배임죄의 책임을 면할 수 없다 고 할 것이니 위 논지는 이유없다.

대법원 1986. 7. 8. 선고 85도1873 판결

이른바 2중매매에 있어서 매도인이 매수인의 사무를 처리하는 자로서 배임죄의 주체가 되기 위하여는 매도인이 계약금을 받은 것만으로는 부족하고 적어도 중도금을 받는 등 매도인이 더이상 임의로 계약을 해제할 수 없는 상태에 이르렀다 할 것이다.

대법원 2008. 2. 28. 선고 2007다77101 판결

이중양도의 반사회성을 인정하기 위해서는 제2양수인이 양도인의 배임행위를 아는 것만으로는 부족하고, 나아가 배임행위를 유인, 교사하거나 이에 협력하는 등 적극 가담하는 것이 필요하다 할 것인데, 이때에는 제2양수행위의 상당성과 특수성 및 제2양도계약의 성립과정, 경위, 양도인과 제2양수인의 관계 등을 고려하여 판단하여야 한다.

도급계약과 위임계약

❖❖❖

01 도급계약

민법

제664조(도급의 의의) 도급은 당사자 일방이 어느 일을 완성할 것을 약정하고 상대방이 그 일의 결과에 대하여 보수를 지급할 것을 약정함으로써 그 효력이 생긴다.

도급계약은 본래 고용계약과는 별개의 형태의 계약 유형으로 다루어졌다. 과거에는 고용계약상 노동자와 도급계약상 개인사업자가 비교적 명확히 구분되는 형태로 이해되었고, 실무에서도 그와 같이 적용되었다. 그러나 1997년 노동법이 개정된 이후 과반수가 넘는 노동자들이 비정규직 노동자나 도급업체가 파견한 노동자가 대다수가 되도록 우리나라의 노동구조가 변화하였다. 그래도 이때까지는 비정규직 노동자든 파견 노동자든 법상 노동자에 해당되어 노동법의 보호를 받을 수 있었다. 문제는 기업들이 도급 업체와 도급계약을 체결하지 않고 노동자들과 직접 도급계약을 체결하면서부터 시작되었다. 방송계나 운송업계에서는 이미 만연한 형태였던 신종 노동구조의 확산은 프리랜서 개인사업자라는, 실질적으로 노동자이나 법상 개인사업자인 특수한 노동계층을 만들어 내었다.

20세기 초 공장법이 생겨나기 이전 노동자들의 노동조건을 제약하는 법규정이 전무하였다. 당시 노동자들은 하루 15시간이 넘는 노동을 하고, 최저 수준의 급여도 받지 못하며 영국 노동자의 평균수명이 고작 25살일 정도로 착취당했지만, 자본가들과 법조인들은 그것이 모두 노동자들이 감내한 계약을 기반으로 행해진 것이므로 계약자유원칙에 반하지 않는다 이야기 하였다. 최근에는 기업이나 사업주와 직접적으로 계약을 체결하는 프리랜서 개인사업자들이 이와 같은 이야기를 많이 듣고 있다. 배달 라이더, 택시기사, 번역 프리랜서, 방송작가, 학습지 교사 등 실질적 노동자들은 고용주나 플랫폼 업체와 노동법의 보호를 받는 고용계약이 아닌 도급계약을 체결한다. 도급계약은 사업자 간 체결하는 계약이므로 이 계약의 당사자에게는 노동시간 제한, 최저임금, 산재보험 등 사회보험상의 보호같은 것들이 하나도 주어지지 않는다. 어디까지나 법상 노동자가 아니라 자기 사업을 하는 엄연한 사업자이기 때문이다. 이러한 현상은 제4차 산업혁명 시대를 대표하는 스타트업 업체나 플랫폼 업체들의 노동환경에서 보다 심화되고 있다. 우리 대법원 또한 이러한 문제를 인식하며 아래 판례와 같은 입장을 보여주고 있다.

☑ 근로계약과 위장도급의 문제

대법원 2003. 9. 23. 선고 2003두3420 판결

원심이 적법하게 확정한 사실과 기록에 의하면, ○○○○은 참가인의 자회사로서 형식상으로는 독립된 법인으로 운영되어 왔으나 실질적으로는 참가인 회사의 한 부서와 같이 사실상 경영에 관한 결정권을 참가인이 행사하여 왔고, 참가인이 물류센터에서 근로할 인원이 필요한 때에는 채용광고 등의 방법으로 대상자를 모집한 뒤 그 면접과정에서부터 참가인의 물류센터 소장과 관리과장 등이 ○○○○의 이사와 함께 참석한 가운데 실시하였으며, 원고들을 비롯한 ○○○○이 보낸 근로자들에 대하여 참가인의 정식 직원과 구별하지 않고 업무지시, 직무교육실시, 표창, 휴가사용 승인 등 제반 인사관리를 참가인이 직접 시행하고, 조직도나 안전환경점검팀 구성표 등의 편성과 경조회의 운영에 있어서 아무런 차이를 두지 아니하였으며, 그 근로자들 의 업무수행능력을 참가인이 직접 평가하고 임금인상 수준도 참가인의 정식 직원들에 대한 임금인상과 연동하여 결정하였음을 알 수 있는바, 이러한 사정을 종합하여 보면 참가인은 '위장도급'의 형식으로 근로자를 사용하기 위하여 ○○○○이라는 법인격을 이용한 것에 불과하고, 실질적으로는 참가인 이 원고들을 비롯한 근로자들을 직접 채용한 것과 마찬가지로서 참가인과 원고들 사이에 근로계약관계가 존재한다고 보아야 할 것이다.

상기 판례의 내용과 같이 계약의 형식이 도급계약이더라도 실질적 근로자성 존재 여부에 따라 근로계약으로 해석하는 것이 우리 대법원의 일관적인 태도이다. 그러나 최근에는 실질적 근로자성 만으로 이러한 변형된 고용형태를 모두 규율할 수 없다고 보고, 기본소득제도의 도입이나 전국민 고용보험제도의 도입, 플랫폼 노동자 등을 특수고용직 노동자로서 특별히 보호하는 방안 등이 전 사회적으로 논의중이다.

02 위임계약

민법

제680조(위임의 의의) 위임은 당사자 일방이 상대방에 대하여 사무의 처리를 위탁하고 상대방이 이를 승낙함으로써 그 효력이 생긴다.

제681조(수임인의 선관의무) 수임인은 위임의 본지에 따라 선량한 관리자의 주의로써 위임사무를 처리하여야 한다.

위임계약은 의료계약이나 변호사 수임계약과 같은 계약을 말하며 일의 완성을 목표로 하는 도급계약과 달리 사무처리 자체를 목표로 하는 계약이다. 따라서 위임계약의 경우 일을 반드시 완성시킬 필요는 없고 일의 완성이 없어도 사무를 했다면 이는 계약을 완수한 것으로 본다는 점에서 도급계약과 차이가 있다. 의료계약은 위임계약의 일종으로 민법 제750조의 불법행위책임을 청구하기 위해서는 손해발생과 의료행위간의 인과관계를 입증하여야 한다. 반면, 민법 제390조 채무불이행책임을 청구하기 위해서는 의료행위의 채무내용을 구체적으로 입증하여야 한다. 이런 점에서 의료과실의 경우 법적 책임을 묻기 위해서는 피해자가 인과관계를 입증하거나 아니면 불성실이행 자체를 입증해야 한다는 점에서 피해를 묻기 쉽지 않다.

우리나라의 불법행위 손해배상책임이 인정되는 다른 사안에서도 법리적으로 피해자가 피해와 피해의 인과관계를 입증해야 한다는 점에서 불법행위를 당한다 해도 그 손해를 배상받기가 어렵다. 특히 제조물책임소송이나 환경소송 등에서도 의료소송과 비슷한 문제가 발생한다. 따라서 이들 소송에서 소비자나 피해자의 입증 부담을 경감하고 사회적 약자인 경우가 많은 소비자나 피해자의 권리를 보장해주기 위하여 입증책임을 완화하기 위한 다양한 특별법적 이론의 도입이 논의되고 있다. 상당성과 개연성 이론은 인과관계의 입증을 상당성이나 개연성 요건을 충족시키는 수준으로만 해도 인과관계를 입증하는 이론이고, 입증책임 전환 이론은 일단 피해가 발생했을 경우 손해배상청구권을 인정하고 과실이 없었음을 가해자로 추정되는 자가 입증해야 한다는 이론이다.

📝 관련 법률

제조물책임법

제3조의2(결함 등의 추정) 피해자가 다음 각 호의 사실을 증명한 경우에는 제조물을 공급할 당시 해당 제조물에 결함이 있었고 그 제조물의 결함으로 인하여 손해가 발생한 것으로 추정한다. 다만, 제조업자가 제조물의 결함이 아닌 다른 원인으로 인하여 그 손해가 발생한 사실을 증명한 경우에는 그러하지 아니하다.

   1. 해당 제조물이 정상적으로 사용되는 상태에서 피해자의 손해가 발생하였다는 사실

   2. 제1호의 손해가 제조업자의 실질적인 지배영역에 속한 원인으로부터 초래되었다는 사실

   3. 제1호의 손해가 해당 제조물의 결함 없이는 통상적으로 발생하지 아니한다는 사실

제4조(면책사유) ①제3조에 따라 손해배상책임을 지는 자가 다음 각 호의 어느 하나에 해당하는 사실을 입증한 경우에는 이 법에 따른 손해배상책임을 면(免)한다.

   1. 제조업자가 해당 제조물을 공급하지 아니하였다는 사실

   2. 제조업자가 해당 제조물을 공급한 당시의 과학·기술 수준으로는 결함의 존재를 발견할 수 없었다는 사실

   3. 제조물의 결함이 제조업자가 해당 제조물을 공급한 당시의 법령에서 정하는 기준을 준수함으로써 발생하였다는 사실

   4. 원재료나 부품의 경우에는 그 원재료나 부품을 사용한 제조물 제조업자의 설계 또는 제작에 관한 지시로 인하여 결함이 발생하였다는 사실

②제3조에 따라 손해배상책임을 지는 자가 제조물을 공급한 후에 그 제조물에 결함이 존재한다는 사실을 알거나 알 수 있었음에도 그 결함으로 인한 손해의 발생을 방지하기 위한 적절한 조치를 하지 아니한 경우에는 제1항제2호부터 제4호까지의 규정에 따른 면책을 주장할 수 없다.

Q. A방송국은 방송작가 B씨와 시사프로그램 C 제작을 위한 방송제작도급계약을 체결하였다. B씨는 사회의 어두운 면을 고발하는 C 프로그램 제작을 위해 전력을 다해 일하였고, 때때로 30여시간 연속 근무를 하기도 하였다. 그러나 시청률 부진으로 시사프로그램 C가 폐지되었고, A방송국은 2년 넘게 일한 B씨와 도급계약을 연장하지 않고 일방적인 계약 종료를 선언하였다. 이에 B씨는 자신은 A방송국의 임원과 PD의 업무지시를 받고 사실상 A방송국 직원처럼 일했다며, 근로자성을 인정하여 정규직으로 채용해 줄 것과 만약 채용을 하지 못하겠다면 퇴직금의 지급을 요구하고 있다. B씨의 주장은 받아들여질 수 있다고 생각하는가?

접근전략 전형적인 프리랜서 개인사업자 사례라 할 수 있다. 우리 대법원은 도급계약과 고용계약의 명칭이 아니라 실제 고용계약처럼 노동자로서 노동했느냐, 즉 실질적 근로자성을 기준으로 계약의 성질을 파악한다. 실질적 근로자성을 인정한 판례의 기준을 근거로 사안에 대해 판단하여야 할 것이다.

고용계약의 자유와 최저임금제

❖❖❖

01 관련 법률

민법

제655조(고용의 의의) 고용은 당사자 일방이 상대방에 대하여 노무를 제공할 것을 약정하고 상대방이 이에 대하여 보수를 지급할 것을 약정함으로써 그 효력이 생긴다.

헌법

제32조 ①모든 국민은 근로의 권리를 가진다. 국가는 사회적·경제적 방법으로 근로자의 고용의 증진과 적정임금의 보장에 노력하여야 하며, 법률이 정하는 바에 의하여 최저임금제를 시행하여야 한다.

최저임금법

제1조(목적) 이 법은 근로자에 대하여 임금의 최저수준을 보장하여 근로자의 생활안정과 노동력의 질적 향상을 꾀함으로써 국민경제의 건전한 발전에 이바지하는 것을 목적으로 한다.

제8조(최저임금의 결정) ①고용노동부장관은 매년 8월 5일까지 최저임금을 결정하여야 한

다. 이 경우 고용노동부장관은 대통령령으로 정하는 바에 따라 제12조에 따른 최저임금위원회(이하 "위원회"라 한다)에 심의를 요청하고, 위원회가 심의하여 의결한 최저임금안에 따라 최저임금을 결정하여야 한다.

제10조(최저임금의 고시와 효력발생) ①고용노동부장관은 최저임금을 결정한 때에는 지체 없이 그 내용을 고시하여야 한다. 〈개정 2010. 6. 4.〉
②제1항에 따라 고시된 최저임금은 다음 연도 1월 1일부터 효력이 발생한다. 다만, 고용노동부장관은 사업의 종류별로 임금교섭시기 등을 고려하여 필요하다고 인정하면 효력발생 시기를 따로 정할 수 있다. 〈개정 2010. 6. 4.〉

고용계약의 경우 노동자의 취약한 사회·경제적 지위로 인하여 계약자유의 원칙보단 계약공정의 원칙이 강하게 적용되며, 일부 계약의 내용은 법정(法定)하기까지 한다. 고용 계약과 관련하여 근로시간과 최저임금 등의 내용 역시 엄격히 그 최저 기준이 법정되어 있는데 이는 고용 관계에서 절대적으로 을의 위치에 있을 수 밖에 없는 노동자의 처지를 고려한 것이라 하고 있다. 고용 계약에 있어서 이와 같은 법정 기준이 없을 경우 산업혁명 시대의 비참한 노동자의 상황이 반복될 수 있다는 점에서 전세계적으로 고용계약에 있어서는 이러한 예외가 특별히 인정되고 있다.

다만 최근 최저임금의 가파른 상승이 최저임금을 직접 적용할 영세 자영업자들에게 문제가 되고 있다는 비판도 나오고 있다. 한때 우리 사회에서는 정리해고가 화두가 되며 "사오정", "삼팔선" 같은 말들이 유행했고, 그렇게 정리해고 된 노동자들은 치킨집과 편의점 등의 영세 사업장을 개설하고 자영업자가 되었다. 이들 자영업자들은 법상 사업자로 분류되지만 대부분의 자영업자들은 자신의 노동과 약간의 직원을 기반으로 수익을 창출하고 있었다. 그나마 최근에는 부동산 임대료 상승과 최저임금의 상승 등으로 그 약간의 직원조차 유지하지 못하고, 무보수 가족 노동에 의존하여 생계를 이어나가고 있는 실정이다. 최저임금의 상승이 일종의 을 간의 갈등만을 야기하고 있다는 비판도 이러한 현실에 기반하여 발생하고 있다 하겠다.

년도	최저임금액(원)	전년대비 상승률	OECD 국가 순위
2015	5580	7.1%	27위/34개국
2016	6030	8.1%	
2017	6470	7.3%	14위/34개국
2018	7530	16.4%	14위/34개국
2019	8350	10.9%	
2020	8590	2.9%	
2021	8720	1.5%	
2022	9160	5.1%	
2023	9620	5%	

〈표 1〉 우리나라의 최저임금 변화 추이

한국	미국	일본	캐나다	영국	아일랜드	뉴질랜드	프랑스
8,590	8,446	8,470	12,034	12,966	13,444	14,504	13,351

〈표 2〉 주요 국가 최저임금과의 비교(2020년도)

Q. 지난 정부의 최저임금상승 기조와 관련하여, 생활임금의 보장을 위해 최저임금 상승은 필요했다는 주장과 소득주도성장이라는 명목하에 시행한 급격한 최저임금의 상승이 실업률 상승, 경제성장률 둔화, 영세소상공인 사업환경 악화 등을 불러왔다는 주장이 대립한다. 이와 같은 견해대립 중 어떠한 주장이 적절한 주장이라 생각하는가?

접근전략 최저임금의 상승은 노동자들의 근로조건을 향상시키는 측면이 있다. 한편으로 최저임금이 적용되는 사업장은 일반적으로 영세사업장들인데 이런 영세사업장을 운영하는 자영업자들은 임금 노동자와 다를게 없는 경제적 처지를 가진 경우가 많아 최저임금의 상승이 영세사업자들의 삶을 더욱 어렵게 하고 영세사업자가 제공하는 일자리를 줄여 결과적으로 노동자들의 이익에도 반하는 결과가 초래된다는 비판이 있다. 최근 우리나라는 최저임금을 급상승시키며 최저임금 순위가 급상승중인 상황이다 보니 최저임금 추가 상승에 대한 찬반의 논쟁이 격해지고 있는 상황이다.

NO 6

임대차 계약 관련 논점

◈◈◈

현대민법은 사회적 약자에 대한 보호를 목표로 하여 기존의 근대민법 시대의 계약자유의 원칙에 대하여 대폭적인 수정을 하여 왔다. 고용계약 등에서도 그러하지만 임대차계약에 있어서도 임차인이 임대인에 비해 경제적 약자인 경우가 많고, 임대차 계약이 채권계약이다 보니 임차인의 보증금이 물권자보다 후순위로 밀려 경제적 약자인 임차인의 보증금 조차 제대로 보호받지 못하는 경우가 많다는 점에서, 특별법인 주택임대차보호법과 상가임대차보호법은 주택의 경우 주민등록 이전과 확정일자만으로, 상가의 경우 점유와 사업자등록과 확정일자만으로 우선변제권과 대항력을 인정해준다. 다만, 상가임대차보호의 경우 고액 임차인이 있고 이런 경우 경제적 약자로 보기 어렵다는 점에서 상기 우선변제권과 대항력 요건이나 계약갱신요구권 등의 경우 모두 환산보증금 이하의 보증금을 지불한 임차인에게만 인정되며, 서울의 경우 환산보증금은 현재 9억원이다.

01 상가임대차보호법 관련 논점

한편 상가임대차의 경우 임대차 건물에서 상인의 노력으로 상권이 생겨나고 이러한 상권에 의해 건물의 가치가 올라가는데 임대인이 상권과 건물의 가치가 상승한 후 임차인인 상인을 내쫓게 된다면 이는 부정의한 상황이란 점에서 임대차 계약갱신요구권이 규정되어 있으며,

계약갱신요구가 가능한 기간이 2018년 5년에서 10년으로 상향되었다.

이외에도 상가임대차의 경우 상인들간 점포에 대한 권리를 주고 받으며, 건물주와 무관하게 권리금을 주고 받는 것이 상관습인데 문제는 이는 상관습법상 철저한 채권적 권리이다 보니 건물주가 상인인 임차인에게 퇴거를 요청할 경우 그 임차인이 건물주에게는 이를 요구할 수 없다는 문제가 발생한다. 이에 상가임대차보호법은 권리금회수기회보호 규정을 두고 있으나 이로써 충분히 상인들의 권익이 보호되지 못하다는 점에서 여전히 많은 논쟁이 발생하고 있다.

상가임대차보호법

제10조(계약갱신 요구 등) ①임대인은 임차인이 임대차기간이 만료되기 6개월 전부터 1개월 전까지 사이에 계약갱신을 요구할 경우 정당한 사유 없이 거절하지 못한다. 다만, 다음 각 호의 어느 하나의 경우에는 그러하지 아니하다. 〈개정 2013. 8. 13.〉

  1. 임차인이 3기의 차임액에 해당하는 금액에 이르도록 차임을 연체한 사실이 있는 경우
  2. 임차인이 거짓이나 그 밖의 부정한 방법으로 임차한 경우
  3. 서로 합의하여 임대인이 임차인에게 상당한 보상을 제공한 경우
  4. 임차인이 임대인의 동의 없이 목적 건물의 전부 또는 일부를 전대(轉貸)한 경우
  5. 임차인이 임차한 건물의 전부 또는 일부를 고의나 중대한 과실로 파손한 경우
  6. 임차한 건물의 전부 또는 일부가 멸실되어 임대차의 목적을 달성하지 못할 경우
  7. 임대인이 다음 각 목의 어느 하나에 해당하는 사유로 목적 건물의 전부 또는 대부분을 철거하거나 재건축하기 위하여 목적 건물의 점유를 회복할 필요가 있는 경우
     가. 임대차계약 체결 당시 공사시기 및 소요기간 등을 포함한 철거 또는 재건축 계획을 임차인에게 구체적으로 고지하고 그 계획에 따르는 경우
     나. 건물이 노후·훼손 또는 일부 멸실되는 등 안전사고의 우려가 있는 경우
     다. 다른 법령에 따라 철거 또는 재건축이 이루어지는 경우
  8. 그 밖에 임차인이 임차인으로서의 의무를 현저히 위반하거나 임대차를 계속하기 어려운 중대한 사유가 있는 경우
②임차인의 계약갱신요구권은 최초의 임대차기간을 포함한 전체 임대차기간이 10년을 초과하지 아니하는 범위에서만 행사할 수 있다. 〈개정 2018. 10. 16.〉
③갱신되는 임대차는 전 임대차와 동일한 조건으로 다시 계약된 것으로 본다. 다만, 차임과 보증금은 제11조에 따른 범위에서 증감할 수 있다.

④임대인이 제1항의 기간 이내에 임차인에게 갱신 거절의 통지 또는 조건 변경의 통지를 하지 아니한 경우에는 그 기간이 만료된 때에 전 임대차와 동일한 조건으로 다시 임대차한 것으로 본다. 이 경우에 임대차의 존속기간은 1년으로 본다. 〈개정 2009. 5. 8.〉

⑤제4항의 경우 임차인은 언제든지 임대인에게 계약해지의 통고를 할 수 있고, 임대인이 통고를 받은 날부터 3개월이 지나면 효력이 발생한다.

제10조의3(권리금의 정의 등) ①권리금이란 임대차 목적물인 상가건물에서 영업을 하는 자 또는 영업을 하려는 자가 영업시설·비품, 거래처, 신용, 영업상의 노하우, 상가건물의 위치에 따른 영업상의 이점 등 유형·무형의 재산적 가치의 양도 또는 이용대가로서 임대인, 임차인에게 보증금과 차임 이외에 지급하는 금전 등의 대가를 말한다.

②권리금 계약이란 신규임차인이 되려는 자가 임차인에게 권리금을 지급하기로 하는 계약을 말한다.

제10조의4(권리금 회수기회 보호 등) ①임대인은 임대차기간이 끝나기 3개월 전부터 임대차 종료 시까지 다음 각 호의 어느 하나에 해당하는 행위를 함으로써 권리금 계약에 따라 임차인이 주선한 신규임차인이 되려는 자로부터 권리금을 지급받는 것을 방해하여서는 아니 된다. 다만, 제10조제1항 각 호의 어느 하나에 해당하는 사유가 있는 경우에는 그러하지 아니하다.

1. 임차인이 주선한 신규임차인이 되려는 자에게 권리금을 요구하거나 임차인이 주선한 신규임차인이 되려는 자로부터 권리금을 수수하는 행위

2. 임차인이 주선한 신규임차인이 되려는 자로 하여금 임차인에게 권리금을 지급하지 못하게 하는 행위

3. 임차인이 주선한 신규임차인이 되려는 자에게 상가건물에 관한 조세, 공과금, 주변 상가건물의 차임 및 보증금, 그 밖의 부담에 따른 금액에 비추어 현저히 고액의 차임과 보증금을 요구하는 행위

4. 그 밖에 정당한 사유 없이 임대인이 임차인이 주선한 신규임차인이 되려는 자와 임대차계약의 체결을 거절하는 행위

②다음 각 호의 어느 하나에 해당하는 경우에는 제1항제4호의 정당한 사유가 있는 것으로 본다.

1. 임차인이 주선한 신규임차인이 되려는 자가 보증금 또는 차임을 지급할 자력이 없는 경우

2. 임차인이 주선한 신규임차인이 되려는 자가 임차인으로서의 의무를 위반할 우려가 있거나 그 밖에 임대차를 유지하기 어려운 상당한 사유가 있는 경우

3. 임대차 목적물인 상가건물을 1년 6개월 이상 영리목적으로 사용하지 아니한 경우

4. 임대인이 선택한 신규임차인이 임차인과 권리금 계약을 체결하고 그 권리금을 지급한 경우

③임대인이 제1항을 위반하여 임차인에게 손해를 발생하게 한 때에는 그 손해를 배상할 책임이 있다. 이 경우 그 손해배상액은 신규임차인이 임차인에게 지급하기로 한 권리금과 임대차 종료 당시의 권리금 중 낮은 금액을 넘지 못한다.

④제3항에 따라 임대인에게 손해배상을 청구할 권리는 임대차가 종료한 날부터 3년 이내에 행사하지 아니하면 시효의 완성으로 소멸한다.

⑤임차인은 임대인에게 임차인이 주선한 신규임차인이 되려는 자의 보증금 및 차임을 지급할 자력 또는 그 밖에 임차인으로서의 의무를 이행할 의사 및 능력에 관하여 자신이 알고 있는 정보를 제공하여야 한다.

🔨 참조 판례

대법원 2000. 9. 22. 선고 2000다26326 판결

영업용 건물의 임대차에 수반되어 행하여지는 권리금의 지급은 임대차계약의 내용을 이루는 것은 아니고 권리금 자체는 거기의 영업시설·비품 등 유형물이나 거래처, 신용, 영업상의 노우하우(know-how) 또는 점포 위치에 따른 영업상의 이점 등 무형의 재산적 가치의 양도 또는 일정 기간 동안의 이용대가라고 볼 것이어서, 그 유형·무형의 재산적 가치의 양수 또는 약정기간 동안의 이용이 유효하게 이루어진 이상 임대인은 그 권리금의 반환의무를 지지 아니하며, 다만 임차인은 당초의 임대차에서 반대되는 약정이 없는 한 임차권의 양도 또는 전대차의 기회에 부수하여 자신도 그 재산적 가치를 다른 사람에게 양도 또는 이용케 함으로써 권리금을 지급받을 수 있을 것이고, 따라서 임대인이 그 임대차의 종료에 즈음하여 그 재산적 가치를 도로 양수한다든지 권리금 수수 후 일정한 기간 이상으로 그 임대차를 존속시켜 그 가치를 이용케 하기로 약정하였음에도 임대인의 사정으로 중도 해지됨으로써 약정기간 동안의 그 재산적 가치를 이용케 해주지 못하였다는 등의 특별한 사정이 있을 때에만 임대인은 그 권리금 전부 또는 일부의 반환의무를 진다.

02 주택임대차보호법 관련 논점

2017년부터 주택 가격이 급등하고 있고, 이어서 2020년부터 전세가 등이 급등하는 현상이 나타난 것에 대하여 2020년 개정된 주택임대차보호법의 주요 내용이 문제의 원인으로 지목되고 있다. 더구나 코로나 종식 이후 주택가와 전세가가 동시에 하락하면서 역전세난이 크게 일어났고, 그 원인이 2020년 개정된 주택임대차보호법으로 인한 급격한 전세가 상승에 있다는 주장이 상당한 설득력을 얻고 있다.

아직도 논란이 되고 있는 2020년 주택임대차보호법 개정 내용은 아래와 같다.

계약갱신요구권

임차인은 임대차기간이 끝나기 6개월 전부터 1개월 전까지의 기간이내에(2020. 12. 10. 이후 최초로 계약하거나 갱신하는 계약의 경우에는 2개월 전까지) 계약갱신을 요구할 경우 정당한 사유없이 거절하지 못한다. 계약갱신요구권은 1회에 한하여 행사할 수 있다. 갱신요구권을 행사하였을 경우 그 기간은 2년으로 본다(주택임대차보호법 제6조의 3).

○ 임차인의 갱신요구권은 1회에 한하여 행사 가능하며, 행사 시 2년의 임차 기간이 보장된다. 묵시적 갱신은 갱신요구권의 행사에 해당하지 않으며, 갱신요구권의 행사는 명확한 의사표시를 한 경우에만 해당한다.

○ 기존 계약이 2년이든, 4년이든, 6년이든 관계없이 법 시행 당시 계약기간이 남아 있으면 (계약 갱신의 의사 표시를 할 수 있는 1개월 이상) 1회에 한하여 행사 가능하다.

※ 갱신요구의 거절사유(주택임대차보호법 제6조의3 제1항)

1. 임차인이 2기의 차임액에 해당하는 금액에 이르도록 차임을 연체한 사실이 있는 경우
2. 임차인이 거짓이나 그밖의 부정한 방법으로 임차한 경우
3. 서로 합의하여 임대인이 임차인에게 상당한 보상을 제공한 경우
4. 임차인이 임대인의 동의 없이 목적 주택의 전부 또는 일부를 전대한 경우
5. 임차인이 임차한 주택의 전부 또는 일부를 고의나 중대한 과실로 파손한 경우
6. 임차한 주택의 전부 또는 일부가 멸실되어 임대차의 목적을 달성하지 못한 경우
7. 임대인이 목적 주택의 전부 또는 대부분을 철거하거나 점유를 회복할 필요가 있는 경우
8. 임대인(임대인의 직계존속, 직계비속을 포함한다)이 목적주택에 실제 거주하려는 경우

9. 그 밖에 임차인이 임차인으로서의 의무를 현저히 위반하거나 임대차를 계속하기 어려운
   중대한 사유가 있는 경우

차임 증감청구권 (전월세상한제)

당사자는 약정한 차임이나 보증금이 적절하지 아니하게된 경우에는 장래에 대하여 그 증감
을 청구할 수 있다. 이 경우 증액 청구는 증액이 있은 후 1년 이내에는 하지 못하며 약정한 차
임이나 보증금의 20분의 1의 금액을 초과하지 못한다(주택임대차보호법 제7조).

○ 임대료 증액은 존속 중인 계약에서 임대료를 증액하거나 계약갱신요구권을 행사하는 경
   우에 적용된다.
○ 무조건 20분의 1(5%)을 올리라는 의미는 아니며, 해당 범위 내에서 협의하여 정하라는
   의미이다.
○ 지자체가 5%이내에서 다른 하한(예를들어 3%, 2% 등)을 정할 수 있으며, 해당 지자체는 그
   조례에 따른 범위 내에서 임대료 증액이 가능하다. 지자체가 별도로 정하지 않았다면 법
   에서 정한 5% 이내에서 증액이 가능하다.

해당 개정은 주택임대차보호법상 최소 계약기간이 2년에서 2+2 즉 최대 4년으로 연장되
며, 그 1회 연장 기간에는 차임을 5% 이상 올릴 수 없도록 규정하는 것을 주된 내용으로 하고
있다. 다만 이와 같은 계약갱신은 임대인이 해당 주택에서 거주하고자 하는 등의 경우 거절
할 수 있는 것으로 규정하고 있다. 그러나 이러한 개정 이후 전월세 물량의 감소 등으로 전월
세값이 급상승하고 계약갱신을 거절하는 조건으로 임차인이 위로금의 지급을 요구하는 등의
문제가 새로이 발생하였다.

이후 코로나가 종식되며, 주택 가격과 전세 가격이 동시에 급락하기 시작하였고 2020년
주택임대차법 개정후 전세가 급등이 가장 절정에 달했던 2021년 가을 전세계약 분의 계약 종
료시기가 2023년말로 닥치면서 2023년 상반기 빌라 전세대란에 이어 대규모 아파트 단지
전세대란이 발생하고 있는 실정이다. 이러한 현상에 대해 코로나 종식과 전세계적인 금리 인
상의 영향으로 어쩔 수 없다는 주장도 있으나 2020년 갑작스러운 주택임대차보호법 개정 전
까지 전세가가 비교적 안정적이었다는 점에서 설득력을 가지지 못하는 주장이라 하겠다.

아무리 좋은 의도의 입법이라도 시장에서 받을 충격을 충분히 고려하지 않는다면 단기적으
로 많은 피해자를 발생시킬 수 있음을 보여주는 대표적 사태라 할 수 있다.

NO 7

손해의 범위

◈◈◈

민사상 손해배상과 관련하여 손해를 판단함에 있어서 우리 대법원은 손해 3분법을 따르고 있다. 먼저 적극적 손해는 어떤 행위로 인해 직접적으로 발생한 손해를 의미한다. 또한 소극적 손해는 어떤 행위로 인해 어떤 일을 하지 못하게 되어 발생하는 손해를 의미한다. 마지막으로 정신적 손해는 흔히 위자료라고 말한다.

이와 관련하여 우리 대법원은 불법행위 손해배상 책임 청구 등과 관련해 인과관계 등을 피해자가 엄격히 입증할 것을 요구하면서 상대적으로 정신적 손해의 경우 소액으로 쉽게 인정해 주는 편이다. 이러한 대법원의 태도는 사회적이고 경제적인 약자에 대한 배려가 반영되어 있다는 평가를 받지만 한편으로 위자료의 경우에도 물질적 손해에 버금가는 배상을 해야 한다는 민법학계의 비판도 존재한다.

한편 손해배상의 범위와 관련하여서 우리 민법은 아래와 같이 통상손해와 특별손해를 나누어 통상손해 배상을 원칙으로 하되, 채무자가 그 사정을 알았거나 알 수 이는 경우의 특별손해는 배상하는 것으로 규정하고 있다.

민법

제393조(손해배상의 범위) ①채무불이행으로 인한 손해배상은 통상의 손해를 그 한도로 한다.

②특별한 사정으로 인한 손해는 채무자가 그 사정을 알았거나 알 수 있었을 때에 한하여 배상의 책임이 있다.

제763조(준용규정) 제393조, 제394조, 제396조, 제399조의 규정은 불법행위로 인한 손해배상에 준용한다.

Q. A씨는 운전중 행인 B씨를 충격하고 B씨를 피하다 전봇대를 들이받는 사고를 내었다. 이로 인해 B씨는 전치 8주의 부상을 입고 병원에 입원을 하였고, 이로 인해 회사에서 성과급을 받지 못하였다. A씨는 B씨의 치료비 외의 지급받지 못한 성과급에 대하여도 배상하여야 하는가? 아울러 A씨의 차가 들이받은 전봇대는 C씨가 운영하는 사슴농장으로 들어가는 유일한 전력선으로 해당 전봇대가 쓰러짐으로써 C씨 사슴농장 녹용저장고의 전력이 차단되어 1억원 상당의 녹용이 모두 손상되었다. A씨는 이에 대하여도 책임을 부담하여야 하는가?

접근전략 성과급을 받지 못한 것 등은 소극적 손해로서 배상해줘야 한다. 그러나 녹용저장고 전력 차단의 문제는 특별손해로 보아야 하고, 특별손해는 A가 그 내용을 알거나 알 수 있었을 경우에만 배상책임이 발생한다.

NO 8

집단소송과 징벌적 손해배상 책임

◈◈◈

01 집단소송

제조물 관련 사건 등에 있어서 개별소송으로만 피해구제를 할 수 있도록 할 경우 개별 소비자의 피해는 가벼우나 전체 소비자의 피해는 매우 크고, 또 이러한 전체 소비자의 피해가 개별적 소송으로 모두 구제받기 어려우며, 이로 인하여 제조사 등의 입장에서는 전체 소비자의 피해가 발생하는 일에 대하여 오히려 가볍게 생각하는 문제가 발생할 수 있다.

이에 개별 피해자의 소송이 있을 경우 이것이 전체 피해자에게도 적용될 수 있도록 하는 것이 집단소송이다. 집단소송의 경우 권리 위에 잠자는 자의 권리를 보호하는 소송이라는 점에서 비판받기도 한다. 그러나 집단소송이 논해지는 경우 가해자는 주로 사회적·경제적 강자인 경우가 많고 피해자는 사회적·경제적 약자인 경우가 많고, 사회적·경제적 약자인 피해자의 권익을 보호하기에는 집단소송이 유리하다는 점에서 도입이 계속해서 논의중이고, 현재 우리나라에서는 증권관련 분야에서 대표당사자소송의 형태로, 소비자사건과 개인정보보호관련 사건에서는 단체소송의 형태로 도입되었다.

🔨 참조 법률

증권관련집단소송법

제12조(소송허가 요건) ①증권관련집단소송 사건은 다음 각 호의 요건을 갖추어야 한다.

1. 구성원이 50인 이상이고, 청구의 원인이 된 행위 당시를 기준으로 그 구성원이 보유하고 있는 증권의 합계가 피고 회사의 발행 증권 총수의 1만분의 1 이상일 것

2. 제3조제1항 각 호의 손해배상청구로서 법률상 또는 사실상의 중요한 쟁점이 모든 구성원에게 공통될 것

3. 증권관련집단소송이 총원의 권리 실현이나 이익 보호에 적합하고 효율적인 수단일 것

4. 제9조에 따른 소송허가신청서의 기재사항 및 첨부서류에 흠이 없을 것

②증권관련집단소송의 소가 제기된 후 제1항제1호의 요건을 충족하지 못하게 된 경우에도 제소(提訴)의 효력에는 영향이 없다.

제13조(소송허가 절차) ①대표당사자는 소송허가 신청의 이유를 소명(疏明)하여야 한다.

②증권관련집단소송의 허가 여부에 관한 재판은 제7조제1항에 따라 소를 제기하는 자와 피고를 심문(審問)하여 결정으로 한다.

③법원은 제2항에 따른 재판을 함에 있어서 손해배상청구의 원인이 되는 행위를 감독·검사하는 감독기관으로부터 손해배상청구 원인행위에 대한 기초조사 자료를 제출받는 등 직권으로 필요한 조사를 할 수 있다.

소비자기본법

제70조(단체소송의 대상등) 다음 각 호의 어느 하나에 해당하는 단체는 사업자가 제20조의 규정을 위반하여 소비자의 생명·신체 또는 재산에 대한 권익을 직접적으로 침해하고 그 침해가 계속되는 경우 법원에 소비자권익침해행위의 금지·중지를 구하는 소송(이하 "단체소송"이라 한다)을 제기할 수 있다. 〈개정 2016. 3. 29.〉

1. 제29조의 규정에 따라 공정거래위원회에 등록한 소비자단체로서 다음 각 목의 요건을 모두 갖춘 단체

가. 정관에 따라 상시적으로 소비자의 권익증진을 주된 목적으로 하는 단체일 것

나. 단체의 정회원수가 1천명 이상일 것

다. 제29조의 규정에 따른 등록 후 3년이 경과하였을 것

2. 제33조에 따라 설립된 한국소비자원

3. 「상공회의소법」에 따른 대한상공회의소, 「중소기업협동조합법」에 따른 중소기업협동조합중앙회 및 전국 단위의 경제단체로서 대통령령이 정하는 단체

4. 「비영리민간단체 지원법」 제2조의 규정에 따른 비영리민간단체로서 다음 각 목의 요건을 모두 갖춘 단체

　가. 법률상 또는 사실상 동일한 침해를 입은 50인 이상의 소비자로부터 단체소송의 제기를 요청받을 것

　나. 정관에 소비자의 권익증진을 단체의 목적으로 명시한 후 최근 3년 이상 이를 위한 활동실적이 있을 것

　다. 단체의 상시 구성원수가 5천명 이상일 것

　라. 중앙행정기관에 등록되어 있을 것

제74조(소송허가요건 등) ①법원은 다음 각 호의 요건을 모두 갖춘 경우에 한하여 결정으로 단체소송을 허가한다.

　1. 물품등의 사용으로 인하여 소비자의 생명·신체 또는 재산에 피해가 발생하거나 발생할 우려가 있는 등 다수 소비자의 권익보호 및 피해예방을 위한 공익상의 필요가 있을 것

　2. 제73조의 규정에 따른 소송허가신청서의 기재사항에 흠결이 없을 것

　3. 소제기단체가 사업자에게 소비자권익 침해행위를 금지·중지할 것을 서면으로 요청한 후 14일이 경과하였을 것

②단체소송을 허가하거나 불허가하는 결정에 대하여는 즉시항고할 수 있다.

개인정보보호법

제51조(단체소송의 대상 등) 다음 각 호의 어느 하나에 해당하는 단체는 개인정보처리자가 제49조에 따른 집단분쟁조정을 거부하거나 집단분쟁조정의 결과를 수락하지 아니한 경우에는 법원에 권리침해 행위의 금지·중지를 구하는 소송(이하 "단체소송"이라 한다)을 제기할 수 있다.

　1. 「소비자기본법」 제29조에 따라 공정거래위원회에 등록한 소비자단체로서 다음 각 목의

요건을 모두 갖춘 단체

　가. 정관에 따라 상시적으로 정보주체의 권익증진을 주된 목적으로 하는 단체일 것

　나. 단체의 정회원수가 1천명 이상일 것

　다. 「소비자기본법」 제29조에 따른 등록 후 3년이 경과하였을 것

2. 「비영리민간단체 지원법」 제2조에 따른 비영리민간단체로서 다음 각 목의 요건을 모두 갖춘 단체

　가. 법률상 또는 사실상 동일한 침해를 입은 100명 이상의 정보주체로부터 단체소송의 제기를 요청받을 것

　나. 정관에 개인정보 보호를 단체의 목적으로 명시한 후 최근 3년 이상 이를 위한 활동 실적이 있을 것

　다. 단체의 상시 구성원수가 5천명 이상일 것

　라. 중앙행정기관에 등록되어 있을 것

제55조(소송허가요건 등) ①법원은 다음 각 호의 요건을 모두 갖춘 경우에 한하여 결정으로 단체소송을 허가한다.

　1. 개인정보처리자가 분쟁조정위원회의 조정을 거부하거나 조정결과를 수락하지 아니하였을 것

　2. 제54조에 따른 소송허가신청서의 기재사항에 흠결이 없을 것

②단체소송을 허가하거나 불허가하는 결정에 대하여는 즉시항고할 수 있다.

🌱 참조 문헌 1

"주지하다시피 집단소송은 크게 두 가지 유형으로 나눌 수 있다. 영미법에서 발전한 '대표당사자소송'(class action)과 독일법에서 성장한 '단체소송'(Verbandsklage)이 그것이다. 대표당사자소송은 대표당사자라는 개인을 중심으로 하면서 이러한 개인이 획득한 판결의 효력을 소송과 관련이 있는 모든 이 들에게 집단적·자동적으로 확장시키는 소송이다. 이에 반해 단체소송은 공익을 대변하는 단체가 공익을 보장하기 위한 소송을 수행하도록 하는 소송이다. 대표당사자소송이 주관적·개인적 소송에 바탕을 두면서도 이를 집단적으로 확장시킨 것이라면, 단체소송은 사적인 개인과는 구별되는 공적인 단체를 내세워 공익을 실현하도록 하고 있

다. 이 점에서 전자가 민사법의 이념적 기초가 되는 자유주의를 발전적으로 수용하고 있다면, 후자는 자유주의와는 구별되는 공동체주의 또는 공정주의를 이념적 기초로 삼고 있다고 말할 수 있다. 그 점에서 전자는 자유주의가 강한 영미법의 전통을, 후자는 사회국가적 복지주의가 강한 대륙법의 전통을 잘 보여준다. 물론 이 중에서 대표당사자소송이 개인에게 발생한 손해를 효과적으로 보장하는 수단으로 더 적합하다. 그 만큼 남용될 가능성도 더 높다. 이 때문에 집단소송에 비판적인 진영은 대표당사자소송보다는 단체소송을 선호하는 경향이 강하다. 이를 반영하듯, 우리 법체계는 한편으로는 두 가지 유형의 집단소송을 모두 수용하면서도, 대표당사자소송보다는 단체소송을 더욱 많이 제도화하고 있다."

(우세나·양천수, 집단소송제도 재검토 – 법이론의 관점에서, 영남법학, 2017, 305-306쪽)

🖋참조 문헌 2

[소비자기본법 제68조 제5항 적용사례를 통해 본 집단소송 도입 필요성]

박상수 변호사

Ⅰ. 들어가며 – 소비자기본법 상 집단분쟁조정제도

최근 개인에게는 소액이지만 광범위한 피해자를 낳고 있는 소비자 피해 사례가 다수 등장하고 있다. 발제문에서 다뤄지는 바와 같이 그동안 소비자들은 카페나 밴드 등을 이용하여 피해자 모임을 결성하고 불매운동이나 공동소송 등의 방식으로 이에 대해 게릴라전의 방식으로 대응해왔다. 그러나 이러한 게릴라전 방식은 기업의 입장에서 상당한 출혈이 발생할 수 있고, 소비자의 입장에서 정당하게 배상을 받을 기회를 보장받기 어려운 측면이 있었다.

이에 집단소송의 도입은 오랫동안 우리 법조계에서 논의가 되어 왔고, 그 결과 증권집단소송 등 일부 분야에서 도입되는 성과를 얻기도 했다. 하지만 개별적으로는 소액이지만 광범위한 피해에 대한 포괄적인 집단소송제의 도입은 여전히 논의에만 그치고 있는 실정이다. 그러나 소비자기본법 상 집단분쟁조정 분야에서는 집단소송과 유사한 해결이 시도될 수 있는 조항이 지난 2006년 도입되었다. 소비자기본법 제68조 제5항은 "조정위원회는 사업자가 조정위원회의 집단분쟁조정의 내용을 수락한 경우에는 집단분쟁조정의 당사자가 아닌 자로서 피해를 입은 소비자에 대한 보상계획서를 작성하여 조정위원회에 제출하도록 권고할 수 있다."

고 규정하고 있는데, 이를 통해 소비자기본법상 집단분쟁조정에 의한 배상 결정을 사업자가 수용할 경우 집단분쟁조정을 신청하지 않은 소비자들이 신청한 소비자들과 동일한 배상을 받을 수 있는 방안을 마련한 것이다.

본 토론문에서는 소비자기본법 제68조 제5항이 직접 적용될 뻔 하였던 사례를 통해 집단소송제도가 도입되어야 할 필요성에 대하여 논하며, 집단소송제도가 제대로 시행되기 위해 부가적으로 필요한 제도 정비 사항에 대하여 서술해 보겠다.

Ⅱ. LG전자 건조기 컨덴싱 자동세척 기능 과장광고 사례

2017년 LG전자는 콘덴서 주변에 발생하는 응축수를 이용하여 콘덴서를 자동세척했다는 기술을 개발했다며, 이를 적용한 건조기 제품의 자동세척 기능을 대대적으로 광고하였다. 해당 제품은 경쟁사 제품들과 달리 수동 세척을 할 수 있는 방법이 전혀 없었고, 콘덴서 수동세척의 번거로움이 완전히 극복된 제품으로 소비자들에게 호평을 받아 145만대가 판매되었다.

그러나 출시 이후 소비자들 사이에서 해당 건조기를 오래 사용할 경우 세탁물에 냄새가 발생하며 이것이 사라지지 않는다는 불만이 속출하기 시작했고, 일부는 해당 건조기를 사용한 세탁물을 입었을 때 피부질환 등이 발생했다는 점을 호소하기 시작했다. 2019년에 이르러서는 이러한 피해자들이 카페와 밴드 등을 통해 온라인 모임을 가지기 시작했고, LG전자 측에 해명을 요구하였다. 이에 LG전자는 AS 등에 만전을 기하겠다고 답변하였지만 결국 소비자 247명은 소비자분쟁조정위원회에 집단분쟁조정을 신청하였다.

소비자분쟁조정위원회는 2019년 12월 해당 집단분쟁조정신청에 대한 결정을 하며, LG전자 측의 과장 광고를 인정하며 집단분쟁조정신청을 한 247명 전원에게 10만원씩의 위자료를 지급하고, LG전자 측이 이 조정안을 받아들이면 소비자기본법 제68조 제5항에 따라 해당 건조기를 구매한 소비자 145만명 전원에게 10만원씩 위자료를 지급할 것을 권하겠다는 것을 시사하였다. 지금까지 집단분쟁조정신청에 대해 소비자분쟁조정위원회는 신청한 당사자들에게만 배상 등에 대한 조정결정을 하였던 반면, 이 사건에서는 집단분쟁조정을 신청하지 않은 피해자들에게도 배상을 명할 수 있음을 시사함으로써 소비자기본법 상 집단분쟁조정 관련 조항이 집단소송과 유사하게 활용될 가능성이 있음을 보여준 사건이라 할 수 있다.

그러나 소비자분쟁조정위원회의 조정 결정은 어디까지나 조정으로서 의의만 가지고 있어, 가해 기업과 피해자 모두 동의가 있어야 재판상 화해로서 효력을 가지는 것에 불과한 것이었다. 이에 최대 1,450억원의 배상금이 소비자에게 배상될 수 있었던 동 결정은 기업측의 조정

결정 불수용으로 효력을 가질 수 없었다.

　해당 사안에서 집단분쟁조정을 신청했던 소비자들은 결국 공동소송 또는 단독소송의 형식으로 민사소송을 이어갈 수 밖에 없었고, 현재도 재판은 진행중에 있다. 한편 LG전자 측의 과장광고와 관련하여 공정거래위원회는 2021. 4. 20. 표시광고법 위반으로 3억 9,000만원의 과징금을 부과하였고, LG전자 측은 동 제품의 AS를 위해 2020년 12월까지 1,321억원을 지출했고, 2021년에도 660억원을 설정하였다. 공정위, 건조기 자동세척 거짓광고 혐의…LG전자에 과징금 부과.

(변상이 기자. 뉴스웨이. 2021. 4. 20.)

　동 사안에 대한 집단분쟁조정이 성립되지 않으면서 소비자들은 기약을 알 수 없는 민사소송을 이어가고, 기업측은 집단분쟁조정으로 배상해줬어야 하는 금액 이상을 AS 등을 위해 지출하며, 소비자들과 지리한 법률공방을 이어나가고 있는 것이다.

　만약 이 사안에 대해 집단분쟁조정이 아니라 집단소송을 통해 일의적이고 명확하게 결론이 나왔다면 소비자와 기업 모두 불필요한 법적 분쟁의 지속이나 비용부담, 기업 이미지 및 제품 신인도 하락 등의 문제를 겪지 않아도 되었을 것이다. 또한 동 사건의 집단분쟁조정신청자 중에는 방사능 침대나 수입차 화재 사건의 피해자도 있었는데, 집단소송제도가 없다 보니 개별적으로는 큰 금액이 아니지만 광범위한 피해를 발생시키는 문제가 우리나라에서 반복적으로 발생하고, 이에 대한 손해가 제대로 배상되지 않는 부정의한 상황이 되풀이 되는 문제가 발생되고 있다 하겠다.

　Ⅲ. 추가 제언 – 소비자 입증책임 부담 완화를 위한 증거개시제도 도입

　실무적으로 접해본 제조물 등으로 인해 피해를 입은 소비자들은 사업자 측의 징벌적 손해배상을 청구해서 받기 보다는 사업자 측의 과실이 정의에 부합하게 인정되기를 원하는 경우가 많았다. 실제 집단소송의 도입이 논의되는 영역의 경우 소비자가 불법행위 손해배상책임을 물으려고 해도 입증책임의 벽을 넘기가 쉬운 일이 아니다. 이에 가습기 살균제 사건 이후 개정된 제조물책임법에서는 법상 요건이 충족될 경우 결함 등을 추정함으로써 소비자들의 입증책임을 완화시키기도 하였다. 제조물책임법

　제3조의2(결함 등의 추정) 피해자가 다음 각 호의 사실을 증명한 경우에는 제조물을 공급할

당시 해당 제조물에 결함이 있었고 그 제조물의 결함으로 인하여 손해가 발생한 것으로 추정한다. 다만, 제조업자가 제조물의 결함이 아닌 다른 원인으로 인하여 그 손해가 발생한 사실을 증명한 경우에는 그러하지 아니하다.

1. 해당 제조물이 정상적으로 사용되는 상태에서 피해자의 손해가 발생하였다는 사실
2. 제1호의 손해가 제조업자의 실질적인 지배영역에 속한 원인으로부터 초래되었다는 사실
3. 제1호의 손해가 해당 제조물의 결함 없이는 통상적으로 발생하지 아니한다는 사실

그러나 동법이 적용되는 실무에서 특별히 소비자의 입증책임이 완화되었다고 느끼기 어려웠다. 소비자들은 최첨단 기술의 종합체인 제조물 등의 결함을 충분히 입증할 능력이 없고, 이를 입증하기 위한 감정 등에 과도한 비용이 발생하며, 우리나라 민사소송법의 규정과 판례상 문서제출명령의 예외사유가 비교적 광범위하게 인정되고 있는 점 등을 고려할 때 사업자, 특히 그 중 대기업에 비해 상대적으로 사회적·경제적 약자인 소비자들이 제조물책임법 정도로 완화된 입증책임을 감당하기도 쉬운 일이 아니다.

따라서 집단소송제의 실질적 효과를 극대화하기 위해서는 정의에 부합하는지 논쟁이 있는 징벌적 손해배상제도와 연계되기 보다는 소비자들의 입증책임을 실질적으로 완화할 수 있는 영미식 증거개시제도와 함께 도입하는 것이 보다 바람직하다 생각된다.

Ⅳ. 나오는 글

우리나라에서 광범위한 소비자 피해는 반복되고 있다. 작게는 대형 프랜차이즈 스타가 초청 축구 경기에서 출장하지 않는 것부터 크게는 가습기 살균제에 수많은 소비자가 사망하거나 중병을 가지게 된 것에 이르기까지 최근까지도 끝없이 반복되고 있다. 폭스바겐사의 디젤게이트가 터졌을 때 대표당사자소송으로서 집단소송이 있는 미국에서 47만 5,000명의 차주가 153억달러(18조원)의 배상금을 받고, 소비자단체소송을 활용한 독일 소비자 26만명이 8억 3,000만 유로(1조 1086억원)의 금원을 배상받는 동안, 국내 소비자들은 경영층의 사과를 받는 것으로 만족해야 했다.

한때 영미권 국가들의 전유물로 여겨졌던 집단소송의 경우 발표문의 내용과 같이 캐나다, 뉴질랜드, 이스라엘, 라틴아메리카 국가들에서 도입되었고, 소비자단체소송의 경우 2008년 일본, 2014년 프랑스, 2018년 독일에서 도입된 바 있다.

물론 우리나라도 2008년에 전술한 소비자 집단분쟁조정제도와 함께 소비자단체소송이 도입되었다. 그러나 2008년 도입부터 지금까지 제기된 소비자단체소송은 고작 8건에 불과하

다. 동일한 기간 일본의 행위금지청구권 신청 사례가 450건, 소비자단체소송 제기 사례가 53건에 달하는 것에 비하면 우리나라의 소비자단체소송제도는 유명무실하다 해도 과언이 아니다.

이는 소비자기본법 제70조상 소비자단체소송이 가능한 행위유형 중 소비자안전과 소비자거래 분야에 대한 규정이 모호하고, 소송허가에 과도하게 오랜 시간이 소요되고 있기 때문에 발생한 현상이라 할 수 있다. 지금까지 한국소비자단체협의회가 제기한 8건의 소송 중 SKT에 대한 소송은 1개월, LG U+에 대한 소송은 4개월, KT에 대한 소송은 11개월이 소요되었고, 호텔스닷컴의 환불금지규정에 대한 소송은 소송허가에만 2년이 넘는 시간이 소요되었다.

따라서 향후 대표당사자소송 형태의 집단소송이 도입된다면 2008년에 도입된 소비자단체소송과 소비자 집단분쟁조정제도의 문제점이 반복되지 않고 소비자의 피해가 실질적으로 배상될 수 있도록 문제가 되는 부분들을 면밀히 검토하여야 할 것이다. 더불어 집단소송제도가 도입 취지와 같이 기능할 수 있도록 소비자의 입증책임 부담을 획기적으로 경감할 수 있는 증거개시제도의 도입 또한 함께 논의될 필요가 있을 것이라 생각한다.

02 징벌적 손해배상책임

징벌적 손해배상책임은 사회·경제적 강자인 대기업 등의 경우 일반적인 책임의 법리에 따라 배상금액을 확정할 경우 그 배상금액이 너무 적어 향후 불법행위를 저지르지 않을 유인이 매우 낮아지는 문제가 발생할 수 있다. 이에 사회·경제적 강자들에게는 징벌적 범위에서 손해배상액을 추가로 인정하는 징벌적 손해배상제도가 미국, 영국 등 영미법계 국가들에서는 시행되고 있다. 이에 우리나라에서도 지속적으로 도입에 대한 논쟁이 진행되어 왔으며 현재 하도급법, 환경보건법, 제조물책임법에서 도입되어 시행되고 있다.

⚖️ 참조 법률

제조물책임법

제3조(제조물 책임) ①제조업자는 제조물의 결함으로 생명·신체 또는 재산에 손해(그 제조물에 대하여만 발생한 손해는 제외한다)를 입은 자에게 그 손해를 배상하여야 한다.

②제1항에도 불구하고 제조업자가 제조물의 결함을 알면서도 그 결함에 대하여 필요한 조치를 취하지 아니한 결과로 생명 또는 신체에 중대한 손해를 입은 자가 있는 경우에는 그 자에게 발생한 손해의 3배를 넘지 아니하는 범위에서 배상책임을 진다. 이 경우 법원은 배상액을 정할 때 다음 각 호의 사항을 고려하여야 한다. 〈신설 2017. 4. 18.〉

1. 고의성의 정도
2. 해당 제조물의 결함으로 인하여 발생한 손해의 정도
3. 해당 제조물의 공급으로 인하여 제조업자가 취득한 경제적 이익
4. 해당 제조물의 결함으로 인하여 제조업자가 형사처벌 또는 행정처분을 받은 경우 그 형사처벌 또는 행정처분의 정도
5. 해당 제조물의 공급이 지속된 기간 및 공급 규모
6. 제조업자의 재산상태
7. 제조업자가 피해구제를 위하여 노력한 정도

③피해자가 제조물의 제조업자를 알 수 없는 경우에 그 제조물을 영리 목적으로 판매·대여 등의 방법으로 공급한 자는 제1항에 따른 손해를 배상하여야 한다. 다만, 피해자 또는 법정대리인의 요청을 받고 상당한 기간 내에 그 제조업자 또는 공급한 자를 그 피해자 또는 법정대리인에게 고지(告知)한 때에는 그러하지 아니하다. 〈개정 2017. 4. 18.〉

[전문개정 2013. 5. 22.]

하도급법

제2조(정의) ①이 법에서 "하도급거래"란 원사업자가 수급사업자에게 제조위탁(가공위탁을 포함한다. 이하 같다)·수리위탁·건설위탁 또는 용역위탁을 하거나 원사업자가 다른 사업자로부터 제조위탁·수리위탁·건설위탁 또는 용역위탁을 받은 것을 수급사업자에게 다시 위탁한 경우, 그 위탁(이하 "제조등의 위탁"이라 한다)을 받은 수급사업자가 위탁받은 것(이하 "목적물 등"이라 한다)을 제조·수리·시공하거나 용역수행하여 원사업자에게 납품·인도 또는 제공(이하 "납품등"이라 한다)하고 그 대가(이하 "하도급대금"이라 한다)를 받는 행위를 말한다.

②이 법에서 "원사업자"란 다음 각 호의 어느 하나에 해당하는 자를 말한다. 〈개정 2011. 3. 29., 2014. 5. 28., 2015. 7. 24.〉

1. 중소기업자(「중소기업기본법」 제2조제1항 또는 제3항에 따른 자를 말하며, 「중소기업협동조합법」에 따른 중소기업협동조합을 포함한다. 이하 같다)가 아닌 사업자로서 중소기업자에게 제

조등의 위탁을 한 자

2. 중소기업자 중 직전 사업연도의 연간매출액[관계 법률에 따라 시공능력평가액을 적
   용받는 거래의 경우에는 하도급계약 체결 당시 공시된 시공능력평가액의 합계액(가장
   최근에 공시된 것을 말한다)을 말하고, 연간매출액이나 시공능력평가액이 없는 경우에는
   자산총액을 말한다. 이하 이 호에서 같다]이 제조등의 위탁을 받은 다른 중소기업자
   의 연간매출액보다 많은 중소기업자로서 그 다른 중소기업자에게 제조등의 위탁을 한
   자. 다만, 대통령령으로 정하는 연간매출액에 해당하는 중소기업자는 제외한다.

제35조(손해배상 책임) ①원사업자가 이 법의 규정을 위반함으로써 손해를 입은 자가 있는
경우에는 그 자에게 발생한 손해에 대하여 배상책임을 진다. 다만, 원사업자가 고의 또는 과
실이 없음을 입증한 경우에는 그러하지 아니하다. 〈개정 2013. 5. 28.〉

　②원사업자가 제4조, 제8조제1항, 제10조, 제11조제1항·제2항, 제12조의3제3항 및 제19
　　조를 위반함으로써 손해를 입은 자가 있는 경우에는 그 자에게 발생한 손해의 3배를
　　넘지 아니하는 범위에서 배상책임을 진다. 다만, 원사업자가 고의 또는 과실이 없음을
　　입증한 경우에는 그러하지 아니하다. 〈개정 2013. 5. 28., 2018. 1. 16.〉

③법원은 제2항의 배상액을 정할 때에는 다음 각 호의 사항을 고려하여야 한다. 〈신설
　2013. 5. 28.〉

　1. 고의 또는 손해 발생의 우려를 인식한 정도

　2. 위반행위로 인하여 수급사업자와 다른 사람이 입은 피해규모

　3. 위법행위로 인하여 원사업자가 취득한 경제적 이익

　4. 위반행위에 따른 벌금 및 과징금

　5. 위반행위의 기간·횟수 등

　6. 원사업자의 재산상태

　7. 원사업자의 피해구제 노력의 정도

④제1항 또는 제2항에 따라 손해배상청구의 소가 제기된 경우 「독점규제 및 공정거래에 관
　한 법률」 제56조의2 및 제57조를 준용한다.

환경보건법

제19조(환경성질환에 대한 배상책임) ①사업활동 등에서 생긴 환경유해인자로 인하여 다른

사람에게 환경성질환을 발생하게 한 자는 그 피해를 배상하여야 한다. 〈개정 2018. 6. 12.〉

②제1항의 피해가 사업자의 고의 또는 중대한 과실에 의하여 발생한 경우에는 고의 또는 손해발생의 우려를 인식한 정도, 손해발생을 줄이기 위하여 노력한 정도, 환경유해인 자의 유해성 등을 고려하여 그 피해액의 3배를 넘지 아니하는 범위에서 배상하여야 한다. 〈신설 2018. 6. 12.〉

③면책사유, 연대책임, 면책특약의 제한, 소멸시효 등에 관하여는「제조물 책임법」제4조부터 제7조까지를 준용한다. 다만, 면책사유는 제1항의 책임에 한정하여 준용한다.

🍒 참조 문헌

"현행 하도급공정화에 관한 법률(이하 '하도급법'이라고 한다) 제35조는 3배의 징벌적손해배상을 규정한다. 그리고 이러한 3배의 징벌적 손해배상은 그 제도적 모델을 미국의 징벌적 손해배상에서 가져왔다고 추측할 수 있다. 왜냐하면 미국이 영국으로부터 징벌적 손해배상제도를 받아들이고 발전시켜서, 오늘날 미국의 징벌적 손해배상제도가 각국의 제도 도입에 중심적 역할을 하기 때문이다. 그런 의미에서 전통적으로 대륙법계 국가인 우리나라의 법제와 보통법(common law) 전통의 미국 징벌적 손해배상제도와 간극이 없는지를 살펴볼 필요가 있다. 그런데 최근 대륙법계 국가에서도 정책적인 관점에서 미국을 중심으로 한 보통법국가의 징벌적 손해배상제도를 자국에 도입할지를 논의하고 있다. 나아가 일부 대륙법계 국가에서는 징벌적 손해배상제도를 자국의 제도로 채택했다."

(고세일, 대륙법에서 징벌적 손해배상 논의 - 민법의 관점에서, 법조, 2014, 142-143쪽)

03 집단소송 및 징벌적 손해배상 법무부 상법 개정안(2021)

2021년 법무부는 집단소송 및 징벌적 손해배상 제도 도입을 위한 상법 개정안을 성안하였다. 대표당사자형 집단소송 및 Opt out 방식의 집단소송 방식을 도입하기로 하여 집단소송을 도입한 국가 중에서 가장 급진적인 방식이었다. 이 방식에 따를 경우 소비자 중 일부가 집단소송을 제기하면 그 판결 효력을 소비자 모두 받게 되고, 만약 그 판결 효력을 받기 싫은 소비자는 별도로 신청하여야 한다.

또한 증거조사의 특례로서 소송전 증거조사(디스커버리 제도) 도입이 규정되어 있어, 소비자가 문서제출명령 등을 하는 경우 이에 응하지 않으며 증거를 은폐하는 것을 원천적으로 봉쇄하였다. 디스커버리 제도는 소송전 증거조사 절차를 마련하고 각 소송당사자들이 상대방에게 요구하는 증거를 제공하지 않고 은폐할 경우 소송에서 패소토록 하는 제도로서 미국에서 시행중인 증거조사 절차이다.

이 절차에 따를 경우 민사소송의 증거가 은폐되지 않고 재판 전 모두 현출되므로 끝까지 소송하기 보다는 화해, 중재, 알선 등 소송대체제도를 통해 분쟁이 간결하게 해결되는 경향이 생긴다. 더불어 당시 법무부 입법안에는 배심원 결정이 판사를 기속하지 않는 국민참여재판 제도와 모든 상인에 대해 5배 이내 징벌적 손해배상이 가능한 제도가 포함되었다.

이러한 입법이 현실화됐다면 우리나라 소비자들의 권익이 획기적으로 향상되며 가습기 살균제, 방사능 침대, 독일 3사 배기가스 조작 사건 같은 굵직한 소비자 피해 사건들의 재발을 막을 수 있었겠으나 당시 법무부는 법안을 성안만 하고 막상 정부 입법으로 발의조차 하지 않았다. 정권이 교체된 후 해당 법안은 아직도 발의되고 있지 않으며 금번 국회 회기 중에는 그대로 폐기될 가능성이 높아 보인다.

경제민주화와
경제법

NO 1

헌법상 경제민주화 조항과 그 의의

❖❖❖

헌법

제119조 ①대한민국의 경제질서는 개인과 기업의 경제상의 자유와 창의를 존중함을 기본
으로 한다.

②국가는 균형있는 국민경제의 성장 및 안정과 적정한 소득의 분배를 유지하고, 시장의 지
　배와 경제력의 남용을 방지하며, 경제주체간의 조화를 통한 경제의 민주화를 위하여 경
　제에 관한 규제와 조정을 할 수 있다.

헌법 제23조 ①모든 국민의 재산권은 보장된다. 그 내용과 한계는 법률로 정한다.

②재산권의 행사는 공공복리에 적합하도록 하여야 한다.

③공공필요에 의한 재산권의 수용·사용 또는 제한 및 그에 대한 보상은 법률로써 하되, 정
　당한 보상을 지급하여야 한다.

한동안 우리 사회에 경제민주화가 유행어처럼 번진 적이 있다. 경제민주화라는 단어를 이
념편향적으로 이해하는 경향이 있으나 경제민주화라는 용어는 우리나라 헌법 제119조 제2항
에 "경제의 민주화"라는 단어로 이미 명확히 규정되어 있다. 경제민주화는 사적자치와 계약
자유를 절대적으로 보장했던 근대법 시대에 사회적·경제적 약자들을 충분히 보호하지 못했

다는 반성으로부터 도출된 사상이라 할 수 있으며, 우리 헌법의 내용에 따르면 균형있는 국민경제의 성장 및 안정과 적정한 소득의 분배를 유지하고, 시장의 지배와 경제력의 남용을 방지하며 경제주체간의 조화를 이루고자 하는 목적으로 규정된 조항이다.

사실 헌법에 경제 조항이 별도로 존재할 필요가 있는지에 대하여 비판하는 헌법학자들도 있다. 우리나라 헌법의 경제조항은 매우 유래가 깊은데 제헌헌법때부터 경제민주화라는 용어만 없었지 비슷한 취지의 조문들로 구성된 경제 조항들이 존재하였다. 제헌헌법의 초안을 만든 현민 유진오 박사는 일제시대 채만식, 이효석 등과 함께 동반작가라 불리며 여러 사회비판적 소설을 발표하기도 했다. 해방 이후 우리 헌법을 초안하며 사회적·경제적 약자들을 보호하기 위한 다양한 내용을 헌법에 규정하였는데 그 중에는 기본권으로서 노동자의 이익분배 균점권과 같은 지금 시점에서도 매우 혁신적인 내용도 있다(해당 규정은 제1차 개헌때 폐지되었다). 그러나 소작금지 규정(헌법 제121조 제1항)은 제헌헌법때부터 지금까지 남아있다.

📝 참조 판례

헌법재판소 2001. 6. 28. 자 2001헌마132 결정

우리 헌법은 전문 및 제119조 이하의 경제에 관한 장에서 균형있는 국민경제의 성장과 안정, 적정한 소득의 분배, 시장의 지배와 경제력남용의 방지, 경제주체간의 조화를 통한 경제의 민주화, 균형있는 지역경제의 육성, 중소기업의 보호육성, 소비자보호 등 경제영역에서의 국가목표를 명시적으로 규정함으로써, 우리 헌법의 경제질서는 사유재산제를 바탕으로 하고 자유경쟁을 존중하는 자유시장 경제질서를 기본으로 하면서도 이에 수반되는 갖가지 모순을 제거하고 사회복지·사회정의를 실현하기 위하여 국가적 규제와 조정을 용인하는 사회적 시장경제질서로서의 성격을 띠고 있다.

🌱 참조 문헌

"우리 헌법에서 경제민주화는 '경제주체간의 조화를 통하여' 할 수 있도록 제한을 두고 있는데, 이는 경제민주화 개념의 극단적인 확장을 자체적으로 제한하고 있는 것이라 할 수 있다. 이는 민주주의를 위한 다수 결의 원칙을 경제에 적용하기 위해서는 경제주체간의 조화를 통해야만 한다는 전제에서 가능하다는 의미이다. 총체적이고 획일적인 규율이 아니라 개개의 경제주체들이 처한 상황과 맥락 그리고 그 경제주체들이 그러한 상황과 맥락에 맞는 해결 방안을 모색하는 것을 전제하는 것이다. 경제민주화가 개인의 사적 자치를 제한할 때에는 인간의 존엄, 법치주의, 평등원칙, 그리고 사회국가의 원리라는 헌법 원칙에 부합하여야만 한다. 따라서 정부는 독과점 시장이나 시장실패의 경우 등과 같이 시장 성과 자원배분의 왜곡을 시정하는 선에서 개입해야지 국가가 경제주체의 생산과 소비 등 경제과정에 직접적이고 무제한적으로 개입할 수 없다는 원칙을 간과하지 말아야 할 것이다. 우리 헌법은 경제조항을 직접 규율한 경제헌법과 해석상 인정되는 사회적 시장경제질서 그리고 경제의 민주화에 관한 규정까지 갖추고 있으므로 경제민주주의에 관한 논의를 보다 체계적으로 전개할 수 있는 여건을 갖추고 있다. 이러한 여건 하에서 경제민주주의의 내용도 단순히 민주주의라는 형식적인 것에 국한하지 않고, 더욱 생산적이고 창의적이며 미래지향적인 모습으로 단지 분배의 문제뿐만 아니라 경쟁과 성장의 문제를 고려하면서 논의를 지속해야 할 것이다."

(조규범, 헌법상 경제질서와 경제민주주의에 대한 고찰, 유럽헌법연구 제22호, 2016, 457-458쪽)

NO 2

기업의 지배구조

✧✧✧

01 노동가치설과 효용가치설

가. 노동가치설

재화나 용역의 가치가 투여한 노동량과 노동시간에 따라 결정된다는 학설이다. 아담 스미스와 리카도, 마르크스가 따르는 학설이다. 객관적인 노동량과 노동시간으로부터 가치를 결정한다는 점에서 객관가치설이라고도 부른다.

나. 효용가치설

가치를 개인의 주관적인 효용에서부터 찾는 이론으로 튀넨과 파레토가 주장한 학설이다. 현실가격의 배후에 실제적인 가치관계가 있음을 인정하나 그 가치는 각개인의 재화에 대한 주관적 효용에 따라 결정된다고 본다. 노동가치설과 대비하여 주관가치설이라고 부른다.

02 총수경영모델 및 주주가치경영모델

"1997년 외환 금융 위기 이후, 자본 시장 개방으로 대규모 외국 자본이 유입되면서 주주의 이익을 극대화하는 경영에 부합하는 가치관과 제도들이 확산되었다. 주주 대표 소송 등 소액 주주의 권한 행사 요건과 절차가 개선되었으며, 사외 이사가 확대되고 사외 이사 중심의 독립적인 감사 위원회가 설치됨으로써 내부 감시 기능도 강화되었다. 소유 구조 및 회계의 투명성도 높아졌다. 이 '주주 가치 경영'은 시장질서의 확산과 함께 우리나라 기업들의 기업 지배 구조를 개선하고, 기업 경영을 감시하여 기업 가치를 높이는 긍정적인 효과를 낳은 것으로 평가된다.

하지만 우리나라의 경제 시스템을 고려하면 주주 가치 경영의 전반적 확산에 대해 낙관적인 전망만을 가질 수는 없다. 특히 지배 주주인 '총수'가 계열사 간 순환 출자와 복잡한 소유 구조를 통하여 자신의 출자분을 초과하는 과다한 지배력을 행사하면서 경영권을 장악하고 있는 재벌 기업의 경우, 단순히 경영자의 자기 이익 추구 행위를 막는 장치만으로는 일반 주주들의 이익을 보호하기 어렵다. 예를 들면 총수는 자신이 경영권을 지배하고 있는 계열사들 사이의 내부 거래를 통해 자신에게 이익이 되고 일반 주주에게는 손실을 끼치는 행위를 할 수 있는 것이다. 기관 투자자들이 주주로서 경영을 감시할 수 있는 제도적 환경도 정비되지 않았다. 금융 계열사들도 총수의 영향력 아래 있다. 또한 재벌 기업들을 대상으로 한 적대적 인수 합병 시장도 발전하지 못했다. 그러므로 주주 가치 경영은 총수 지배력을 강화하는 결과만을 초래할 우려가 크며, 실제로 일부 재벌 총수들의 소유권과 의결권의 차이는 더욱 확대되고 있다. 게다가 기업 지배 구조 개선에 기여할 것으로 기대되던 외국 자본의 역할도 미미하였다. 기업 경쟁력 강화를 내세운 총수 중심의 경영 전략이 단기 수익을 추구하는 외국 자본의 이해와 일치했기 때문이다.

이런 점에서 주주 가치 경영 자체를 부정적으로 평가하는 비판론자들도 있다. 이들에 따르면, 주주들이 경영자의 이익 추구 행위를 규율하는 것은 원천적으로 불가능하며 재벌 기업의 경우에는 더욱 그러하다. 또한 주주 이익 극대화는 곧 기업 활동에 관련된 주주 이외의 다른 행위자들의 손실로 이어진다. 그 결과 사회·경제적 양극화도 심화될 수 있다고 주장한다. 그러므로 주주뿐만 아니라, 노동자, 채권자, 소비자 등 여러 이해 관계자들의 참여를 통해 기업 경영을 감시하는 것이 바람직하다고 이들은 제안한다. 주식 소유권에 기초한 기업 소유는 다른 재산의 소유와 다르며, 주주뿐만 아니라 기업 특수 투자의 담당자인 노동자들의 기여도 무시할 수 없다는 것이다. 그러나 이 주장은 자본주의의 근간인 사유 재산권을 침해하는 것이라는 원론적인 반론을 피하기 힘들다. 아울러, 주주 이외의 이해 관계자가 기업 경영에 관해 자신의 권리를 주장할 수 있는 통로와 방법이 없다는 현실적인 한계도 극복하기 어렵다.

한편 기업들에 대해 과도하게 높은 배당을 요구하고 경영권을 위협하여 막대한 시세 차익을 챙기는 투기적 외국 자본의 행동 때문에, 외국 자본의 지분 소유를 제한하여 국내 기업의 경영권을 보호하고 국부(國富) 유출을 막자는 주장도 제기되었다. 이 주장에 따르면, 주주 가치 경영 확산과 함께, 외국 자본의 투자 비중이 높은 기업들이 경영권을 방어하기 위해 현금 보유를 늘리고, 자사주를 매입하는 등 설비 투자를 기피함으로써 기업 경쟁력과 성장 잠재력이 약화되었다고 한다. 게다가 계열사 간 출자 총액 제한이나 금융 계열사의 의결권 제한으로 국내 기업이 적대적 인수·합병의 위협에 노출되었다고 한다.

　　그러나 계열사 간 출자는 일반 주주의 의결권을 간접화하여 총수의 지배력 행사를 쉽게 하는 방편이었을 뿐 아니라 지배 주주의 경영권 승계 수단으로 이용되어 왔다. 또 소속 계열사에 대한 금융 계열사의 의결권 행사도 '남의 돈'으로 총수의 경영권을 방어하는 수단으로 활용될 수 있다. 외국인 투자자의 과도한 배당 요구, 경영권 방어를 위한 기업의 자사주 매입 때문에 투자를 할 수 없다는 주장도 설득력이 없다. 재무 구조가 개선되어 신규 자금 조달이 가능해져서 기업들은 마음만 먹으면 언제든지 투자할 수 있기 때문이다. 지배 대주주의 경영권을 보호하기 위한 차등 의결권도 '1주1표주의'의 근대법적 소유권 제도에 배치될 뿐만 아니라 일반 주주의 재산권을 침해할 가능성이 높다. 또 주주들의 권리를 제한하는 우선주나 이사 시차 임기제 같은 경영권 보호 장치도 이미 시행되고 있다. 그러므로 현재의 경제 시스템에서 경영권 방어는 핵심적인 문제라고 할 수 없다."

(2006 M/DEET 언어추론 기출 지문)

03　이해관계자 경영 참여모델

　　이해관계자 경영 참여모델은 주주가치경영에 대한 진보적 대안으로 논해지는 경영 모델이다. 주주가치경영이 전문경영인과 주주의 결탁에 의해 기업을 위험에 빠뜨릴 수 있다는 점에 대하여는 동의하지만 그에 대한 해결책으로 총수경영모델로 회귀하기 보다는 노동자, 하청업체 등 이해관계자들이 모두 경영에 참여하는 이해관계자 경영 참여 모델로 극복해야 한다는 주장이다. 이 주장에 따라 운영되는 기업으로는 주로 협동조합의 형태로 운영되는 경우가 많은데 FC 바르셀로나나 옥스팜 등이 그 대표적 사례로 논해진다. 이해관계자 경영 참여 모델이 전면적으로 적용되어 성공적인 경영이 이뤄진 사례가 아직 많지 않다보니 노동자 사외이사제, 노동자 감사제 등을 부가적으로 적용하여 운용하는 방식도 현재 논의되고 있다.

04 지주회사 체제

지주회사 체제는 경제력 집중 등의 이유로 국내에서 금지되었다. 그러나 대기업들의 기형적인 순환출자구조로 1개 계열사에서 발생한 부실이 전 계열사로 확산되며, 국가적인 경제위기를 불러오고 지배구조의 투명성이 약화된다는 점에서 IMF 이후 지주회사제도가 도입되었다. 현재 공정거래법은 지주회사로 전환된 기업의 경우 금융회사를 소유할 수 없도록 하고, 다시 순환출자로 돌아갈 수 없도록 하고 있다. 다만 지주회사로 전환된 기업들에 대한 법인세 감면 등 혜택을 부여하고 있다.

Q1. 지주회사 체제가 재벌들의 대기업에 대한 지배력을 강화하는 수단으로 활용된다는 비판이 많다. 이에 최근 경쟁당국은 지주회사가 상표사용료 수수 등 계열사와의 내부거래를 통해 부를 축적하거나, 주력계열사와 지주회사의 합병을 통해 사업지주회사의 형식으로 운용되는 것을 규제할 필요가 있다는 입장이다. 이에 반하여 그룹 전체의 위기에 지주회사가 유동적으로 대응할 수 있도록 지주회사 체제 아래에서 지주회사가 계열회사를 지원할 경우 경영판단의 원칙 등 상법상 위법성 조각사유를 충족한다면 배임죄 성립도 부정하고 지주회사 역할 확대를 위해 지주회사의 수익 확보 방안을 더욱 확충해야 한다는 일각의 주장이 있다. 두 주장 중 어떤 주장이 더 바람직하다고 생각하는가? 또한 그 이유는 무엇인가?

접근전략 IMF 당시 그룹 지배를 위한 순환출자구조로 인해 일부 계열사의 부실이 전 계열사로 번져 그룹 전체가 부도가 나며 지주회사제도가 도입되었다. 그러나 지주회사는 총수 일가가 적은 자본으로 그룹 전체를 지배하기 용이한 구조를 가지고 있다보니 지주회사가 도입되어도 지주회사의 자산 규모를 계열사 지배를 용이하게 할 수 있는 정도로 한정지어야 한다는 주장이 나오고 있다. 강학상 개념으로 인정되고 있는 순수지주회사와 사업지주회사 개념간의 대립이 그것인데, 순수지주회사는 지주회사가 지주회사로서 기능만 유지하도록 하는 것이고 사업지주회사는 지주회사가 사업도 동시에 운용하며 그 수익으로 부실 계열사들에 대한 지원 등의 기능도 가지게 되는 것을 말한다. 지주회사의 역할 범위에 대한 이들 상반된 견해 중 자신의 견해를 정리하고 그 근거를 정리해야 하는 사안이다.

Q2. 우리나라 대부분의 대기업들의 2대 또는 3대 주주가 법률에 의해 조성된 건강보험공단과 국민연금관리공단이다. 그러나 지금까지 이들 기관투자자들은 대부분 기금 운용을 위해 주식시장을 활용하였을 뿐 적극적으로 주주권을 행사하지 않아왔다. 그러나 최근 이에 대해 비판적인 목소리가 나오면서 이들 기관투자자들이 적극적으로 주주권을 행사하는 지침인 스튜어드십 코드를 도입해야 한다는 목소리가 높아지고 있다. 반면 한쪽에서는 기관투자자들의 적극적인 주주권 행사는 사실상 사기업의 공기업화를 초래하여 경제의 비효율성이 누적될 수 있다고 주장하고 있다. 두 주장 어떤 주장이 더 바람직하다고 생각하는가? 또한 그 이유는 무엇인가?

접근전략 연기금은 현재 우리나라 대부분 기업의 2, 3대 주주의 자리를 차지하고 있다. 연기금의 자본은 대부분 국민이 지출한 준조세로 형성되는데 이들 자본을 이용하여 기업들의 지분을 매입하고 대주주가 된 후 총수일가에게 유리하게 의결권을 행사해주는 것이 최근 문제가 되고 있다. 즉 새로운 형태의 정경유착의 씨앗이 되고 있고 주주자본주의를 왜곡한다는 것인데 최근 국내 대기업에 투자한 외국인 투자자들이 우리나라 연기금의 의결권 행사에 대해 문제를 제기하며 연기금들의 의결권 행사에 일정한 사전 기준, 스튜어드십코드를 도입하자는 주장이 호응을 얻고 있다. 그러나 이러한 연기금의 적극적인 주주권 행사는 사실상 국내 모든 기업의 공기업화를 불러올 수 있어 오히려 득보다 실이 많다는 주장도 있다.

시장지배적 사업자의 지위남용행위

❖❖❖

공정거래법

제3조의2(시장지배적지위의 남용금지) ①시장지배적사업자는 다음 각 호의 1에 해당하는 행위(이하 "濫用行爲"라 한다)를 하여서는 아니된다. 〈개정 1999. 2. 5.〉

1. 상품의 가격이나 용역의 대가(이하 "價格"이라 한다)를 부당하게 결정·유지 또는 변경하는 행위

2. 상품의 판매 또는 용역의 제공을 부당하게 조절하는 행위

3. 다른 사업자의 사업활동을 부당하게 방해하는 행위

4. 새로운 경쟁사업자의 참가를 부당하게 방해하는 행위

5. 부당하게 경쟁사업자를 배제하기 위하여 거래하거나 소비자의 이익을 현저히 저해할 우려가 있는 행위

제4조(시장지배적사업자의 추정) 일정한 거래분야에서 시장점유율이 다음 각 호의 어느 하나에 해당하는 사업자(일정한 거래분야에서 연간 매출액 또는 구매액이 40억원 미만인 사업자는 제외한다)는 제2조(定義) 제7호의 시장지배적 사업자로 추정한다. 〈개정 2007 .8. 3.〉

1. 1 사업자의 시장점유율이 100분의 50 이상

2. 3 이하의 사업자의 시장점유율의 합계가 100분의 75 이상. 다만, 이 경우에 시장점유

율이 100분의 10 미만인 자를 제외한다.

　우리나라 경제를 흔히 대기업 중심의 경제라고 한다. 한국전쟁이후 선진국들에 비해 현저히 뒤쳐진 경제수준을 단기간에 성장시키기 위해 정부는 의도적으로 각 산업별로 한두개 대기업을 독과점적으로 성장시켰고, 이들 기업이 국내에서 독점적 지위를 누리도록 하였으며, 여기서 확보된 가격경쟁력을 기반으로 세계시장에서 경쟁할 가격경쟁력을 키울 수 있었다. 그러나 그 결과 국내시장의 많은 업종이 몇 개 기업에 의해 독과점 상태에 놓이게 되었고, 이로 인한 시장지배적 사업자의 지위남용 행위가 만연하게 되었다.

　우리나라의 공정거래법은 헌법상의 경제민주화 규정을 실질화시키기 위한 것으로 독점규제와 공정거래를 입법목적으로 한다. 경제법에 시장지배적 사업자의 지위남용금지 행위를 규정한 것은 너무나 당연한 일이다. 그러나 많은 시장이 시장지배적 사업자에 의해 운용되는 우리나라에서 시장지배적 사업자의 지위남용이 제대로 규제되고 있지는 못하다. 시장지배적 사업자 지위남용은 경제적 갑을 관계를 이용하여 갑의 횡포에 해당하는 경우가 대부분이라는 점에서 우리나라 경제의 건강하고 공정성 있는 발전을 위해 해당 규정이 좀더 엄격히 적용될 필요가 있다 하겠다.

🔨 관련 판례

대법원 2010. 5. 27. 선고 2009두1983 판결

　독점규제 및 공정거래에 관한 법률 제3조의2 제1항 제5호 후단은 '부당하게 소비자의 이익을 현저히 저해할 우려가 있는 행위'를 시장지배적사업자의 지위남용행위의 한 유형으로 규정하고 있는바, 이때 소비자의 이익을 '현저히' 저해할 우려가 있는지 여부는 당해 상품이나 용역의 특성, 당해 행위가 이루어진 기간·횟수·시기, 이익이 저해되는 소비자의 범위 등을 살펴, 당해 행위로 인하여 변경된 거래조건을 유사시장에 있는 다른 사업자의 거래조건과 비교하거나 당해 행위로 인한 가격상승의 효과를 당해 행위를 전후한 시장지배적사업자의 비용 변동의 정도와 비교하는 등의 방법으로 구체적·개별적으로 판단하여야 한다.

　독점규제 및 공정거래에 관한 법률 제3조의2제1항 제5호 후단이 규정하고 있는 '부당하게 소비자의 이익을 현저히 저해할 우려가 있는 행위'의 요건 중 소비자의 이익을 현저히 저해할 우려가 있는 행위의 '부당성'은 시장지배적사업자의 지위 남용행위의 규제 목적이 단순히 그 행위의 상대방인 개별 소비자의 이익을 직접 보호하고자 하는데 있는 것이 아니라, 독과점 시장에서 경쟁촉진과 아울러 시장지배적사업자의 과도한 독점적 이익 실현행위로부터 경쟁시장에서 누릴 수 있는 소비자의 이익을 보호하고자하는 데 있음을 고려할 때, 시장지배적사업자의 행위의 의도나 목적이 독점적 이익의 과도한 실현에 있다고 볼 만한 사정이 있는지, 상품의 특성·행위의 성격·행위기간·시장의 구조와 특성 등을 고려하여 그 행위가 이루어진 당해 시장에서 소비자 이익의 저해의 효과가 발생하였거나 발생할 우려가 있는지 등을 구체적으로 살펴 판단하여야 한다.다만, 시장지배적사업자의 소비자 이익을 저해할 우려가 있는 행위가 존재하고, 그로 인한 소비자 이익의 저해 정도가 현저하다면,통상 시장지배적사업자가 과도한 독점적 이익을 취하고자 하는 행위로서 부당하다고 볼 경우가 많다.

Q. A국의 배달앱 업체 두 곳이 합병을 하기로 하였다. 이러한 기업결합을 할 경우 합병된 업체의 시장점유율은 99%에 달할 예정이다. 이에 대하여 독점적인 시장지배적사업자가 등장하기 때문에 기업결합을 허용해서는 안된다는 주장과 제4차산업혁명을 이루는 혁신적인 기업이 세계적 기업으로 성장하기 위해서는 기업결합을 허용해야 한다는 주장이 대립한다. A국 경쟁 당국이 배달앱 업체 두 곳의 합병을 허용해 줘야 할 것인지에 대한 본인의 견해를 밝히고 그 이유를 말하시오.

접근전략 최근 플랫폼 사업자들의 시장지배가 전세계적으로 논란이 되고 있다. 미국에서도 아마존의 기업분리를 주장한 리나칸이 30대의 나이에 우리나라 공정거래위원장에 해당되는 연방거래위원장에 공화당과 민주당 모두의 동의를 받으며 임명되었다. 미국은 독점기업에 대하여 강력한 공정거래법을 가지고 있다보니 기업분할명령도 가능하다. 반면 우리나라는 경쟁당국의 기업분할명령은 존재하지 않으나 합병으로 시장지배적 사업자가 될 경우 공정거래위원회의 허가가 필요하다. 플랫폼 업체는 플랫폼 내부 구성 사업자간의 경쟁을 유도하기는 하지만 플랫폼 업체 자체가 시장을 완전히 지배하는 문제가 생길 수 있다는 점에서 현재 전세계 공정거래법에 새로운 이슈를 제기하고 있는 상황이다.

NO 4

부당공동행위

⬥⬥⬥

공정거래법

제19조(부당한 공동행위의 금지) ①사업자는 계약·협정·결의 기타 어떠한 방법으로도 다른 사업자와 공동으로 부당하게 경쟁을 제한하는 다음 각 호의 어느 하나에 해당하는 행위를 할 것을 합의(이하 "부당한 공동행위"라 한다)하거나 다른 사업자로 하여금 이를 행하도록 하여서는 아니된다.

1. 가격을 결정·유지 또는 변경하는 행위

2. 상품 또는 용역의 거래조건이나, 그 대금 또는 대가의 지급조건을 정하는 행위

3. 상품의 생산·출고·수송 또는 거래의 제한이나 용역의 거래를 제한하는 행위

4. 거래지역 또는 거래상대방을 제한하는 행위

5. 생산 또는 용역의 거래를 위한 설비의 신설 또는 증설이나 장비의 도입을 방해하거나 제한 하는 행위

6. 상품 또는 용역의 생산·거래 시에 그 상품 또는 용역의 종류·규격을 제한하는 행위

7. 영업의 주요부문을 공동으로 수행·관리하거나 수행·관리하기 위한 회사 등을 설립하는 행위

8. 입찰 또는 경매에 있어 낙찰자, 경락자(競落者), 투찰(投札)가격, 낙찰가격 또는 경락가격, 그 밖에 대통령령으로 정하는 사항을 결정하는 행위

9. 제1호부터 제8호까지 외의 행위로서 다른 사업자(그 행위를 한 사업자를 포함한다)의 사업활동 또는 사업내용을 방해하거나 제한함으로써 일정한 거래분야에서 경쟁을 실질적으로 제한하는 행위

②제1항의 규정은 부당한 공동행위가 다음 각호의 1에 해당하는 목적을 위하여 행하여지는 경우로서 대통령령이 정하는 요건에 해당하고 공정거래위원회의 인가를 받은 경우에는 이를 적용하지 아니한다.

1. 산업합리화
2. 연구·기술개발
3. 불황의 극복
4. 산업구조의 조정
5. 거래조건의 합리화
6. 중소기업의 경쟁력향상

부당공동행위는 일명 담합행위라고 불리는 행위로서 시장 참여자들이 가격 등의 거래 조건을 담합하는 행위를 말한다. 부당공동행위가 일어날 경우 시장에서의 자유로운 경제가 이뤄질 수 없기 때문에 우리나라 공정거래법은 이를 규제한다. 다만 공정거래법 제19조 제2항에 따라 산업합리화, 연구 기술 개발, 불황 극복, 산업구조조정, 거래조건의 합리화, 중소기업의 경쟁력 향상 등을 목표로 할 경우 공동행위가 있더라도 이를 규제하지 아니한다.

부당공동행위의 경우 사업자들간의 담합으로 이루어지므로 이를 적발하기가 어렵다. 이에 미국은 가격담합행위가 있을 경우 이의 부당성이나 경쟁제한성 여부를 따지지 않고 바로 당연히 위법하게 된다는 당연위법의 법리를 적용한다. 즉 미국 연방대법원의 입장에 따르면 이른바 가격담합과 같은 경성공동행위에는 당연위법의 법리가 그외 연성공동행위에 대하여는 합리성의 원칙에 따라 공동행위의 부당성이나 경쟁제한성을 따져 본다. 우리나라는 미국의 당연위법의 법리를 따르고 있지는 않다. 한편 부당공동행위를 적발하기 위하여 세계 각국의 경쟁당국은 리니언시 법리를 적용하고 있다. 리니언시는 담합행위를 하는 자 중 첫번째 신고자에게는 담합행위에 대한 처벌을 면제하는 법리로서 내부고발자가 없으면 밝혀지기 어려운 담합행위 적발을 위해 개발된 법리라 하겠다.

불공정거래행위와 일감몰아주기

◈◈◈

01 불공정거래행위

공정거래법

제23조(불공정거래행위의 금지) ①사업자는 다음 각 호의 어느 하나에 해당하는 행위로서 공정한 거래를 저해할 우려가 있는 행위(이하 "不公正去來行爲"라 한다)를 하거나, 계열회사 또는 다른 사업자로 하여금 이를 행하도록 하여서는 아니된다.

  1. 부당하게 거래를 거절하거나 거래의 상대방을 차별하여 취급하는 행위

  2. 부당하게 경쟁자를 배제하는 행위

  3. 부당하게 경쟁자의 고객을 자기와 거래하도록 유인하거나 강제하는 행위

  4. 자기의 거래상의 지위를 부당하게 이용하여 상대방과 거래하는 행위

  5. 거래의 상대방의 사업활동을 부당하게 구속하는 조건으로 거래하거나 다른 사업자의 사업활동을 방해하는 행위

  6. 삭제 〈1999. 2. 5.〉

  7. 부당하게 다음 각 목의 어느 하나에 해당하는 행위를 통하여 특수관계인 또는 다른 회사를 지원하는 행위

   가. 특수관계인 또는 다른 회사에 대하여 가지급금·대여금·인력·부동산·유가증권·

상품·용역·무체재산권 등을 제공하거나 상당히 유리한 조건으로 거래하는 행위

나. 다른 사업자와 직접 상품·용역을 거래하면 상당히 유리함에도 불구하고 거래상 실질적인 역할이 없는 특수관계인이나 다른 회사를 매개로 거래하는 행위

8. 제1호 내지 제7호이외의 행위로서 공정한 거래를 저해할 우려가 있는 행위

불공정거래행위는 경제적 거래에 있어 공정하지 못한 거래행위를 금지하는 것이라 할 수 있다. 특히 제7호의 행위는 일감몰아주기에 대한 처벌 규정이 별도로 생기기 전에 기업의 일감몰아주기 처벌 규정으로 많이 활용되었는데 우리 대법원에서 제23조 제1항 제7호가 성립되기 위해서는 법률에는 존재하지 않는 경쟁저해성 요건을 요구하여 제23조 제1항 제7호 사유에 해당된다 하여도 시장의 경쟁을 저해하지 않으면 그러한 행위가 허용되는 문제가 있었다. 이러한 점을 이용하여 작은 일감몰아주기 업체를 여러 개 만들어 기업의 매출을 사실상 탈루하는 방법으로 기업을 승계시키려는 시도가 반복되면서 일감몰아주기를 처벌하는 규정이 새로이 생기게 되었다. 한편 불공정거래행위는 법인세법상 부당행위계산부인에도 해당되게 되어 조세 부담을 감소시켜주지 않는다. 아래 법인세법은 그와 관련된 조문의 내용이다.

법인세법

제52조(부당행위계산의 부인) ①납세지 관할 세무서장 또는 관할지방국세청장은 내국법인의 행위 또는 소득금액의 계산이 대통령령으로 정하는 특수관계인(이하 "특수관계인"이라 한다)과의 거래로 인하여 그 법인의 소득에 대한 조세의 부담을 부당하게 감소시킨 것으로 인정되는 경우에는 그 법인의 행위 또는 소득금액의 계산(이하 "부당행위계산"이라 한다)에 관계없이 그 법인의 각 사업연도의 소득금액을 계산할 수 있다.

법인세법 시행령

제88조(부당행위계산의 유형 등) ①법제52조제1항에서 "조세의 부담을 부당하게 감소시킨 것으로 인정되는 경우"란 다음 각 호의 어느 하나에 해당하는 경우를 말한다. 〈개정 2005. 2. 19., 2006. 2. 9., 2007. 2. 28., 2008. 2. 22., 2008. 2. 29., 2009. 2. 4., 2010. 2. 18., 2010. 6. 8., 2011. 6. 3., 2012. 2. 2.〉

1. 자산을 시가보다 높은 가액으로 매입 또는 현물출자받았거나 그 자산을 과대상각한 경우

2. 무수익 자산을 매입 또는 현물출자받았거나 그 자산에 대한 비용을 부담한 경우

3. 자산을 무상 또는 시가보다 낮은 가액으로 양도 또는 현물출자한 경우. 다만, 제20조제1항제3호 각 목 외의 부분에 해당하는 주식매수선택권등의 행사 또는 지급에 따라 주식을 양도하는 경우는 제외한다. 3의2. 특수관계인인 법인 간 합병(분할합병을 포함한다)·분할에 있어서 불공정한 비율로 합병·분할하여 합병·분할에 따른 양도손익을 감소시킨 경우. 다만, 「자본시장과 금융투자업에 관한 법률」 제165조의4에 따라 합병(분할합병을 포함한다)·분할하는 경우는 제외한다.

4. 불량자산을 차환하거나 불량채권을 양수한 경우

5. 출연금을 대신 부담한 경우

6. 금전, 그 밖의 자산 또는 용역을 무상 또는 시가보다 낮은 이율·요율이나 임대료로 대부하거나 제공한 경우. 다만, 다음 각 목의 어느 하나에 해당하는 경우는 제외한다.

    가. 제20조제1항제3호 각 목 외의 부분에 해당하는 주식매수선택권등의 행사 또는 지급에 따라 금전을 제공하는 경우

    나. 주주등이나 출연자가 아닌 임원(소액주주등인 임원을 포함한다) 및 사용인에게 사택(기획재정부령으로 정하는 임차사택을 포함한다)을 제공하는 경우

02 일감몰아주기

공정거래법

제23조의2(특수관계인에 대한 부당한 이익제공 등 금지) ①일정규모 이상의 자산총액 등 대통령령으로 정하는 기준에 해당하는 기업집단에 속하는 회사는 특수관계인(동일인 및 그 친족에 한정한다. 이하 이 조에서 같다)이나 특수관계인이 대통령령으로 정하는 비율 이상의 주식을 보유한 계열회사와 다음 각 호의 어느 하나에 해당하는 행위를 통하여 특수관계인에게 부당한 이익을 귀속시키는 행위를 하여서는 아니 된다. 이 경우 각 호에 해당하는 행위의 유형 또는 기준은 대통령령으로 정한다.

1. 정상적인 거래에서 적용되거나 적용될 것으로 판단되는 조건보다 상당히 유리한 조건으로 거래하는 행위

2. 회사가 직접 또는 자신이 지배하고 있는 회사를 통하여 수행할 경우 회사에 상당한 이익이 될 사업기회를 제공하는 행위

3. 특수관계인과 현금, 그 밖의 금융상품을 상당히 유리한 조건으로 거래하는 행위

4. 사업능력, 재무상태, 신용도, 기술력, 품질, 가격 또는 거래조건 등에 대한 합리적인 고려나 다른 사업자와의 비교 없이 상당한 규모로 거래하는 행위

②기업의 효율성 증대, 보안성, 긴급성 등 거래의 목적을 달성하기 위하여 불가피한 경우로서 대통령령으로 정하는 거래는 제1항제4호를 적용하지 아니한다.

③제1항에 따른 거래 또는 사업기회 제공의 상대방은 제1항 각 호의 어느 하나에 해당할 우려가 있음에도 불구하고 해당 거래를 하거나 사업기회를 제공받는 행위를 하여서는 아니 된다.

④특수관계인은 누구에게 든지 제1항 또는 제3항에 해당하는 행위를 하도록 지시하거나 해당 행위에 관여하여서는 아니 된다.

공정거래법 제23조 제1항 제7호가 성립되기 위해서 그러한 불공정거래가 시장의 경쟁을 저해해야 하는 요건이 반드시 필요한 것으로 대법원은 판시하고 있었다. 이에 작은 일감몰아주기 업체 여러 개를 이용해 일감을 몰아주는 문제가 나타나게 되었고, 이러한 경우도 모두 금지하기 위해 일감몰아주기 자체를 일부 예외적인 경우를 제외하고 모두 금지하는 일감몰아주기 금지 규정이 새로이 입법되어 시행되고 있다.

03 기업의 편법승계 논란

기업들은 지분을 자녀들에게 물려주며 많은 상속세를 부담하기 어렵다 보니 여러가지 방법으로 편법 승계방식을 활용해 왔다. 그 중 특히 문제가 되는 편법승계 방식은 아래의 세가지 방식이다.

가. 비상장주식 등 부당거래 방식

비상장주식은 가치가 시장에서 확정되지 않는다. 따라서 비상장주식의 가치를 과대평가하여 자녀들에게 증여해준 뒤 해당기업을 상장시켜 시세차익을 누리는 방식으로 편법 승계를 하는 방식이다. 현재는 공정거래법 제23조의2 제1항 제3호에 해당되어 불법화되었다.

나. 일감몰아주기 방식

음료수 회사가 병뚜껑을, 자동차 회사가 탁송서비스 등을 전담하는 개인기업을 자녀가 차리게 한 뒤 그 기업에게 일감을 몰아주고 그 기업의 수익을 이용해 기업 등을 승계하는 방식이다. 공정거래법 제23조의2항으로 불법화되었다.

다. 공익단체를 통한 우회 상속 방식

공익단체에 기부를 이유로 계열사 주식을 증여하고 이에 대한 증여세 감면 혜택을 받은 뒤 자녀를 해당 공익단체의 이사장 등으로 임명하여 우회상속하는 방식이다. 앞선 두가지 방식과는 달리 우회상속을 통해 얻을 수 있는 공익이 있다는 이유로 전면적인 도입과 역시 불법화가 동시에 논해지고 있다. 미국의 기부문화는 이 방법을 허용함으로써 생겨났다 해도 과언이 아니다.

1) 공익법인

① 공익법인에 출연시 해당 기업 전체 지분의 5% 넘는 부문만 증여세 부과
② 특수관계가 있는 내국법인의 주식을 총 재산가액의 30%까지 보유 가능

2) 성실공익법인

① 운용소득의 80% 이상을 공익목적 사업에 쓰고 외부감사를 받는 등 요건 충족시 인정
② 공익법인과 달리 해당 기업 전체 지분의 10% 넘는 부문만 증여세 부과
　　단. 상호출자제한기업집단의 경우 5% 넘는 부문만 증여세 부과

※ 미국의 기부 관련 세제

증여자가 증여사실 신고시 시장가격을 과표로 세금 납부하며, 우리나라와 달리 수증자는 소득세나 증여세를 부담하지 않음. 즉, 자선단체에 기증한 자산은 금액한도와 상관없이 증여세의 공제를 받을 수 있음. 아울러, 공익법인과 부적격자 지분을 모두 합해 주식회사의 의결권 있는 주식의 20%를 넘지 않도록 규정함. 보유한도 초과시 추가 보유분 가액의 5%를 가산세로 부과하고, 그 회계연도 말까지 그 상황 유지시 그 가액의 200%에 상당하는 세금을 추과로 부과함.

Q. 지난 정부의 공정거래위원회는 국내 재벌들이 공익법인을 우회상속의 수단으로 이용하고 있다고 보고, 재벌기업들이 보유한 공익법인의 의결권을 5%로 제한하는 공정거래법 개정안을 발표하였다. 이에 대하여 재벌들이 공익법인을 통해 우회상속을 하는 것은 공익법인의 목적에 비추어 보았을 때 오히려 기부문화 확산을 위해 장려해야 한다는 주장이 있다. 공정거래위원회 당국과 후자의 주장 가운데 어떤 주장이 더 올바른 주장이라 생각하는가? 또 그 이유는 무엇인가?

접근전략 우회상속을 하는 방식 중 공익법인을 이용하는 방식은 가장 지지를 받는 방식이다. 기부문화를 활성화시키고 영리기업들이 국가보다 효율적으로 공익에 기여하며 기업의 지배권을 인정받는 방식은 일종의 사회적 대타협이 가능한 방식으로 평가하는 경우도 있다. 그러나 부의 집중과 부익부 빈익빈을 강화하고 기업지배구조를 왜곡시킬 수 있다는 점에서 이러한 우회상속 방법은 모두 봉쇄해야 한다는 입장도 있다. 상반된 입장 중 본인의 입장을 선택하고 상대 입장의 반박에 대한 충분한 대응 논리를 구상해두어야 하겠다.

NO 6

약관규제법 및 자본시장법과
명시·설명 의무

◈◈◈

약관규제법

제3조(약관의 작성 및 설명의무 등) ①사업자는 고객이 약관의 내용을 쉽게 알 수 있도록 한글로 작성하고, 표준화·체계화된 용어를 사용하며, 약관의 중요한 내용을 부호, 색채, 굵고 큰 문자 등으로 명확하게 표시하여 알아보기 쉽게 약관을 작성하여야 한다.

②사업자는 계약을 체결할 때에는 고객에게 약관의 내용을 계약의 종류에 따라 일반적으로 예상되는 방법으로 분명하게 밝히고, 고객이 요구할 경우 그 약관의 사본을 고객에게 내주어 고객이 약관의 내용을 알 수 있게 하여야 한다. 다만, 다음 각 호의 어느 하나에 해당하는 업종의 약관에 대하여는 그러하지 아니하다.

1. 여객운송업

2. 전기·가스 및 수도사업

3. 우편업

4. 공중전화 서비스 제공 통신업

③사업자는 약관에 정하여져 있는 중요한 내용을 고객이 이해할 수 있도록 설명하여야 한다. 다만, 계약의 성질상 설명하는 것이 현저하게 곤란한 경우에는 그러하지 아니하다.

④사업자가 제2항 및 제3항을 위반하여 계약을 체결한 경우에는 해당 약관을 계약의 내용으

로 주장할 수 없다.

제6조(일반원칙) ①신의성실의 원칙을 위반하여 공정성을 잃은 약관 조항은 무효이다.

②약관의 내용 중 다음 각 호의 어느 하나에 해당하는 내용을 정하고 있는 조항은 공정성을 잃은 것으로 추정된다.

1. 고객에게 부당하게 불리한 조항

2. 고객이 계약의 거래형태 등 관련된 모든 사정에 비추어 예상하기 어려운 조항

3. 계약의 목적을 달성할 수 없을 정도로 계약에 따르는 본질적 권리를 제한하는 조항

02 금융투자상품과 명시·설명 의무

PF 투자의 개념도

현재 시중에 많이 있는 금융상품들은 대체로 위 개념도에 따른 프로젝트 파이낸싱에 기인한 상품들이라 할 수 있다. 호텔이나 초고층 빌딩 건설 등에는 대규모 자본이 필요한데 그러한 자본을 조달하기 위해 이러한 자산을 잘게 쪼갠 자산유동화증권(ABS)를 자산유동화회사가 발행하고 이를 펀드 회사가 구입한 뒤 은행이나 증권사에 판매하면 은행이나 증권사들은 이들 자산유동화증권들을 묶어 펀드라는 이름으로 금융소비자에게 판매하게 되는 것이다. 금융소비자들은 최종 판매자인 은행이나 증권사를 신뢰하고 해당 금융투자상품들을 구매하지만 은행이나 증권사는 판매대리점 역할에 그치는 경우가 많아 이들 ABS가 부도나는 등의 사고가 발생할 경우 특별히 책임을 지지 않을 수 있다는 문제가 생긴다. 이에 우리나라의 자본시장법은 이러한 금융투자상품을 은행이나 증권사들이 판매할 때 투자위험 등을 충분히 설명해야 한다는 의무를 부과하고 있으나 현실적으로 금융소비자들이 수익률 등에만 관심을 가지고 위험성에 대한 설명을 충분히 청취하지 않은 채로 동의서 등에 서명하는 경우가 많아 대규모 금융 피해사건이 반복해서 발생하고 있는 실정이다. 이로 인하여 금융투자상품에 대한 규제를 지금보다 강화해야 한다는 입장과 금융자본의 유연성 강화와 부가가치 향상을 위해 규제를 완화해야 한다는 입장이 충돌하고 있다.

자본시장과 금융투자업에 관한 법률

제46조(적합성 원칙 등) ①금융투자업자는 투자자가 일반투자자인지 전문투자자인지의 여부를 확인하여야 한다.

②금융투자업자는 일반투자자에게 투자권유를 하기 전에 면담·질문 등을 통하여 일반투자자의 투자목적·재산상황 및 투자경험 등의 정보를 파악하고, 일반투자자로부터 서명(「전자서명법」 제2조제2호에 따른 전자서명을 포함한다. 이하 같다), 기명날인, 녹취, 그 밖에 대통령령으로 정하는 방법으로 확인을 받아 이를 유지·관리하여야 하며, 확인받은 내용을 투자자에게 지체 없이 제공하여야 한다.

③금융투자업자는 일반투자자에게 투자권유를 하는 경우에는 일반투자자의 투자목적·재산상황 및 투자경험 등에 비추어 그 일반투자자에게 적합하지 아니하다고 인정되는 투자권유를 하여서는 아니 된다.

제46조의2(적정성의 원칙 등) ①금융투자업자는 일반투자자에게 투자권유를 하지 아니하고 파생상품, 그 밖에 대통령령으로 정하는 금융투자상품(이하 "파생상품등"이라 한다)을 판매하려는 경우에는 면담·질문 등을 통하여 그 일반투자자의 투자목적·재산상황 및 투자경험 등의 정보를 파악하여야 한다.

②금융투자업자는 일반투자자의 투자목적·재산상황 및 투자경험 등에 비추어 해당 파생상품등이 그 일반투자자에게 적정하지 아니하다고 판단되는 경우에는 대통령령으로 정하는 바에 따라 그 사실을 알리고, 일반투자자로부터 서명, 기명날인, 녹취, 그 밖에 대통령령으로 정하는 방법으로 확인을 받아야 한다.

제47조(설명의무) ①금융투자업자는 일반투자자를 상대로 투자권유를 하는 경우에는 금융투자상품의 내용, 투자에 따르는 위험, 그 밖에 대통령령으로 정하는 사항을 일반투자자가 이해할 수 있도록 설명하여야 한다.

②금융투자업자는 제1항에 따라 설명한 내용을 일반투자자가 이해하였음을 서명, 기명날인, 녹취, 그 밖의 대통령령으로 정하는 방법 중 하나 이상의 방법으로 확인을 받아야 한다.

③금융투자업자는 제1항에 따른 설명을 함에 있어서 투자자의 합리적인 투자판단 또는 해당 금융투자상품의 가치에 중대한 영향을 미칠 수 있는 사항(이하 "중요사항"이라 한다)을

거짓 또는 왜곡(불확실한 사항에 대하여 단정적 판단을 제공하거나 확실하다고 오인하게 할 소지가 있는 내용을 알리는 행위를 말한다)하여 설명하거나 중요사항을 누락하여서는 아니 된다. 〈개정 2009. 2. 3.〉

제48조(손해배상책임) ①금융투자업자는 제47조제1항 또는 제3항을 위반한 경우 이로 인하여 발생한 일반투자자의 손해를 배상할 책임이 있다.

②금융투자상품의 취득으로 인하여 일반투자자가 지급하였거나 지급하여야 할 금전등의 총액에서 그 금융투자상품의 처분, 그 밖의 방법으로 그 일반투자자가 회수하였거나 회수할 수 있는 금전등의 총액을 뺀 금액은 제1항에 따른 손해액으로 추정한다. 〈개정 2017. 10. 31.〉

보편적 인권과
국제법

NO 1

보편적 인권과 인도적 개입

◆◆◆

01 보편적 인권과 문화상대주의

자연법 개념에서 도출되는 보편적 인권 개념은 시민혁명 시기에 처음 주창되었다. 보편적 인권 개념은 절대 왕정을 무너뜨리고 근대 민주주의 시민사회를 확립해 나가는 명분이 되었다. 그러나 근대시민사회가 확립되고 법실증주의가 법학계의 주류가 된 이후로 보편적 인권 개념보다 실정법상 국민의 권리와 의무가 보다 중요시되게 되었다.

이러한 조류의 큰 변화를 일으킨 사건은 제2차세계대전이었다. 제2차세계대전이후 체포된 전범들은 모두 당시 독일, 일본의 실정법을 지켰던 사람들이기 때문이다. 이들을 처벌하기 위해서 자연법은 다시 부활할 수 밖에 없었고, 유대인 학살, 731 부대 등의 행위를 처벌하기 위해 이들의 행위를 보편적 인권 침해행위로 평가할 필요성도 있었다.

최근 보편적 인권에 대한 국제적인 합의는 더욱 진전되는 것으로 보인다. 선진국들은 보편적 인권에 반하는 행위를 하는 정부와 국가에 대한 제재를 당연시 하고 있으며 이것이 인류 공동의 선을 실현시키는 일이라 말한다. 최근 국내에서 논란이 되고 있는 ILO 핵심협약 가입 논란도 EU가 이미 선진국의 지위에 다다른 우리나라가 해당 협약 가입을 미루고 있다고 압박을 하면서 시작되었다 볼 수 있다. 미국은 이미 자국의 국내법으로 부패방지법을 만들고 미국에 수출하는 기업이 해당법의 부패 범죄에 연루되었을 경우 미국 시장으로 수출을 금지할 수 있는 법을 시행중에 있다. 이외에도 환경오염 문제와 관련하여 개도국을 통제하고 제한하는 국제협약과 국내법 등이 다수 존재한다.

이런 문제들에 대하여 제3세계나 개도국의 국가들은 대체로 억울함을 호소한다. 각국의 주권평등주의와 주권존중원칙이 지켜지는 국제법 질서에서 개별 국가들의 상대성이나 문화적 차이를 고려하지 않고 일방적이고 보편적인 기준을 준수하라 하는 것은 일종의 윤리적 제국주의라는 비판이다. 이러한 사상의 뿌리는 서구 제국주의 식민지 시대가 서구 사회의 문명만을 근대적 문명이라 규율하는 직선론적 세계관에 기초하고 있다는 점을 비판하며 생긴 문화상대주의적 사고라 하겠다. 문화상대주의에 따를 경우 각 문화는 그 자체로서 존재 의의가 있고 존중받아야 하며, 윤리적 제국주의 또는 문화 제국주의에 따라 하나의 문화로 인류의 문화가 통폐합되는 것은 인류 사회에 재앙을 야기할 것이라는 사상이다.

이처럼 보편적 인권 개념과 문화상대주의 개념은 서로 갈등을 빚고 상충하는 면이 존재한다. 따라서 보편적 인권과 문화상대주의를 동시에 주장하기 보다는 보편적 인권으로 지켜져야 하는 지점과 문화상대주의로 각 문화의 상대성 각 국가 주권의 독립성 및 내정불간섭의 원칙이 지켜져야 하는 지점을 잘 나눠서 이해하는 것이 필요하다.

02 UN헌장 제7장과 인도적 개입

독일, 일본, 이탈리아 주축국이 야기한 제2차세계대전은 제1차세계대전이후 결성된 국제연맹(LN)의 외교적·경제적 제재조치가 얼마나 무력한지에 대하여 보여주었다. 이에 제2차세계대전 이후 UN헌장은 평화에 대한 위협, 평화의 파괴 및 침략행위에 관하여 인도적 개입으로서 강제조치가 가능하도록 하는 규정을 신설하였다.

해당 규정에 따를 경우 평화에 대해 위협하거나 파괴하고 침략행위를 저지르는 국가에 대하여 UN군에 의한 전쟁으로 이를 방지할 수 있게 된 것이다. 해당 내용을 규정한 UN헌장 제7장은 그동안 논쟁이 되어 왔던 보편적 인권의 개념과 정의로운 전쟁(正戰)의 존재 여부에 대한 논란을 종식시켰다는 의의가 있는 한편 그에 대한 새로운 논란을 불러일으키는 조항이 되었다.

UN 헌장
제7장 평화에 대한 위협, 평화의 파괴 및 침략행위에 관한 조치

제39조　안전보장이사회는 평화에 대한 위협, 평화의 파괴 또는 침략행위의 존재를 결정하고, 국제평화와 안전을 유지하거나 이를 회복하기 위하여 권고하거나, 또는 제41조 및 제42조에 따라 어떠한 조치를 취할 것인지를 결정한다.

제40조　사태의 악화를 방지하기 위하여 안전보장이사회는 제39조에 규정된 권고를 하거나 조치를 결정하기 전에 필요하거나 바람직하다고 인정되는 잠정조치에 따르도록 관계당사자에게 요청할 수 있다. 이 잠정조치는 관계당사자의 권리, 청구권 또는 지위를 해하지 아니한다. 안전보장이사회는 그러한 잠정조치의 불이행을 적절히 고려한다.

제41조　안전보장이사회는 그의 결정을 집행하기 위하여 병력의 사용을 수반하지 아니하는 어떠한 조치를 취하여야 할 것인지를 결정할 수 있으며, 또한 유엔회원국에 대하여 그러한 조치를 적용하도록 요청할 수 있다. 이 조치는 경제관계 및 철도, 항해, 항공, 우편, 전신, 무선통신 및 다른 교통통신수단의 전부 또는 일부의 중단과 외교관계의 단절을 포함할 수 있다.

제42조　안전보장이사회는 제41조에 규정된 조치가 불충분할 것으로 인정하거나 또는 불충분한 것으로 판명되었다고 인정하는 경우에는, 국제평화와 안전의 유지 또는 회복에 필요한 공군, 해군 또는 육군에 의한 조치를 취할 수 있다. 그러한 조치는 유엔회원국의 공군, 해군 또는 육군에 의한 시위, 봉쇄 및 다른 작전을 포함할 수 있다.

제43조

1. 국제평화와 안전의 유지에 공헌하기 위하여 모든 유엔회원국은 안전보장이사회의 요청에 의하여 그리고 1 또는 그 이상의 특별협정에 따라, 국제평화와 안전의 유지 목적상 필요한 병력, 원조 및 통과권을 포함한 편의를 안전보장이사회에 이용하게 할 것을 약속한다.

2. 그러한 협정은 병력의 수 및 종류, 그 준비정도 및 일반적 배치와 제공될 편의 및 원조

의 성격을 규율한다.

3. 그 협정은 안전보장이사회의 발의에 의하여 가능한 한 신속히 교섭되어야 한다. 이 협정은 안전보장이사회와 회원국간에 또는 안전보장이사회와 회원국 집단간에 체결되며, 서명국 각자의 헌법상의 절차에 따라 동 서명국에 의하여 비준되어야 한다.

제44조 안전보장이사회는 무력을 사용하기로 결정한 경우 이사회에서 대표되지 아니하는 회원국에게 제43조에 따라 부과된 의무의 이행으로서 병력의 제공을 요청하기 전에 그 회원국이 희망한다면 그 회원국 병력중 파견부대의 사용에 관한 안전보장이사회의 결정에 참여하도록 그 회원국을 초청한다.

03 PKO

UN헌장 제7장의 강제조치권은 UN 안전보장이사회의 결의가 필요한데 UN 안전보장이사회 결의는 UN 상임이사국 5개국(미국, 영국, 프랑스, 중국, 러시아)중 단 한 개의 나라라도 거부권(Veto)을 행사하면 구성될 수 없다보니 실제 거의 구성되지 못하는 형편이다. 지금까지 UN헌장 제7장에 의한 UN군이 구성된 사례는 중국공산당 정부의 UN 가입 및 상임이사국 미인정에 대해 거부하던 구 소련이 기권한 가운데 결의된 한국전쟁 당시의 UN군이 유일하다. 이에 사실상 UN헌장 제7장이 기능하지 못하자 안전보장이사회의 평화유지결의를 하고 평화유지활동에 필요할 때 평화유지를 위한 목표만으로 결성되는 군대로서 PKO가 생겨나게 되었다. PKO는 교전단체가 아니라 국제 NGO로서 법적 성격을 지니고 있으므로, 교전행위를 할 수 없고 오직 치안 유지 등의 평화유지의무만 할 수 있다. 우리가 흔히 UN군으로 잘못 알고 있는 PKO 군의 UN군 마크 등이 눈에 잘 띄는 하늘색인 이유이다.

PKO군의 활동이 분쟁지역 치안유지와 평화유지에 실제 도움이 되고 있기는 하지만 교전권한이 없다보니 르완다 인종학살 직전 PKO가 철수했던 사건은 PKO 활동의 한계를 여실히 보여주기도 하였다.

04 ICC(국제형사재판소)

1998년 6월 이탈리아 로마에서 열린 UNCP에 세계 160여 개국이 참가하여 ICC 설립에 관한 로마 선언을 채택하며, 2002년 설립되었다.

일방 당사국이나 독자적 수사권을 가진 소추관이 제소하는 경우에 범죄발생지국이나 범죄인 국적국이 로마규정의 당사국인 경우에 한하여 재판소는 관할권을 행사할 수 있다. 로마선언은 "자동적 관할권"을 규정하고 있기 때문에 당사국은 로마선언을 비준함과 동시에 자동적으로 재판소의 관할권에 동의하게 되는 것이다.

그러나 국제연합헌장 제7장에 따라 안전보장이사회가 재판소에 사건을 회부하는 경우에는 재판소는 범죄발생지국이나 범죄인 국적국이 당사국이 아니더라도 관할권을 실행할 수 있다.

05 다국적군

UN헌장 제7장 UN군의 결성이 거의 불가능하다보니 초강대국을 중심으로 보편적 인권 실현 등을 목적으로 구성되는 경우 이들 군대에 통칭 붙여지는 명칭이다. 평화주의자들의 경우 이러한 다국적군에 의한 사실상의 침략행위 등이 행해질 수 있다는 이유로 UN헌장 제7장을 비판한다.

NO 2

자위권

◈◈◈

01 개별적·집단적 자위권

UN헌장

제51조 이 헌장의 어떠한 규정도 유엔회원국에 대하여 무력공격이 발생한 경우, 안전보장이사회가 국제평화와 안전을 유지하기 위하여 필요한 조치를 취할 때까지 개별적 또는 집단적 자위의 고유한 권리를 침해하지 아니한다. 자위권을 행사함에 있어 회원국이 취한 조치는 즉시 안전보장이사회에 보고 된다. 또한 이 조치는, 안전보장이사회가 국제 평화와 안전의 유지 또는 회복을 위하여 필요하다고 인정하는조치를 언제든지 취할 수 있는 이 헌장에 따른 안전보장이사회의 권한과 책임에 어떠한 영향도 미치지 아니한다.

02 예방적 자위권

"예방적 자위 개념의 허용 여부는 과거 1962년 미국의 쿠바봉쇄 사건을 두고 벌린 D. Bowett 찬성입장과 이를 반대하는 Brownlie 교수의 개념 논쟁으로 유명하다. 이들의 논의는 추후 여러 국제법학자들 사이에 논의로 진전되었는데 이들 논의의 지형만 놓고 보면 크게 긍정론과 부정론으로 구별할 것이다.

우선 예방적 자위를 긍정하는 입정의 주된 논거는 이미 자국에 대하여 준비중인 침략행위를 사전에 감지하고 이에 대응하기 위하여 먼저 공격하는 행위는 자위권에 의하여 정당화된다는 것이다. 대표적 학자로서 Bowett은 헌장 제51조가 예방적 자위권을 배제하는 것으로 해석할 경우 이는 무력사용(use of force) 및 무력의 위협(threat of force)까지 금지하는 헌장 제2조 제4항과의 모순이 발생하는 한편, 헌장 이후의 회원국의 관행은 예방적 자위권을 정당한 무력행사로 승인하고 있으므로 예방적 자위가 인정된다는 입장이다. 한편, McDougal은 쿠바 미사일 위기를 예로 들면서 헌장 제51조가 관습법상의 자위권 개념을 축소시키는 역할을 하는 것이 아니라는 입장을 피력하였는데, 이것은 명시적으로 예방적 자위나 선제적 자위를 인정한 것은 아니지만 적어도 정당방위권을 '현실적 무력공격'(actual armed attack)에 한정시킨 것은 아니므로, 무력공격이 임박하였을 경우에는 자위권을 행사할 수 있다고 평가한다. 또한 Walclock은 헌장 제51조의 '무력공격이 발생한 경우'를 무력공격 발생 '후'라고 좁혀서 해석할 수는 없으며 무력공격이 급박한 경우까지 포함하는 개념이라고 보면서 '무력공격 발생 '후'라고 해석하면 이는 피해국이 선제공격을 기다려야 하는 모순이 있으므로 공격을 받는 국가에게 매우 불리하게 된다고 입장을 취한다.

이와 반대로 부정론의 입장은 관습법상 예방적 자위가 인정되었더라도 이는 유엔헌장에 우선할 수 없다는 것이다. 결국, 헌장 제51조의 '무력공격 이 발생한 경우'는 무력공격의 진행 중인 상태만을 의미하며, '현존하는 무력 공격' 이외에 '무력공격의 위협'의 경우에도 자위권을 인정하게 된다면, 무력 행사의 일반적 금지 원칙에 관한 존립의 위협이 지적된다고 주장한다. 이 때 Brownlie는 헌장 제51조의 자위권은 예방적 자위를 포함하지 않는다고 주장한다. 한편, Gray는 9·11 이전에 국가들은 무력공격이라는 용어를 광의로 해석하는 경향을 보여 왔지만 예방적 자위나 선제적 자위를 원칙으로 서 인정한 것은 아니었다고 평가한다. 또한 Schwarzenberger는 헌장상의 자위가 먼 미래의 예상되는 공격에 대한 방어까지 의미하는 것이 아니지만 무력공격이 발생하였을 뿐만 아니라, 무력공격이 임박하였을 경우에도 자위권의 행사가 인정된다고 본다. 그리고 Oscar Schachter도 헌장 제51조의 무력공격이라는 용어 때문에 무력공격이 임박한 것이 분명할 때에도자위권의 행사가 부정된다고 해석할 수는 없다고 하면서도 그것이 예방적 방위(anticipatory defence) 또는 선제적 방위(preemptive defence)까지 광범위하게 허용된다고 볼 수는 없다고 밝힌다. 특히 실질적인 무력공격 발생 전에 행사하는 자위권은 Webster공식에 의할 수 있지만 이는 헌장 제51조의 틀 내에 서만 인정되는 것이며 여기에는 웹스터 공식에 의한 한계가 존재한다는 입장이다. Henkin은 명시적으로 예방적 자위나 선제적 자위라는 표현을 쓰지는 않지만 Caroline호 사건을 통해서 확립된 웹스터 공식의 제한 내에 있는 자위권 행사를 인정한다 그러나 그것이 헌장 제51조를 포괄적으로 해석하게 하는 것은 아니며 그러한 해석은 '무력공격이 발생했을 때'라는 헌장의 명문의 규정에 반한다고 말한다. 특히 최근에도 Cassese 교수와 같은 학자는 자위권과 관련된 국가관행이나 유엔의 관행을 분석하여 볼 때, 압도적인 대부분의 국가들은 예방적 자위 개념은 헌장상 허용될 수 없으나, 미국을 위시한 몇몇 대표국가들은 정반대의 입장을 가지고 있으므로 오늘날 적어도 유엔헌장상 예방적 자위권이 위법이라거나 허용될 수 있다는 것에 관한 국제공동체 합의는 존재하지 않는다고 한다."

(이병오, 천안함 피격사건과 자위권 행사, 국제법평론, 2010, 156-158쪽)

☑ 웹스터 공식

캐나다가 영국으로부터 독립하려는 반란이 일으키자 미국정부는 대영관계를 고려하여 중립법규의 엄수를 표방하였으나, 캐나다 반도의 월경망명, 무기 탄약의 보충을 위한 왕래, 미국인 반도의 참여 등이 계속되어 중립의 의무를 지켜낼 수 없었습니다. 이런 와중에 영국은 영령도서와 미국항구를 내왕하며 반도와 물자를 나르던 미국기선 캐롤라이나호를 (미국측 강변에 정박 중) 습격하여 살인 방화하여 폭포에 휩쓸려 떨어뜨린 사건이 있었는데, 미국의 국무장관 D. Webster는 급박하고도(instant), 중대한 자위의 필요성이 목전에 있고(overwhelming), 다른 수단을 택할 여유나(leaving no choice of means), 숙고를 해 볼 시간이 없을 때(no moment for consideration)에만 무력자위가 허용된다고 주장하였고 이후 이 공식은 자위권 행사와 관련하여 웹스터 공식으로 일컬어지고 있다.

NO 3

시제법과 간도 문제

❖❖❖

01 시제법

국제법에서 법적인 사실이 일어났던 당시의 법을 적용하는 법 원칙. 제국주의 시대의 협정 등을 모두 부정할 수 없다는 점에서 국제법 관계에서 인정되는 법원칙이다.

02 간도 문제

"중국은 간도협약에 의거하여 현재 연변조선자치주가 된 간도 지역을 실질적으로 지배하고 있다. 그렇다면 간도협약은 어떤 효력을 가질까? 이 협약은 을사늑약을 근거로 일본이 대한 제국(이하 한국)을 대신하여 체결한 조약이다. 그러나 을사늑약은 강압에 의해 체결된 조약이 므로 조약으로서 효력이 없다. 따라서 이 조약에 근거하여 체결된 간도협약은 당연히 원천적 으로 무효일 수밖에 없다.

설사 을사늑약이 유효하다 하더라도, 일본이 간도협약을 체결할 권리가 있는가? 을사늑약 은 "일본은 금후 한국의 외국에 대한 관계 및 사무를 감리, 지휘하며"(제1조), "한국 정부는 금 후 일본 정부의 중개에 의하지 않고는 국제적 성질을 가진 어떠한 조약 또는 약속을 하지 못 한다."(제2조)고 규정하고 있다. 이 업무를 담당하기 위해 일본은 한국에 통감을 두도록 되어 있으나, "통감은 단지 외교에 관한 사항만을 관리한다."(제3조)고 규정되어 있다. 이러한 문맥에서 본다면, 한국은 일본 정부의 중개를 거쳐 조약을 체결해야 하며, 일본은 한국의 외교를 '감리, 지휘' 하도록 되어 있다. 즉 조약 체결의 당사자는 어디까지나 한국이어야 한다. 그렇기 때문에 조약 체결의 당사자가 될 수 없는 일본이 체결한 간도협약은 무효이다. 만약에 일본의 '감리, 지휘'를 받아서 한국이 간도협약을 체결했다면 간도협약은 유효하다고 하겠다. 또 일본이 보호국으로서 외교 대리권이 있다 하더라도 그것은 '대리'에 한정되는 것이지, 한국의 주권을 본질적으로 침해하는 영토의 처분권까지 포함하는 것은 아니다.

일반적으로 보호국이 피보호국의 외교권을 대리하는 경우, 보호국은 피보호국의 이익을 보호하는 것이 바른 의무이고, 그러한 목적 하에서 외교권을 대리해야 한다. 그런데 간도협약의 경우는 일본이 자국의 이익을 위해서 만주에 대한 권익과 간도 영유권을 교환한 것이다. 간도협약은 피보호국(한국)을 희생시키고 보호국(일본)의 이익을 확보한 것이기 때문에 보호국의 관한 범위를 벗어나는 것이다.

간도협약이 유효하다고 가정하더라도, 협약의 당사자는 일본과 중국으로서 한국은 제3국에 해당된다. 조약은 당사국에게만 효력이 있을 뿐, 제3국에게는 아무런 영향을 미치지 않는다는 국제법의 일반 원칙에 의해서도 간도협약에 의한 간도 영유권의 변경은 있을 수 없다."

(2008 PSAT 언어논리 기출 지문)

Q. 식민지 시기 약소국의 문화재를 강탈해 간 식민지 모국들은 식민지 시기의 국제법에 따를 경우 식민지 모국이 식민지 국가의 문화재를 반출한 것이 국제법상 불법이 아니라고 주장하며, 식민지 모국에서 식민지 지배를 받은 국가의 문화재를 현재 관리하고 소유하는 것이 불법이 아니라고 주장하고 있다. 이와 같은 주장에 대해 본인의 견해를 밝히시오.

접근전략 시제법의 원리가 적용되는 사안이다. 제국주의 시대 문화재 강탈은 국제법상 시제법의 원리에 따르면 당시에는 합법적이므로 지금은 불법을 물을 수 없다고 본다. 그러나 과거의 사안이라도 제2차세계전이후 전범재판에서 자연법을 근거로 처벌한 전례가 있다는 점에서 시제법의 원리가 절대적이라고만은 볼 수 없다.

난민 문제

◈◈◈

01 난민법

제1조(목적) 이 법은 「난민의 지위에 관한 1951년 협약」(이하 "난민협약"이라 한다) 및 「난민의 지위에 관한 1967년 의정서」(이하 "난민의정서"라 한다) 등에 따라 난민의 지위와 처우 등에 관한 사항을 정함을 목적으로 한다.

제2조(정의) 이 법에서 사용하는 용어의 뜻은 다음과 같다.

1. "난민"이란 인종, 종교, 국적, 특정 사회집단의 구성원인 신분 또는 정치적 견해를 이유로 박해를 받을 수 있다고 인정할 충분한 근거가 있는 공포로 인하여 국적국의 보호를 받을 수 없거나 보호받기를 원하지 아니하는 외국인 또는 그러한 공포로 인하여 대한민국에 입국하기 전에 거주한 국가(이하 "상주국"이라 한다)로 돌아갈 수 없거나 돌아가기를 원하지 아니하는 무국적자인 외국인을 말한다.

2. "난민으로 인정된 사람"(이하 "난민인정자"라 한다)이란 이 법에 따라 난민으로 인정을 받은 외국인을 말한다.

3. "인도적 체류 허가를 받은 사람"(이하 "인도적체류자"라 한다)이란 제1호에는 해당하지 아니하지만 고문 등의 비인도적인 처우나 처벌 또는 그 밖의 상황으로 인하여 생명이나

신체의 자유 등을 현저히 침해당할 수 있다고 인정할 만한 합리적인 근거가 있는 사람으로서 대통령령으로 정하는 바에 따라 법무부장관으로부터 체류허가를 받은 외국인을 말한다.

4. "난민인정을 신청한 사람"(이하 "난민신청자"라 한다)이란 대한민국에 난민인정을 신청한 외국인으로서 다음 각 목의 어느 하나에 해당하는 사람을 말한다.

　　가. 난민인정 신청에 대한 심사가 진행 중인 사람

　　나. 난민불인정결정이나 난민불인정결정에 대한 이의신청의 기각결정을 받고 이의신청의 제기기간이나 행정심판 또는 행정소송의 제기기간이 지나지 아니한 사람

　　다. 난민불인정결정에 대한 행정심판 또는 행정소송이 진행 중인 사람

5. "재정착희망난민"이란 대한민국 밖에 있는 난민 중 대한민국에서 정착을 희망하는 외국인을 말한다.

6. "외국인"이란 대한민국의 국적을 가지지 아니한 사람을 말한다.

제3조(강제송환의 금지) 난민인정자와 인도적체류자 및 난민신청자는 난민협약 제33조 및 「고문 및 그 밖의 잔혹하거나 비인도적 또는 굴욕적인 대우나 처벌의 방지에 관한 협약」 제3조에 따라 본인의 의사에 반하여 강제로 송환되지 아니한다.

난민법은 우리나라가 이미 가입하고 있는 난민협약과 난민의정서의 내용을 국내법으로 입법한 것에 불과하다. 난민법이 없다 하여도 이미 그 내용은 이전부터 가입되어 있는 난민협약과 난민의정서에 따라 시행되고 있었다. 난민법이 입법되어 시행되고 있지만 우리나라의 난민 인정률은 매우 낮은 편이다. 아래 기사 내용은 그러한 현실을 자세히 알려주고 있다. 탈북자를 난민으로 포함한다면 난민인정비율이 매우 높아질 수는 있으나 탈북자는 국내법상 대한민국 국민으로 인정되므로 난민 통계에 포함하지 않고 있다.

"유엔 난민기구 자료에 따르면, 세계 190개국의 최근 18년(2000~2017년) 평균 난민 인정률은 29.9%, 보호율은 44.2%이다. '난민 지위에 관한 의정서' 가입 145개국으로 좁히면, 인정률은 28.1%, 보호율은 42.5%이다. 경제협력개발기구 OECD 37개 회원국 기준으로는 인정률 24.8%, 보호율 38.0%이다. 선진국으로 갈수록 인정·보호율이 낮아지는 것 같지만 이는 사실 '평균의 함정'이기도 하다. 국가 간 편차가 크기 때문이다. 한국의 인정률은 3.5%로

OECD 국가 중 35위, 보호율도 10.7%로 역시 35위이다.

최근 18년간 난민을 가장 많이 받아들인 나라는 독일이다. 난민 인정 68만 9,961명으로 미국(40만 2,745명), 프랑스(25만 3,692명), 영국(22만 4,718명) 등을 제치고 1위를 차지했다. 독일의 난민 인정률은 31.7%로 OECD 평균보다 6.9%p 높다. 독일은 2016년에만 26만 명을 받아들여 정점을 찍었지만 2017년엔 14만 7,590명으로 10만 명 이상 줄었다.

난민 인정률이 가장 높은 국가는 터키다. 인정률 88.1%. 터키는 지난 18년간 14만 9,887명을 난민으로 받아들였다. 터키 외에 50% 이상의 인정률을 기록한 국가는 멕시코(55.7%), 캐나다(51.8%)다. 터키는 유럽연합 EU와 난민 협정을 맺어 유럽으로 향하던 난민 상당수를 수용하는 '유럽의 방파제' 역할을 하고 있기 때문에 인정률이 특히 높은 것으로 보인다. '터키가 유럽의 목줄을 쥐고 있다'는 표현도 그래서 나온다.

하지만 유럽을 중심으로 난민·이민자 출신이 테러나 범죄에 연루된 사건이 계속 늘어나면서 독일을 비롯해 '난민 수용 정책'을 적극적으로 펴던 정권들이 위기를 맞고 있다. 독일의 2017년 난민 인정자 수가 전년보다 10만 명 넘게 줄어든 것도 이런 맥락으로 보인다. 난민 문제를 '인권'보다는 '안보' 관점으로 봐야 한다는 주장이 힘을 얻고 있기 때문이다. EU 회원국 간 갈등도 커졌는데 정상들이 지난 6월 말, 합동난민심사센터를 건립하고 회원국 내 난민 이동을 제한하기로 합의하면서 갈등은 일단 잦아드는 분위기다.

OECD 회원국 가운데 한국보다 난민 인정률이 낮은 나라는 이스라엘과 일본뿐이다. 이중 한국과 인접한 나라는 일본이다. 2017년 한국보다 2.1배 많은 12,874건의 난민 심사 완료가 이뤄졌지만, 난민으로 인정한 건 단 11명에 불과했다. 일본의 2017년 난민 인정률은 고작 0.1%, 보호율 0.4%다. 일본은 난민 수용에 극도로 소극적인 정책 기조를 유지하고 있다. 여기엔 자국 내 여러 문제에 난민 이슈를 추가하지 않으려는 속내가 있다."

(「마부작침」 '난민 문제, 이것부터 보고 보자'···최초 공개 대한민국 난민 보고서 ①, SBS, 2018. 7. 7.)

NO 5

브레튼 우즈 체제와 WTO, FTA

◈◈◈

01 브레튼 우즈 체제와 WTO

1929년 경제대공황은 경제학계에서 케인즈주의의 탄생을 불러왔다. 국가의 적자재정으로 유효수요를 창출하는 것의 중요성을 주목한 케인즈주의는 미국 루스벨트 대통령의 뉴딜정책을 통해 미국의 경제대공황 탈출을 이끌었다는 평가를 받는다. 한편 미국처럼 본국에 넓은 영토를 가지고 있지 못한 영국과 프랑스는 세계에 널리 퍼져 있는 식민지들을 동원해 보호무역 형태의 파운드 블록과 프랑 블록을 만들어 식민지 국가들에게 유효수요 창출을 강요하는 방식으로 경제대공황을 극복해 나갔다.

미국, 영국, 프랑스는 경제대공황 탈출을 위해 필요한 유효수요를 자국내 SOC 산업 또는 식민지 경제 활용 등을 통해 헤쳐나간 반면 식민지도 거의 없고 자국 본토의 면적도 넓지 않아 SOC의 효과도 크지 않은 독일, 일본, 이탈리아 등 후발 산업국가들의 경우 경제대공황을 탈출 할 수 있는 유효수요의 창출이 요원하였다.

결국 독일, 일본, 이탈리아는 주축국을 결성하고 전쟁을 일으키면서 이러한 경제공황의 위기를 타개하는 방법을 선택하게 된다. 제2차세계대전이후 이러한 역사적 교훈에 직면한 인류는 미국 뉴햄프셔주 브레튼 우즈에 모여서 이른바 브레튼 우즈 체제를 만드는 브레튼 우즈 협정을 맺었다. 브레튼 우즈의 정신은 국제협력에 따른 공동이익에의 믿음, 선의의 행동에 대한 기본 규칙의 중요성, 개도국 다자간 발전의 필요성으로 요약되며, 제2차세계대전의 주요 원인 중 하나가 보호무역이었음을 인정하고 자유무역주의가 국제경제의 기반임을 선언하게 된다. 또 이러한 자유무역주의를 실질적으로 실현하기 위하여 GATT 협정을 체결하였다.

GATT 체제의 주요 4대 원칙은 ①최혜국 대우 원칙, ②상대성(한 나라가 관세를 줄이면 상대 나라도 관세를 줄여야 한다는 원칙), ③투명성, ④공정성의 네가지 원칙이다. 이러한 GATT 체제는 우루과이 라운드 협정 이후인 1995년 WTO 체제로 변경되었다. WTO는 세계무역분쟁조정, 관세인하요구, 반덤핑규제 등에 있어서 구속력 있는 판단을 내릴 수 있다는 점에서 GATT와 다르다.

WTO 회원국들은 ①무역 및 경제 활동의 상호 관계가 WTO회원국의 생활 수준을 향상시키고 완전 고용의 달성과 함께 실질 소득과 유효 수요의 지속적인 양적 확대를 추구하며, 상품과 서비스의 생산 및 교역 증진, ②지속 가능한 개발과 부합되는 방법으로 세계 자원의 효율적인 이용을 도모하되 회원국의 상이한 경제 수준에 상응하는 환경 보전 노력과 보호 수단 허용, ③상호 호혜의 바탕 위에서 관세 및 여타 무역 장벽의 실질적인 삭감과 함께 국제 무역상의 차별 대우의 폐지를 목표로 하고, ④통합되고 자생력 있는 다자간 무역 체제 구축, ⑤다자간 무역 체제의 기본 원칙의 보존 및 목표의 증진 등을 목표로 한다.

02 FTA

WTO가 대부분의 국가들이 참여하는 기구라면 FTA는 조약 당사자국들 간에만 작용하는 자유무역협정이다. FTA는 조약 당사자국들 간의 자유무역은 보장되지만 조약 국가간의 일종의 무역 카르텔이 형성된다는 점에서 자유무역주의에 부합하지 않는다는 비판도 주어진다.

03 반세계화주의와 보호무역주의

제2차세계대전이후 자유무역주의가 결국 선진국의 이해관계에만 부합하고, 유치산업 등을 발전시켜야 하는 개도국의 성장의 싹을 자른다는 점에서 제2차세계대전주의의 세계화와 자유무역주의에 반발하는 입장도 지속적으로 있다. 실제 케인즈의 칼럼 "자족적 국민경제"에서 케인즈는 모든 국가의 경제는 자급자족 형식으로 발전하는 것이 맞고 이를 위해 국가는 금융거래의 이자율을 0%로 조정해야 한다고 주장하기도 하였다.

한편 세계화는 금융자본주의가 국경을 넘어 힘을 발휘하게 하는데 이로 인하여 세계적인 거품 경제와 경제대공황 급의 금융위기가 발생할 수 있다는 점에서 금융자본주의의 유동성에 다소간의 제약을 걸기 위한 금융거래세(토빈세)의 도입을 주장한 토빈과 같은 경제학자도 있었다.

제4차
산업혁명과
포스트 코로나

NO 1

인공지능의 법적 지위

◇◇◇

01 인공지능의 법인격 부여 문제

민법

제34조(법인의 권리능력) 법인은 법률의 규정에 좇아 정관으로 정한 목적의 범위내에서 권리와 의무의 주체가 된다.

제35조(법인의 불법행위능력) ①법인은 이사 기타 대표자가 그 직무에 관하여 타인에게 가한 손해를 배상할 책임이 있다. 이사 기타 대표자는 이로 인하여 자기의 손해배상책임을 면하지 못한다.

②법인의 목적범위외의 행위로 인하여 타인에게 손해를 가한 때에는 그 사항의 의결에 찬성하거나 그 의결을 집행한 사원, 이사 및 기타 대표자가 연대하여 배상하여야 한다.

최근 마이크로소프트의 ChatGPT와 구글의 Bard가 전세계적인 인공지능 열풍을 불러 일으키고 있다. 인공지능이 발전하다보니 인공지능이 인류의 모든 직업을 대체할 수 있을지 모른다는 주장도 나오고 있다. 그중 특히 흥미있으며 논란이 될 만한 주제는 인공지능 판사 제도의 도입과 관련한 내용이다. 인공지능을 단순히 기술의 발전으로만 이해하고, 신뢰성이 있다면 인공지능이 인간을 전면적으로 대체해도 되는 것일까? 인공지능이 각종 직역을 대체하는 것과 관련하여 법학적으로는 조금 다른 시각에서 접근할 필요가 있다.

인공지능이 인간의 직역을 대체할 때 그 인공지능의 지위가 무엇인지와 인공지능의 행위에 대한 책임을 지는 것이 누구인지가 중요한 문제가 되는 것이다. 우리 법은 자연인에게만 인간의 지위를 부여하고 있지는 않다. 이미 민법에서는 법인에게 인간과 같은 권리와 의무를 지닐 수 있는 지위를 부여하는 규정이 있다. 법인의 경우 재산을 보유한 실체이므로 법인이 잘못하는 행위를 할 경우 그 재산에 대한 재산형을 부과하는 양벌규정이 형사법에 규정되어 있기도 하다.

그렇다면 인공지능에게도 인간과 같은 지적 능력을 가진다면 인간과 유사한 인간으로서의 지위를 법정할 수도 있을 것이다. 다만 법인의 경우에는 법인이 인간과 동일한 지위를 가지는 분야가 한정되어 있다. 예컨대 법인에게는 참정권이 인정되지 않는다. 주식회사 삼성전자는 영업에 있어서는 자연인과 동일한 권리, 의무를 가질 수 있는 인간으로 보지만 주식회사 삼성전자가 국회의원에 출마하거나 대통령이 될 수는 없다. 마찬가지로 주식회사 삼성전자에게 판검사나 공무원이 될 수 있는 공무담임권을 부여하지 않는다. 태어나면서부터 자연법적인 권리인 인간의 존엄과 가치를 가지는 자연인과 달리 법인은 법이 부여한 범위에서만 인간과 동일한 지위를 가지기 때문이다.

인공지능에게 인간과 같은 지위를 부여한다 하더라도 법인처럼 인공지능이 인간으로서 지위를 가지는 범위는 법으로 정할 수 밖에 없다. 따라서 인공지능 판사의 인정문제는 우선 인공지능에게 공무담임권에 있어 인간과 동일한 지위를 인정할 수 있을지 여부를 논의해야 한다. 더불어 이러한 인공지능이 인간과 동일한 지위를 가지고 권리를 행사할 경우 그에 대한 민형사상 책임을 부담할 수 있는지 부담한다면 어떻게 부담시킬지에 대한 내용도 법으로 명확히 정해져야 한다. 예컨대 법인은 재산을 보유할 수 있다보니 주로 재산형이나 재산을 목표로 민사상 손해배상 책임을 청구할 수 있다. 반면 인공지능에게는 로봇 기술이 발달하고 인공지능 로봇 소유의 재산이 생기지 않는 한 그런 책임을 부담시킬 수도 없다. 여기서 인공지능이 인간처럼 오류를 저질러 누군가에게 손해를 끼쳤을 때 누구에게 어떤 책임을 부담시킬지의 문제가 발생한다.

전세계가 인공지능의 놀라운 기술발전 속도에 열광하고 일부 법률가들 중에서는 별다른 지성적 고민도 없이 이에 편승하는 모습을 보여주고 있지만 인공지능의 등장과 관련해 미래 사회의 문제를 고민하는 진지한 법률가들은 이 새로운 법률적 주제를 어떻게 다뤄야 하는지 끊

임없이 고민하며 논의가 이어지고 있는 상황이다. 특히 젊은 법률가들이 상대적으로 냉정한 시선으로 이 문제를 고찰하고 있다.

 인공지능 등 최근의 기술혁신 문제에 있어 민감도는 젊은 세대가 더 높다는 점에서 이러한 문제에서 만큼은 젊은 세대가 중심이 되어 새로운 기준을 세워나가야 할 것이다.

2024년에 생각해 볼 Legal Issue

Q1. 인공지능의 폭주를 막기 위해 인공지능의 작동을 최종적으로 막을 수 있는 킬스위치의 도입에 대한 본인의 견해를 밝히시오. 만약 인공지능이 탑재된 인간형 로봇이라면 어떻게 생각하는가?

접근전략 인공지능에게 어떠한 법적 지위를 인정할지에 따라 킬스위치의 도입에 대한 가부가 결정될 수 있다. 인간과 동등한 또는 유사한 법적 지위가 인정된다면 킬스위치는 사형제에 준하게 논해질 수 있으나 인간이 사용하는 도구 등의 지위로만 인정된다면 킬스위치의 도입이 논란이 될 필요가 없기 때문이다. 인공지능이 탑재된 인간형 로봇에 대해서도 비슷한 평가가 이뤄질 수 있을 것이다.

Q2. 재판의 공정성을 위하여 인공지능 판사를 도입하자는 견해가 있다. 이 견해에 대한 찬반의 견해 및 논거를 밝히시오.

접근전략 판사는 사법권을 행사하는 기관이다. 사법권은 국가의 권력인 3권의 하나라 할 수 있다. 즉 인공지능 판사를 도입한다는 것은 인공지능에게 국가의 권력 중 하나를 행사할 수 있도록 하자는 것이고 기본권으로 치면 공무담임권과 참정권에 있어 인공지능에게 인간과 동등한 법인격을 부여하겠다는 것을 의미한다. 인공지능 판사의 문제를 다루면서 인공지능의 신뢰도나 오판의 위험성 등을 논의하기에 앞서 이러한 인공지능의 법적 지위의 문제 그리고 오판이 발생했을 경우 그에 대한 책임 주체의 문제를 함께 논의할 수 있어야 한다.

NO 2

자율주행차의 책임 문제

❖❖❖

단계	특징	설명	운전조작	주행감시	위기극복	예시
0	비자동	전체 상황 운전자 조작	운전자	운전자	운전자	
1	특정기능 자동	특정 기능 자동화 (단일 장치 보조)	운전자 & 차량	운전자	운전자	ACC (Adaptive Cruise Control)
2	통합기능 자동	통합 기능 자동화 (다수 장치 보조)	차량	운전자	운전자	LKAS (Line Keeping Assistance System) + ACC
3	제한적 자율주행	특정 조건하에 자율주행 (위기시 운전자 개입)	차량	차량	운전자 고속도로 운전	
4	완전 자율주행	모든 상황에서 자율주행 (위기시에도 자율주행)	차량	차량	차량	도심운전

출처 : NHTSA(2013. 5), 산업은행(2016. 9.)

02 완전자율주행차의 책임 문제

4단계 완전자율주행차에서는 모든 것을 차량이 하며 차주는 마치 승객처럼 차량 운행에 아무런 관여를 하지 않는다. 이런 완전자율주행차가 교통사고를 냈을 때 누가 책임을 지는지는 매우 중요한 법적 문제를 야기한다. 완전자율주행차는 인공지능이 자신의 판단만에 따라 독자적으로 운행하는 차량이므로 이러한 차량이 발생한 사고에 대한 책임을 승객이나 마찬가지인 탑승자에게 지울 수는 없다. 다만, 이를 대리운전과 비슷한 법리로 해석할 수도 있으나 그렇다 하여도 대리운전을 시킨 차주에게 완전한 손해배상책임을 물리지는 않으며, 책임을 인정하는 경우에도 대리운전자와 공동손해배상책임을 인정하고 있다.

문제는 자율주행차 그 자체는 재산을 보유할 수 없는 무자력이란 점이다. 결국 현재 법리에 따를 경우 자율주행차에게 사고를 당한 사람은 자신의 손해를 전부 배상받는게 불가능해진다. 자율주행차 제작사에게 손해배상책임을 물을 수 없는 것이 완전자율주행차는 완전히 자신의 판단에 따라 주행하는 차량이므로 제작사에게 책임을 묻는다는 것은 자녀의 잘못에 대한 민사상 손해배상 책임을 부모에게 물을 수 있다는 것과 동일해지는 문제가 발생하게 되는 것이다.

이에 완전자율주행차의 배상문제는 결국 보험의 문제로 다뤄질 수 밖에 없는데 그 보험료를 누가 감당해야 하는지 역시 문제가 될 수 있는 사안이다.

🔨 참고 – 대리운전 사고의 법적 책임 문제

자동차손해배상보장법

제3조(자동차손해배상책임) 자기를 위하여 자동차를 운행하는 자는 그 운행으로 다른 사람을 사망하게 하거나 부상하게 한 경우에는 그 손해를 배상할 책임을 진다. 다만, 다음 각 호의 어느 하나에 해당하면 그러하지 아니하다.

1. 승객이 아닌 자가 사망하거나 부상한 경우에 자기와 운전자가 자동차의 운행에 주의를 게을리 하지 아니하였고, 피해자 또는 자기 및 운전자 외의 제3자에게 고의 또는 과실이 있으며, 자동차의 구조상의 결함이나 기능상의 장해가 없었다는 것을 증명한 경우
2. 승객이 고의나 자살행위로 사망하거나 부상한 경우

서울고등법원 2007. 1. 11. 선고 2006나57393 판결

위 인정사실에 의하면, 비록 원고가 대외적으로는 위 ○○○ 승용차의 소유자라고 하더라도 원고와 자동차 대리운전업체인 위 ○○○○○와 사이의 내부관계에서는 ○○○○○가 유

상계약인 대리운전계약에 따라 그 직원인 ○○○을 통하여 위 ○○○ 승용차를 운행한 것이라고 봄이 상당하고, 원고는 위 차량에 대한 운행지배와 운행이익을 공유하고 있다고 할 수 없어 위 차량의 단순한 동승자에 불과하다고 할 것이므로(대법원 2005. 9. 29. 선고 2005다25755 판결 참조), ○○○○○는 위 ○○○ 승용차의 운행자로서 자동차손해배상보장법 제3조에 따라 승객인 원고가 입은 손해를 배상할 책임이 있고, 피고는 ○○○○○와 체결한 위 대리운전자 자동차보험계약의 보험자로서 상법 제724조 제2항에 따라 원고에게 직접 이 사건 사고로 인한 손해를 배상할 책임이 있다고 할 것이다.

위에서 인용한 서울고등법원 판례에 따르면 대리운전으로 사고가 났을 경우 대리운전자와 차량소유자 사이에서는 대리운전자가 책임을 지고 차주는 단순한 동승자로서 책임을 지지 않는다. 다만, 최근 대법원은 대리운전 의뢰인(차주)가 대리운전으로 제3자에게 사고를 내어 손해를 발생시 제3자에 대하여는 대리운전업체와 함께 공동으로 자동차손해배상보장법상 운행자성을 가지는 것으로 긍정하고 있다(대법원 2009. 12. 24. 선고 2009다80170 판결).

NO 3

전자화폐와 금융범죄 국제화 문제

❖❖❖

01 전자화폐와 블록체인의 의의

가. 블록체인의 보상으로 주어지는 전자화폐

전자화폐는 블록체인 인증 시스템 활용을 위해 개인의 전산장비를 활용하는 것에 대한 보상으로 주어진다.

나. 금융시장의 탈중앙화

전자화폐는 발행기관이 없고 국적을 초월하며 통화량 등에 있어 국가의 감독을 받지 않으며, 전송에 있어서도 마찬가지이다. 결국 전자화폐는 금융시장의 탈국가화, 탈중앙화를 부추길 수 있다. 특히 전자화폐가 정말 통화로서 기능하게 된다면 국민국가 중앙은행의 통화발행권한 및 통화정책 시행 권한을 위협할 수 있고, 조세를 회피하거나 범죄수익을 교류하는 수단으로 활용할 수 있다는 점에서 국민국가들의 견제를 받을 가능성이 높다. 실제 전자화폐가 주목을 받게 된 것이 세계적인 랜섬웨어 사태에서 비롯된 것을 보아도 이러한 문제점이 충분히 논의될 수 있는 상황이다.

가. 조세 피난처

조세피난처는 Tax Paradise, Tax shelter, Tax Resort, Low-Tax Haven 등으로 구분하기도 한다. Tax Paradise는 개인소득세·법인세 등 자본세를 전혀 부과하지 않는 지역을 말한다. 바하마·버뮤다군도 등이 이러한 국가들에 속하며, 이들 국가는 소득과세를 하지 않기 때문에 다른 국가들과 조세조약을 체결할 필요가 없다. Tax shelter는 소득·자본 등에 대한 세율이 다른 국가에 비하여 낮은 것은 아니지만, 국외 원천소득에 과세하지 않고 국내 원천소득에만 과세하는 곳을 말한다. 홍콩·파나마·코스타리카 등이 이러한 국가에 속하며 이들 국가는 소득이나 자본에 과세하기 때문에 다른 국가와 조세조약을 맺고 있다. Tax Resort는 다른 국가들과 마찬가지로 소득 또는 자본에 정상적인 과세를 하나 특정한 형태의 기업이나 사업 활동에 세제상 우대조치를 부여하는 곳을 말한다.

(시사경제용어사전, 기획재정부, 2010. 11.)

나. 범죄재산 몰수 등에 관한 법률

형법

제134조(몰수, 추징) 범인 또는 정을 아는 제삼자가 받은 뇌물 또는 뇌물에 공할 금품은 몰수한다. 그를 몰수하기 불능한 때에는 그 가액을 추징한다.

제206조(몰수, 추징) 본장의 죄에 제공한 아편, 몰핀이나 그 화합물 또는 아편흡식기구는 몰수한다. 그를 몰수하기 불능한 때에는 그 가액을 추징한다.

제357조(배임수증재) ①타인의 사무를 처리하는 자가 그 임무에 관하여 부정한 청탁을 받고 재물 또는 재산상의 이익을 취득한 자는 5년 이하의 징역 또는 1천만원 이하의 벌금에 처한다. 〈개정 1995. 12. 29.〉

②제1항의 재물 또는 이익을 공여한 자는 2년 이하의 징역 또는 500만원 이하의 벌금에 처한다. 〈개정 1995. 12. 29.〉

③범인이 취득한 제1항의 재물은 몰수한다. 그 재물을 몰수하기 불능하거나 재산상의 이익

을 취득한 때에는 그 가액을 추징한다

제78조(시효의 기간) 시효는 형을 선고하는 재판이 확정된 후 그 집행을 받음이 없이 다음의 기간을 경과함으로 인하여 완성된다.

1. 사형은 30년
2. 무기의 징역 또는 금고는 20년
3. 10년 이상의 징역 또는 금고는 15년
4. 3년 이상의 징역이나 금고 또는 10년 이상의 자격정지는 10년
5. 3년 미만의 징역이나 금고 또는 5년 이상의 자격정지는 5년
6. 5년 미만의 자격정지, 벌금, 몰수 또는 추징은 3년
7. 구류 또는 과료는 1년
※ 특별한 경우 특별법으로 대응 : 친일반민족행위자 재산의 국가귀속에 관한 특별법

범죄수익은닉규제법
①배임, 외환은닉, 성매매, 테러 등 관련 범죄에 대해 적용
②범죄수익으로부터 유래한 재산도 몰수 및 추징
③범인외의 자가 범죄 사실 알면서 취득한 경우에도 몰수 및 추징
④해외에서 범죄재산 몰수 추징 요청이 오는 경우 응할 수 있음(국제공조)

"제11조(국제 공조) 특정범죄와 제3조 및 제4조의 죄에 해당하는 행위에 대한 외국의 형사사건에 관하여 그 외국으로부터 몰수 또는 추징의 확정재판의 집행이나 몰수 또는 추징을 위한 재산 보전(保全)의 공조(共助) 요청이 있을 때에는 다음 각 호의 어느 하나에 해당하는 경우를 제외하고는 그 요청에 관하여 공조할 수 있다.

1. 공조 요청의 대상이 되는 범죄와 관련된 행위가 대한민국 내에서 행하여진 경우 그 행위가 대한민국의 법령에 따라 특정범죄 또는 제3조 및 제4조의 죄에 해당하지 아니한다고 인정되는 경우
2. 대한민국이 같은 종류의 공조 요청을 할 경우 그 요청에 응한다는 취지의 공조요청국의 보증이 없는 경우
3. 「마약류 불법거래 방지에 관한 특례법」 제64조제1항 각 호의 어느 하나에 해당하는 경우"

다. 민사몰수제도 도입 논의

최근 핀테크 기술과 전자화폐 기술 등이 발달하면서 금융범죄가 국제화되는 양상이다. 이에 형법상 몰수와 무관한 민사적 몰수 제도의 도입이 논의되고 있다. 현행 형사적 몰수 제도가 범죄자에 대한 몰수라는 측면에서 대인적 처분의 성격이 강한데 민사적 몰수의 경우 범죄에 이용된 재산에 대한 몰수라는 의미에서 대물적 처분으로서 성격을 가지고 있다.

민사적 몰수로 몰수된 재산은 국가가 대표로서 몰수를 한 이후 국제적인 금융범죄 피해자들에게 배부하는 방식으로 운용된다. 현재 미국(연방법에 민·형사적 몰수 모두 규정 (18 USC §981~§987)), 영국(범죄수익법(Proceeds of Crime Act 2002)), 호주(범죄수익환수법 (Criminal Proceeds Confiscation Act of 2002)), 뉴질랜드(범죄수익환수법(Criminal Proceeds (Recovery) Act of 2009)) 등 영미법 계통의 국가들에서 민사적 몰수 제도가 도입되어 운용 중이다.

Q. 최근 4차 산업혁명 발전 및 금융 산업의 국제화에 따라 금융 범죄의 경우 해외에 재산을 은닉하는 경우가 발생하고 있다. 이처럼 범죄수익이 해외에 은닉되는 현상에 대해 개별 국가의 입장에서 어떠한 대응이 가능할 것으로 보이는가? 만약, 일부 국가가 이러한 범죄수익 은닉 등에 대한 국제적인 공조 대응에 대하여 거부할 경우 그 국가에 대한 국제적인 제재가 가능할 것이라 생각하는가?

접근전략 전자화폐 기술 등이 발전하며 금융범죄의 국제화를 개별 국민국가가 대응하는 것이 점점 불가능해지고 있다. 이에 각국은 금융범죄, 범죄수익 몰수 등에 있어 국제공조를 위한 조약들을 체결하고 있고 공조체계를 강화하고 있지만 아직 충분하지 않은 실정이다. 국제기구 등이 적극적으로 조율하고 국제사회가 모두 협력한다면 충실한 대응이 이루어지겠지만 아직 그러한 대응은 미래의 사법적 과제로서 남겨져 있는 상황이다.

빅데이터와 개인정보보호의 문제

◈◈◈

01 빅데이터의 의미

기존의 데이터가 정형적인 틀을 갖춰 수집되고 분류된 데이터라면 빅데이터는 클라우드와 같은 비용효율적인 데이터베이스를 기반으로 비정형적으로 수집된 데이터를 의미한다. 빅데이터의 수집과 다양한 활용은 역시 비정형적인 인공신경망 기술을 기반으로 한 인공지능 발전의 기반이 된다. 예를들어 완전 자율주행차의 운행을 위해서는 도로내 모든 시설과 유동인구의 위치정보에 대한 빅데이터를 완전 자율주행차가 무제한적으로 수집하는 것이 필수적이다.

02 개인정보보호 강화 및 빅데이터 산업 발전 간의 갈등

개인정보보호법

제15조(개인정보의 수집·이용) ①개인정보처리자는 다음 각 호의 어느 하나에 해당하는 경우에는 개인정보를 수집할 수 있으며 그 수집 목적의 범위에서 이용할 수 있다.

　　1. 정보주체의 동의를 받은 경우

　　2. 법률에 특별한 규정이 있거나 법령상 의무를 준수하기 위하여 불가피한 경우

3. 공공기관이 법령 등에서 정하는 소관 업무의 수행을 위하여 불가피한 경우

4. 정보주체와의 계약의 체결 및 이행을 위하여 불가피하게 필요한 경우

5. 정보주체 또는 그 법정대리인이 의사표시를 할 수 없는 상태에 있거나 주소불명 등으로 사전 동의를 받을 수 없는 경우로서 명백히 정보주체 또는 제3자의 급박한 생명, 신체, 재산의 이익을 위하여 필요하다고 인정되는 경우

6. 개인정보처리자의 정당한 이익을 달성하기 위하여 필요한 경우로서 명백하게 정보주체의 권리보다 우선하는 경우. 이 경우 개인정보처리자의 정당한 이익과 상당한 관련이 있고 합리적인 범위를 초과하지 아니하는 경우에 한한다.

②개인정보처리자는 제1항제1호에 따른 동의를 받을 때에는 다음 각 호의 사항을 정보주체에게 알려야 한다. 다음 각 호의 어느 하나의 사항을 변경하는 경우에도 이를 알리고 동의를 받아야 한다.

1. 개인정보의 수집·이용 목적

2. 수집하려는 개인정보의 항목

3. 개인정보의 보유 및 이용 기간

4. 동의를 거부할 권리가 있다는 사실 및 동의 거부에 따른 불이익이 있는 경우에는 그 불이익의 내용

제16조(개인정보의 수집 제한) ①개인정보처리자는 제15조제1항 각 호의 어느 하나에 해당하여 개인정보를 수집하는 경우에는 그 목적에 필요한 최소한의 개인정보를 수집하여야 한다. 이 경우 최소한의 개인정보 수집이라는 입증책임은 개인정보처리자가 부담한다.

②개인정보처리자는 정보주체의 동의를 받아 개인정보를 수집하는 경우 필요한 최소한의 정보 외의 개인정보 수집에는 동의하지 아니할 수 있다는 사실을 구체적으로 알리고 개인정보를 수집하여야 한다. 〈신설 2013. 8. 6.〉

③개인정보처리자는 정보주체가 필요한 최소한의 정보 외의 개인정보 수집에 동의하지 아니한다는 이유로 정보주체에게 재화 또는 서비스의 제공을 거부하여서는 아니 된다

EU GDPR(개인정보보호법)

2018. 5. 25. 유럽연합(EU)은 지난 2016년 5월 발효후 2년간 유예된 일반개인정보보호법, 일명 'GDPR(General Data Protection Regulation)을 시행한다. GDPR은 정보 주체인 개인이 보

호받을 수 있는 권한을 강화하였다. 데이터의 주인인 개인의 '알 권리'는 물론 '잊힐 권리'도 법적으로 보장한 것이다.

예를 들어 개인정보 유출 사고가 발생하면 개인정보 처리자는 72시간 안에 이를 사용자에게 직접 통보해야 하고, 감독기관이 사용자 보호에 앞장서 기업에 벌금을 부과한다. 개인정보의 개념도 확대되어 IP, 위치정보, 쿠키와 같은 인터넷에서 추적할 수 있는 정보를 모두 개인정보로 취급하고 보호한다. 반면 식별할 수 있는 정보는 최대한 보호하되 사용자를 식별할 수 없게 '익명화'한 데이터는 마음껏 활용할 수 있게끔 하여 빅데이터 기술 발전도 장려하였다. 물론 '익명화'의 완벽성에 대하여는 논란의 여지가 있다.

아울러, GDPR가 보장하는 개인정보보호권이 '잊힐 권리' 그리고 일명 '설명을 요구할 권리'를 최초로 인정하였다. '잊힐 권리'는 삭제할 수 있는 권리를 뜻한다. 본인과 관련된 개인정보의 삭제를 요구할 수 있는 권리이다. 아울러, '설명을 요구할 권리'는 머신러닝 등 AI 기술이 발전하면서 알고리즘에 따라 자동으로 처리되는 경우 정보주체자는 그 알고리즘 의사결정의 근거나 기준에 대해 알 수 있도록 서명을 요구할 권리와 왜 데이터를 모으고 처리하는지도 고지받을 권리를 가진다.

03 중국의 천망 시스템과 21세기 빅브라더

"중국은 또 어릴 적 사진으로 소재 추적이 가능한 시스템을 개발했다. 이 시스템은 해당 인물의 소년 시절 사진을 스캔해 분석한 다음 자동으로 해당 인물의 휴대전화 번호, 신분증 번호 등 개인 자료와 함께 CCTV에 잡혀진 인물을 포착해 현재 모습을 비춰준다. 상하이 바이홍(白虹) 소프트웨어과기공사가 개발한 이 인공지능(AI) 시스템은 중국 공안국의 내부 데이터베이스, 천망(天網) CCTV와 연계돼 목표 인물의 신원을 판별하게 된다. 중국 공안부는 이밖에도 상하이의 보안 회사인 이스비전(Isvision)과 함께 13억 국민 중 누구의 얼굴이라도 3초 안에 구별할 수 있는 안면인식 시스템 개발을 추진 중인 것으로 알려졌다."

(미세한 표정까지 감시…중국 지하철에 초고화질 실시간 CCTV, 연합뉴스, 2018. 1. 3.)

Q. 빅데이터에 기반한 인터넷 광고 서비스 제공은 소비자들의 검색패턴을 분석하여 광고 정보를 제공해준다는 점에서 편리하다는 평가가 있으나 검색패턴이라는 개인정보를 침해한다는 비판이 있다. 따라서 국내기업들의 개인의 검색패턴 정보수집을 정부가 금지하는 것이 바람직하다고 생각하는가? 만약 정보수집을 해외기업들이 할 경우 이도 금지하는 것이 바람직한가? 만약 바람직하다 생각한다면 해외기업들의 우리나라 사람들의 검색패턴 수집을 금지할 수 있는 방법은 무엇이 있을 것이라 생각하는가?

접근전략 EU GDPR은 쿠키 정보 등에 대해서도 모두 개인정보에 해당한다고 규정하고 있다. 그러나 빅데이터 기술 발전에 이러한 정보가 현실적으로 필요하다보니 비실명화 조치가 충분히 이뤄진다면 이러한 정보를 활용할 수 있다고 규정한다. 문제는 인터넷 상의 완벽한 비실명화가 가능하지 않다는데 있다. 결국 우리는 편리한 서비스 이용을 위해 검색 정보 등 일정한 개인정보 수집 권한을 인터넷 업체에게 제공할 수 밖에 없게 된다. 이러한 문제에 대해 국제사회가 공조를 하며 표준 기준을 시급히 마련해나가야 하는 이유이다.

NO 5

언택트 시장과 플랫폼의 문제

✧✧✧

코로나19는 대면을 중심으로 한 경제 생활과 사회 활동을 급격히 위축시키고 있다. 그리고 그동안 여러가지 이유로 도입이 늦어지던 언택트 시장이 급격히 활성화되고 있다. 의료계만 해도 코로나19 기간 한정이라고는 하지만 일부 원격진료가 도입되고 있고, 초중고등학교와 대학교까지 원격 수업이 일상화되고 있다. 이외에도 재택근무와 온라인쇼핑 등 언택트 기조는 급속한 속도로 뉴노멀이 되고 있다.

최근 페이스북은 코로나19가 종료되더라도 재택근무 중심으로 근로환경을 짜겠다는 계획을 발표하였다. 불과 10년전 규제의 대상이던 오프라인 대형마트들은 지속적으로 폐업하고 있고, 온라인 쇼핑 업체들은 신규 투자 유치를 경쟁적으로 자랑하고 있다. 대면 접촉에 대한 공포가 확산되며 기존에 사용이 부실하던 은행앱들의 활용 비율이 급증하고 오프라인 창구의 필요성이 줄어들어감에 따라 오프라인 은행 지점의 축소 계획이 발표되고 있다. 고속도로 통행료 수납 시스템도 언택트의 형태로 변화되며 고속도로 통행료 수납 노동자들의 해고 계획이 발표되면서 노동분쟁으로 비화되기도 하였다. 자율주행차들의 개발로 운송노동자들의 인력이 대체될 예정이고, 키오스크나 아마존고 식의 상점 운영으로 캐셔들이 노동시장에서 축출되고 있다.

언택트 시장의 등장은 필연적으로 고용인력의 감소를 가져오고 있다. 제4차 산업혁명과 함께 시작된 고용시장의 축소는 코로나19와 함께 촉진되는 양상이다. 그러나 이로 인한 실업률의 증가와 고용소득의 감소는 시장에서의 구매력의 감소를 가져와 경기 침체와 성장 동력 상실을 불러올 수 있다.

특히 언택트 시장을 선도하고 있는 플랫폼 사업자들은 플랫폼 노동에 종사하는 노동자들의 지위를 교묘히 노동자가 아니라 플랫폼 업체와 대등한 사업자로 변경함으로써 우리 법과 제도가 발전시켜온 노동자 보호를 위한 각종 규제를 교묘히 회피하고 있다. 미국 우버 노동자들의 노동권 보호 투쟁이나 우리나라 배달앱에 소속된 라이더들이 결성한 노동조합인 라이더 유니온의 투쟁 등이 바로 이러한 새로운 실질적 고용행태에서 촉발된 사태라 할 수 있다.

한편 최근 미국 연방기관인 노동관계위원회(NRLB)는 최근 우버 기사들을 노동자가 아닌 개인사업자로 봐야 한다는 판단을 내놔 사회적 논란을 증폭시킨 바 있다. 노동관계위원회는 우버 운전자의 폭넓은 업무 통제권을 주요 근거로 들었다. 노동관계위원회는 "우버 기사들은 스스로 근무 시간 및 자동차를 선택할 수 있고, 경쟁 업체를 위해서도 일할 수 있다"고 설명했다. 이렇게 개인사업자로 분류될 경우 우버 기사들은 미국노동관계법이 보장하는 휴가는 물론 건강보험, 연금 등 근로자의 복지 혜택을 전혀 받지 못한다. 이는 우리나라 플랫폼 노동자들에게도 비슷하게 발생하는 현상이다.

또한 플랫폼 산업의 경우 특히 헌법상 직업의 자유와 관련한 문제를 다수 일으키고 있다. 실제 공유경제 또는 플랫폼 경제가 도전하는 업종이 대부분 과거 제2단계의 자격제한이 이뤄지던 업종이다. 즉 자격증이나 면허, 인가제도로 국가가 그 업종의 진입을 엄격히 통제하고 관리하던 전문직, 운수업, 숙박업 등에 공유경제 또는 플랫폼 경제 업체들이 국가의 면허나 인가 또는 자격증 취득 없는 자들의 영업을 허용해줄 것을 국가에 요구하며, 영업을 이어나가는 과정에서 과거 해당 업종 종사자들과의 갈등이 발생하는 것이라 할 수 있다.

앞서 제4차 산업혁명의 장에서 살펴본 바와 같이, 제4차 산업혁명에서 도입이 예상되는 산업들은 대부분 과거 국가의 역할을 민간과 시장이 하도록 하는 시스템에 기반한 경우가 대부분이다. 지금까지 국가가 발급한 면허 또는 인가사업자만 택시나 호텔 등 숙박업을 할 수 있었던 것은 공중접객업인 해당 산업의 특성상 승객 또는 숙박객의 안전과 위생 등을 위하여 국가가 정한 일정한 기준을 충족한 사람들에게만 해당 직업을 선택할 수 있도록 한 것인데 이제 그 역할을 국가가 아니라 해당 상품을 이용해 본 소비자의 평가에 맡기도록 하고 이에 대한 인증과 검증을 위한 플랫폼의 제공 대가를 플랫폼 또는 공유경제 업체가 취득하는 것이 현재 공유경제 또는 플랫폼 경제의 핵심이기 때문이다. 따라서 플랫폼 또는 공유경제 업체의 허용은 그동안 주관적 사유에 의한 직업선택의 자유의 제한에서 주관적 사유에 대한 판단의 주체가 국가에서 민간 또는 시장으로 넘어가는 것이 가능한 것인가가 주요 논점이 될 수 있다.

제4차 산업혁명의 진행과 함께 국가가 담당하는 영역에 대한 도전은 제4차 산업혁명의 한 분과인 인공지능 관련 산업에서도 이어지고 있다. 플랫폼 업체들은 전문직에 대한 서비스를 제공하며 전문직 회원들로부터 얻은 데이터베이스 자료를 이용하여 인공지능 프로그램의 개발에 열을 올리고 있다. 최근까지 국내 한 대형병원에서는 인공지능 의사에 의한 암검진을 행한 바 있으며, 인공지능 기술 발전에 따라 인공지능 변호사에 의한 법률서비스 제공을 가능하도록 하는 법률안 제정안이 입법 시도되기도 하였다. 이러한 것 모두 과거 국가가 독점하였던 주관적 사유에 의한 직업선택의 자유의 제한에서 주관적 사유에 대한 판단 주체를 국가에서 민간, 시장, 기술 등으로 이전할 수 있는지가 주요한 쟁점이 될 사안이라 하겠다. 공유경제 또는 플랫폼 경제, 인공지능 전문직 등의 사안에 대한 이러한 논란은 제4차 산업혁명 기술의 발전과 함께 더욱 격렬해질 것으로 예상된다.

🌿 참조 문헌

[플랫폼 3유형론 및 변호사 플랫폼에 대한 변호사법의 태도]

박상수 변호사

Ⅰ. 플랫폼 3유형론

2010년대 경부터 공유경제를 명분으로 다양한 플랫폼 업체들이 전세계에 등장하기 시작하였다. 당시 유휴 자산을 활용하는 형태의 공유경제는 스마트폰의 보급에 힘입어 인터넷망을 통해 급격히 플랫폼화하기 시작했고, 우버와 에어비앤비 같은 1세대 플랫폼이 등장하기 시작했다. 이후 이러한 플랫폼 업체들은 4차 산업혁명의 바람에 편승하며 혁신이란 이름으로 다양한 산업분야로 확산되고 있으며, 현재는 거의 모든 전통 산업 판매망의 길목을 장악하며 그 규모를 키워가고 있다. 그러나 이들 플랫폼 업체에 대한 체계적 이해를 하려는 노력이 부족하다 보니 플랫폼 업체의 문제점에 대한 옹호와 반대의 논리가 여러 가지 차원에서 우후죽순 발생하고 있고, 이러한 논리들을 플랫폼을 옹호하는 입장이든 반대하는 입장이든 아전인수격으로 활용하면서 논의의 방향이 정리되지 못하고 점점 혼탁해지고 있는 양상이다. 이에 여기서는 플랫폼에 대한 찬반의 논쟁을 조금 더 체계적으로 정리할 수 있도록 현재까지 나타난 플랫폼의 형태를 다음의 3가지 유형으로 나누어 각 유형별 플랫폼에 대한 논의를 분리해 진행할 것을 제안해보기로 한다.

1. 유형 1 – 구성사업자의 자격이 법으로 엄격히 제한된 것을 형해화하려는 유형

플랫폼 산업 초기 공유경제의 명분으로 생긴 플랫폼들이다. 예컨대 운송업 중 택시운송업은 본래 대부분 국가에서 국가의 면허제도로 엄격히 관리되고 있었고, 금융업과 숙박업은 국가의 인허가제도로 엄격히 관리되고 있었다. 이들 업종은 대부분 일반적인 사업자들이 영위 가능한 사업방식이지만 치안, 위생, 금융 시장의 안정 등 다양한 공공성을 지니고 있는 업종이다 보니 업종 종사자의 자격이나 시설 요건 등을 엄격히 법정하고 있었던 것이다.

공유경제론자들은 사적으로 소유한 유휴자산을 활용하여 이처럼 면허나 인허가로 보호되는 사업에 면허나 인허가가 없는 개인들이 참여하는 것이 시장의 효율성을 극대화시킬 것이라 주장하였다. 이에 더해 2010년대 초반 급속도로 보급된 스마트폰 환경은 공유경제를 명분으로 택시운송업, 숙박업, 금융업 플랫폼 업체가 자리잡고 보급되는데 최적의 환경을 제공하였다. 명분과 기술이 결합된 상태에서 우버(택시운송업), 에어비앤비(숙박업) 등이 등장하여 전 세계적으로 급격히 성장하였고, P2P 대출 등을 내용으로 하는 핀테크 기업들이 금융 플랫폼의 형태로 등장하였다.

그러나 이러한 형태의 플랫폼 업체들은 세계 각국에서 해당 업종에서 사업을 영위하던 전통적인 사업자들로부터 가장 거센 반발을 경험하고 있다. 우버의 경우 일본, 대만, 스페인, 벨기에 등 세계 각국에서 택시 면허를 소유하지 않은 운전자의 택시 운전서비스 제공을 금지하고 있고, 우리나라 역시 작년 "타다금지법"이라 불리는 입법을 통해 우버와 같은 형태의 플랫폼을 전면금지하였다. 에어비앤비와 같은 형태 역시 미국, 일본, 프랑스 등의 국가에서 다양한 규제를 받고 있고, 우리나라도 관광진흥법 시행령에 따라 외국인에 대한 숙박업에서만 제한적으로 허용하고 있다.

2. 유형 2 – 서비스 제공자의 중개 및 알선에 대한 금지 법규를 형해화하는 유형

서비스 제공자의 자격 뿐만 아니라 중개 또는 알선도 법으로 금지된 전문자격제도 관련 시장에서 나타나는 플랫폼의 유형이다. 이 유형의 플랫폼의 경우 아직 서비스 제공자의 전문자격 자체를 형해화시키려 하지는 않지만 그동안 법으로 금지되어 있던 중개 또는 알선의 합법화를 시도한다.

이 유형은 주로 의료 및 법률, 세무·회계 서비스 시장 등에서 나타나고 있는데, 이들 시장의 경우 공익성이 현저히 크다는 이유로 지금까지 국가가 부여하는 자격제도를 엄격히 유지하고, 현저히 큰 공익성 때문에 이들 서비스 제공자는 대법원에서도 사업자가 아니라 보고 있는 경우가 많으며, 직무 독립성의 유지 및 자본 지배 방지 등을 위해 동종자격 취득자를 제외하고는 동업이 법적으로 금지되고 있다. 특히 의료 및 법률 서비스의 경우 관련법규로 광고의 내용과 방식까지 엄격히 통제되고 있는 실정이다.

그럼에도 이들 시장에 진출한 플랫폼들은 혁신이란 이름으로 중개 또는 알선이라는 플랫폼 본연의 영업행태를 그대로 이어가며, 전통적으로 이들 시장에서 금지해 온 중개 및 알선 금지, 동업 금지, 광고 제한 등의 규제를 계속해서 무력화시키려는 시도를 이어가고 있다.

3. 유형 3 – 영업행태에 특별한 법적 규제는 없으나 불공정한 시장 지배가 문제되는 유형

구성사업자의 자격이나 중개 및 알선에 있어 특별한 법적 규제가 없어 플랫폼 자체에 대한 불법 논란은 없는 유형이다. 배달 플랫폼이나 택시 사업자 중개 플랫폼 등이 이에 해당한다.

이 유형의 플랫폼은 플랫폼 사업 자체에 대한 법적 논란이 전혀 없다보니 다양한 형태로 등장하고 확산되고 있다. 이들은 초기 시장지배적 지위가 불확실하거나 충분한 경쟁 사업자들이 존재할 때는 소비자들에게 시혜적인 서비스를 제공하며 적자 사업을 영위함으로써 소비자 후생에 도움을 주고, 구성사업자들의 시장 확대에도 공헌한다는 평가를 받기도 했으나, 시장지배적 사업자로서 확실한 독점적 지위를 구축한 이후에는 구성사업자와 소비자, 그리고 해당 업계에 종사하는 노동자들에게 돌아갈 이익을 가로채는 방식으로 독점적 이익을 영위하고 있는 경우가 대부분이다.

따라서 이 유형의 경우 플랫폼과 구성사업자, 소비자, 노동자의 거래가 공정히 이뤄질 수 있도록 하고, 플랫폼이 시장지배적 사업자로서 지위남용행위를 하는 것을 방지할 수 있도록 플랫폼 공정화법 입법 및 시행과 같은 법제도 개선이 시급히 이뤄져 할 필요성이 크다.

Ⅱ. 변호사 플랫폼에 대한 변호사법의 태도

1. 들어가는 글 – 변호사 중개 및 알선과 광고에 대한 기존의 규제

변호사 업계는 그동안 변호사 중개 및 알선업을 영위하는 법률브로커를 근절하기 위한 끊임 없는 노력을 하였다. 특히 1997년 의정부 법조비리, 1999년 대전 법조비리 사건은 법률브로커의 중개 및 알선 행위가 법치주의의 근간을 흔들 수 있음을 전국민에게 각인시킨 사건이기도 하였다. 변호사 중개 및 알선은 변호사 업무의 공공성과 윤리성을 파괴할 뿐만 아니라 지속적으로 법원, 검찰의 공무의 염결성을 해할 위험이 있다. 이에 변호사법은 변호사 중개 및 알선을 엄격히 금지하여 왔고, 변호사법과 유사한 이유로 의료법이나 약사법 또한 환

자 유인행위 또는 환자에게 이익을 제공하는 행위를 엄격하게 금지하고 있다. 이것은 우리법이 공공성과 윤리성이 강조되는 변호사, 의사, 세무사 등은 상법상 상인의 지위로만 볼 수 없음을 천명해 온 것으로 봐야 하며, 따라서 이들 직역에서는 상업광고의 자유마저 관련법규에서 일정 부분 규제를 받아왔다. 변호사법 역시 변호사 광고의 자유는 변협이 정하는 내용에 따라 규제할 수 있음을 분명히 명시하고 있다.

  2. 변호사 플랫폼의 등장과 이에 대한 변호사 단체의 대응
  전세계적인 플랫폼 광풍 속에 변호사 업계에도 최근 몇 년간 다양한 플랫폼 업체가 등장하고, 그 규모 또한 급성장하는 추세였다. 다른 업종과 마찬가지로 변호사 플랫폼이 변호사 중개 및 알선 금지나 광고 제한에 위배되는 것이 아니냐는 반론도 있었지만 최근 변호사수 급증에 따른 변호사 영업현황 악화와 소비자의 정보 비대칭 문제 해소 등의 명분을 근거로 슬그머니 업계에 자리잡기 시작하였다. 이에 대한변호사협회에서는 금년 변호사 플랫폼을 규제하는 내용으로 변호사윤리장전 및 광고규정을 개정하여 시행하고 있다.
  한편 법무부는 2015년 법률서비스 중개 사이트 허용 여부에 대한 질의에서 "(회원가입비를 받는 경우) 구체적인 사실관계에 따라 달리 판단될 수 있으나 법률서비스 중개사이트 운영자가 변호사 또는 소비자로부터 사건 수임에 대한 수수료를 받지 않는다고 하더라도 회원가입비를 받는다면, 그 자체가 사실상 소개, 알선, 유인의 대가 또는 변호사가 아니면 할 수 없는 업무를 통한 이익으로 볼 수 있어 변호사법 위반의 여지가 있고", "(회원 가입비를 받지 않는 경우) 변호사윤리장전은 '변호사는 사건의 알선을 업으로 하는 자로부터 사건의 소개를 받거나 이러한 자를 이용하거나, 이러한 자에게 자기의 명의를 이용하게 하는 일체의 행위를 하지 아니한다'고 규정하고 있고, 변호사가 이를 위반할 경우 변호사 징계의 대상이 된다"고 하며 변호사 플랫폼은 유무상을 가리지 않고 절대적으로 금지되는 것이라 유권해석한 바 있다 (2015. 7. 16. 법무부 유권해석). 다만 2021년 새로이 유권해석을 발표하며 변호사 플랫폼을 중개 플랫폼과 광고 플랫폼으로 이원화하여 구분한 뒤 중개 플랫폼은 금지이지만 광고 플랫폼은 변호사법에 위배되지 않는다는 해석을 내놓았다. 그러나 법무부의 변화한 해석은 아래와 같은 이유로 적절하지 못하다.

  가. 변호사 플랫폼이 변호사법이 금지하는 중개 및 알선에 해당되는지 여부
    변호사법은 아래와 같이 변호사 중개 및 알선을 엄격히 금지하고 있다.

변호사법

제34조(변호사가 아닌 자와의 동업 금지 등) ①누구든지 법률사건이나 법률사무의 수임에 관하여 다음 각 호의 행위를 하여서는 아니 된다.

1. 사전에 금품·향응 또는 그 밖의 이익을 받거나 받기로 약속하고 당사자 또는 그 밖의 관계인을 특정한 변호사나 그 사무직원에게 소개·알선 또는 유인하는 행위

2. 당사자 또는 그 밖의 관계인을 특정한 변호사나 그 사무직원에게 소개·알선 또는 유인한 후 그 대가로 금품·향응 또는 그 밖의 이익을 받거나 요구하는 행위

②변호사나 그 사무직원은 법률사건이나 법률사무의 수임에 관하여 소개·알선 또는 유인의 대가로 금품·향응 또는 그 밖의 이익을 제공하거나 제공하기로 약속하여서는 아니 된다.

③변호사나 그 사무직원은 제109조제1호, 제111조 또는 제112조제1호에 규정된 자로부터 법률사건이나 법률사무의 수임을 알선받거나 이러한 자에게 자기의 명의를 이용하게 하여서는 아니 된다.

④변호사가 아닌 자는 변호사를 고용하여 법률사무소를 개설·운영하여서는 아니 된다.

⑤변호사가 아닌 자는 변호사가 아니면 할 수 없는 업무를 통하여 보수나 그 밖의 이익을 분배받아서는 아니 된다.

제109조(벌칙) 다음 각 호의 어느 하나에 해당하는 자는 7년 이하의 징역 또는 5천만원 이하의 벌금에 처한다. 이 경우 벌금과 징역은 병과(倂科)할 수 있다.

1. 변호사가 아니면서 금품·향응 또는 그 밖의 이익을 받거나 받을 것을 약속하고 또는 제3자에게 이를 공여하게 하거나 공여하게 할 것을 약속하고 다음 각 목의 사건에 관하여 감정·대리·중재·화해·청탁·법률상담 또는 법률 관계 문서 작성, 그 밖의 법률사무를 취급하거나 이러한 행위를 알선한 자

    가. 소송 사건, 비송 사건, 가사 조정 또는 심판 사건

    나. 행정심판 또는 심사의 청구나 이의신청, 그 밖에 행정기관에 대한 불복신청 사건

    다. 수사기관에서 취급 중인 수사 사건

    라. 법령에 따라 설치된 조사기관에서 취급 중인 조사 사건

    마. 그 밖에 일반의 법률사건

한편 현재 법무부와 법률 플랫폼 업체는 현행 법률 플랫폼 업체가 변호사법이 금지하는 "알선하는 자"에 해당하지 않고 광고중개를 하는 업체에 불과하다고 주장하고 있다. 그러나 유사한 플랫폼에 대한 공정거래위원회 및 금융위원회의 입법예고 및 유권해석에 따르면 이는 적절하지 못한 판단으로 보인다.

공정거래위원회는 온라인플랫폼중개거래의공정화에관한법률(안)의 입법예고에서 "온라인 플랫폼을 통하여 정보제공, 소비자로부터 청약 접수 등의 방식으로 계약관계에 있는 입점업체와 상품·용역 거래의 개시를 알선하는 사업자"라고 명시함으로써(2020. 9. 28. 공정거래위원회 온라인플랫폼중개거래의공정화에관한법률(안)의 입법예고) 현재 변호사 플랫폼 업체의 영업행태가 알선으로 해석될 수 있음을 적시한 바 있다. 또한 금융위원회는 금년 온라인 금융 플랫폼 업체들이 단순광고라고 주장하며, 중개해온 금융상품중개에 대해 단순광고가 아니라 중개에 해당한다고 유권해석을 내린 바 있다(2021. 8. 22. 금융위원회 유권해석).

대부분의 변호사 플랫폼들은 이들 공정거래위원회나 금융위원회의 입법예고또는 유권해석 대상 업체들과 비슷한 양태로 변호사들을 알선 및 중개하고 있으므로 이들 기관들이 타업종의 플랫폼 업체들에 대해 이해하는 것처럼 변호사 플랫폼 또한 알선 또는 중개 플랫폼으로 이해하는 것이 바람직하다. 더구나 변호사법은 중개·알선의 경우 뿐만 아니라 고객을 유인하는 행위마저도 금지하고 있는데 현재 운영중인 변호사 플랫폼들은 최소한 고객을 유인하는 행위를 하고 있음은 인정해야 할 것이다.

나. 변호사 광고 제한에 대하여

변호사는 직역의 공공성으로 인하여 그동안 변호사법 등을 통해 광고의 자유 역시 타 직종에 비하여 제한되어 왔다. 변호사의 광고에 대한 변호사법의 내용은 아래와 같다.

변호사법

제23조(광고) ①변호사·법무법인·법무법인(유한) 또는 법무조합(이하 이 조에서 "변호사등"이라 한다)은 자기 또는 그 구성원의 학력, 경력, 주요 취급 업무, 업무 실적, 그 밖에 그 업무의 홍보에 필요한 사항을 신문·잡지·방송·컴퓨터통신 등의 매체를 이용하여 광고할 수 있다.

②변호사등은 다음 각 호의 어느 하나에 해당하는 광고를 하여서는 아니 된다.

1. 변호사의 업무에 관하여 거짓된 내용을 표시하는 광고

2. 국제변호사를 표방하거나 그 밖에 법적 근거가 없는 자격이나 명칭을 표방하는 내용의 광고

3. 객관적 사실을 과장하거나 사실의 일부를 누락하는 등 소비자를 오도(誤導)하거나 소비자에게 오해를 불러일으킬 우려가 있는 내용의 광고

4. 소비자에게 업무수행 결과에 대하여 부당한 기대를 가지도록 하는 내용의 광고

5. 다른 변호사등을 비방하거나 자신의 입장에서 비교하는 내용의 광고

6. 부정한 방법을 제시하는 등 변호사의 품위를 훼손할 우려가 있는 광고

7. 그 밖에 광고의 방법 또는 내용이 변호사의 공공성이나 공정한 수임(受任) 질서를 해치거나 소비자에게 피해를 줄 우려가 있는 것으로서 대한변호사협회가 정하는 광고

③변호사등의 광고에 관한 심사를 위하여 대한변호사협회와 각 지방변호사회에 광고심사위원회를 둔다.

④광고심사위원회의 운영과 그 밖에 광고에 관하여 필요한 사항은 대한변호사협회가 정한다.

상기 변호사법의 규정을 살피면 변호사 광고의 주체는 '변호사등'이며 이와 관련하여 '변호사·법무법인·법무법인(유한) 또는 법무조합' 외 다른 자들이 광고를 하여서는 아니되는 것으로 해석된다. 나아가 광고의 방법 또는 내용이 변호사의 공공성이나 공정한 수임질서를 해치거나 소비자에게 피해를 줄 우려가 있는 경우 이에 대하여 대한변호사협회는 이를 금지시킬 수 있음을 규정하고 있다.

법무부나 변호사 플랫폼 업체의 주장에 따라 백번 양보하여 광고 플랫폼을 허용할 수 있다 하더라도, 그 광고에 대해서는 변호사법의 수권을 받은 대한변호사협회가 규제할 수 있음은 변호사법의 명시적 내용을 살펴보기에 명백하다. 이에 대한변호사협회는 금년 회칙이 정한 절차에 따라 변호사윤리장전과 변호사 광고규정을 각각 개정하여 변호사 플랫폼에 대한 규제를 시행하고 있다.

이에 대하여 변호사 광고규정을 규정의 형태로 제개정하는 것 자체가 위헌·무효라 주장하는 경우도 있으나 이는 변호사의 광고 자체가 2000년 이전까지 전혀 금지되었을 정도로 변호사 직역의 공공성이 크다는 사실을 간과하고 지난 20년간 변호사 광고규정이 규정의 형태로 변호사들의 광고를 규제하고 있었음을 알지 못했거나 무시한 채 방만히 전개한 논리라고 평가할 수 밖에 없다.

실제 변호사 광고규정에서 변호사들의 "전문" 표시를 대한변호사협회가 인정하는 경우를 제외하고는 할 수 없도록 제한한 것을 위반하여 징계를 한 사안에 대해 우리 법원은 "미등록 '전문' 표시 광고 금지의무 위반의 징계사유는 인정되나" 라고 판시한 바 있다(서울행정법원 2017. 11. 17. 선고 2016구합84849).

3. 나오는 글 – 변호사 플랫폼의 순기능 제고 방안

상기의 내용에서 살펴본 바와 같이 변호사 플랫폼은 변호사법과 변호사윤리장전, 변호사 광고규정에 따라 규제되는 것이 적절하다. 그러나 엄격한 규제 시장인 변호사 시장과 같은 시장에서 플랫폼이 시장의 지지를 일부 받는 것은 그동안 변호사의 공공성을 강조하다보니 소비자에 대한 정보 공개 등이 소홀하여 소비자들이 정보비대칭의 어려움을 겪도록 한 것에 기인한 바가 있다. 물론 현행 변호사 플랫폼들은 광고비를 많이 지급한 변호사가 해당 분야 의 전문 변호사로 최우선 노출되는 등 소비자 정보비대칭 해소에도 큰 도움이 되고 있다 보기 어려우며 오히려 정보왜곡의 문제를 일으킬 위험성이 큰 상황이다.

이에 변호사의 공공성과 직무 독립성, 그리고 자본으로 부터의 독립을 저해하지 않으면서 도 그동안 미흡했던 소비자 후생을 개선시킬 수 있도록 할 수 있기 위하여 법정단체인 대한 변호사협회가 주체가 되어 변호사들의 정보를 객관적으로 소비자에게 제공할 수 있는 변호 사 공공정보시스템인 "나의 변호사" 어플리케이션이 2022년부터 서비스되고 있다.

Ⅲ. 결어

최근 플랫폼의 폐해가 주목을 받으면서 플랫폼에 대한 다양한 논쟁이 백화쟁명식으로 터져 나오고 있다. 그러나 플랫폼의 유형에 대한 충분한 분석이 이뤄지지 않다 보니 기존의 법규 가 금지하는 영역을 우회하려는 플랫폼과 기존의 법규가 금지하지는 않지만 내용적인 면에 서 불공정성이 문제되는 플랫폼 간의 논의가 뒤섞이며 생산적인 논의가 이뤄지지 못하는 경 우가 많다. 이에 플랫폼이 어떠한 형태로 영업하는지 객관적으로 구분하여 각 유형에 맞는 적절한 대응 및 규제 방안을 마련하는 것이 플랫폼에 대한 맹목적인 낙관이나 대안없는 비판 을 방지하는 첩경이 될 것이라 판단된다.

변호사 플랫폼의 경우 과거 변호사법 등이 엄격히 금지하고 또 제한하는 영역에서 영업활 동을 이어가고 있다. 변호사업의 공공성에 초점이 맞춰진 규제가 시행되는 동안 법률 시장의 정보비대칭 등의 문제가 있었고, 이에 대한 해결책이 되지는 못했지만 변호사 플랫폼은 이러한 문제가 존재함을 우리 사회에 환기해 주었다. 따라서 대한변호사협회 등 공공기관이 중심이 되어 변호사 공공정보시스템을 보다 활성화해 소비자들이 신뢰할 수 있는 변호사 정보를 제공받을 수 있도록 해야할 것이다.

기본소득의 문제

◈◈◈

  코로나 이후 언택트 시장의 규모와 플랫폼 노동의 확대, AI 자동화가 증가하면서 노동자들의 일자리 수와 고용환경이 급격히 약화되고 있다. 특히 코로나로 인한 경제위기 극복을 위해 양적완화가 진행되면서 시중의 유동성이 풍부해져 주식, 전자화폐, 부동산 등 자산가격이 급등하면서 경제 사회적인 양극화가 심화되고 있다.

  또한 AI나 플랫폼 소유자들에게 부가 집중되는 것은 이들에게도 꼭 도움이 된다고 볼 수 없다. 양극화 사회의 진전은 노동자와 서민을 점점 가난하게 만들어, 시장이 요구하는 유효수요가 충족되지 못함으로 인해 성장동력이 크게 약화되는 문제가 발생할 수 있기 때문이다. 이에 진보와 보수를 가리지 않고 양극화된 사회에서 부가 집중된 계층에게 과세한 자원으로 전 국민에게 기본소득을 제공하는 것이 새로운 노동환경 및 경제상황의 대안으로 고려되고 있다.

  물론 기본소득이 사람들을 게으르게 하고 발전의 동력을 봉쇄할 수 있다는 점, 그리고 고소득자나 자산가에 대한 과세 비율이 높아질 경우 성장의 유인이 사라질 수 있다는 점, 전세계적으로 자원이 풍부한 알라스카 등 극히 일부 사례를 제외하고 기본소득제도가 성공한 사례가 드물다는 점에서 반대하는 목소리도 높다.

☑ 각국의 기본소득 사례

(최한수, 각국의 기본소득 실험과 정책적 시사점, 재정포럼 5월호, 2017, 40-48쪽)

스위스

스위스의 경우 지난 2016년 성인 한 사람에게 매월 2,500스위스프랑(약 한화 282만원)을 지급하는 것을 골자로 하는 기본소득안에 대한 국민투표(re-ferendum)가 진행되었다. 스위스는 일정 수의 시민이 서명을 하면 이를 의무적으로 국민투표에 붙이는 일종의 '민중발안(popular initiative system)' 제도를 운용하고 있다. 이 규정에 따라 기본소득을 지지하는 사회단체들이 10만명 이상의 시민서명을 받은 후 국민투표를 요구하였고 그 결과 기본소득안에 대한 국민투표가 진행되었다. 그러나 스위스의 기본소득안은 찬성 23%, 반대 77%로 부결되었다.

캐나다

2017년 캐나다 온타리오(Ontario) 주의 경우 월 1,320캐나다달러(약 115만원)를 지급하는 기본소득 사전 모의실험(pilot)을 진행하는 것으로 알려지고 있다. 2016년 온타리오주 재무성(Ministry of Finance)은 빈곤감소 정책의 하나로서 기본소득 정책을 제안하고 이에 대한 모의실험을 진행한다는 것을 공지하였다. 온타리오 주의 기본소득제도는 아직 그 세부 내용이 외부에 완전히 공개되지 않아 특성을 파악하기 용이하지 않다. 다만 지금까지 확인된 바에 따르면 개인의 소득보장을 목적으로 소득액이 일정 금액보다 낮은 경우 정부가 그 차액을 보조해주는 일종의 음의 소득세(Negative In come Tax)와 유사하게 설계된 것으로 보인다. 음의 소득세는 수혜에 있어 노동을 조건으로 하지 않는다는 특징을 갖고 있지만 정부의 소득조사를 전제하고 있기 때문에 기본소득과는 차이가 있다.

미국 알라스카주

알래스카의 경우 1976년 주 헌법 개정을 통해 석유나 천연자원 판매로 조성된 금액의 최소 25%를 영구기금(permanent fund)에 출연하도록 하였다. 1982년부터 이 기금에서 나온 수익금 일부를 배당(dividend) 형식으로 알래스카 주민에게 지급하였다. 현행 제도에 따르면 배당금을 받기 위해서는 신청자가 ▲최소한 1년 이상 알래스카 주에 거주해야 하며 ▲다른 주에서 거주자라는 이유로 받은 혜택이 없어야 하며 ▲중범죄 전력으로 구금된 적이 없어야 한다. 당사자의 신청에 따라 1년에 한 번 지급되며 이는 과세소득으로 잡힌다. 알래스카의 기본소득은 자원판매를 통해 조성되기 때문에 연도별로 그 액수가 상이하다. 2016년의 경우 연간 1,022달러(약 116만원)로 전년(2,072달러)에 비해 49% 감소하였다. 알래스카의 경우 수급자격에 특별한 조건이 없으며 자산이나 소득조사도 없고 일정한 금액이 현금으로 주어진다는 점에서 이념적으로 가장 원형에 가까운 기본소득제도라 할 수 있다.

핀란드

현재 국가 차원에서 기본소득을 실험하고 있는 나라는 핀란드가 유일하다. 현존하는 사회보장제도 전체를 기본소득으로 대체하려는 경우 이를 '사회보장 완전대체 기본소득(full basic income)'이라고 부를 수 있다. 핀란드의 기본소득은 전부가 아니라 그 일부(특히 실업 관련 정부지출)만을 대체하려 한다는 점에서 '사회보장 부분대체 기본소득'이라 볼 수 있다. 기본소득을 받는 대상은 모든 국민이 아니라 노동시장 보조금 또는 실업수당(이하 '실업수당 등')을 받고 있는 25~58세의 실업자 중 2,000명이다. 핀란드의 기본소득은 도입이 확정된 것이 아니라 2017. 1. 1.부터 2018. 12. 31.까지 2년 동안 한시적으로 운영해보고 그 결과에 따라 이를 도입할지 여부를 결정하는 것이다(이러한 의미에서 기본소득 '실험'이다).

기본소득 실험을 설계한 핀란드 정부의 주된 고민은 실업자들의 노동공급에 부정적 영향을 미치고 있다고 평가받는 현행 핀란드의 실업보험 및 부조제도(이하 '실험보험 등')를 어떻게 개선할 것인가에 있다. 핀란드의 경우 실업자가 누릴 수 있는 실업보험 등과 주거수당(housing allowance)의 수준이 높게 설정됨으로써 실업자가 직업을 구할 경우의 한계실효세율(effective marginal tax rate)이 약 80%에 이른다. 문제는 이처럼 높은 한계실효세율은 소득세율때문이 아니라 실업보험 등과 주거수당의 감소 때문에 발생한다는 것이다. 실업상태에 있던 수급자가 취업을 하게 되면 기존에 받던 실업보험등에 의해 주어지던 현금이전이 중단되고 주거수당 역시 소득이 발생함에 따라 줄어든다. 이러한 기존 실업수당의 감소분은 취업한 사람에게 그의 세후소득이 감소한 것과 동일하다는 점에서 일종의 노동에 대한 세금과 같다. 취업 이후 수급자가 직면하는 이와 같은 높은 실효세율은 이들의 노동시장 참여결정에 부정적 요인으로 작용한다.

그렇다면 월 550유로(70만원)의 기본소득을 제공할 경우 상황이 어떻게 달라지는지 살펴보자. 실업수당 등과 달리 기본소득은 취업에 의해 그 액수가 감소하지 않는다. 따라서 취업 이후 자신이 받게 되는 세후소득은 현행 제도하에서보다 상대적으로 덜 감소한다. 실제 계산에 따르면 취업 시 80% 수준이었던 한계실효세율이 40%로 하락한다. 이와 같은 낮은 세율은 많은 실업자들이 일자리를 구하러 노동시장에 뛰어들도록 한다. 이런 측면에서 핀란드의 기본소득은 앞서 언급한 알래스카형 기본소득과 다르다. 오히려 핀란드의 기본소득은 제도 설계의 근본정신만을 놓고 본다면 노동과 무관하게 일정한 수준의 소득을 보전해준다는 점에서 음의 소득세와 비슷하고 노동의 한계 실효세율을 낮추어준다는 점에서는 근로장려세제 (EITC)에 가깝다고 할 것이다

NO 7

외국인 포비아와 국제법상 연대권

✧✧✧

코로나19의 세계적인 확산 이후 각국은 국경폐쇄 등 까지 불사하며 방역에 힘쓰고 있다. 그러나 이러한 봉쇄적인 방역이 외국인에 대한 공포와 배척으로 이어지는 사례도 다수 등장하고 있다. 전지구적인 세계화의 과정에서 제3세계 국가의 사람들이 제1세계의 노동력으로 공급되기 시작하며, 이미 제1세계 국가들에서는 본래 그 국가에 살던 사람들과 이주 외국인들 사이의 갈등이 심화되고 있었다.

2005년 프랑스 방리유(Banliene)에서는 아프리카 이민 2세 청소년이 경찰의 불심검문을 피하다 감전사한 사건이 발생했다. 최근 미국에서 발생한 경찰의 과잉대응에 의한 흑인 사망 사건 처럼 이 사건 역시 프랑스 사회에서 소외받던 이민자 청년들의 폭동으로 이어졌다. 당시 프랑스 경찰의 진압으로 2명의 이민자 청년이 사망하고, 3000명의 시위자가 체포되었다. 재산피해만도 2억 유로에 달했다. 당시 거리의 상점과 자동차가 불타는 현장을 직접 목격하거나 미디어를 통해 소요 사태를 접한 프랑스 원거주민들은 이민자들에 대한 공포와 부정적 감정을 강하게 가지게 되었다.

프랑스 사회에 대해 불만을 가진 이민 배경 2, 3세의 증오범죄는 방리유 사건 이후에도 지속되었는데 대표적인 사건이 2015. 1. 7. 샤를리 에브도(Charlie Hebdo) 사건이었다. 프랑스의 잡지 샤를리 에브도에서 마호메트를 희화한 삽화를 게재하였는데 이에 불만을 가진 알제리 이민자 2세 3명이 샤를레 에브도 사에 난입하여 총격 사건을 일으켰다. 이 사건은 '표현의 자유' 와 '타 종교의 존중'에 대한 논쟁을 발생시켰다.

일반적으로 이민 1세대들은 자녀를 위해 원거주민들이 행하는 차별을 견뎌내지만 외양만 다를 뿐 태어날 때부터 이주국의 국민으로 태어난 이민 2, 3세대들의 분노와 좌절은 커지기 마련이다. 최근의 코로나19 사태로 인해 각국에서 발생하는 외국인 포비아가 자국의 이민 2, 3세대를 향해서도 작용할 경우 심각한 사회 갈등과 혼란이 발생할 수 있다. 실제 2012년 아미앵 폭동이 일어났던 아미앵은 이민자들이 다수 거주하는 지역으로 프랑스 전체 실업률보다 높은 12% 이상의 실업률을 기록된 지역이었고, 15~24세의 청년 실업률은 23.3%에 달하는 지역이었다. 외국인 포비아를 통해 경제 생활에서도 소외된 이민자들에 대한 제대로된 공존 정책이 시행되지 않는 한 최근 다문화 인구 비중이 급증하고 있는 우리나라에서도 이러한 폭동과 테러가 발생하지 않으리란 보장이 없다.

한편 이민자들이나 외국인이 그 국가의 원거주자들의 문화와 융합되지 못하고 자신들의 종교와 문화적 관습만을 고집하다가 새로운 사회 문제를 발생시키는 사례도 증가하고 있다. 영국 내 이슬람 극단주의 단체 중 하나인 Islam 4 UK 가 최근 자신들의 홈페이지에 "우리는 타락한 영국 문화의 인위적인 민주주의를 충분히 지켜봤다"라는 글을 발표하며, '영국 법률을 샤리아(이슬람법)로 바꾸기 위한 가두행진'에 영국 내 모든 무슬림들이 참석할 것을 종용하여 사회적 논란을 일으키기도 했다.

실제로 이 단체는 영국 런던의 주요 지역에서 영국법이 아닌 샤리아법을 요구하는 시위를 강행하기도 했으며, 그러한 집회에 참여한 무슬림 극단주의자들만 5천여명에 달한다.

중동의 일부 극단적인 이슬람세력은 아랍 지역을 지배하던 오스만투르크 제국이 서양식 근대화 개혁을 하는 것에 대한 저항운동을 독립운동으로 해왔던 경험과 제2차세계대전 이후 미국 등 서방 국가들이 아랍 지역의 석유 자원을 개발하는 것에 대하여 민족주의적 운동을 전개하며 미국 등 서방 문화를 거부하는 것을 일종의 민족자결운동으로 진행했던 경험 때문에 서구의 보편적 인권 사상을 수용하는데 거부감을 가지고 있다.

이러한 세력과 종교적, 문화적 의식을 공유하는 이주 외국인들은 현재 서구 사회에서 많은 사회 문화적 갈등을 불러 일으키고 있다. 우리나라에서도 예멘 난민이 대거 입국하며, 예멘인들이 즐겨 먹는 향정신성 식물인 "카트"의 수용 문제가 논해진 바 있다.

코로나19 사태가 세계화의 흐름에 다소 제약을 줄 수는 있겠지만 전 세계적 생산체인으로 구축된 현대 경제 체제가 모두 붕괴되지는 않을 것이다. 따라서 코로나19 사태로 심화될 이주자 배척 등의 극우적 분위기를 극복하고, 이주자들과 원거주자 간의 사회적 문화적 종교적 갈등을 완화시킬 수 있는 방안을 시급히 마련해 나가야 할 것이다.

법조인의
윤리

변호인의 조력을 받을 권리

◇◇◇

헌법

제12조 ④누구든지 체포 또는 구속을 당한 때에는 즉시 변호인의 조력을 받을 권리를 가진다. 다만, 형사피고인이 스스로 변호인을 구할 수 없을 때에는 법률이 정하는 바에 의하여 국가가 변호인을 붙인다.

변호인의 조력을 받을 권리라 함은 무죄추정을 받는 피의자 및 피고인이 신체구속의 상황에서 발생하는 갖가지 어려움을 겪지 않도록 하기 위해 인정하는 권리라 할 수 있다. 피의자 및 치고인의 신체의 자유를 최대한 존중하고 이들의 방어권을 보장하기 위해서는 변호인 의뢰권을 실질적으로 보장해야 하며, 이를 위해 헌법 제12조 제4항 후단은 국선변호인의 조력을 받을 권리를 인정하고 있다. 또한 이 조항을 통해 변호인에게는 피의자 및 피고인과 자유로운 접견을 할 권리가 인정되고, 이러한 권리를 변호인접견교통권이라 하며, 다수의 헌법재판소 판례 등을 통해 인정되고 있다.

⚖️ **참조판례**

1992. 1. 28. 선고 91헌마111

청구인이 국가안전기획부 면회실에서 그 변호인과 접견할 때 안기부 소속 수사관이 참여하여 대화내용을 듣거나 기록하는 것은 헌법 제12조 제4항이 규정한 변호인의 조력을 받을 권리를 침해한 것으로서 위헌임을 확인한다.

1995. 7. 21. 선고 92헌마144

미결수용자가 변호사에게 발송의뢰한 서신, 변호사가 미결수에게 보낸 서신에 대해 교도관이 서신을 검열한 행위는 통신비밀의 자유 및 변호인의 조력을 받을 권리를 침해한 것으로 위헌이다.

변호인의 조력을 받을 권리는 반대로 뒤집으면 변호사는 국민의 기본권을 실현하는 존재로서의 의미를 가지는 것이라고 볼 수 있다. 따라서 변호사가 변호인의 조력을 받을 권리를 성실히 실행해주지 않는다면 그 피의자 또는 피고인은 자신의 기본권을 충실히 보장받지 못하게 된다. 변호사들의 경우 살인범이나 간첩 등 국가와 사회 그리고 개인에게 많은 피해를 끼치는 자에 대하여도 성실히 변론해야 하는 변호사의 법조윤리가 바로 이러한 기본권 조항에서부터 등장하는 것이라 할 수 있다.

Q. A변호사는 변호인으로서 사건을 맡게 되어 연쇄살인마 B씨를 변호하게 되었다. A변호사는 변론을 준비하며 B씨를 수차례 접견하며, B씨가 범행에 대해 전혀 반성하지도 않고 개전의 정이 전혀 없으며, 오히려 자신의 살인행위를 자랑스러워 한다는 것을 알게 되었다. 이에 A변호사는 변호인 사임을 하며 기자회견을 자청하여 도저히 법조인으로서 양심상 B씨를 변호할 수 없었다고 말하였다. 그러면서 가급적 B씨가 법정최고형을 받아야 된다 이야기 하였다. 이러한 A변호사의 행동은 정당한가?

접근전략 변호사의 법조윤리에는 국민의 기본권으로서 변호인의 조력을 받을 권리를 성실히 실현해줘야 한다는 것이 포함된다. A변호사의 행위는 이러한 점에서 논의될 필요가 있다. 또한 변호사는 변호사법상 직무상 지득한 비밀을 의뢰인의 생명과 신체의 중대한 위해가 발생하는 경우가 아니면 공개하면 안되는 비밀유지의무가 있는데 이러한 부분도 답변을 준비하는 중에 고려해야할 요소이다.

NO 2

변호사법상 변호사의 의무

◈◈◈

01 품위유지의무

제24조(품위유지의무 등) ①변호사는 그 품위를 손상하는 행위를 하여서는 아니 된다.

②변호사는 그 직무를 수행할 때에 진실을 은폐하거나 거짓 진술을 하여서는 아니 된다.

02 회칙준수의무

제25조(회칙준수의무) 변호사는 소속 지방변호사회와 대한변호사협회의 회칙을 지켜야 한다.

03 비밀유지의무

변호사법

제26조(비밀유지의무 등) 변호사 또는 변호사이었던 자는 그 직무상 알게 된 비밀을 누설하여서는 아니 된다. 다만, 법률에 특별한 규정이 있는 경우에는 그러하지 아니하다.

형법

형법 제317조(업무상비밀누설) ①의사, 한의사, 치과의사, 약제사, 약종상, 조산사, 변호사, 변리사, 공인회계사, 공증인, 대서업자나 그 직무상 보조자 또는 차등의 직에 있던 자가 그 직무처리중 지득한 타인의 비밀을 누설한 때에는 3년 이하의 징역이나 금고, 10년 이하의 자격정지 또는 700만원 이하의 벌금에 처한다.

형사소송법

제112조(업무상비밀과 압수) 변호사 등의 직에 있는 자 또는 이러한 직에 있던 자가 그 업무상 위탁을 받아 소지 또는 보관하는 물건으로 타인의 비밀에 관한 것은 압수를 거부할 수 있다. 단, 그 타인의 승낙이 있거나 중대한 공익상 필요가 있는 때에는 예외로 한다.

제149조(업무상비밀과 증언거부) 변호사 등의 직에 있는 자 또는 이러한 직에 있던 자가 그 업무상 위탁을 받은 관계로 알게 된 사실로서 타인의 비밀에 관한 것은 증언을 거부할 수 있다. 단, 본인의 승낙이 있거나 중대한 공익상 필요있는 때에는 예외로 한다.

민사소송법

제315조(증언거부권) ①증인은 다음 각호 가운데 어느 하나에 해당하면 증언을 거부할 수 있다.
  1. 변호사·변리사·공증인·공인회계사·세무사·의료인·약사, 그 밖에 법령에 따라 비밀을 지킬 의무가 있는 직책 또는 종교의 직책에 있거나 이러한 직책에 있었던 사람이 직무상 비밀에 속하는 사항에 대하여 신문을 받을 때
②증인이 비밀을 지킬 의무가 면제된 경우에는 제1항의 규정을 적용하지 아니한다.

제344조(문서의 제출의무) ①다음 각호의 경우에 문서를 가지고 있는 사람은 그 제출을 거부하지 못한다.
  3. 문서가 신청자의 이익을 위하여 작성되었거나, 신청자와 문서를 가지고 있는 사람 사이의 법률관계에 관하여 작성된 것인 때. 다만, 다음 각목의 사유 가운데 어느 하나에 해당하는 경우에는 그러하지 아니하다.
  다. 제315조제1항 각호에 규정된 사항중 어느 하나에 규정된 사항이 적혀 있고 비밀을

지킬 의무가 면제되지 아니한 문서

변호사의 비밀유지의무와 관련된 관련법의 조항은 매우 많다. 이는 변호사의 비밀유지의무가 보장되지 않을 경우 민사상 의뢰인이나 형사상 피의자 및 피고인들의 방어권이 충분히 보장되지 않을 위험성이 크기 때문이다. 그러나 이러한 비밀유지의무와 달리 변호사의 비밀유지특권이 아직 법으로 보장되고 있지 못하다. 이로 인해 현재 수사기관인 검찰과 경찰은 변호인을 압수수색함으로써 쉽게 사건을 수사하려는 태도를 보이고 있다.

최근 학계와 변호사 사회는 검찰과 경찰 등 수사기관의 이러한 행태를 지적하며, 변호사의 비밀유지는 의무이기만 하지 않고 권리에도 해당되는 것으로 보고 변호사에게 비밀유지특권을 보장하는 입법이 필요하다고 주장하고 있다.

04 공익활동의무

제27조(공익활동 등 지정업무 처리의무) ①변호사는 연간 일정 시간 이상 공익활동에 종사하여야 한다.

②변호사는 법령에 따라 공공기관, 대한변호사협회 또는 소속 지방변호사회가 지정한 업무를 처리하여야 한다.

③공익활동의 범위와 그 시행 방법 등에 관하여 필요한 사항은 대한변호사협회가 정한다.

05 이해충돌방지의무

제31조(수임제한) ①변호사는 다음 각 호의 어느 하나에 해당하는 사건에 관하여는 그 직무를 수행할 수 없다. 다만, 제2호 사건의 경우 수임하고 있는 사건의 위임인이 동의한 경우에는 그러하지 아니하다.

1. 당사자 한쪽으로부터 상의(相議)를 받아 그 수임을 승낙한 사건의 상대방이 위임하는 사건
2. 수임하고 있는 사건의 상대방이 위임하는 다른 사건
3. 공무원·조정위원 또는 중재인으로서 직무상 취급하거나 취급하게 된 사건

②제1항제1호 및 제2호를 적용할 때 법무법인·법무법인(유한)·법무조합이 아니면서도 변호사

2명 이상이 사건의 수임·처리나 그 밖의 변호사 업무 수행 시 통일된 형태를 갖추고 수익을 분배하거나 비용을 분담하는 형태로 운영되는 법률사무소는 하나의 변호사로 본다.

변호사가 원고와 피고를 동시에 대리할 경우 원고와 피고의 이해가 충돌될 수 있는 위험이 생긴다. 따라서 변호사는 원고와 피고를 동시에 대리할 수 없고, 이는 같은 법무법인이나 법률사무소의 경우에도 마찬가지이다. 또한 공무원이나 조정위원 또는 중재인으로서 직무상 취급하거나 취급하게 된 사건 또한 변호사는 수임할 수 없으며, 이 또한 이해충돌이 될 수 있기 때문에 금지하고 있는 사항이다.

NO 3

변호사의 상인성 및 광고규정

❖❖❖

01 변호사의 상인성 인정 여부

　변호사의 영리추구 활동을 엄격히 제한하고 그 직무에 관하여 고도의 공공성과 윤리성을 강조하는 변호사법의 여러 규정에 비추어 보면, 위임인·위촉인과의 개별적 신뢰관계에 기초하여 개개 사건의 특성에 따라 전문적인 법률지식을 활용하여 소송에 관한 행위 및 행정처분의 청구에 관한 대리행위와 일반 법률사무를 수행하는 변호사의 활동은, 간이·신속하고 외관을 중시하는 정형적인 영업활동을 벌이고, 자유로운 광고·선전활동을 통하여 영업의 활성화를 도모하며, 영업소의 설치 및 지배인 등 상업사용인의 선임, 익명조합, 대리상 등을 통하여 인적·물적 영업기반을 자유로이 확충하여 효율적인 방법으로 최대한의 영리를 추구하는 것이 허용되는 상인의 영업활동과는 본질적으로 차이가 있다 할 것이고, 변호사의 직무 관련 활동과 그로 인하여 형성된 법률관계에 대하여 상인의 영업활동 및 그로 인한 형성된 법률관계와 동일하게 상법을 적용하지 않으면 아니 될 특별한 사회경제적 필요 내지 요청이 있다고 볼 수도 없다. 따라서 근래에 전문직업인의 직무 관련 활동이 점차 상업적 성향을 띄게 됨에 따라 사회적 인식도 일부 변화하여 변호사가 유상의 위임계약 등을 통하여 사실상 영리를 목적으로 그 직무를 행하는 것으로 보는 경향이 생겨나고, 소득세법이 변호사의 직무수행으로 인하여 발생한 수익을 같은 법 제19조 제1항 제11호가 규정하는 '사업서비스업에서 발생하는 소득'으로 보아 과세대상으로 삼고 있는 사정 등을 감안한다 하더라도, 위에서 본 변호사법의 여러 규정과 제반 사정을 참작하여 볼 때, 변호사를 상법 제5조 제1항이 규정하는 '상인적 방법에 의하여 영업을 하는 자'라고 볼 수는 없다 할 것이므로, 변호사는 의제상인에 해당하지 아니한다(대법원 2007. 7. 26. 결정 2006마334).

02 변협의 변호사광고규정을 통한 광고의 자유 및 영업의 자유 제한 가능성

변호사 광고규정 사건(2022. 5. 26. 2021헌마619) 해설

1. 변협의 변호사광고규정의 법규명령 인정

"변호사 광고규정은 변호사의 공공성과 공정한 수임질서의 유지, 법률 사무에 대한 소비자들의 보호 등 공익적 목적을 달성하기 위하여 변호사등의 기본권을 제한하는 것이다. 이 사건 규정은 변호사법의 명시적인 위임에 따라 변호사 광고규정을 시행하는 데에 필요한 구체적 사항을 정한 것인 바, 제정형식이 법규명령이 아니더라도 상위법령과 결합하여 대외적인 구속력을 가지는 규범으로서 기능하게 된다. 그렇다면, 변협은 변호사법에서 위임받은 변호사 광고규정을 설정함에 있어 공법인으로서 공권력 행사의 주체가 된다(2021헌마619)."

"나아가, 변협의 구성원인 변호사 등은 위 규정을 준수하여야할 의무가 있고, 이를 위반하게 되면 변호사법 등 관련 규정에 따라 변협 및 법무부에 설치된 변호사징계위원회에 의하여 변호사법에 정한 징계를 받게 되는 바, 이 사건 규정이 단순히 변협 내부 기준이라거나 사법적인 성질을 지니는 것이라 보기 어렵고, 수권법률인 변호사법과 결합하여 대외적 구속력을 가진다고 할 것이다(2021헌마619)."

상기 판시 내용을 살펴보면 변협이 개정한 변호사 광고규정을 법규명령으로, 변협을 공법인으로서 공권력 행사 주체로 인정하였다. 법규명령은 국민의 권리와 의무에 대하여 규율하기 때문에 실질적 의미의 법률에 해당한다. 법규명령에는 법률대위명령과 법률종속명령이 있고, 본 결정에 따를 경우 변호사 광고규정은 법률종속명령 중 위임명령에 속하여 법률의 위임의 범위에서는 국민의 권리·의무에 관한 사항, 즉 입법 사항에 대해서도 규율할 수 있다. 본 결정에서는 변호사 광고규정에 대해 변협의 구성원인 변호사는 이 규정을 준수할 의무가 있고, 변협은 이러한 법규명령으로서 변호사 광고규정을 제정 또는 개정할 권한이 있음을 명백히 확인하였다.

한편 법규명령은 대통령·국무총리·행정각부장관 등 헌법과 법률에 의하여 수권받은 기관이 권한의 범위내에서 법률에서 정한 절차에 따라 제정 또는 개정되어야 한다. 헌법재판소는 본 결정에서 변협이 법규명령을 제정 또는 개정할 수 있는 법률에 의하여 수권받은 기관임을 명확히 인정하였고, 본 결정의 대상이 되는 변호사 광고규정이 법률에서 정해진 절차에 따라 제정 또는 개정되었음을 확인하였다.

2. 변호사광고규정 제3조 제2항과 제5조 제2항 제2호, 제8조 제2항 제3호 합헌

헌법재판소는 제3조 제2항을 '변호사등이 광고에 자기가 아닌 타인의 영업이나 홍보 등을 위하여 타인의 상호 등을 표시하는 것'으로, 제5조 제2항 제2호를 '광고 주체인 변호사등 이외의 자가 자신의 상호 등을 드러내는 방법으로 변호사등과 소비자를 연결하거나 변호사 등을 광고하는 행위를 하는 경우'로 적시하며, 이러한 방식의 광고를 금지하는 것을 합헌으로 인정하고 있다.

더불어 변호사법 제23조 제1항의 허용되는 광고에 타인의 상호 또는 그 영업이나 홍보 관련 사항을 표시하지 못하게 하는 것은 변호사의 영리추구 활동을 제한하고 그 직무에 관하여 고도의 공공성과 윤리성을 담보하며 수임질서를 유지하여 소비자를 보호하기 위한 적합한 수단이고, 변호사가 법률사무 처리와 밀접한 관련이 있는 변호사 업무 광고를 함에 있어 타인의 영업이나 홍보에 변호사가 이용되거나, 변호사가 변호사 아닌 자와 제휴 또는 이해관계가 있다는 그릇된 인상을 주는 것을 방지하기 위하여 타인의 상호 등이 광고에 표시되는 것을 금지나는 것은 제8조 제2항 제3호의 경우도 마찬가지로서 이러한 제한은 현재의 변호사 제도가 변호사에게 법률사무 전반을 독점시키고 있음에 따라 발생하는 규제로서 변호사가 감수하여야 할 부분이라 적시하였다.

마지막으로 이들 규정으로 인해 법률플랫폼 업체에 제한되는 것은 회사 상호를 표시하는 방법으로 변호사등을 광고하는 영업을 할 기회가 제한되는 것이며, 본 광고규정에서 제한하는 방법을 제외한 여러 광고 방법을 사용할 수 있다는 점에서 이들 규정으로 보호되는 공익이 제한되는 상기의 사익보다 크다고 판시하였다.

즉, 헌법재판소는 명확하게 법률플랫폼 업체가 회사 상호를 표시하는 방법으로 변호사 등 광고를 영업하는 것이 이들 조항으로 금지됨을 판시하였다 할 수 있으며, 제일기획과 같은 광고기획사로서 역할만 할 것을 요구한 것이라 할 수 있다. 일반적으로 광고기획사는 다양한 방식으로 광고주의 광고를 광고할 수 있으나 광고기획사의 상호를 표시하지 않는다.

3. 변호사광고규정 제5조 제2항 제5호 합헌

변호사등이 아님에도 변호사등의 직무와 관련한 서비스의 취급 제공 등을 표시하거나 소비자들이 변호사등으로 오인하게 만들 수 있는 자에게 광고를 의뢰하거나 참여 협조하는 행위를 금지하는 것은 비변호사의 법률사무 취급행위를 미연에 방지함으로써 법률 전문가로서 변호사 자격제도를 유지하고 소비자의 피해를 방지하기 위한 적합한 수단으로서 합헌으로 보았다.

4. 변호사광고규정 제5조 제2항 제1호 일부 위헌

불특정 다수의 변호사를 동시에 광고 홍보 소개하는 행위도 금지하는 것으로 해석될 수 있는 후단 부분에 한정하여 위헌 결정을 하였다. 해당 규정의 내용이 타인에게 경제적 대가를 지급하고 변호사등을 광고 홍보 소개하는 행위를 일률적으로 금지할 수 있으며, 변호사법에서 원칙적으로 허용하고 있는 광고업체를 통한 유상 광고 방법을 전면적으로 금지할 수 있어 나온 위헌 결정으로 해석될 수 있다.

5. 변호사광고규정 제4조 제13호, 제5조 제2항 제3호 형량예측 금지 합헌

변호사법 제23조 제2항은 소비자를 오도하거나 오해를 불러일으킬 광고, 소비자에게 업무수행결과에 대하여 부당한 기대를 가지도록 하는 광고를 금지하고 있고 이러한 법의 목적을 달성하기 위해 결과 예측을 표방하는 광고를 금지하는 것 외에 동일한 정도로 입법목적을 달성할 입법대안을 상정할 수 없고, 법률사무 처리의 공공성과 신뢰성 유지, 소비자 피해방지라는 공익보다 사익이 크다할 수 없다는 점에서 합헌결정을 하였다.

MEMO

대한민국 헌법

전 문

　유구한 역사와 전통에 빛나는 우리 대한국민은 3·1운동으로 건립된 대한민국임시정부의 법통과 불의에 항거한 4·19민주이념을 계승하고, 조국의 민주개혁과 평화적 통일의 사명에 입각하여 정의·인도와 동포애로써 민족의 단결을 공고히 하고, 모든 사회적 폐습과 불의를 타파하며, 자율과 조화를 바탕으로 자유민주적 기본질서를 더욱 확고히 하여 정치·경제·사회·문화의 모든 영역에 있어서 각인의 기회를 균등히 하고, 능력을 최고도로 발휘하게 하며, 자유와 권리에 따르는 책임과 의무를 완수하게 하여, 안으로는 국민생활의 균등한 향상을 기하고 밖으로는 항구적인 세계평화와 인류공영에 이바지함으로써 우리들과 우리들의 자손의 안전과 자유와 행복을 영원히 확보할 것을 다짐하면서 1948년 7월 12일에 제정되고 8차에 걸쳐 개정된 헌법을 이제 국회의 의결을 거쳐 국민투표에 의하여 개정한다.

제1장 총강

제1조 ①대한민국은 민주공화국이다.
②대한민국의 주권은 국민에게 있고, 모든 권력은 국민으로부터 나온다.

제2조 ①대한민국의 국민이 되는 요건은 법률로 정한다.
②국가는 법률이 정하는 바에 의하여 재외국민을 보호할 의무를 진다.

제3조 대한민국의 영토는 한반도와 그 부속도서로 한다.

제4조 대한민국은 통일을 지향하며, 자유민주적 기본질서에 입각한 평화적 통일 정책을 수

립하고 이를 추진한다.

제5조 ①대한민국은 국제평화의 유지에 노력하고 침략적 전쟁을 부인한다.
②국군은 국가의 안전보장과 국토방위의 신성한 의무를 수행함을 사명으로 하며, 그 정치적 중립성은 준수된다.

제6조 ①헌법에 의하여 체결·공포된 조약과 일반적으로 승인된 국제법규는 국내법과 같은 효력을 가진다.
②외국인은 국제법과 조약이 정하는 바에 의하여 그 지위가 보장된다.

제7조 ①공무원은 국민전체에 대한 봉사자이며, 국민에 대하여 책임을 진다.
②공무원의 신분과 정치적 중립성은 법률이 정하는 바에 의하여 보장된다.

제8조 ①정당의 설립은 자유이며, 복수정당제는 보장된다.
②정당은 그 목적·조직과 활동이 민주적이어야 하며, 국민의 정치적 의사형성에 참여하는 데 필요한 조직을 가져야 한다.
③정당은 법률이 정하는 바에 의하여 국가의 보호를 받으며, 국가는 법률이 정하는 바에 의하여 정당운영에 필요한 자금을 보조할 수 있다.
④정당의 목적이나 활동이 민주적 기본질서에 위배될 때에는 정부는 헌법재판소에 그 해산을 제소할 수 있고, 정당은 헌법재판소의 심판에 의하여 해산된다.

제9조 국가는 전통문화의 계승·발전과 민족문화의 창달에 노력하여야 한다.

제2장 국민의 권리와 의무

제10조 모든 국민은 인간으로서의 존엄과 가치를 가지며, 행복을 추구할 권리를 가진다. 국가는 개인이 가지는 불가침의 기본적 인권을 확인하고 이를 보장할 의무를 진다.

제11조 ①모든 국민은 법 앞에 평등하다. 누구든지 성별·종교 또는 사회적 신분에 의하여

정치적·경제적·사회적·문화적 생활의 모든 영역에 있어서 차별을 받지 아니한다.

②사회적 특수계급의 제도는 인정되지 아니하며, 어떠한 형태로도 이를 창설할 수 없다.

③훈장등의 영전은 이를 받은 자에게만 효력이 있고, 어떠한 특권도 이에 따르지 아니한다.

제12조 ①모든 국민은 신체의 자유를 가진다. 누구든지 법률에 의하지 아니하고는 체포·구속·압수·수색 또는 심문을 받지 아니하며, 법률과 적법한 절차에 의하지 아니하고는 처벌·보안처분 또는 강제노역을 받지 아니한다.

②모든 국민은 고문을 받지 아니하며, 형사상 자기에게 불리한 진술을 강요당하지 아니한다.

③체포·구속·압수 또는 수색을 할 때에는 적법한 절차에 따라 검사의 신청에 의하여 법관이 발부한 영장을 제시하여야 한다. 다만, 현행범인인 경우와 장기 3년 이상의 형에 해당하는 죄를 범하고 도피 또는 증거인멸의 염려가 있을 때에는 사후에 영장을 청구할 수 있다.

④누구든지 체포 또는 구속을 당한 때에는 즉시 변호인의 조력을 받을 권리를 가진다. 다만, 형사피고인이 스스로 변호인을 구할 수 없을 때에는 법률이 정하는 바에 의하여 국가가 변호인을 붙인다.

⑤누구든지 체포 또는 구속의 이유와 변호인의 조력을 받을 권리가 있음을 고지받지 아니하고는 체포 또는 구속을 당하지 아니한다. 체포 또는 구속을 당한 자의 가족등 법률이 정하는 자에게는 그 이유와 일시·장소가 지체없이 통지되어야 한다.

⑥누구든지 체포 또는 구속을 당한 때에는 적부의 심사를 법원에 청구할 권리를 가진다.

⑦피고인의 자백이 고문·폭행·협박·구속의 부당한 장기화 또는 기망 기타의 방법에 의하여 자의로 진술된 것이 아니라고 인정될 때 또는 정식재판에 있어서 피고인의 자백이 그에게 불리한 유일한 증거일 때에는 이를 유죄의 증거로 삼거나 이를 이유로 처벌할 수 없다.

제13조 ①모든 국민은 행위시의 법률에 의하여 범죄를 구성하지 아니하는 행위로 소추되지 아니하며, 동일한 범죄에 대하여 거듭 처벌받지 아니한다.

②모든 국민은 소급입법에 의하여 참정권의 제한을 받거나 재산권을 박탈당하지 아니한다.

③모든 국민은 자기의 행위가 아닌 친족의 행위로 인하여 불이익한 처우를 받지 아니한다.

제14조 모든 국민은 거주·이전의 자유를 가진다.

제15조 모든 국민은 직업선택의 자유를 가진다.

제16조 모든 국민은 주거의 자유를 침해받지 아니한다. 주거에 대한 압수나 수색을 할 때에는 검사의 신청에 의하여 법관이 발부한 영장을 제시하여야 한다.

제17조 모든 국민은 사생활의 비밀과 자유를 침해받지 아니한다.

제18조 모든 국민은 통신의 비밀을 침해받지 아니한다.

제19조 모든 국민은 양심의 자유를 가진다.

제20조 ①모든 국민은 종교의 자유를 가진다.
②국교는 인정되지 아니하며, 종교와 정치는 분리된다.

제21조 ①모든 국민은 언론·출판의 자유와 집회·결사의 자유를 가진다.
②언론·출판에 대한 허가나 검열과 집회·결사에 대한 허가는 인정되지 아니한다.
③통신·방송의 시설기준과 신문의 기능을 보장하기 위하여 필요한 사항은 법률로 정한다.
④언론·출판은 타인의 명예나 권리 또는 공중도덕이나 사회윤리를 침해하여서는 아니된다. 언론·출판이 타인의 명예나 권리를 침해한 때에는 피해자는 이에 대한 피해의 배상을 청구할 수 있다.

제22조 ①모든 국민은 학문과 예술의 자유를 가진다.
②저작자·발명가·과학기술자와 예술가의 권리는 법률로써 보호한다.

제23조 ①모든 국민의 재산권은 보장된다. 그 내용과 한계는 법률로 정한다.
②재산권의 행사는 공공복리에 적합하도록 하여야 한다.
③공공필요에 의한 재산권의 수용·사용 또는 제한 및 그에 대한 보상은 법률로써 하되, 정

당한 보상을 지급하여야 한다.

제24조 모든 국민은 법률이 정하는 바에 의하여 선거권을 가진다.

제25조 모든 국민은 법률이 정하는 바에 의하여 공무담임권을 가진다.

제26조 ①모든 국민은 법률이 정하는 바에 의하여 국가기관에 문서로 청원할 권리를 가진다.
②국가는 청원에 대하여 심사할 의무를 진다.

제27조 ①모든 국민은 헌법과 법률이 정한 법관에 의하여 법률에 의한 재판을 받을 권리를
가진다.
②군인 또는 군무원이 아닌 국민은 대한민국의 영역안에서는 중대한 군사상 기밀·초병·초
소·유독음식물공급·포로·군용물에 관한 죄중 법률이 정한 경우와 비상계엄이 선포된
경우를 제외하고는 군사법원의 재판을 받지 아니한다.
③모든 국민은 신속한 재판을 받을 권리를 가진다. 형사피고인은 상당한 이유가 없는 한
지체없이 공개재판을 받을 권리를 가진다.
④형사피고인은 유죄의 판결이 확정될 때까지는 무죄로 추정된다.
⑤형사피해자는 법률이 정하는 바에 의하여 당해 사건의 재판절차에서 진술할 수 있다.

제28조 형사피의자 또는 형사피고인으로서 구금되었던 자가 법률이 정하는 불기소처분을
받거나 무죄판결을 받은 때에는 법률이 정하는 바에 의하여 국가에 정당한 보상을 청구할 수
있다.

제29조 ①공무원의 직무상 불법행위로 손해를 받은 국민은 법률이 정하는 바에 의하여 국
가 또는 공공단체에 정당한 배상을 청구할 수 있다. 이 경우 공무원 자신의 책임은 면제되지
아니한다.
②군인·군무원·경찰공무원 기타 법률이 정하는 자가 전투·훈련등 직무집행과 관련하여 받
은 손해에 대하여는 법률이 정하는 보상외에 국가 또는 공공단체에 공무원의 직무상 불
법행위로 인한 배상은 청구할 수 없다.

제30조 타인의 범죄행위로 인하여 생명·신체에 대한 피해를 받은 국민은 법률이 정하는 바에 의하여 국가로부터 구조를 받을 수 있다.

제31조 ①모든 국민은 능력에 따라 균등하게 교육을 받을 권리를 가진다.

②모든 국민은 그 보호하는 자녀에게 적어도 초등교육과 법률이 정하는 교육을 받게 할 의무를 진다.

③의무교육은 무상으로 한다.

④교육의 자주성·전문성·정치적 중립성 및 대학의 자율성은 법률이 정하는 바에 의하여 보장된다.

⑤국가는 평생교육을 진흥하여야 한다.

⑥학교교육 및 평생교육을 포함한 교육제도와 그 운영, 교육재정 및 교원의 지위에 관한 기본적인 사항은 법률로 정한다.

제32조 ①모든 국민은 근로의 권리를 가진다. 국가는 사회적·경제적 방법으로 근로자의 고용의 증진과 적정임금의 보장에 노력하여야 하며, 법률이 정하는 바에 의하여 최저임금제를 시행하여야 한다.

②모든 국민은 근로의 의무를 진다. 국가는 근로의 의무의 내용과 조건을 민주주의원칙에 따라 법률로 정한다.

③근로조건의 기준은 인간의 존엄성을 보장하도록 법률로 정한다.

④여자의 근로는 특별한 보호를 받으며, 고용·임금 및 근로조건에 있어서 부당한 차별을 받지 아니한다.

⑤연소자의 근로는 특별한 보호를 받는다.

⑥국가유공자·상이군경 및 전몰군경의 유가족은 법률이 정하는 바에 의하여 우선적으로 근로의 기회를 부여받는다.

제33조 ①근로자는 근로조건의 향상을 위하여 자주적인 단결권·단체교섭권 및 단체행동권을 가진다.

②공무원인 근로자는 법률이 정하는 자에 한하여 단결권·단체교섭권 및 단체행동권을 가진다.

③법률이 정하는 주요방위산업체에 종사하는 근로자의 단체행동권은 법률이 정하는 바에 의하여 이를 제한하거나 인정하지 아니할 수 있다.

제34조 ①모든 국민은 인간다운 생활을 할 권리를 가진다.

②국가는 사회보장·사회복지의 증진에 노력할 의무를 진다.

③국가는 여자의 복지와 권익의 향상을 위하여 노력하여야 한다.

④국가는 노인과 청소년의 복지향상을 위한 정책을 실시할 의무를 진다.

⑤신체장애자 및 질병·노령 기타의 사유로 생활능력이 없는 국민은 법률이 정하는 바에 의하여 국가의 보호를 받는다.

⑥국가는 재해를 예방하고 그 위험으로부터 국민을 보호하기 위하여 노력하여야 한다.

제35조 ①모든 국민은 건강하고 쾌적한 환경에서 생활할 권리를 가지며, 국가와 국민은 환경보전을 위하여 노력하여야 한다.

②환경권의 내용과 행사에 관하여는 법률로 정한다.

③국가는 주택개발정책등을 통하여 모든 국민이 쾌적한 주거생활을 할 수 있도록 노력하여야 한다.

제36조 ①혼인과 가족생활은 개인의 존엄과 양성의 평등을 기초로 성립되고 유지되어야 하며, 국가는 이를 보장한다.

②국가는 모성의 보호를 위하여 노력하여야 한다.

③모든 국민은 보건에 관하여 국가의 보호를 받는다.

제37조 ①국민의 자유와 권리는 헌법에 열거되지 아니한 이유로 경시되지 아니한다.

②국민의 모든 자유와 권리는 국가안전보장·질서유지 또는 공공복리를 위하여 필요한 경우에 한하여 법률로써 제한할 수 있으며, 제한하는 경우에도 자유와 권리의 본질적인 내용을 침해할 수 없다.

제38조 모든 국민은 법률이 정하는 바에 의하여 납세의 의무를 진다.

제39조 ①모든 국민은 법률이 정하는 바에 의하여 국방의 의무를 진다.
②누구든지 병역의무의 이행으로 인하여 불이익한 처우를 받지 아니한다.

제3장 국회

제40조 입법권은 국회에 속한다.

제41조 ①국회는 국민의 보통·평등·직접·비밀선거에 의하여 선출된 국회의원으로 구성한다.
②국회의원의 수는 법률로 정하되, 200인 이상으로 한다.
③국회의원의 선거구와 비례대표제 기타 선거에 관한 사항은 법률로 정한다.

제42조 국회의원의 임기는 4년으로 한다.

제43조 국회의원은 법률이 정하는 직을 겸할 수 없다.

제44조 ①국회의원은 현행범인인 경우를 제외하고는 회기중 국회의 동의없이 체포 또는 구금되지 아니한다.
②국회의원이 회기전에 체포 또는 구금된 때에는 현행범인이 아닌 한 국회의 요구가 있으면 회기중 석방된다.

제45조 국회의원은 국회에서 직무상 행한 발언과 표결에 관하여 국회외에서 책임을 지지 아니한다.

제46조 ①국회의원은 청렴의 의무가 있다.
②국회의원은 국가이익을 우선하여 양심에 따라 직무를 행한다.
③국회의원은 그 지위를 남용하여 국가·공공단체 또는 기업체와의 계약이나 그 처분에 의하여 재산상의 권리·이익 또는 직위를 취득하거나 타인을 위하여 그 취득을 알선할 수 없다.

제47조 ①국회의 정기회는 법률이 정하는 바에 의하여 매년 1회 집회되며, 국회의 임시회는 대통령 또는 국회재적의원 4분의 1 이상의 요구에 의하여 집회된다.

②정기회의 회기는 100일을, 임시회의 회기는 30일을 초과할 수 없다.

③대통령이 임시회의 집회를 요구할 때에는 기간과 집회요구의 이유를 명시하여야 한다.

제48조 국회는 의장 1인과 부의장 2인을 선출한다.

제49조 국회는 헌법 또는 법률에 특별한 규정이 없는 한 재적의원 과반수의 출석과 출석의원 과반수의 찬성으로 의결한다. 가부동수인 때에는 부결된 것으로 본다.

제50조 ①국회의 회의는 공개한다. 다만, 출석의원 과반수의 찬성이 있거나 의장이 국가의 안전보장을 위하여 필요하다고 인정할 때에는 공개하지 아니할 수 있다.

②공개하지 아니한 회의내용의 공표에 관하여는 법률이 정하는 바에 의한다.

제51조 국회에 제출된 법률안 기타의 의안은 회기중에 의결되지 못한 이유로 폐기되지 아니한다. 다만, 국회의원의 임기가 만료된 때에는 그러하지 아니하다.

제52조 국회의원과 정부는 법률안을 제출할 수 있다.

제53조 ①국회에서 의결된 법률안은 정부에 이송되어 15일 이내에 대통령이 공포한다.

②법률안에 이의가 있을 때에는 대통령은 제1항의 기간내에 이의서를 붙여 국회로 환부하고, 그 재의를 요구할 수 있다. 국회의 폐회중에도 또한 같다.

③대통령은 법률안의 일부에 대하여 또는 법률안을 수정하여 재의를 요구할 수 없다.

④재의의 요구가 있을 때에는 국회는 재의에 붙이고, 재적의원과반수의 출석과 출석의원 3분의 2 이상의 찬성으로 전과 같은 의결을 하면 그 법률안은 법률로서 확정된다.

⑤대통령이 제1항의 기간내에 공포나 재의의 요구를 하지 아니한 때에도 그 법률안은 법률로서 확정된다.

⑥대통령은 제4항과 제5항의 규정에 의하여 확정된 법률을 지체없이 공포하여야 한다. 제5항에 의하여 법률이 확정된 후 또는 제4항에 의한 확정법률이 정부에 이송된 후 5일 이

내에 대통령이 공포하지 아니할 때에는 국회의장이 이를 공포한다.

⑦법률은 특별한 규정이 없는 한 공포한 날로부터 20일을 경과함으로써 효력을 발생한다.

제54조 ①국회는 국가의 예산안을 심의·확정한다.

②정부는 회계연도마다 예산안을 편성하여 회계연도 개시 90일전까지 국회에 제출하고, 국회는 회계연도 개시 30일전까지 이를 의결하여야 한다.

③새로운 회계연도가 개시될 때까지 예산안이 의결되지 못한 때에는 정부는 국회에서 예산안이 의결될 때까지 다음의 목적을 위한 경비는 전년도 예산에 준하여 집행할 수 있다.

1. 헌법이나 법률에 의하여 설치된 기관 또는 시설의 유지·운영
2. 법률상 지출의무의 이행
3. 이미 예산으로 승인된 사업의 계속

제55조 ①한 회계연도를 넘어 계속하여 지출할 필요가 있을 때에는 정부는 연한을 정하여 계속비로서 국회의 의결을 얻어야 한다.

②예비비는 총액으로 국회의 의결을 얻어야 한다. 예비비의 지출은 차기국회의 승인을 얻어야 한다.

제56조 정부는 예산에 변경을 가할 필요가 있을 때에는 추가경정예산안을 편성하여 국회에 제출할 수 있다.

제57조 국회는 정부의 동의없이 정부가 제출한 지출예산 각항의 금액을 증가하거나 새 비목을 설치할 수 없다.

제58조 국채를 모집하거나 예산외에 국가의 부담이 될 계약을 체결하려 할 때에는 정부는 미리 국회의 의결을 얻어야 한다.

제59조 조세의 종목과 세율은 법률로 정한다.

제60조 ①국회는 상호원조 또는 안전보장에 관한 조약, 중요한 국제조직에 관한 조약, 우

호통상항해조약, 주권의 제약에 관한 조약, 강화조약, 국가나 국민에게 중대한 재정적 부담을 지우는 조약 또는 입법사항에 관한 조약의 체결·비준에 대한 동의권을 가진다.

②국회는 선전포고, 국군의 외국에의 파견 또는 외국군대의 대한민국 영역안에서의 주류에 대한 동의권을 가진다.

제61조 ①국회는 국정을 감사하거나 특정한 국정사안에 대하여 조사할 수 있으며, 이에 필요한 서류의 제출 또는 증인의 출석과 증언이나 의견의 진술을 요구할 수 있다.

②국정감사 및 조사에 관한 절차 기타 필요한 사항은 법률로 정한다.

제62조 ①국무총리·국무위원 또는 정부위원은 국회나 그 위원회에 출석하여 국정처리상황을 보고하거나 의견을 진술하고 질문에 응답할 수 있다.

②국회나 그 위원회의 요구가 있을 때에는 국무총리·국무위원 또는 정부위원은 출석·답변하여야 하며, 국무총리 또는 국무위원이 출석요구를 받은 때에는 국무위원 또는 정부위원으로 하여금 출석·답변하게 할 수 있다.

제63조 ①국회는 국무총리 또는 국무위원의 해임을 대통령에게 건의할 수 있다.

②제1항의 해임건의는 국회재적의원 3분의 1 이상의 발의에 의하여 국회재적의원 과반수의 찬성이 있어야 한다.

제64조 ①국회는 법률에 저촉되지 아니하는 범위안에서 의사와 내부규율에 관한 규칙을 제정할 수 있다.

②국회는 의원의 자격을 심사하며, 의원을 징계할 수 있다.

③의원을 제명하려면 국회재적의원 3분의 2 이상의 찬성이 있어야 한다.

④제2항과 제3항의 처분에 대하여는 법원에 제소할 수 없다.

제65조 ①대통령·국무총리·국무위원·행정각부의 장·헌법재판소 재판관·법관·중앙선거관리위원회 위원·감사원장·감사위원 기타 법률이 정한 공무원이 그 직무집행에 있어서 헌법이나 법률을 위배한 때에는 국회는 탄핵의 소추를 의결할 수 있다.

②제1항의 탄핵소추는 국회재적의원 3분의 1 이상의 발의가 있어야 하며, 그 의결은 국회

재적의원 과반수의 찬성이 있어야 한다. 다만, 대통령에 대한 탄핵소추는 국회재적의원 과반수의 발의와 국회재적의원 3분의 2 이상의 찬성이 있어야 한다.

③탄핵소추의 의결을 받은 자는 탄핵심판이 있을 때까지 그 권한행사가 정지된다.

④탄핵결정은 공직으로부터 파면함에 그친다. 그러나 이에 의하여 민사상이나 형사상의 책임이 면제되지는 아니한다.

제4장 정부

제1절 대통령

제66조 ①대통령은 국가의 원수이며, 외국에 대하여 국가를 대표한다.

②대통령은 국가의 독립·영토의 보전·국가의 계속성과 헌법을 수호할 책무를 진다.

③대통령은 조국의 평화적 통일을 위한 성실한 의무를 진다.

④행정권은 대통령을 수반으로 하는 정부에 속한다.

제67조 ①대통령은 국민의 보통·평등·직접·비밀선거에 의하여 선출한다.

②제1항의 선거에 있어서 최고득표자가 2인 이상인 때에는 국회의 재적의원 과반수가 출석한 공개회의에서 다수표를 얻은 자를 당선자로 한다.

③대통령후보자가 1인일 때에는 그 득표수가 선거권자 총수의 3분의 1 이상이 아니면 대통령으로 당선될 수 없다.

④대통령으로 선거될 수 있는 자는 국회의원의 피선거권이 있고 선거일 현재 40세에 달하여야 한다.

⑤대통령의 선거에 관한 사항은 법률로 정한다.

제68조 ①대통령의 임기가 만료되는 때에는 임기만료 70일 내지 40일전에 후임자를 선거한다.

②대통령이 궐위된 때 또는 대통령 당선자가 사망하거나 판결 기타의 사유로 그 자격을 상실한 때에는 60일 이내에 후임자를 선거한다.

제69조 대통령은 취임에 즈음하여 다음의 선서를 한다.

"나는 헌법을 준수하고 국가를 보위하며 조국의 평화적 통일과 국민의 자유와 복리의 증진 및 민족문화의 창달에 노력하여 대통령으로서의 직책을 성실히 수행할 것을 국민 앞에 엄숙히 선서합니다."

제70조 대통령의 임기는 5년으로 하며, 중임할 수 없다.

제71조 대통령이 궐위되거나 사고로 인하여 직무를 수행할 수 없을 때에는 국무총리, 법률이 정한 국무위원의 순서로 그 권한을 대행한다.

제72조 대통령은 필요하다고 인정할 때에는 외교·국방·통일 기타 국가안위에 관한 중요정책을 국민투표에 붙일 수 있다.

제73조 대통령은 조약을 체결·비준하고, 외교사절을 신임·접수 또는 파견하며, 선전포고와 강화를 한다.

제74조 ①대통령은 헌법과 법률이 정하는 바에 의하여 국군을 통수한다.
②국군의 조직과 편성은 법률로 정한다.

제75조 대통령은 법률에서 구체적으로 범위를 정하여 위임받은 사항과 법률을 집행하기 위하여 필요한 사항에 관하여 대통령령을 발할 수 있다.

제76조 ①대통령은 내우·외환·천재·지변 또는 중대한 재정·경제상의 위기에 있어서 국가의 안전보장 또는 공공의 안녕질서를 유지하기 위하여 긴급한 조치가 필요하고 국회의 집회를 기다릴 여유가 없을 때에 한하여 최소한으로 필요한 재정·경제상의 처분을 하거나 이에 관하여 법률의 효력을 가지는 명령을 발할 수 있다.
②대통령은 국가의 안위에 관계되는 중대한 교전상태에 있어서 국가를 보위하기 위하여 긴급한 조치가 필요하고 국회의 집회가 불가능한 때에 한하여 법률의 효력을 가지는 명령을 발할 수 있다.

③대통령은 제1항과 제2항의 처분 또는 명령을 한 때에는 지체없이 국회에 보고하여 그 승인을 얻어야 한다.

④제3항의 승인을 얻지 못한 때에는 그 처분 또는 명령은 그때부터 효력을 상실한다. 이 경우 그 명령에 의하여 개정 또는 폐지되었던 법률은 그 명령이 승인을 얻지 못한 때부터 당연히 효력을 회복한다.

⑤대통령은 제3항과 제4항의 사유를 지체없이 공포하여야 한다.

제77조 ①대통령은 전시·사변 또는 이에 준하는 국가비상사태에 있어서 병력으로써 군사상의 필요에 응하거나 공공의 안녕질서를 유지할 필요가 있을 때에는 법률이 정하는 바에 의하여 계엄을 선포할 수 있다.

②계엄은 비상계엄과 경비계엄으로 한다.

③비상계엄이 선포된 때에는 법률이 정하는 바에 의하여 영장제도, 언론·출판·집회·결사의 자유, 정부나 법원의 권한에 관하여 특별한 조치를 할 수 있다.

④계엄을 선포한 때에는 대통령은 지체없이 국회에 통고하여야 한다.

⑤국회가 재적의원 과반수의 찬성으로 계엄의 해제를 요구한 때에는 대통령은 이를 해제하여야 한다.

제78조 대통령은 헌법과 법률이 정하는 바에 의하여 공무원을 임면한다.

제79조 ①대통령은 법률이 정하는 바에 의하여 사면·감형 또는 복권을 명할 수 있다.

②일반사면을 명하려면 국회의 동의를 얻어야 한다.

③사면·감형 및 복권에 관한 사항은 법률로 정한다.

제80조 대통령은 법률이 정하는 바에 의하여 훈장 기타의 영전을 수여한다.

제81조 대통령은 국회에 출석하여 발언하거나 서한으로 의견을 표시할 수 있다.

제82조 대통령의 국법상 행위는 문서로써 하며, 이 문서에는 국무총리와 관계 국무위원이 부서한다. 군사에 관한 것도 또한 같다.

제83조 대통령은 국무총리·국무위원·행정각부의 장 기타 법률이 정하는 공사의 직을 겸할 수 없다.

제84조 대통령은 내란 또는 외환의 죄를 범한 경우를 제외하고는 재직중 형사상의 소추를 받지 아니한다.

제85조 전직대통령의 신분과 예우에 관하여는 법률로 정한다.

제2절 행정부

제1관 국무총리와 국무위원

제86조 ①국무총리는 국회의 동의를 얻어 대통령이 임명한다.
②국무총리는 대통령을 보좌하며, 행정에 관하여 대통령의 명을 받아 행정각부를 통할한다.
③군인은 현역을 면한 후가 아니면 국무총리로 임명될 수 없다.

제87조 ①국무위원은 국무총리의 제청으로 대통령이 임명한다.
②국무위원은 국정에 관하여 대통령을 보좌하며, 국무회의의 구성원으로서 국정을 심의한다.
③국무총리는 국무위원의 해임을 대통령에게 건의할 수 있다.
④군인은 현역을 면한 후가 아니면 국무위원으로 임명될 수 없다.

제2관 국무회의

제88조 ①국무회의는 정부의 권한에 속하는 중요한 정책을 심의한다.
②국무회의는 대통령·국무총리와 15인 이상 30인 이하의 국무위원으로 구성한다.
③대통령은 국무회의의 의장이 되고, 국무총리는 부의장이 된다.

제89조 다음 사항은 국무회의의 심의를 거쳐야 한다.
1. 국정의 기본계획과 정부의 일반정책

2. 선전·강화 기타 중요한 대외정책

3. 헌법개정안·국민투표안·조약안·법률안 및 대통령령안

4. 예산안·결산·국유재산처분의 기본계획·국가의 부담이 될 계약 기타 재정에 관한 중요
   사항

5. 대통령의 긴급명령·긴급재정경제처분 및 명령 또는 계엄과 그 해제

6. 군사에 관한 중요사항

7. 국회의 임시회 집회의 요구

8. 영전수여

9. 사면·감형과 복권

10. 행정각부간의 권한의 획정

11. 정부안의 권한의 위임 또는 배정에 관한 기본계획

12. 국정처리상황의 평가·분석

13. 행정각부의 중요한 정책의 수립과 조정

14. 정당해산의 제소

15. 정부에 제출 또는 회부된 정부의 정책에 관계되는 청원의 심사

16. 검찰총장·합동참모의장·각군참모총장·국립대학교총장·대사 기타 법률이 정한 공무원
    과 국영기업체관리자의 임명

17. 기타 대통령·국무총리 또는 국무위원이 제출한 사항

제90조 ①국정의 중요한 사항에 관한 대통령의 자문에 응하기 위하여 국가원로로 구성되
는 국가원로자문회의를 둘 수 있다.
　②국가원로자문회의의 의장은 직전대통령이 된다. 다만, 직전대통령이 없을 때에는 대통령
　　이 지명한다.
　③국가원로자문회의의 조직·직무범위 기타 필요한 사항은 법률로 정한다.

제91조 ①국가안전보장에 관련되는 대외정책·군사정책과 국내정책의 수립에 관하여 국무
회의의 심의에 앞서 대통령의 자문에 응하기 위하여 국가안전보장회의를 둔다.
　②국가안전보장회의는 대통령이 주재한다.
　③국가안전보장회의의 조직·직무범위 기타 필요한 사항은 법률로 정한다.

제92조 ①평화통일정책의 수립에 관한 대통령의 자문에 응하기 위하여 민주평화통일자문회의를 둘 수 있다.

②민주평화통일자문회의의 조직·직무범위 기타 필요한 사항은 법률로 정한다.

제93조 ①국민경제의 발전을 위한 중요정책의 수립에 관하여 대통령의 자문에 응하기 위하여 국민경제자문회의를 둘 수 있다.

②국민경제자문회의의 조직·직무범위 기타 필요한 사항은 법률로 정한다.

제3관 행정각부

제94조 행정각부의 장은 국무위원 중에서 국무총리의 제청으로 대통령이 임명한다.

제95조 국무총리 또는 행정각부의 장은 소관사무에 관하여 법률이나 대통령령의 위임 또는 직권으로 총리령 또는 부령을 발할 수 있다.

제96조 행정각부의 설치·조직과 직무범위는 법률로 정한다.

제4관 감사원

제97조 국가의 세입·세출의 결산, 국가 및 법률이 정한 단체의 회계검사와 행정기관 및 공무원의 직무에 관한 감찰을 하기 위하여 대통령 소속하에 감사원을 둔다.

제98조 ①감사원은 원장을 포함한 5인 이상 11인 이하의 감사위원으로 구성한다.

②원장은 국회의 동의를 얻어 대통령이 임명하고, 그 임기는 4년으로 하며, 1차에 한하여 중임할 수 있다.

③감사위원은 원장의 제청으로 대통령이 임명하고, 그 임기는 4년으로 하며, 1차에 한하여 중임할 수 있다.

제99조 감사원은 세입·세출의 결산을 매년 검사하여 대통령과 차년도국회에 그 결과를 보

고하여야 한다.

제100조 감사원의 조직·직무범위·감사위원의 자격·감사대상공무원의 범위 기타 필요한 사항은 법률로 정한다.

제5장 법원

제101조 ①사법권은 법관으로 구성된 법원에 속한다.

②법원은 최고법원인 대법원과 각급법원으로 조직된다.

③법관의 자격은 법률로 정한다.

제102조 ①대법원에 부를 둘 수 있다.

②대법원에 대법관을 둔다. 다만, 법률이 정하는 바에 의하여 대법관이 아닌 법관을 둘 수 있다.

③대법원과 각급법원의 조직은 법률로 정한다.

제103조 법관은 헌법과 법률에 의하여 그 양심에 따라 독립하여 심판한다.

제104조 ①대법원장은 국회의 동의를 얻어 대통령이 임명한다.

②대법관은 대법원장의 제청으로 국회의 동의를 얻어 대통령이 임명한다.

③대법원장과 대법관이 아닌 법관은 대법관회의의 동의를 얻어 대법원장이 임명한다.

제105조 ①대법원장의 임기는 6년으로 하며, 중임할 수 없다.

②대법관의 임기는 6년으로 하며, 법률이 정하는 바에 의하여 연임할 수 있다.

③대법원장과 대법관이 아닌 법관의 임기는 10년으로 하며, 법률이 정하는 바에 의하여 연임할 수 있다.

④법관의 정년은 법률로 정한다.

제106조 ①법관은 탄핵 또는 금고 이상의 형의 선고에 의하지 아니하고는 파면되지 아니하

며, 징계처분에 의하지 아니하고는 정직·감봉 기타 불리한 처분을 받지 아니한다.

②법관이 중대한 심신상의 장해로 직무를 수행할 수 없을 때에는 법률이 정하는 바에 의하여 퇴직하게 할 수 있다.

제107조 ①법률이 헌법에 위반되는 여부가 재판의 전제가 된 경우에는 법원은 헌법재판소에 제청하여 그 심판에 의하여 재판한다.

②명령·규칙 또는 처분이 헌법이나 법률에 위반되는 여부가 재판의 전제가 된 경우에는 대법원은 이를 최종적으로 심사할 권한을 가진다.

③재판의 전심절차로서 행정심판을 할 수 있다. 행정심판의 절차는 법률로 정하되, 사법절차가 준용되어야 한다.

제108조 대법원은 법률에 저촉되지 아니하는 범위안에서 소송에 관한 절차, 법원의 내부규율과 사무처리에 관한 규칙을 제정할 수 있다.

제109조 재판의 심리와 판결은 공개한다. 다만, 심리는 국가의 안전보장 또는 안녕질서를 방해하거나 선량한 풍속을 해할 염려가 있을 때에는 법원의 결정으로 공개하지 아니할 수 있다.

제110조 ①군사재판을 관할하기 위하여 특별법원으로서 군사법원을 둘 수 있다.

②군사법원의 상고심은 대법원에서 관할한다.

③군사법원의 조직·권한 및 재판관의 자격은 법률로 정한다.

④비상계엄하의 군사재판은 군인·군무원의 범죄나 군사에 관한 간첩죄의 경우와 초병·초소·유독음식물공급·포로에 관한 죄중 법률이 정한 경우에 한하여 단심으로 할 수 있다. 다만, 사형을 선고한 경우에는 그러하지 아니하다.

제6장 헌법재판소

제111조 ①헌법재판소는 다음 사항을 관장한다.

1. 법원의 제청에 의한 법률의 위헌여부 심판

2. 탄핵의 심판

3. 정당의 해산 심판

4. 국가기관 상호간, 국가기관과 지방자치단체간 및 지방자치단체 상호간의 권한쟁의에
관한 심판

5. 법률이 정하는 헌법소원에 관한 심판

②헌법재판소는 법관의 자격을 가진 9인의 재판관으로 구성하며, 재판관은 대통령이 임명
한다.

③제2항의 재판관중 3인은 국회에서 선출하는 자를, 3인은 대법원장이 지명하는 자를 임
명한다.

④헌법재판소의 장은 국회의 동의를 얻어 재판관중에서 대통령이 임명한다.

제112조 ①헌법재판소 재판관의 임기는 6년으로 하며, 법률이 정하는 바에 의하여 연임할
수 있다.

②헌법재판소 재판관은 정당에 가입하거나 정치에 관여할 수 없다.

③헌법재판소 재판관은 탄핵 또는 금고 이상의 형의 선고에 의하지 아니하고는 파면되지
아니한다.

제113조 ①헌법재판소에서 법률의 위헌결정, 탄핵의 결정, 정당해산의 결정 또는 헌법소원
에 관한 인용결정을 할 때에는 재판관 6인 이상의 찬성이 있어야 한다.

②헌법재판소는 법률에 저촉되지 아니하는 범위안에서 심판에 관한 절차, 내부규율과 사무
처리에 관한 규칙을 제정할 수 있다.

③헌법재판소의 조직과 운영 기타 필요한 사항은 법률로 정한다.

제7장 선거관리

제114조 ①선거와 국민투표의 공정한 관리 및 정당에 관한 사무를 처리하기 위하여 선거관
리위원회를 둔다.

②중앙선거관리위원회는 대통령이 임명하는 3인, 국회에서 선출하는 3인과 대법원장이 지
명하는 3인의 위원으로 구성한다. 위원장은 위원중에서 호선한다.

③위원의 임기는 6년으로 한다.

④위원은 정당에 가입하거나 정치에 관여할 수 없다.

⑤위원은 탄핵 또는 금고 이상의 형의 선고에 의하지 아니하고는 파면되지 아니한다.

⑥중앙선거관리위원회는 법령의 범위안에서 선거관리·국민투표관리 또는 정당사무에 관한 규칙을 제정할 수 있으며, 법률에 저촉되지 아니하는 범위안에서 내부규율에 관한 규칙을 제정할 수 있다.

⑦각급 선거관리위원회의 조직·직무범위 기타 필요한 사항은 법률로 정한다.

제115조 ①각급 선거관리위원회는 선거인명부의 작성등 선거사무와 국민투표사무에 관하여 관계 행정기관에 필요한 지시를 할 수 있다.

②제1항의 지시를 받은 당해 행정기관은 이에 응하여야 한다.

제116조 ①선거운동은 각급 선거관리위원회의 관리하에 법률이 정하는 범위안에서 하되, 균등한 기회가 보장되어야 한다.

②선거에 관한 경비는 법률이 정하는 경우를 제외하고는 정당 또는 후보자에게 부담시킬 수 없다.

제8장 지방자치

제117조 ①지방자치단체는 주민의 복리에 관한 사무를 처리하고 재산을 관리하며, 법령의 범위안에서 자치에 관한 규정을 제정할 수 있다.

②지방자치단체의 종류는 법률로 정한다.

제118조 ①지방자치단체에 의회를 둔다.

②지방의회의 조직·권한·의원선거와 지방자치단체의 장의 선임방법 기타 지방자치단체의 조직과 운영에 관한 사항은 법률로 정한다.

제9장 경제

제119조 ①대한민국의 경제질서는 개인과 기업의 경제상의 자유와 창의를 존중함을 기본으로 한다.

②국가는 균형있는 국민경제의 성장 및 안정과 적정한 소득의 분배를 유지하고, 시장의 지배와 경제력의 남용을 방지하며, 경제주체간의 조화를 통한 경제의 민주화를 위하여 경제에 관한 규제와 조정을 할 수 있다.

제120조 ①광물 기타 중요한 지하자원·수산자원·수력과 경제상 이용할 수 있는 자연력은 법률이 정하는 바에 의하여 일정한 기간 그 채취·개발 또는 이용을 특허할 수 있다.

②국토와 자원은 국가의 보호를 받으며, 국가는 그 균형있는 개발과 이용을 위하여 필요한 계획을 수립한다.

제121조 ①국가는 농지에 관하여 경자유전의 원칙이 달성될 수 있도록 노력하여야 하며, 농지의 소작제도는 금지된다.

②농업생산성의 제고와 농지의 합리적인 이용을 위하거나 불가피한 사정으로 발생하는 농지의 임대차와 위탁경영은 법률이 정하는 바에 의하여 인정된다.

제122조 국가는 국민 모두의 생산 및 생활의 기반이 되는 국토의 효율적이고 균형있는 이용·개발과 보전을 위하여 법률이 정하는 바에 의하여 그에 관한 필요한 제한과 의무를 과할 수 있다.

제123조 ①국가는 농업 및 어업을 보호·육성하기 위하여 농·어촌종합개발과 그 지원등 필요한 계획을 수립·시행하여야 한다.

②국가는 지역간의 균형있는 발전을 위하여 지역경제를 육성할 의무를 진다.

③국가는 중소기업을 보호·육성하여야 한다.

④국가는 농수산물의 수급균형과 유통구조의 개선에 노력하여 가격안정을 도모함으로써 농·어민의 이익을 보호한다.

⑤국가는 농·어민과 중소기업의 자조조직을 육성하여야 하며, 그 자율적 활동과 발전을 보

장한다.

제124조 국가는 건전한 소비행위를 계도하고 생산품의 품질향상을 촉구하기 위한 소비자보호운동을 법률이 정하는 바에 의하여 보장한다.

제125조 국가는 대외무역을 육성하며, 이를 규제·조정할 수 있다.

제126조 국방상 또는 국민경제상 긴절한 필요로 인하여 법률이 정하는 경우를 제외하고는, 사영기업을 국유 또는 공유로 이전하거나 그 경영을 통제 또는 관리할 수 없다.

제127조 ①국가는 과학기술의 혁신과 정보 및 인력의 개발을 통하여 국민경제의 발전에 노력하여야 한다.

②국가는 국가표준제도를 확립한다.

③대통령은 제1항의 목적을 달성하기 위하여 필요한 자문기구를 둘 수 있다.

제10장 헌법개정

제128조 ①헌법개정은 국회재적의원 과반수 또는 대통령의 발의로 제안된다.

②대통령의 임기연장 또는 중임변경을 위한 헌법개정은 그 헌법개정 제안 당시의 대통령에
　대하여는 효력이 없다.

제129조 제안된 헌법개정안은 대통령이 20일 이상의 기간 이를 공고하여야 한다.

제130조 ①국회는 헌법개정안이 공고된 날로부터 60일 이내에 의결하여야 하며, 국회의 의결은 재적의원 3분의 2 이상의 찬성을 얻어야 한다.

②헌법개정안은 국회가 의결한 후 30일 이내에 국민투표에 붙여 국회의원선거권자 과반수
　의 투표와 투표자 과반수의 찬성을 얻어야 한다.

③헌법개정안이 제2항의 찬성을 얻은 때에는 헌법개정은 확정되며, 대통령은 즉시 이를 공
　포하여야 한다.

부칙 〈제10호, 1987. 10. 29.〉

제1조 이 헌법은 1988년 2월 25일부터 시행한다. 다만, 이 헌법을 시행하기 위하여 필요한 법률의 제정·개정과 이 헌법에 의한 대통령 및 국회의원의 선거 기타 이 헌법시행에 관한 준비는 이 헌법시행 전에 할 수 있다.

제2조 ①이 헌법에 의한 최초의 대통령선거는 이 헌법시행일 40일 전까지 실시한다.
②이 헌법에 의한 최초의 대통령의 임기는 이 헌법시행일로부터 개시한다.

제3조 ①이 헌법에 의한 최초의 국회의원선거는 이 헌법공포일로부터 6월 이내에 실시하며, 이 헌법에 의하여 선출된 최초의 국회의원의 임기는 국회의원선거후 이 헌법에 의한 국회의 최초의 집회일로부터 개시한다.
②이 헌법공포 당시의 국회의원의 임기는 제1항에 의한 국회의 최초의 집회일 전일까지로 한다.

제4조 ①이 헌법시행 당시의 공무원과 정부가 임명한 기업체의 임원은 이 헌법에 의하여 임명된 것으로 본다. 다만, 이 헌법에 의하여 선임방법이나 임명권자가 변경된 공무원과 대법원장 및 감사원장은 이 헌법에 의하여 후임자가 선임될 때까지 그 직무를 행하며, 이 경우 전임자인 공무원의 임기는 후임자가 선임되는 전일까지로 한다.
②이 헌법시행 당시의 대법원장과 대법원판사가 아닌 법관은 제1항 단서의 규정에 불구하고 이 헌법에 의하여 임명된 것으로 본다.
③이 헌법중 공무원의 임기 또는 중임제한에 관한 규정은 이 헌법에 의하여 그 공무원이 최초로 선출 또는 임명된 때로부터 적용한다.

제5조 이 헌법시행 당시의 법령과 조약은 이 헌법에 위배되지 아니하는 한 그 효력을 지속한다.

제6조 이 헌법시행 당시에 이 헌법에 의하여 새로 설치될 기관의 권한에 속하는 직무를 행하고 있는 기관은 이 헌법에 의하여 새로운 기관이 설치될 때까지 존속하며 그 직무를 행한다.

LEGAL TREND 2024

초판 1쇄 인쇄 2023년 07월 24일

초판 1쇄 발행 2023년 08월 02일

지은이 박상수

편집 도서출판 맑은샘

펴낸곳 로이너스 북스

출판등록 제2018-21호

도서문의 lance99@naver.com

ISBN 979-11-971203-5-0 (03360)